JFK

Autopsie d'un crime d'Etat

Dominici non coupable, les assassins retrouvés (préface d'Alain Dominici), Flammarion, 1997.

William Reymond

JFK
Autopsie d'un crime d'Etat

Flammarion

© Flammarion, 1998
ISBN : 2-08-067506-0

« *Nous avons besoin d'une information qui soit libre. Une nation qui a peur de laisser ses citoyens juger de la vérité et du mensonge est une nation qui a peur de ses citoyens.* »

Président John Fitzgerald Kennedy, février 1962.

Prologue

7 juin 1964. Voilà maintenant plus de deux heures que le juge Earl Warren est assis sur une chaise sans confort de la salle d'interrogatoire de la prison du comté de Dallas. Ironie du sort, les fenêtres de l'enceinte, qui s'élève sur Houston Street, donnent directement sur Dealey Plaza, là même où le trente-cinquième président des Etats-Unis a été abattu en novembre de l'année précédente.

Pour la première fois face à lui, Jack Ruby. Une partie de la presse l'a surnommé l'arroseur arrosé. En effet, l'assassin de l'assassin de John Fitzgerald Kennedy, celui qui voulait éviter à Jackie de venir témoigner au procès de ce fameux Lee Harvey Oswald, vient d'être condamné à la peine capitale. Un chef d'Etat tué, son « meurtrier » abattu, l'exécuteur de celui-ci sur le point de passer sur la chaise électrique, l'affaire la plus médiatique de l'histoire part de rebondissements morbides en soubresauts sanglants. Mais personne n'est au bout de ses peines.

Ruby est un vrai moulin à paroles. Après avoir insisté en vain pour être confronté au détecteur de mensonges, il récite à présent son emploi du temps pour la journée fatidique du 22 novembre 1963. Son avocat, le colosse texan Joe Tonahill, a fait du bon travail. Les réponses de son client sont précises et crédibles. Et ce ne sont pas les fades questions du juge, secondé par moments par Gerald Ford, futur premier magistrat du pays, qui risquent d'amener Ruby sur un terrain glissant. Pourtant les sujets gênants ne manquent pas. Ruby a un passé chargé où il est question de jeu, de corruption, de prostitution et de Mafia.

Profitant d'une pause, Jack Ruby s'anime. Il demande et obtient que les policiers présents sortent. Puis se tourne vers son avocat et l'oblige lui aussi à quitter la pièce. Ruby est maintenant seul avec les deux membres de la Commission. Sur son front perlent de grosses gouttes de transpiration. Il trempe ses lèvres dans un verre d'eau, puis se penche légèrement en avant. Enfin, il cale ses yeux dans le regard de Warren et débite :

« Il y a une organisation ici, juge Warren, et je risque ma vie en ce moment en vous le disant. Peut-être que je ne serai plus en vie demain pour vous apporter ce témoignage. Je ne peux pas parler ici... Je ne peux pas le dire ici. Cela peut être dit et il faut le dire devant des responsables de la plus haute autorité... Messieurs, si vous voulez entendre mon témoignage, vous devrez m'amener rapidement à Washington, parce que cela a un rapport avec vous, juge Warren... Je veux raconter la vérité, et je ne peux pas la raconter ici... Ma famille tout entière est menacée – mes sœurs – et je parle d'un danger de mort. On m'utilise comme un bouc émissaire... Mais si je suis éliminé, il n'y aura plus aucun moyen de savoir. Vraiment... Je suis le seul qui peut faire sortir la vérité... Je sais que vous avez les mains liées et que personne ne vous aidera. Je veux dire la vérité, mais je ne peux pas la dire ici. Vous saisissez ce que je suis en train de vous dire[1] ? »

Earl Warren a beau répéter qu'il comprend, Ruby se rend vite compte que son offre de collaboration reste lettre morte. Il sait, alors qu'il confie pour la huitième fois son intention de parler mais pas dans ce pénitencier du Texas, qu'il n'ira jamais à Washington, que son témoignage ne passionne pas la Commission. Dépité, résigné, il conclut : « Vous préféreriez que j'annule ce que j'ai dit et que je fasse simplement comme

---

1. *Warren Commission Hearings*, vol. V, p. 181.

s'il ne se passait rien ?... Alors, vous m'avez perdu, vous m'avez perdu, juge Warren[1]. »

Avant de quitter Dallas, Earl Warren promet à Ruby une nouvelle audition. Ford ajoute même que la Commission « est très intéressée par toutes ses informations[2]... ».

Pourtant, le 27 septembre 1964, la Commission Warren publie son rapport, compte rendu de 888 pages, auquel s'ajoutent un mois plus tard vingt-six volumes, qui affirment que Lee Harvey Oswald est l'unique meurtrier du président John Kennedy. Malgré une multitude de zones d'ombre, de témoignages divergents, de rumeurs persistantes. Le 3 janvier 1967, Jack Ruby décède d'un cancer des glandes lymphatiques sans que la Commission l'ait à nouveau auditionné.

Depuis le 22 novembre 1963, le mystère de l'assassinat de JFK reste donc, pour une grande partie de l'opinion, entier. Et ce, en dépit des résultats de l'enquête menée par les sept membres de la Commission. Déjà en 1966, Pierre Salinger, chargé de l'information à la Maison-Blanche, écrivait : « Les Etats-Unis sont seuls à croire les conclusions du rapport de la Commission Warren suivant lesquelles Lee Harvey Oswald est l'unique coupable[3]. » Aujourd'hui, et de façon massive, les citoyens américains sont persuadés que la vérité n'est pas celle qui est publiée dans ce document officiel.

Et ils n'ont pas tort. D'autant que, depuis deux ans, un grand nombre de documents classés jusqu'alors top secret sont partiellement disponibles et qu'ils apportent des révélations étonnantes. Etayés par des témoignages inédits, des recoupements sérieux, ils permettent, pour la première fois de manière très solide, d'affirmer que le crime de Dallas ne s'est pas déroulé tel que la Commission Warren l'a raconté. Et de dévoiler enfin trente-cinq ans de secrets...

---

1. *Ibid.*
2. *Ibid.*
3. Pierre SALINGER, *Avec Kennedy*, éditions Buchet/Chastel, 1967, p. 17.

Première partie

JFK, affaire classée

Chapitre 1

Le dernier jour

« En dernière analyse, notre lien commun fondamental, c'est le fait que nous habitons tous sur cette planète. Nous respirons tous le même air. Nous chérissons tous nos enfants. Et nous sommes tous mortels. »

JFK, The American University,
Washington, 10 juin 1963.

Vendredi 22 novembre 1963. Aéroport de Love Field, Dallas, Texas.

Depuis quelques minutes, les cent tonnes d'*Air Force One*[1] se sont immobilisées. Sous le soleil, la foule, considérable et chaleureuse, frôle l'hystérie. Enfin, la porte du Boeing 707

---

1. *Air Force One* est l'avion présidentiel. Depuis sa date de mise en service, le 21 octobre 1962, JFK a parcouru 120 000 kilomètres à son bord. Enregistré sous le numéro 26000, nommé Angel par les Services secrets et VC-137 par l'US Air Force, le 707 était abonné en son nom propre à quinze magazines et cinq quotidiens. L'intérieur d'*Air Force One* avait été dessiné par Raymond Loewy d'après les indications de John Kennedy lui-même.

s'ouvre et le trente-cinquième président des Etats-Unis
s'avance. Les applaudissements redoublent. Il lève la main,
salue, se retourne vers sa femme et lui adresse un sourire. Il
est exactement 11 h 40, John Fitzgerald Kennedy n'a plus
que cinquante minutes à vivre.

Le plus populaire des chefs d'Etat américains, celui qui
construit son mythe fait de jeunesse et de renouveau de la
politique, s'est imposé sur la scène locale et internationale. Et
pourtant, lors de l'élection présidentielle de 1960, Richard
Nixon, le candidat républicain, avait failli gagner. La victoire
de Kennedy, le mardi 8 novembre, ne s'était dessinée que
tard dans la nuit et avec seulement 110 000 voix et 84 grands
électeurs [1] d'avance. Le Texas et ses vingt-cinq représentants,
sensibles à la présence de l'enfant démocrate de l'Etat, Lyndon B. Johnson comme colistier, avaient donné une courte
majorité à celui qui devint grâce à cette région le premier
président catholique des Etats-Unis.

Songeant rapidement à un second mandat, à peine deux
ans après sa courte élection, John Kennedy se met à préparer
le terrain pour obtenir la plus éclatante des victoires électorales de l'histoire du pays. Gagner au Texas s'annonce
d'avance indispensable à ses rêves de plébiscite. C'est donc
lui qui suggère, dès l'été 1962, d'entamer une tournée électorale. Un an plus tard, ses conseillers sollicitent l'avis du sénateur Ralph Yarborough : « Je leur ai dit que la meilleure chose
à faire, c'était que le Président vienne avec Jackie pour que
toutes les Texanes puissent la voir. Et c'est ce qu'il a fait [2]. »
Le principe d'une visite présidentielle est définitivement
adopté le 5 juin 1963 après une réunion entre Kennedy, son
vice-président et le gouverneur du Texas, John Connally [3].

---

1. D'après la Constitution, le Président est élu par les 437 représentants et les
100 sénateurs du Congrès choisis par près de 69 millions d'électeurs. Pour l'élection de 1960, JFK l'emporte dans vingt-trois Etats, Nixon dans vingt-six. Grâce
à la présence du candidat indépendant Harry Byrd, Kennedy s'impose mais sait
qu'un glissement de 1 % des voix dans 11 Etats clés, dont le Texas, aurait donné
la victoire à son opposant.
2. Jim MARRS, *Crossfire*, Pochet Books, 1993.
3. La plupart des éléments de ce chapitre proviennent de *Mort d'un Président*
de William Manchester, du rapport de la Commission Warren et des journaux de

La perspective de l'élection de 1964 n'est pas l'unique raison de la venue de JFK. Le Texas, traditionnellement démocrate, est déchiré. D'un côté, les républicains, alliés aux riches pétroliers, prennent de plus en plus de poids dans la ville de Dallas. De l'autre, une vive polémique oppose les deux courants du propre camp du chef de l'Etat. En tant que patron de parti, Kennedy se doit d'unir les partisans de Connally, un conservateur, et ceux de Yarborough, un libéral. En outre, la campagne promettant de coûter beaucoup plus que les dix-huit millions de dollars de 1960, une visite présidentielle permet d'organiser de nombreux banquets payants qui renfloueront les caisses.

Depuis l'assassinat du président William McKinley en 1901, c'est le Secret Service qui est en charge de la sécurité du locataire de la Maison-Blanche. En 1963, il emploie six cents agents répartis dans les plus grandes villes du pays. Ainsi de Dallas, Forrest V. Sorrels supervise l'ensemble de l'Etat. A ce titre, il est responsable de la préparation du futur séjour de Kennedy. Pour l'épauler, Washington a désigné l'agent spécial Lawson, appartenant au groupe chargé de la protection du Président et de sa famille. Le 4 novembre, le voyage officiel est confirmé, avec un emploi du temps démentiel qui joue avec la spécificité de cet immense Etat où la moitié de la population est regroupée dans six comtés. Ainsi, en deux jours, le Président pourra rencontrer près d'un million de Texans. Le lendemain, l'épouse de Johnson, le vice-président, écrit à la Première Dame des Etats-Unis, Jackie : « Le Président est à la page cinq, Lyndon à la dernière page, mais vous, vous êtes à la une ! » La frénésie médiatique est en branle. Le 8 novembre, Lawson part pour le Texas. Si les villes de San Antonio, de Houston, d'Austin et de Fort Worth contrôlées par les partisans du Président ne semblent poser aucun problème, le cas de Dallas est plus compliqué, la ville étant depuis quelque temps en proie à une fièvre extrémiste. En effet, depuis 1960, elle est devenue une forteresse des

---

l'époque, en particulier le *Dallas Morning News* et le *Dallas Times Herald*. Voir la bibliographie exhaustive en fin d'ouvrage.

conservateurs et se proclame centre du renouveau républicain. Dans cette cité d'un million d'habitants, les groupes d'ultra-extrémistes pullulent. Il y a la John Birch Society, les Minutemen, les Christian Crusaders, le groupe paramilitaire du milliardaire H. L. Hunt, des Cubains anticastristes brûlant d'action armée contre La Havane. Le général Walker, chassé de l'armée pour tentative de mutinerie, hisse le drapeau national à l'envers le jour de la fête de l'Indépendance. En somme, un activisme réactionnaire ardent qui filtre souvent avec une certaine violence. Johnson, lui-même, a été pris à partie par la foule lors des dernières élections présidentielles. Il est fréquent aussi que la nuit les magasins tenus par des juifs soient recouverts de croix nazies. Un peu partout, des graffitis et des affiches appellent à la révolution nationale et à l'hégémonie du pouvoir Blanc[1]. La presse locale tient une grande part de responsabilité dans cette situation. Le *Dallas Morning News*, fondé en 1842, dirige en effet la croisade anti-Kennedy. Dès l'élection de 1960, son président-directeur, Ted Dealey, a ouvert les colonnes du quotidien aux thèses les plus radicales, aux rumeurs salaces et aux contrevérités, censurant les informations qui lui déplaisent. En 1961, reçu en compagnie d'autres patrons de presse à la Maison-Blanche, à la stupéfaction générale, il s'en est même vigoureusement pris à son hôte : « Ted Dealey n'est pas un imbécile qu'on mène par le bout du nez et que l'on peut séduire avec des douceurs et des belles paroles. Nous pouvons anéantir la Russie et nous devrions le faire comprendre au gouvernement soviétique. Malheureusement pour l'Amérique, vous et votre gouvernement êtes des chiffes molles. Ce dont le pays a besoin, c'est d'un homme à cheval pour guider la nation, et beaucoup de gens, au Texas et dans le Sud-Ouest, pensent que vous ne chevauchez que le tricycle de Caroline[2]. » Une sortie intem-

---

1. Aujourd'hui le maire de Dallas est noir.
2. Caroline étant la fille de JFK. Aujourd'hui encore, sur le fronton du siège du *Dallas Morning News* on peut lire en lettres capitales : « Bâtissez l'information sur le rocher de la vérité et de la droiture. Modelez toujours votre conduite sur la justice et l'intégrité. Reconnaissez au peuple le droit de connaître grâce au journal les deux aspects de chaque problème. »

pestive qui lui vaut pourtant les compliments des responsables de sa ville ainsi qu'un abondant courrier de soutien où on lui reproche parfois sa « douceur » !

Mais l'aspect le plus inquiétant de la cité reste sa propension à la violence physique. En 1963, Dallas est en effet la ville la plus meurtrière du pays. En un mois s'y déroule plus de meurtres que dans toute l'Angleterre. Si Big D[1] n'est pas en proie à la guerre des gangs, elle subit une délinquance des classes moyennes, travers facilité par le laxisme de la ville dans la vente d'armes qui ne demande ni papiers d'identité, ni autorisation, ni période probatoire à l'acquéreur d'un revolver. Aussi, depuis le début de l'année 1963, y a-t-il déjà eu cent dix meurtres à Dallas dont trois quarts commis par armes à feu. Comme le rappellent ironiquement certains habitants : « Dieu a fait les grands et les petits. Mais Colt a fait le 45 pour tout équilibrer. »

La situation particulière de la ville n'échappant pas à de nombreux observateurs, quelques-uns décident de contacter la Maison-Blanche. Byron Skelton, président du Comité national démocrate du Texas, est sûrement le plus actif. Le 4 novembre, il écrit à Bobby Kennedy, attorney général[2] et frère du Président : « Très franchement le voyage prévu du président Kennedy à Dallas m'inquiète. Là-bas, j'ai entendu dire que Kennedy était un danger pour le monde libre. Un homme qui fait ce genre de déclaration est fort capable de ne pas s'en tenir aux paroles. Je me sentirais plus tranquille si l'itinéraire du Président ne comportait pas Dallas. Je demande que l'on envisage sérieusement l'annulation de cette étape. »

Ne s'arrêtant pas là, il fait aussi part de ses craintes à Lyndon Johnson, puis voyant que ces missives restent sans réponses, se rend à Washington. Face à tant d'acharnement, Bobby informe Kenneth O'Donnell, le plus proche conseiller de Kennedy, en charge des voyages présidentiels. Aux yeux

---

1. Littéralement la Grosse D, en référence à New York surnommée la Grosse Pomme, the Big Apple.
2. Que l'on pourrait traduire par ministre de la Justice.

de ce dernier l'avertissement de Skelton est sans fondement et le fruit de jalousies politiciennes. Il décide donc de ne pas y donner suite.

Pourtant Skelton n'est pas le seul à redouter l'étape de Dallas. L'évangéliste Billy Graham fait également part de ses craintes. Mieux encore, Fred Holborn, un adjoint du Président, téléphone à Henry Brandon, du journal londonien *Sunday Times*, pour lui glisser qu'il pourrait bien se passer quelque chose au Texas[1]. Le sénateur de l'Arkansas, J. William Fulbright passe de son côté une journée entière à tenter de convaincre le Président de ne pas s'y arrêter : « Cette ville est très dangereuse. Je veux dire physiquement dangereuse. Moi, je ne voudrais pas y aller. Raison de plus pour que vous, vous n'y alliez pas. »

Les deux frères de Yarborough, avocats à Big D, envoient aussi à la Maison-Blanche des conclusions très précises sur la violence et la haine quasi collective qu'inspire JFK. Là encore, les proches du Président y voient un simple calcul politique. Le 20 novembre, Pierre Salinger, responsable de la communication de la Maison-Blanche, reçoit, lui, une lettre d'un habitant de Dallas qui prévient : « Ne laissez pas venir le Président ici. Je me fais beaucoup de souci pour lui. Je crois qu'il va lui arriver quelque chose de grave. »

A vrai dire, aucune mise en garde n'aurait pu infléchir Kennedy. Tout d'abord, parce qu'il y va de l'autorité de sa fonction : à juste titre, le Président ne peut tolérer être interdit de séjour dans une ville des Etats-Unis. Ensuite parce que Kennedy entretient un rapport bien particulier avec la mort, son histoire, pavée de décès familiaux et de graves problèmes de santé personnels[2], lui permet d'aborder la chose avec humour. Un dialogue entre le Président et Hale Boggs, le

---

1. C'est ainsi, et grâce à la Maison-Blanche, que Brandon fut le seul correspondant étranger à Dallas le 22 novembre 1963.
2. JFK était notamment victime de graves problèmes de dos au point de ne dormir que sur une planche en bois, même en déplacement. Par ailleurs, atteint du syndrome d'Adisson qui se traduit par une déficience tyroïdienne, il devait prendre de la cortisone.

matin du départ de sa tournée électorale, traduit bien son état d'esprit :

« Vous allez vous fourrer dans un nid de frelons.

— Eh bien, ce sera une expérience intéressante. »

En outre, il ne veut pas oublier, et le répète souvent, que les tentatives de meurtres sont un des éléments liés au poste de numéro un du pays. Kennedy n'est pas irresponsable mais, comme il l'a confié à des amis, la notion de risque fait partie de son métier de Président. Il a même ajouté que le supprimer ne serait pas une chose difficile, son agresseur devant être suffisamment courageux pour donner sa vie en échange de la sienne. Le 9 novembre 1960, à peine élu et pas encore tout à fait Président [1], Kennedy n'a-t-il pas échappé à un attentat à l'explosif fomenté par Richard Paul Pavlick, persuadé qu'il avait triché ? Et durant la première année de son mandat, ne reçoit-il pas plus d'un millier de lettres de menaces ?

Toujours est-il que la tournée texane exige un sérieux travail de contrôle. Lawson en est conscient. Suivant la procédure, la première étape consiste dans l'épluchage du fichier du Protective Research Section (PRS). Toutes les personnes ayant proféré des menaces contre le Président, ou manifestant un comportement dangereux, y sont consignées. Ensuite Lawson rencontre le FBI, la police de Dallas et confronte son opinion avec celle de Sorrels. En conclusion, trois priorités se dégagent : trouver un lieu suffisamment sûr pour organiser le banquet, choisir un itinéraire conciliant sécurité et succès populaire, enfin essayer d'identifier l'ensemble des contre-manifestants du 24 octobre 1963. Ce jour-là, en effet, Adlai Stevenson, l'ambassadeur américain à l'ONU, avait été molesté par des habitants de Dallas. Une des priorités de Sorrels et de Lawson est donc de reconnaître les fauteurs de trouble. C'est ainsi que Wes Wise, cameraman pour KRLD-TV, est contacté : « J'étais au Memorial Auditorium Theatre pour couvrir la visite d'Adlai Stevenson. Lorsqu'il a été

---

1. Si l'élection présidentielle a lieu traditionnellement en novembre, le Président élu entre seulement en fonction au mois de janvier. Le délai permettant de préparer efficacement l'alternance.

attaqué, je me tenais à quelques mètres avec ma caméra et mon film, le seul des événements, a été repris de partout. Quand il a fallu préparer la venue de Kennedy, j'ai passé trois ou quatre jours avec le FBI, et le Secret Service a regardé mon film image par image. Le 22 novembre, j'étais avec les responsables de la sécurité à l'entrée du Trade Mart pour reconnaître les agitateurs [1]. »

Le choix de la salle du repas demande plusieurs jours. Jerry Bruno[2], membre du Comité national démocrate, sélectionne tout d'abord le grand hall de l'hôtel Sheraton-Dallas. Mais il est déjà réservé par une association féminine et la direction du palace refuse catégoriquement d'intercéder en faveur de la Maison-Blanche.

En revanche, le Memorial Auditorium aux onze mille places est libre et permettrait à un grand nombre de militants de voir Kennedy. Mais les gérants, craignant des débordements semblables à ceux du 24 octobre, refusent de le louer. Restent trois possibilités : le Women's Building, le Market Hall et le Trade Mart. Bruno sélectionne le premier, situé dans un quartier populaire et habitué aux congrès de travailleurs. Or c'est justement pour cette raison que le gouverneur Connally s'y oppose, souhaitant, lui, un public d'hommes d'affaires. Il veut le Trade Mart puisque le Market Hall est occupé par l'Association des fabricants de boissons gazeuses. Ce qu'il obtient. En somme, on fait fi des questions de sécurité !

Enfin, en compagnie du chef de la police de Dallas, Jesse Curry, Sorrels et Lawson effectuent en voiture l'itinéraire prévu pour le défilé du 22 novembre. Sur Harwood Street, à mi-chemin, Forrest Sorrels jauge les buildings de chaque côté de la route et s'exclame : « Merde, qu'est-ce qu'on ferait comme jolies cibles[3] ! » Avec plus de vingt mille fenêtres sur

---

1. In *Reporting the Kennedy Assassination, Journalists who were there recall their experiences*, Laura Hlavach & Darwin Payne editors, Three Forks Press, 1996, p. 156.

2. Et non, comme l'affirme la Commission Warren, le Secret Service. Ce point sera développé ultérieurement.

3. William MANCHESTER, *Mort d'un Président*, Robert Laffont, 1967, p. 47.

l'ensemble du parcours, il n'a pas tort. A moins de faire intervenir la Garde nationale, il est en effet impossible de les surveiller toutes.

Le 14, le Trade Mart est définitivement retenu par Kenneth O'Donnell et le 18, le parcours de l'aéroport de Love Field à la salle de banquet approuvé par le Secret Service. Le lendemain, ce déroulé fait la une des deux principaux quotidiens de la ville, le *Dallas Morning News* et le *Dallas Times Herald*. Le News précise même que « le cortège avancera lentement pour permettre à la foule "de bien voir" le Président et son épouse. »

Le jeudi 21 novembre, John Kennedy quitte la Maison-Blanche à bord d'un hélicoptère pour se rendre à la base militaire d'Andrews où *Air Force One* l'attend. Sa matinée a débuté par la rédaction de deux lettres de condoléances à des enfants texans dont le père vient de mourir au Vietnam [1]. Puis vers 9 heures, il a embrassé sa fille Caroline et fait appeler le responsable des bulletins météo pour lui reprocher ses prévisions. En effet, alors qu'il a annoncé de la pluie et du froid sur le Texas, le temps est beaucoup plus clément. Ce changement de dernière minute contrarie l'épouse du Président : elle n'a prévu que des vêtements chauds.

Il ne faut pas se méprendre sur le coup de colère de Kennedy. Sa préoccupation n'est pas le confort de sa femme mais la crainte qu'elle annule sa venue au dernier moment, Jackie étant un élément important de la campagne à venir. Si la cote de confiance de JFK frôle les 60 %, celle de son épouse flirte avec les sommets. D'ailleurs, lors de situations difficiles, c'est presque toujours le charme et la tenue de Jacqueline Bouvier Kennedy qui ont permis au Président de remporter la partie. Le voyage du couple à Paris, en juin 1961, en est la meilleure preuve : la prestance et la popularité de la Première Dame ont occulté les vives tensions entre les deux chefs d'Etat, le général de Gaulle accueillant même ses invités en anglais, un

---

1. Depuis le début de sa présidence, John Kennedy se fait un point d'honneur d'écrire personnellement à la famille de tout Américain mort au combat. Cela représente une cinquantaine de lettres par mois. Souvent la missive est accompagnée d'une invitation à la Maison-Blanche.

geste rarissime[1]. Depuis, John Kennedy a pris l'habitude de se présenter en public comme celui qui accompagne Jackie.

De plus, le voyage au Texas inaugure la campagne qui promet d'être longue. Et, si tous les sondages le donnent en tête face à Barry Goldwater, le probable candidat républicain, Kennedy n'a pas caché à ses proches son envie d'une victoire plébiscitaire qui permettrait de faire oublier la difficile élection de 1960 et les rumeurs de tricheries. De fait, la réussite de l'escale texane conditionnerait la présence de Jackie le mois suivant en Californie.

Autre crainte pour le Président, la possible fragilité psychologique de son épouse. Le 9 août dernier, le troisième enfant du couple est décédé. Patrick Bouvier Kennedy, né avec cinq semaines d'avance, n'aura survécu que quarante heures. JFK a assisté aux tentatives désespérées de l'équipe médicale pour sauver le nourrisson et a très mal supporté sa mort[2]. Jackie, moralement et physiquement affaiblie, a préféré quitter les Etats-Unis en compagnie de sa sœur pour rejoindre le yacht d'Aristote Onassis. Après une croisière de trois semaines, elle entame avec son mari la tournée électorale qui va marquer sa rentrée publique.

A 9 h 30, le Secret Service reçoit un télex du FBI de Dallas. Des tracts anti-Kennedy, qui détournent les avis de recherches de la police et le comparent à un traître à la nation, sont distribués dans les rues de la ville.

Une heure trente plus tard, JFK arrive à la base d'Andrews.

---

1. De son côté JFK apprenait le français : « C'était un secret jalousement gardé. De Gaulle se montrait de plus en plus difficile à manier, et le président des Etats-Unis avait pensé que le moyen le plus frappant de chatouiller l'amour-propre gaullien serait d'apprendre sa langue – de l'apprendre vraiment – pour négocier avec lui directement en français. C'était tout à fait dans le style Kennedy. » In *Mort d'un Président*, op. cit., p. 28.
2. La mort de son enfant hante Kennedy. Le 21 novembre à San Antonio, il demande au responsable de l'Ecole de médecine aérospatiale de l'US Air Force si les progrès effectués dans la course à l'espace et plus particulièrement les chambres à oxygène pourraient bientôt s'appliquer à la médecine des enfants prématurés.

Il embrasse une dernière fois son fils, John Jr.[1] et promet d'être de retour lundi pour fêter son troisième anniversaire.

A 14 h 30, le Boeing présidentiel se pose à San Antonio où le couple Kennedy est accueilli par Lyndon Johnson et son épouse, Lady Bird[2]. En signe de bienvenue, Jackie reçoit son premier bouquet de roses jaunes, la fleur emblématique du Texas.

Dès sa descente d'avion, John Kennedy constate que la divergence de vues entre Connally et Yarborough est plus importante que supposée. Ce dernier, sous l'œil des nombreux correspondants de presse, refuse même de monter en voiture avec le vice-président, Lyndon Johnson étant un partisan de la politique conservatrice du gouverneur Connally.

Mais les dissensions démocrates s'estompent avec la réussite du défilé. Près de 200 000 personnes se bousculent sur les trottoirs de la ville pour apercevoir le couple présidentiel. Comme prévu, l'effet Jackie fonctionne. Plus tard dans la journée, le Président, ravi, demande son impression à Dave Powers, un de ses conseillers : « Le nombre de spectateurs venus vous voir a été à peu près le même que d'habitude, mais cette fois-ci 100 000 personnes en plus sont venues pour voir Jackie. »

Après avoir inauguré l'Ecole de médecine aérospatiale de l'US Air Force, JFK et sa suite rejoignent Houston où une nouvelle fois le couple Johnson, arrivé une minute plus tôt, les reçoit. Sur le passage du cortège présidentiel, les Texans se sont déplacés en masse. Par moments, les services de sécurité sont débordés par l'enthousiasme populaire et agacés par leur Président peu discipliné. Plusieurs fois, JFK ordonne en effet l'arrêt dc son véhicule pour descendre serrer quelques mains, créant ainsi d'impressionnants mouvements de foule.

---

1. Surnommé aussi John-John, il est aujourd'hui le directeur du mensuel *George*. Le surnom est une coutume du clan Kennedy. Ainsi JFK est appelé Jack et son frère Robert, Bobby.

2. Il s'agit là aussi d'un surnom. Il permet à l'épouse du vice-président d'avoir les mêmes initiales que son mari : LBJ. Une obsession qui frappe toute la famille puisque leurs deux filles se prénomment Lynda Bird et Lucy Baines. Sans oublier leur chien, Little Beagle.

Vers 1 heure du matin, après avoir présidé un dîner en l'honneur du député Albert Thomas, John Kennedy rejoint Fort Worth et l'hôtel Texas. Sa première journée de campagne est terminée. Heureux mais épuisé, il s'endort sur cette étrange pensée : « C'est une nuit idéale pour assassiner un président[1]. »

La pluie fine et la brise du nord n'ont pas découragé le millier de personnes qui se regroupent, en ce vendredi matin, sur le parking de l'hôtel afin de saluer le couple présidentiel. Touché par l'ovation se déroulant sous ses fenêtres, sans parapluie, ni chapeau[2], JFK les rejoint et improvise une brève déclaration en hommage au courage des travailleurs de Fort Worth. A 10 h 05, il préside un petit déjeuner offert par la chambre de commerce de la ville où il prononce ce qui va devenir son dernier discours. Vingt-cinq minutes plus tard, Jackie, vêtue d'un tailleur rose vif, le rejoint. Puis c'est le départ vers l'aéroport militaire de Carswell pour le vol le plus court de l'histoire d'*Air Force One* : treize minutes pour effectuer les cinquante kilomètres séparant Fort Worth de Dallas[3].

Alors que l'avion amorce sa descente, le Président glisse à John Connally : « La chance revient, nous allons avoir du soleil. »

Autre raison d'être satisfait, le nombre, considérable, de supporters rassemblés en bord de piste. Seules quelques pancartes agressives, noyées dans la masse, font tache. Avant de quitter le Boeing, le Président se tourne vers Jackie et lui glisse : « Maintenant, nous arrivons au pays des fous. »

L'édition matinale du *Dallas Morning News* n'est pas pour rien dans cette remarque. Si dans ses titres et son éditorial, la

---

1. Comme il le confiera le lendemain matin à un de ses assistants in *Mort d'un Président*, William Manchester, *op. cit.*

2. JFK craignait d'être ridicule avec un chapeau. Lors du petit déjeuner, les commerçants de Fort Worth lui ont offert un Stetson qu'il refusa d'essayer, lançant sous forme de boutade : « Je le porterai lundi à la Maison-Blanche. »

3. Il y a deux raisons à ce mini-vol. La protection du Président tout d'abord : il est difficile de sécuriser 40 kilomètres à moins de couper complètement la circulation. Face au nombre de mécontents potentiels, c'est un risque électoral. De plus, une arrivée à bord d'*Air Force One* est prestigieuse et « fait » une image pour les médias.

rédaction appelle les habitants de Dallas à oublier les clivages politiques afin de recevoir dignement le Président, une pleine page du quotidien s'en prend violemment à lui. Titrée « Bienvenue Monsieur Kennedy », et non comme le voudrait l'usage « Monsieur le Président », encadrée de noir tel un avis de décès, cette publicité réalisée par l'obscur American Fact-Finding Committee attaque avec virulence la politique étrangère de la Maison-Blanche.

A l'aéroport, les Johnson, bouquet de roses rouges[1] en main, se plient une nouvelle fois au traditionnel accueil du couple. En leur compagnie, Earle Cabell, maire de Dallas mais aussi frère de l'ancien directeur adjoint de la CIA, renvoyé par Kennedy après le fiasco de la baie des Cochons.

Pour le plus grand plaisir de ses quatre mille admirateurs, John Kennedy fausse compagnie à ses gardes du corps et s'offre un bain de foule. Dans la cohue, chacun tente de rejoindre son véhicule. Organiser un défilé présidentiel n'est pas chose aisée. Son déroulement doit être parfait. C'est ainsi que l'ordre des voitures est établi à l'avance.

D'abord, à 400 mètres du groupe, en tête une voiture-pilote chargée de prévenir en cas d'accidents ou de problèmes de circulation. Le défilé proprement dit est mené par la décapotable de Jesse Curry, chef de la police de Dallas. Avec lui, Lawson et Sorrels ainsi que le shérif du comté, J. E. « Bill » Decker. A cinq longueurs suit la limousine présidentielle, une Lincoln Continental bleue décapotable. Spécialement conçue pour la Maison-Blanche, blindée, équipée d'un moteur V8, elle peut atteindre les 180 kilomètres à l'heure en quelques secondes. Au volant, un vétéran de la protection, l'agent du Secret Service William Greer. A sa droite, Roy Kellerman. Derrière eux, sur les sièges rétractables, Nelly Connally et son mari John. Enfin en dernière position, sur la banquette, John Kennedy avec à sa gauche son épouse. Quatre motards, deux de chaque côté, encadrent la Lincoln, histoire de tenir la foule

---

1. Rouge et non jaune car toutes les roses de cette couleur avaient été réquisitionnées pour Trade Mart et le banquet du soir à Austin. Certains chercheurs ont interprété un peu rapidement ce changement de couleur comme un possible code !

à l'écart. Un véhicule du Secret Service est derrière, une Cadillac de 1956 occupée par huit hommes et équipée de marchepied permettant aux gardes du corps d'intervenir rapidement en cas de danger. Plus loin, pour marquer la différence de rang entre le Président et sa suite, une Lincoln modèle 1964 abrite le vice-président Johnson, son épouse, le sénateur Ralph Yarborough, un chauffeur texan et l'agent Rufus W. Youngblood. Comme pour Kennedy, il précède un autre véhicule du Secret Service. Les cinq véhicules suivants sont ceux des nombreux officiels dont le maire de Dallas et les membres texans du Congrès. La presse a eu droit à trois véhicules dont un équipé d'une ligne téléphonique. Deux bus concluent le défilé. Dans le dernier, George Burkley ne décolère pas. Médecin personnel de John Kennedy, il considère que sa place est beaucoup trop éloignée de la limousine présidentielle. Il est maintenant 11 h 50 et les membres du Secret Service font accélérer le mouvement. La parade ne doit pas excéder quarante-cinq minutes et impérativement passer dans les rues de Dallas pendant la pause déjeuner pour permettre à un plus grand nombre d'employés d'applaudir le Président.

Avant que le cortège s'ébranle, JFK répète une nouvelle fois les consignes à sa femme. Elle doit sourire, ne jamais porter de lunettes de soleil et surtout regarder de son côté de la route. Ainsi, ils auront établi un contact visuel avec deux fois plus de futurs électeurs.

A cet instant, la tournée texane est déjà un succès. En effet, quelques heures plus tôt, Kennedy a obtenu une importante victoire politique. Le sénateur Yarborough et le gouverneur Connally ont décidé de se réconcilier publiquement. Le Président a dû faire preuve d'autorité et menacer Ralph Yarborough de l'exclure du programme de la journée s'il n'acceptait pas de rouler en compagnie de Lyndon Johnson. Autre raison de satisfaction, un sondage sur l'Etat du Texas, effectué avant la tournée et l'accord de paix entre les deux ténors démocrates, donne un seul point d'avance à Barry Goldwater.

Dès les premiers mètres, c'est la divine surprise. Alors que le cortège avance dans les quartiers résidentiels de la ville, le public est nombreux et enthousiaste. John et Jackie sont en train de faire définitivement basculer l'élection de 1964. Dès l'entrée de la cité, les spectateurs se pressent sur cinq rangs, hurlant le prénom de la Première Dame. L'allure du cortège ralentit, et la masse se resserre sur le véhicule présidentiel. Les gardes du corps doivent intervenir de chaque côté de la Lincoln pour repousser les admirateurs du couple. Par deux fois, le Président ordonne à Bill Greer de stopper et descend à la rencontre d'un groupe de religieuses, puis de quelques enfants portant une pancarte lui demandant de venir leur serrer la main.

Les lycéens sont nombreux sur les trottoirs de la ville même si rien n'a été fait pour cela. En effet, traditionnellement, une visite présidentielle en semaine est l'occasion d'un jour de congé pour les étudiants. Voulant éviter le désordre, les autorités de Dallas ne s'y sont pas pliées et ont au contraire imposé aux enfants de ne pas se rendre au défilé sans être accompagnés. De toute manière, de nombreux enseignants ont menacé de représailles les élèves intéressés par le cortège. Ainsi un des professeurs du lycée W. E. Greiner déclare-t-il à sa classe : « Personne ici ne sera autorisé à sortir pour le défilé. Peu importe que toute votre famille vous réclame. Vous devez rester en classe. Ce n'est pas un bon président et je ne dis pas ça parce que je suis républicain. Lui et son frère Bobby sont aussi nuisibles l'un que l'autre. Vous ne sortirez pas, moi non plus. Si jamais je le voyais, je lui cracherais à la figure[1]. »

Il est 12 h 20 et le défilé s'engage sur Main Street, une des plus importantes artères de Dallas. Là des milliers de spectateurs se sont donné rendez-vous pour acclamer le cortège. Robert Hollingsworth, le correspondant du *Times Herald*, habitué des voyages de Kennedy, note : « Le cortège traverse maintenant Main Street et l'étonnement face au succès populaire se transforme en stupéfaction. Pour tous ceux parmi nous qui suivent le Président depuis jeudi matin et son départ

---

1. William MANCHESTER, *Mort d'un Président*, *op. cit*, p. 78. Cette étonnante mise en garde prononcée le 21 novembre a été confirmée par de nombreux élèves avant même l'assassinat de JFK.

de la Maison-Blanche pour le Texas, il s'agit du plus grand, du plus enthousiaste et chaleureux accueil qu'il ait reçu dans cet Etat. »

Le cordon de sécurité mis en place par la police ne peut contenir la ferveur de la foule, aussi la Lincoln dépasse-t-elle rarement les dix kilomètres à l'heure. 12 h 29, William Greer tourne à droite pour emprunter Houston Street pendant quelques mètres. Au micro de la radio KRLD, Bob Huffaker raconte : « Le défilé est presque terminé. C'était sans danger, pas de réaction contre la visite présidentielle, mais au contraire un accueil énorme. » La limousine passe devant le tribunal, les archives et l'immeuble de bureau Dal-Tex où le public est moins fourni. Dans la voiture de tête, Sorrels dit à Curry : « Encore cinq minutes et nous l'aurons amené à bon port. » Lawson, lui, se charge de prévenir les hommes postés au Trade Mart de l'arrivée éminente du Président. Enfin, c'est la légère descente sur Dealey Plaza, un espace rectangulaire arboré et ouvert, traversé par trois rues perpendiculaires, Elm, Main et Commerce. Le virage à gauche sur Elm Street, très serré, oblige la Lincoln à ralentir une nouvelle fois. Devant elle, un bâtiment en briques rouges, le Texas School Book Depository. Sur son toit, une immense horloge indique l'heure et la température. La fin du défilé est proche. Une fois le Triple Underpass[1] atteint, il restera moins de cinq minutes pour rejoindre rapidement le Trade Mart et ses 2 600 convives. Jackie, n'en pouvant plus dans ses vêtements de laine alors que le mercure dépasse les vingt degrés, voit arriver le Triple Underpass et son ombre avec soulagement. A l'arrière du convoi, Evelyn Lincoln, secrétaire du Président depuis ses débuts en politique, se réjouit devant une de ses collègues : « Vous vous rendez compte, nous avons traversé tout Dallas et il n'y a pas eu une seule manifestation hostile. »

La limousine présidentielle est presque à hauteur d'un panneau indiquant la sortie pour Stemmons Freeway. Sur la gauche, quelques badauds saluent les Kennedy. A droite, planté sur un monticule en béton, un homme filme le cortège.

---

1. Pont de chemin de fer marquant la fin de Dealey Plaza (voir cahier photos).

A cet instant, alors qu'un spectateur se prépare à ouvrir un parapluie on ne sait trop pourquoi, Nelly Connally se tourne vers le couple et lâche : « Maintenant, vous ne pourrez plus dire que Dallas ne vous aime pas. » Dans un sourire, John Kennedy répond : « Non, ça on ne pourra plus le dire. »

La fin de la phrase du Président est subitement couverte par le bruit d'une première explosion puis d'une autre. Bob Hargis, un des motards d'escorte dit : « Tiens, voilà que l'on jette des pétards... » Kennedy, surpris, porte les mains à sa gorge. Presque dans le même instant, le gouverneur Connally, intrigué par l'étrange mouvement du Président, tente de se retourner lorsqu'une vive douleur le fait s'effondrer sur les genoux de son épouse. A son tour mais plus lentement, John Kennedy s'affaisse sur sa femme. Jackie se baisse vers lui, passe un bras sur ses épaules. La limousine ralentit, marque presque un arrêt. Soudain, un autre coup de feu, plus sourd, résonne sur Dealey Plaza. Et, comme si des bras invisibles l'avaient violemment happé, le Président est projeté en arrière. De son crâne jaillit une bouillie rose faite de sang et de matières cervicales. Il est 12 h 30, en ce vendredi 22 novembre 1963, le trente-cinquième président des Etats-Unis vient d'être assassiné.

CHAPITRE 2

Le chaos

« Nous porterons le chagrin de sa mort jusqu'au jour de la nôtre. »

Adlai Stevenson, 22 novembre 1963.

« C'est formidable, JFK a crevé ! »

Etudiants de l'université d'Amarillo,
Texas, 22 novembre 1963.

La fusillade a duré moins de dix secondes. Sur Dealey Plaza, c'est la panique. Un père de famille protège de son corps son enfant, le nez écrasé contre la pelouse. Une femme perd conscience, d'autres crient. Abraham Zapruder, badaud en équilibre sur son socle de béton, sa caméra 8 millimètres à la main, hurle : «Ils l'ont tué ! Ils l'ont tué !» Sur Elm Street, alors que la limousine ne dépasse pas les vingt kilomètres à l'heure, un seul agent du Secret Service semble avoir compris le drame[1]. Debout à l'avant du marchepied de

---

1. La chronologie et les témoignages constituant ce chapitre sont, sauf précision, tirés du rapport de la Commission Warren sur l'assassinat du président Kennedy. Certains détails seront discutés dans un prochain chapitre.

gauche de la voiture d'escorte, Clint Hill, en charge de la
sécurité de Jackie, réagit dès le premier coup de feu : « Tournant ma tête vers la droite, j'ai eu un instant devant les yeux
la voiture présidentielle et j'ai aperçu le président Kennedy
qui levait les mains et basculait en avant, sur la gauche. » A
moins de deux mètres de lui, la limousine semble ne plus
bouger. Sans hésiter, Hill saute en marche et se rue vers JFK
quand, juste au moment où il le rejoint, un nouveau coup de
feu éclate. Sous ses yeux, moins de cinq secondes après sa
réaction, le crâne du Président explose.

Alors qu'il tente de sauter sur le marchepied arrière, la
limousine accélère enfin. Au prix d'un effort, il réussit néanmoins à se jeter sur le coffre à la rencontre de Jackie : « Madame Kennedy était montée d'un bond sur le siège. J'ai cru
qu'elle cherchait à atteindre quelque chose qui se trouvait sur
le pare-chocs arrière droit, sur l'aile arrière droite de la voiture, quand elle remarqua que je tentais de monter. Elle se
tourna vers moi, je l'empoignai, la forçai à se rasseoir sur la
banquette arrière[1], puis je me hissai au sommet de la banquette arrière et m'y allongeai. »

A l'avant, les deux gardes du corps s'activent enfin. Tandis
que Greer pousse le V8 à près de cent kilomètres à l'heure en
quelques secondes, Kellerman s'empare de la radio et hurle
à Curry dans la voiture de tête : « Sommes touchés ! Emme-
nez-nous immédiatement à l'hôpital. »

Puis il se tourne pour évaluer la situation. Le gouverneur
Connally, couvert de sang, est effondré, la tête posée sur les
genoux de son épouse. L'agent spécial Hill est allongé sur le
coffre de la voiture qu'il ne cesse de frapper à coups de poings
rageurs.

Dans sa tête, Kellerman tente de se remémorer les événements. Assis à droite, à l'avant de la Lincoln, il a clairement
entendu une explosion, probablement le bruit d'un pétard.

---

1. De la voiture d'escorte présidentielle, Dave Powers a assisté à la scène. Il a
déclaré à la Commission Warren que Jackie Kennedy serait vraisemblablement
tombée de voiture par l'arrière et se serait tuée si Clint Hill ne l'avait pas repoussée
à l'intérieur de la limousine. Jackie ne réussit jamais à se souvenir de cet instant
pourtant immortalisé par le film d'Abraham Zapruder.

Mais à l'instant où il se tourne, Kennedy porte ses mains à son cou et lance : « Mon Dieu, je suis touché. » L'agent est également persuadé avoir entendu, alors qu'il demandait à Greer de filer à toute vitesse, une « rafale de coups de feu » dans les cinq secondes qui ont suivi la première détonation. D'après lui, Jackie cria même à ce moment à son mari : « Qu'est-ce qu'ils t'ont fait ? »

Tandis que les sept kilomètres séparant le lieu du crime et l'hôpital Parkland Memorial lui paraissent interminables, Greer tente également de se souvenir des coups de feu. Tout d'abord il y a eu le bruit qu'il a pris pour un raté de moteur d'une des motos de l'escorte. Mais, lorsque le même son se reproduit, il jette un coup d'œil rapide par-dessus son épaule et voit le gouverneur Connally s'écrouler sur son épouse, qui a compris que la voiture était prise pour cible. Avant de s'évanouir, le gouverneur du Texas hurle, complètement terrifié : « Oh non, non, non ! Mon Dieu, ils vont nous tuer tous ! » Persuadée d'une agonie proche, Nelly ne cesse de le réconforter quand Kennedy est atteint à la tête, choc si violent que l'intérieur de la limousine se retrouve éclaboussé de substance cérébrale.

Dans la voiture d'escorte, l'agent spécial George W. Hickey, assis sur la banquette arrière, empoigne et arme son fusil automatique mais il est trop tard, la fusillade est terminée et l'avant du cortège fonce déjà vers l'hôpital. Nelly Connally, elle, est frappée par « le silence à l'intérieur de la limousine, un silence de mort, un silence glacial ». A une dizaine de mètres en arrière, Rufus Youngblood, chef du service de sécurité du vice-président, a lui aussi fait preuve de réflexes : « Au moment où nous commencions à descendre cette pente, tout à coup j'entendis une détonation. Aussitôt je remarquai une agitation insolite dans la foule, les gens se baissant et se dispersant, et je vis aussi des mouvements rapides dans la voiture d'escorte présidentielle. Alors je me retournai, je frappai le vice-président sur l'épaule et hurlai : " Baissez-vous ! ", après quoi je tournai de nouveau la tête et vis qu'on continuait de bouger, alors je sautai sur la banquette arrière et je me plaçai au-dessus de lui. »

A une quinzaine de mètres de là, dans la première voiture de presse, l'excitation est à son comble. Alors que le véhicule se trouve encore sur Elm Street, Merriman Smith, envoyé spécial de l'UPI[1], le plus ancien des cinq reporters présents et à ce titre prioritaire pour avoir accès à l'unique ligne téléphonique, dicte à son agence : « Trois coups de feu ont été tirés sur le cortège du président Kennedy dans le centre de Dallas. »

Ainsi, à 12 h 34, soit à peine quatre minutes après les détonations et avant même que JFK arrive à l'hôpital de Parkland, la nouvelle de l'attentat tombe-t-elle sur les téléscripteurs[2].

Par chance pour Smith et ses collègues (Baskin et Clark de la chaîne de télévision ABC et Jack Bell de l'agence Associated Press), le reste du cortège est bloqué sur Dealey Plaza, tandis qu'eux sont dans la seule voiture de journalistes à suivre la limousine présidentielle dans sa course vers les urgences[3].

Sur la voie rapide, quelques badauds, ignorant le drame, saluent la voiture présidentielle qui file à près de 130 kilomètres à l'heure. Le chef Curry ordonne au central radio de prévenir Parkland de l'arrivée imminente du Président : « Faites route vers l'hôpital, l'hôpital Parkland. Donnez-leur

---

1. United Press International, équivalent américain de l'AFP.
2. La dextérité de Merriman Smith lui permit de remporter le prix Pulitzer récompensant le meilleur reporter de l'année.
3. Dans son ouvrage, William Manchester relate avec talent la rivalité opposant les deux correspondants dans cette chasse au scoop : « Ils étaient reporters d'agences de presse et travaillaient au quart de seconde. L'ancienneté de Smith lui avait valu l'exclusivité la plus formidable de sa carrière, et plus longtemps il pourrait tenir Bell éloigné d'un opérateur de l'AP, plus longue serait son exclusivité. Il n'arrêtait donc pas de parler. Il dictait une dépêche après l'autre. Indigné, Bell se dressa, au milieu du siège arrière, et demanda l'appareil. Smith tenta de gagner du temps. Il prétendit que l'opérateur de Dallas relisait ce qu'il venait de dicter. Les fils à haute tension, au-dessus d'eux, avaient peut-être brouillé sa transmission, expliqua-t-il. Mais cela n'abusa personne. Dans la voiture, tout le monde pouvait entendre la voix bien timbrée de l'opérateur de l'UPI. Le relais était parfait. Bell, écarlate et vociférant, essaya d'arracher l'appareil à Smith, qui le fourra entre ses genoux et s'accroupit sous le tableau de bord. Bell, dans sa fureur, distribuait des coups de poing au hasard, autour de lui. »

l'ordre de se tenir prêts... Il semble que le Président est atteint. Donnez l'ordre à Parkland de se tenir prêt. »

A 12 h 35, l'avant du cortège stoppe à l'entrée réservée aux urgences[1]. A l'hôpital Parkland, tout est prêt pour recevoir le chef de l'Etat[2]. Par sécurité, et même si le message ne faisait état que d'un seul blessé, les salles Trauma 1 et 2 ont été préparées. Une intuition judicieuse puisque le gouverneur Connally est lui aussi touché, sa figure est jaunâtre, ses cheveux sont couverts de sang. Pourtant, réveillé par le coup de frein de Greer, il reprend connaissance. Le sang sur son crâne n'est pas le sien mais celui du Président. C'est à ce moment-là que Nelly, son épouse, qui s'est montrée jusque-là imperturbable, craque. Elle ne comprend pas pourquoi tout le monde se presse autour du corps de JFK et néglige son mari. Pour elle, il n'y a pas de doute, le Président est mort car « personne ne peut vivre après cela ».

Pendant toute cette agitation – il faut d'abord emporter le gouverneur pour libérer les strapontins et avoir accès au chef de l'Etat –, Jackie ne bouge pas et garde tout contre elle le corps de Jack. Pliée en deux, elle ne cesse de gémir, d'embrasser son mari, et surtout de masquer l'horrible blessure de JFK. Une nouvelle fois, Clint Hill est le premier à correctement analyser la situation : Jackie Kennedy, dans le chaos le plus total, ressent un cruel besoin d'intimité. Doucement, presque tendrement, il pose une main sur son épaule et lui murmure : « Je vous en prie, madame Kennedy. Je vous en prie. Nous devons montrer le Président à un médecin. » Jackie lève enfin les yeux et répond :

« Je ne vais pas le laisser partir, monsieur Hill.

— Nous devons l'emporter, madame Kennedy.

— Non, monsieur Hill. Vous savez qu'il est mort. Laissez-moi. Laissez-le moi. »

---

1. L'amiral Burkley, médecin personnel de John Kennedy, arrive à Parkland près de cinq minutes après le Président. Les voitures de queue « n'ayant pas compris exactement ce qui s'était passé » se sont d'abord rendues au Trade Mart.

2. Il s'agit, rappelons-le, de la version officielle de la Commission Warren. En fait, comme nous le verrons, dans son souci de protéger les autorités de Dallas, la Commission escamote les difficultés rencontrées au Parkland Memorial.

Clint Hill retire alors sa veste et, délicatement, les larmes aux yeux, recouvre la face de son chef. La blessure étant désormais dissimulée, Jackie se pousse en arrière et permet à Hill, à Kellerman, à Powers, à Greer et à Lawson de s'emparer du Président. Si certains des membres du cortège espèrent encore un miracle, d'autres comme Ralph Yarborough ne se font plus aucune illusion. Ancien procureur, son expérience des cadavres ne le trompe pas : comme un pantin désarticulé, les jambes de Kennedy vont dans tous les sens. Absent, le sénateur répète à voix basse : « Excalibur a sombré sous les vagues[1]... »

Quelques secondes plus tard, Merriman Smith déboule. Si le corps n'est plus là, Clint Hill en bras de chemise, effondré, revient près de la Lincoln :

« Comment va-t-il ? Comment va le Président, Clint ?

— Putain ! Il est mort, Smitty[2]. »

Le diagnostic de Hill n'est pas celui des urgentistes. En Trauma 1, les douze médecins qui attendent JFK sont bien décidés à sauver le Président. Il y a là quatre chirurgiens, quatre anesthésistes, un chirurgien urologue, un chirurgien stomatologue, un cardiologue, et même le docteur William Kemp Clark, neurologue en chef.

Pourtant, Kennedy ne respire plus. Son pouls est absent, ses pupilles sont fixes et dilatées, son cerveau est en bouillie. Mais, il est encore le président des Etats-Unis et personne ne peut le déclarer mort à l'arrivée[3] sans rien tenter.

Vers 12 h 40, « les médecins constatent une respiration intermittente et un infime battement de cœur ». Le docteur

---

1. La réaction des témoins du drame est parfois bizarre. Dave Powers a la présence d'esprit de prendre son carnet et d'y noter : « 12.35 Porté mon Président sur civière couru à salle urgences N° 1 (3 m sur 4,50 m) Jackie court à côté civière. Elle tient bon. » Kenneth O'Donnell, le bras droit de JFK, est prostré dans le silence pendant une demi-heure.

2. Tandis que l'UPI multiplie les scoops, AP joue de malchance. En effet, Bell s'adresse à un autre agent qui lui répond : « Je ne sais pas s'il est mort, mais je ne crois pas. » Enfin lorsqu'il trouve un téléphone, ses premières dépêches sont rendues complètement incompréhensibles. L'opérateur, bouleversé, note n'importe quoi.

3. En langage technique DOA, Dead On Arrival.

Charles J. Carrico, médecin résident appartenant au service de chirurgie générale, est le premier praticien à voir le Président à l'hôpital Parkland. Il remarque son teint cendré, sa respiration « lente, spasmodique, agonique, irrégulière ; qu'il ne fait aucun mouvement volontaire ; que ses yeux sont ouverts et ses pupilles dilatées, sans aucune réaction à la lumière ; que son pouls est imprenable ». A l'auscultation de la poitrine, il entend « quelques bruits » qu'il pense être des battements cardiaques. Se fondant sur ces constatations, Carrico conclut que le président Kennedy est encore en vie. Il note encore deux blessures : une petite par balle dans la partie antérieure du bas du cou et une large à la tête où manque une assez grande partie de la boîte crânienne. Il observe la présence de tissu cérébral déchiqueté et un « suintement lent et considérable » de cette dernière blessure suivi d'une « hémorragie plus abondante », quand fut, dans une certaine mesure, rétablie la circulation. Le docteur Carrico palpe le dos du Président et juge qu'il n'y a aucune large blessure présentant un danger immédiat de mort. Conscient de la gravité de la blessure crânienne et de l'insuffisance respiratoire, il s'emploie en premier lieu à rétablir la fonction respiratoire du Président.

Comme le dit le rapport de la Commission Warren, « il introduit une sonde trachéale à ballonnet au-delà de la plaie, gonfle le ballonnet et la branche sur la machine de Bennett. A ce moment, le docteur Malcolm O. Perry arrive et [...] prend la direction des soins donnés au Président. [...] Voyant qu'il faut rétablir la fonction respiratoire pour que le traitement puisse réussir, le docteur Perry pratique une trachéotomie qui lui demande de trois à cinq minutes. Pendant ce temps, les docteurs Carrico et Ronald Jones pratiquent des incisions sur la jambe droite et sur le bras gauche du Président, pour permettre des transfusions de sang et des perfusions de sérum dans le système circulatoire. » De leur côté, le docteur Fouad Bashour, cardiologue en chef, le docteur M. T. Jenkins, anesthésiste en chef, et le docteur A. H. Giesecke Jr. conjuguent leurs efforts pour tenter de ranimer le Président. « Grâce aux perfusions, au massage du cœur et au rétablissement de la fonction respiratoire, poursuit le texte officiel, les médecins sont en mesure de maintenir la circulation périphérique, comme on peut le contrôler aux pouls carotidien (cou) et radial (poignet). Un pouls fémoral est, en outre, perçu à la cuisse du Président. Tandis que ces interventions sont en cours, le docteur Clark constate une certaine activité électrique sur le cardiotachyscope qui contrôle les réactions cardiaques du Président. En l'absence de toute réaction nerveuse, musculaire ou cardiaque, les médecins concluent que les efforts pour ranimer le Président sont vains. Cette constatation est confirmée par l'amiral Burkley, médecin personnel du Président. » Finalement, vers 13 heures, le père Oscar Huber administre au Président les derniers sacrements. Et la Commission Warren d'écrire : « Les médecins de Dallas ont tenté l'impossible. [...] Pendant qu'une équipe médicale tente de ranimer le président Kennedy, une autre équipe pratique plusieurs interventions sur le gouverneur Connally, qui souffre de blessures par balle. [...] Vers 12 h 45, le docteur Robert Shaw, chef du service de chirurgie thoracique, arrive dans la salle des urgences n° 2 et prend la direction des soins donnés au gouverneur Connally, dont la principale blessure est du domaine de sa spécialité. » Celui-ci présente en effet une large plaie béante du thorax antérieur droit, causant une vive douleur et une respiration difficile. A 13 h 35, on le transporte dans la salle d'opération où le docteur Shaw commence la première intervention. « Il régularise les lèvres de la plaie et suture le poumon atteint et les muscles déchirés. Pour la plaie ovalaire du dos du gouverneur, d'environ un centimètre et demi dans son plus grand diamètre, située légèrement à gauche de l'aisselle droite, on pratique également une excision de la peau endommagée, avant de suturer le muscle du dos et la peau. Cette opération se termine à 15 h 20. Le gouverneur Connally subit encore deux autres opérations pour des blessures dont il ne prendra conscience de l'existence que le lendemain, après avoir repris connaissance. Le 22 novembre, entre 16 heures et 16 h 50, le docteur Charles F. Gregory, chirurgien orthopédique en chef, assisté du docteur William Osborne et du docteur John Parker, opère les blessures du poignet droit du gouverneur Connally. Pendant que l'on pratiquait la seconde intervention, le docteur George T. Sbires, assisté des docteurs Robert McClelland, Charles Baxter et Ralph Don Patman, traite la blessure par balle à la cuisse gauche. Cette plaie punctiforme, due à un projectile, mesure un centimètre de diamètre environ et se trouve à douze centimètres environ au-dessus du genou gauche. [...] Un petit fragment métallique demeure cependant logé dans la cuisse du gouverneur[1]. »

Tandis que les chirurgiens s'affairent et tentent l'impossible, à l'extérieur du Parkland Memorial règne un désordre indescriptible. Des voitures sont stationnées n'importe où ; une foule de plus en plus considérable se presse, souvent un poste de radio à l'oreille. Le Président étant mort depuis quelques minutes, il faut maintenant annoncer son décès. Pierre Salinger, l'attaché de presse de la Maison-Blanche, étant avec la quasi-totalité du cabinet présidentiel en route pour le Japon, son adjoint Malcom Kilduff le remplace pour le voyage texan. Il faut donc prévenir l'équipe dans l'avion qui la conduit en Asie. Quand la dépêche de Merriman Smith arrive à bord de l'avion 86972, le secrétaire d'Etat Dean Rusk réunit l'ensemble des collaborateurs de Kennedy. Il est effondré, le visage décomposé. Lorsqu'il l'aperçoit, Douglas Dillon, le secrétaire au Trésor, est persuadé que les Soviétiques ont utilisé l'arme atomique contre les Etats-Unis. Alvin M. Josephy Jr. prend son calepin et note : « 8 h 50. Jean Davis du Département d'Etat vient de me chuchoter à l'oreille que la nouvelle vient d'arriver. Le président Kennedy a été victime d'un attentat. Remarqué soudain que tous les membres du cabinet, plus Manning et Salinger, sont dans la cabine avant avec Rusk et Dillon.

« C'est confirmé. Tout le monde catastrophé. Personne ne sait si Président grièvement atteint. Rusk apparemment a téléscripteur dans sa cabine avant. Nous sommes à deux heures au large Honolulu. Gouverneur Connally blessé aussi.

1. *Rapport de la Commission Warren sur l'assassinat du président Kennedy*, t. I, Robert Laffont, 1965.

Manning et Salinger font la navette entre la cabine Rusk et nous. Président abattu à Dallas.

« Pierre Salinger, dans la travée, empoigne sa femme, ils s'enlacent désespérément – Hodges, assis de l'autre côté de la travée, près de nous, enfouit sa tête dans ses mains et sanglote, les larmes ruissellent sur ses joues – Udail, assis à côté de Lee, la regarde fixement les mâchoires serrées sans paraître la voir tout en lui prenant la main – Manning est en face de nous – les larmes lui montent aux yeux – Myer Feldman pleure – Wirtz a l'air comme fou –, pas un bruit, pas un mouvement dans la cabine pendant cinq minutes[1]. »

A Dallas, avant de répondre aux questions des journalistes, Kilduff se rend dans la chambre 13, voisine des urgences où attend désormais le nouveau président des Etats-Unis, Lyndon Johnson. La petite pièce carrelée est alors l'endroit le plus protégé du pays. Des agents du Secret Service sont plantés devant la porte et, à l'intérieur, aux six gardes du corps habituels s'ajoutent les députés texans Gonzalez, Brooks, Thornberry et Thomas. Sur le conseil de Youngblood, le groupe d'hommes décide de différer l'annonce de la mort de JFK, afin de laisser à LBJ le temps de quitter Parkland. L'assassinat de Kennedy peut faire partie d'un large complot, et le vice-président peut être la prochaine victime. Vers 13 h 20, des voitures banalisées sont placées près d'une sortie. Le groupe de Johnson arrive et, dans une ambiance digne d'un film de Chaplin, chacun s'installe où il peut. Le député Henry Gonzalez remarque : « Soudain, j'ai vu toute la puissance du gouvernement des Etats-Unis dans la confusion la plus totale. » Les sept minutes du trajet sont tout autant chaotiques. Le véhicule de Johnson, conduit par le chef Curry, démarre au moment même où un camion de livraison stoppe, obligeant la voiture à mordre la pelouse de la cour de l'hôpital. Tout au long du parcours, le convoi transportant le nouveau Président frôle l'accident. Quant à l'intérêt des voitures banalisées, il échappe à la police de Dallas qui escorte les véhicules à grands coups de sirènes. Arrivés à Love Field,

---

1. William MANCHESTER, *Mort d'un Président, op. cit.*, p. 216-217 et 275.

le nouveau Président et sa suite embarquent dans *Air Force One*. Commence alors une double attente, celle de Jackie, restée à l'hôpital près du corps de son époux, et celle de l'arrivée d'un juge pouvant faire prêter serment au nouveau Président.

A 13 h 30, Kilduff décide enfin d'informer la presse. Le choc est terrible mais n'empêche pas la mise en route d'une formidable machine médiatique : jusqu'au lundi suivant, les télés et les radios ne parleront plus que de cela. Pendant que Kilduff tente de répondre aux nombreuses questions des reporters, le Secret Service se charge de trouver un cercueil et de mettre en place au plus tôt l'évacuation du corps. En effet, sous l'impulsion de Jackie, le clan Kennedy a décidé de quitter Parkland et de transférer la dépouille de Jack à la Maison-Blanche. Un choix lourd de conséquences puisqu'il brise la chaîne des preuves en soustrayant le cadavre durant plusieurs heures. Comme elle est aussi contraire à la loi du Texas, la sortie du cercueil en bronze où repose le chef de l'Etat se révèle mouvementée. Des agents du Secret Service menacent de leurs armes le docteur Earl Rose, médecin légiste du comté de Dallas, et le juge de paix Ward, qui insistent pour pratiquer une autopsie. Kellerman ne cesse de répéter : « Ceci est le corps du président des Etats-Unis et nous allons l'emmener à Washington. » A 14 h 04, le cercueil est mis dans un corbillard, et le cortège funèbre rejoint l'aéroport. A 14 h 38, dans le compartiment central d'*Air Force One*, encadré par son épouse et par Jackie, toujours vêtue de son tailleur rose taché de sang, Lyndon Baines Johnson prête serment et devient le trente-sixième président des Etats-Unis. La cérémonie, conduite par le juge de la cour fédérale du district, Sarah Hughes, une Texane proche de LBJ, ne dépasse pas trente secondes [1]. L'avion quitte enfin Dallas en direction de Washington où il se pose à la base aérienne militaire d'Andrews à 17 h 38. Bobby est le premier à monter

---

1. Prêtant serment sur la bible de Kennedy, LBJ s'est contenté de dire : « Moi, Lyndon Baines Johnson, je jure solennellement de remplir fidèlement les fonctions de président des Etats-Unis et, dans toute la mesure de mes moyens, de sauvegarder, de défendre et de protéger la Constitution des Etats-Unis. Avec l'aide de Dieu. »

dans le Boeing présidentiel. Ignorant Lyndon Johnson, il se précipite à l'arrière et tombe dans les bras de Jackie. Sans lui lâcher la main, il caresse le cercueil de son frère.

A l'extérieur de l'aéroport, des groupes de citoyens, silencieux, prostrés, se sont formés. Une immense vague d'émotion est en train de déferler sur le pays.

A 13 heures, soit à peine une demi-heure après les coups de feu sur Dealey Plaza, plus de 75 millions d'Américains sont informés du drame [1]. L'assassinat embrase immédiatement le pays puisqu'à 12 h 36 Don Gardner, du réseau radio ABC, interrompt les émissions locales pour être le premier à diffuser le flash de Merriman Smith. A 12 h 40, CBS coupe son jeu hebdomadaire afin d'annoncer à ses téléspectateurs qu'à « Dallas, Texas, trois coups de feu ont été tirés sur le cortège du président Kennedy. D'après les premières dépêches, le Président serait grièvement blessé ». Cinq minutes plus tard, c'est le tour de NBC. A 13 h 35, Walter Cronkite, la star de l'information de CBS, annonce, les larmes aux yeux et la gorge serrée, le décès du Président. En quelques minutes, le pays abandonne l'espoir pour entrer dans le deuil et la souffrance [2]. A Boston, l'Orchestre symphonique cessa d'interpréter un concerto de Haendel pour jouer la symphonie *Héroïque* de Beethoven. A la bourse de New York, l'indice Dow Jones chute de plus de vingt points, une des plus fortes baisses enregistrées depuis le jeudi noir en 1929. A la Maison-Blanche, Reardon, un des rares conseillers de JFK encore à Washington, s'exclame : « Je voudrais prendre une foutue bombe et foutre en l'air ce foutu Texas

---

1. Soit près de 68 % des Américains adultes. Ce chiffre provient d'une étude effectuée par le National Opinion Research Center (NORC) de l'université de Chicago. L'enquête du NORC fait aujourd'hui encore référence. Véritable radioscopie de l'émotion américaine, elle a été réalisée dans des délais records. Conçue le lundi 25 novembre, adressée à 1 384 personnes, elle est bouclée le samedi suivant avec un taux de réponse de 97 %.

2. Selon l'enquête du National Opinion Research Center de Chicago, parmi les 99,8 % des citoyens à connaître le crime à 18 heures, plus de la moitié pleure. Pis encore, quatre sur cinq ressentent la perte d'un être très proche et très cher. Neuf sur dix avouent même en souffrir physiquement.

de cette foutue carte. » Au Texas, justement, Byron Skelton, rouge de colère, hurle à son épouse : « Je le savais ! Je le savais ! Si seulement ils avaient tenu compte de ces lettres ! Pourquoi ? Pourquoi ? Mais Pourquoi ne m'ont-ils pas écouté ? ! »

Certains, plus indécents, n'hésitent pas à proclamer leur joie : A Oklahoma City, un médecin dit avec un large sourire à un de ses patients éploré : « C'est une bonne chose, j'espère qu'ils ont eu aussi Jackie. »

Dans une petite ville du Connecticut, un autre médecin cria joyeusement à travers la Grand-Rue à un interne qui idolâtrait Kennedy : « La rigolade est finie. Ça, c'est un truc que Papa Joe ne pourra pas arranger ! »

Une femme de passage à Amarillo, la ville la plus extrémiste du Texas après Dallas, déjeunait dans un restaurant voisin de son motel quand une vingtaine d'étudiants en liesse sortirent d'un lycée en hurlant : « C'est formidable, JFK a crevé ! » La voyageuse quitta le restaurant aussi vite qu'elle put, remarquant plusieurs clients qui souriaient aux lycéens[1].

Mais la réaction la plus choquante vient de Dallas. Alors que le directeur d'un établissement privé de la ville annonce par haut-parleur le décès du Président, les élèves d'une classe de CM2 se mettent à applaudir et à crier de joie.

Le monde entier ne tarde pas à exprimer sa tristesse. A Londres, l'archidiacre de Westminster prononce une oraison funèbre alors que le chœur chante *L'hymne de bataille de la République*. Sir Lawrence Olivier interrompt la pièce qu'il joue pour une minute de silence et l'hymne américain. A Berlin-Ouest, soixante mille personnes se rassemblent spontanément pour rendre hommage à celui qui, quelques mois plus tôt, les avaient fait vibrer en prononçant son plus célèbre discours : « Ich bin ein Berliner. » A Paris, *Le Monde* titre : « A l'Est comme à l'Ouest, l'assassinat de John Kennedy soulève consternation et inquiétude. » Alain Clément, le correspondant à Washington, conclut son article par ces mots : « Dire que l'assassinat du Président a provoqué une énorme émotion

---

1. William MANCHESTER, *Mort d'un Président, op. cit.*

serait demeurer en deçà de la vérité. A travers les témoignages qu'on peut recueillir on perçoit l'écho d'une sorte de douleur collective et pourtant ressentie personnellement par la plupart des individus. » Jusqu'à Moscou qui exprime officiellement sa douleur et ne diffuse plus que des chœurs slaves à la radio.

Après avoir été débarqué d'*Air Force One*, le corps de John Kennedy est installé dans une ambulance qui doit rejoindre l'hôpital naval de Bethesda où va se dérouler l'autopsie. Durant les quarante minutes de trajet, Jackie et Bobby, installés tout contre le cercueil, ne remarquent même pas le nombre croissant de citoyens, plantés au bord de la route, les têtes basses, rendant hommage à leur Président assassiné.

C'est Jackie, « invitée à choisir [...] entre le Centre médical national de la Marine de Bethesda (Maryland) et l'hôpital militaire Walter Reed, (qui) préféra l'hôpital de Bethesda, le Président ayant servi dans la Marine », précise le rapport Warren. Au seizième étage de l'hôpital, l'ex-Première Dame des Etats-Unis et le ministre de la Justice retrouvent d'autres membres du clan Kennedy et attendent le résultat de l'autopsie. « Mrs. Kennedy, gardée par des agents des Services secrets, se retire dans les locaux mis à sa disposition à l'hôpital. Les Services secrets organisent un système de communication entre l'hôpital et la Maison-Blanche et assurent le filtrage de tous les appels téléphoniques et de tous les visiteurs. »

Le corps de JFK est arrivé à l'hôpital vers 19 h 35. Celui-ci ayant été préalablement radiographié et photographié, l'examen anatomo-pathologique commence aux environs de 20 heures, précise la Commission Warren. Le rapport d'autopsie constate que le président Kennedy est âgé de quarante-six ans, qu'il mesure 1,84 m, pèse 77,3 kilos, a les yeux bleus et les cheveux châtain roux. Son corps est musclé et bien développé, sans anomalie importante du squelette, à l'exception de celles qu'ont causées les blessures par balles. Dans la rubrique « Diagnostic anatomo-pathologique », la cause du décès est indiquée comme étant « Blessure par balle, tête ». L'autopsie révèle deux blessures à la tête. L'une, d'environ 6 sur 15 millimètres, est située à 2,5 cm à droite et légèrement au-dessus de la grande protubérance osseuse (protubérance occipitale externe) qui fait saillie au milieu du bas de la partie postérieure du crâne. La seconde blessure mesure 13 centimètres environ dans son plus grand diamètre, même s'il est malaisé d'en fixer les dimensions exactes à cause des multiples fractures entrecroisées qui se chevauchent autour de la large plaie. Pendant que l'on pratique l'autopsie, des agents du FBI remettent aux chirurgiens trois fragments osseux qui ont été trouvés dans Elm Street et à l'intérieur de la voiture présidentielle. Juxtaposés, ces fragments représentent approximativement trois quarts de la partie manquante du crâne. L'examen radiographique pratiqué par les chirurgiens révèle la présence de trente à quarante minuscules petits fragments métalliques courant en ligne droite de la plaie occipitale jusqu'au front ; un fragment métallique assez grand est logé juste au-dessus de l'œil droit. Deux fragments métalliques, de forme irrégulière, sont, eux, extraits de la blessure et remis au FBI.

L'autopsie révèle, en outre, une blessure à la base de la nuque, légèrement à droite de la colonne vertébrale. Les médecins entreprennent de reconstituer le trajet du projectile à travers le corps ; après avoir reçu le rapport de l'hôpital Parkland, ils concluent que la balle est sortie par la partie antérieure du cou à l'endroit qui a été excisé lors de la trachéotomie. « L'autopsie est achevée vers 23 heures, poursuit le document officiel. On procède ensuite à la toilette funèbre du Président, qui est terminée vers 1 heure du matin. Peu après, la veuve du Président, les membres de sa famille et les officiers attachés à sa personne quittent l'hôpital de la Marine de Bethesda. On transporte le corps du Président dans le salon Est de la Maison-Blanche, où il est placé sous une garde militaire solennelle [1]. »

Le samedi, l'émotion est toujours aussi vive. La Maison-Blanche annonce que John Kennedy sera inhumé le lundi sui-

---

1. *Rapport de la Commission Warren sur l'assassinat du président Kennedy, op. cit.*

vant[1]. Pour les proches de JFK, la cérémonie se doit d'être parfaite. Sargent Shriver, un de ses beaux-frères, prend la tête des opérations et organise l'ensemble « comme s'il s'agissait de la dernière campagne électorale de Jack ». Jackie souhaite suivre le protocole utilisé en 1865 lors de l'enterrement d'un autre président assassiné, Abraham Lincoln. Dans l'après-midi, le clan Kennedy choisit le cimetière militaire d'Arlington, près de Washington. Il est même décidé d'installer, comme à Paris, une flamme du souvenir[2]. A 17 heures, Lyndon Johnson intervient à la télévision pour proclamer le deuil national. Le lendemain, après une dernière prière, le cercueil quitte la salle Est à 13 h 08 pour le Capitole où le public américain va pouvoir rendre un dernier hommage à son Président. A 20 heures, alors que le bâtiment doit fermer ses portes, 200 000 citoyens attendent encore à l'extérieur en silence. La décision est prise de laisser ouvert le Capitole toute la nuit. Deux heures plus tard, la file atteint cinq kilomètres et, pour tous ceux qui n'ont pas pu se déplacer, toutes les chaînes de télévision retransmettent en continu l'événement. L'assassinat de Kennedy, son histoire, son parcours politique, ses enfants sont les seuls sujets diffusés durant ces trois jours. En signe de respect, l'ensemble des réseaux annule les spots de publicité. ABC, CBS et NBC ont décidé de s'unir et de partager les trois millions de dollars de frais nécessaires à la retransmission de ces journées historiques et à la couverture complète et ininterrompue de quarante-deux heures d'ima-

----

1. Dans *Mort d'un Président*, William Manchester note au sujet du délai : « Lorsqu'on annonça que le Président serait enterré le lundi, les Américains, accoutumés à l'action rapide, n'y virent rien d'extraordinaire. Mais les spécialistes européens des pompes funèbres en furent surpris. A Londres, le duc de Norfolk s'était attelé, dès les premières années 50, aux préparatifs des funérailles nationales de Winston Churchill, et lorsque Churchill succomba, il lui fallut une semaine pour les répétitions. Après l'enterrement de Kennedy à Arlington, le duc ne cessa de demander à tous ses visiteurs venus des Etats-Unis : "Trois jours ? Comment ont-ils pu faire ?". »

2. La flamme du président Kennedy est la troisième au monde après celle de l'Arc de triomphe et celle de Gettysburg aux Etats-Unis où s'est déroulée la bataille la plus meurtrière de la guerre de Sécession.

ges [1]. Les Etats-Unis ne sont pas le seul pays touché par cette boulimie d'information et cette vague d'émotion. Même à Moscou, Nikita Khrouchtchev ordonne la diffusion de la messe catholique à la télévision russe et adresse un mot de réconfort à Jackie. La réaction mondiale face au drame de Dallas est à l'origine de bien des soucis pour les organisateurs de la cérémonie du lendemain. En effet, à l'origine, seuls quelques dirigeants devaient être invités, mais le dimanche soir, c'est 1 100 personnes qu'il faut désormais faire asseoir dans la cathédrale de Saint Matthew. Car, face à la tristesse populaire, il fallait être à Washington le lundi 25 novembre 1963. Ainsi, le général de Gaulle, en froid avec Kennedy, a-t-il d'abord décidé de rester à Paris quand l'émotion le fait changer d'avis : « Je suis stupéfait. Partout en France, on pleure. C'est comme s'il avait été français, comme s'ils avaient perdu un membre de leur propre famille. Si le président des Etats-Unis était si cher au cœur des Français, le président de la France se doit d'assister à ses funérailles [2]. » La reine Elizabeth, enceinte, se fait représenter par son époux, le prince Philip, et le Premier ministre. Les reines de Norvège, du Danemark, de Grèce et des Pays-Bas, l'empereur d'Ethiopie, le grand duc de Luxembourg, les présidents de l'Allemagne, d'Israël, de Corée, des Philippines, le chancelier Ludwig Erhard, les Premiers ministres de Turquie, du Canada et de la Jamaïque, le prince Norodom Sihanouk du Cambodge, Si Ayoùb Khan du Pakistan et même Mikoyan, délégué du Premier ministre de l'URSS, ont décidé de faire de même [3].

---

1. Avec le recul, Art Brinkley, commentateur vedette de NBC, remarqua : « Le pays, bouleversé et abasourdi, n'écouta au maximum que six personnes, nous, les speakers. Il nous aurait été facile de lancer n'importe quelle rumeur qui aurait continué à courir pendant cinquante ans. »

2. Même réaction en Grande-Bretagne où le Premier ministre Alec Douglas-Home déclare être « confondu par la profondeur de la réaction britannique, en particulier parmi nos jeunes ».

3. La plupart des présidents des républiques de l'Amérique latine n'étaient pas à Washington ce jour-là. En fait, leurs Constitutions leur interdisaient de quitter le pays sans l'approbation du Parlement. L'indignation populaire fut si forte qu'ils furent obligés de s'en expliquer publiquement.

La foule est encore plus nombreuse le lendemain, lundi 25 novembre. A 10 h 30, Jackie, vêtue de noir, le visage couvert par une mantille, arrive accompagnée de sa fille Caroline et des deux frères du Président, Bobby et Ted. Ils vont s'agenouiller une dernière fois devant le cercueil placé sur le catafalque recouvert de la bannière étoilée qui avait accueilli Lincoln. Une demi-heure plus tard, huit gardes de la mort en tenue d'apparat lèvent le cercueil, descendent les marches de la Rotonde et quittent la colline du Capitole. Le cortège funèbre se met silencieusement en marche. Le « prolonge d'artillerie » remonte Pennsylvania Avenue vers la cathédrale Saint Matthew. Jackie suit à quelques mètres derrière, les deux frères de JFK à ses côtés. Quelques pas derrière eux se trouvent le nouveau Président, Lyndon Johnson, et son épouse. Puis viennent les délégations de personnalités. C'est à la veuve du Président que l'on doit ce défilé funéraire à pied. Elle a réussi à imposer sa volonté au Secret Service et aux responsables du protocole opposés à l'idée[1]. La messe, ordonnée par le cardinal Cushing, ami de longue date de la famille, débute à 12 h 15. Le révérend Philip Hanson, choisi pour ses idées progressistes, prononce l'éloge du Président défunt, qu'il conclut en reprenant le leitmotiv du discours d'investiture de John Kennedy : « Le flambeau a été passé à une nouvelle génération d'Américains. »

A cet instant, le pays tout entier cesse de vivre. Les trains s'arrêtent, la circulation stoppe, les cheminées d'usines se taisent, les ascenseurs se bloquent et, alors que dans les quatre coins des vastes Etats-Unis résonnent le son du clairon et sa triste mélopée, ses habitants, figés, prient et pleurent.

Une heure plus tard, le convoi funèbre quitte la cathédrale. Tandis que les yeux du monde entier via les caméras de télé-

---

1. La traversée à pied de Washington soulevait deux problèmes : le parcours était long pour certains invités trop âgés, et le risque d'attentat réel. Ainsi trois sources différentes pronostiquèrent une tentative d'assassinat contre le général de Gaulle. La CIA édita même un mémo classé « A-1-A », c'est-à-dire « de source absolument sûre », annonçant que l'OAS avait mis sur pied un complot pour assassiner le Président français sur le parvis de la cathédrale.

vision sont braqués sur la veuve de John Kennedy[1], un petit garçon s'avance et adresse un salut militaire à la dépouille. C'est John Jr., qui, du haut de ses trois ans, dit adieu à son père.

Au rythme des cornemuses, le corbillard s'éloigne lentement en direction du cimetière d'Arlington. A 15 h 13, John F. Kennedy est inhumé et son épouse allume la flamme du souvenir. Les portes du cimetière s'ouvrent enfin et, pour l'éternité, le trente-cinquième président des Etats-Unis appartient à son peuple.

---

1. A la fin de la semaine, une enquête effectuée parmi les étudiants des universités de Nouvelle-Angleterre révéla que « les actes et le comportement de Mrs. Kennedy les préoccupaient jusqu'à l'obsession ». Plus de 95 % des Américains ont suivi la cérémonie à la télévision et à la radio. A Athènes, en Grèce, 99 % des habitants font de même.

CHAPITRE 3

Chasse à l'homme

« Lee Harvey Oswald est une honte pour l'humanité. On aimerait pouvoir rayer définitivement son nom. Il reste monstrueux, et le rôle abject qu'il joua, ce vendredi-là, donne la mesure, comme l'a donné Torquemada en d'autres temps, de la dépravation humaine. »

William Manchester,
Mort d'un Président

« Et le pire, c'est qu'ils vont tout rejeter sur le dos de ce gamin de vingt-quatre ans. »

Ralph Dungan, assistant spécial du président Kennedy, 22 novembre 1963.

Deux autres cérémonies funéraires ont eu lieu ce lundi 25 novembre. Si elles ne reçoivent pas la même couverture médiatique que l'enterrement du Président américain diffusé en mondovision, elles sont toutes aussi importantes pour l'enquête qui va s'ouvrir.

Tout d'abord, dans un cimetière de Dallas, le Laurel Land

Memorial Park, est inhumé l'agent Jefferson Davis Tippit.
Marié, père de trois jeunes enfants, il est le premier policier
de la cité texane tué en service depuis plus de vingt ans[1]. Ce
« policier de trente-neuf ans, très dévoué », mais sans relief, a
été abattu dans les rues de la ville moins d'une heure après
l'assassinat de John Kennedy.

« Tippit faisait sa ronde dans le district nº 78, quartier
d'Oak Cliff, à Dallas, pendant les heures de jour. Il conduisait
une voiture peinte aux couleurs distinctives de la police et
portant de chaque côté de manière très apparente le nº 10.
Tippit circulait seul, comme tout agent normalement affecté
à une voiture de patrouille dans les zones résidentielles pendant les rondes de jour », précise le rapport Warren. Le
22 novembre, vers 12 h 44, le central radio sur le canal 1
ordonne à toutes les brigades en patrouille dans le centre-ville
de se porter à l'angle d'Elm Street et de Houston Street,
code 3 (c'est-à-dire en mesure d'urgence). A 12 h 45, le central ordonne à Tippit de « se rendre dans le centre d'Oak
Cliff », puis, à 12 h 54, de « se tenir prêt pour toute urgence
éventuelle ». Le policier doit entendre la description d'un
homme recherché pour l'assassinat du Président, diffusée sur
le canal 1 à 12 h 45, à 12 h 48 et à 12 h 55, suspect présenté
comme « un homme de race blanche, de trente ans environ,
mince, taille 1,75 m, poids 75 kilos ».

Vers 13 h 15, Tippit passe à l'intersection entre Tenth
Street et l'avenue Patton, à huit rues de l'endroit d'où il a
rendu compte une heure un quart plus tôt. Trente mètres
environ après le croisement, il remarque un homme qui se
dirige vers l'est sur le côté sud de l'avenue Patton, lequel correspond au portrait diffusé par la radio. Tippit interpelle l'individu et lui demande de venir à sa voiture. Celui-ci
s'exécute, s'approche du véhicule et échange quelques mots

---

1. Ce crime choque l'opinion publique américaine qui, en deux jours, envoie
plus de 40 000 messages de condoléances à sa veuve. En 1967, le compte bloqué
créé pour l'éducation de ses enfants, où s'amoncellent les dons, est crédité de la
fantastique somme de 643 863 dollars. Pour la petite histoire, il faut savoir que le
Département de la police de Dallas ne s'illustre pas par sa générosité : en effet, le
versement du salaire de J. D. Tippit cesse à l'heure exacte de son assassinat.

avec l'agent. Tippit descend, se dispose à contourner l'avant
de la voiture, quand, lorsqu'il atteint la roue avant gauche,
l'homme sort un revolver et lui tire dessus à plusieurs
reprises. Quatre balles atteignent l'agent et le tuent sur le
coup. Le meurtrier rebrousse chemin sur l'avenue Patton,
« en éjectant les douilles vides avant de recharger son arme[1] »
Quelques minutes après le meurtre, alertées par des témoins,
les forces de police arrivent en masse sur le lieu du crime.
Sirènes hurlantes, les voitures bleu et blanc du DPD (Département de la police de Dallas) foncent sur le boulevard Jefferson à huit blocs du lieu où vient d'être assassiné l'agent.
L'agitation attire l'attention de Johnny Calvin Brewer, directeur du magasin de chaussures Hardy's, situé à quelques
mètres d'un cinéma, le Texas Theatre. Lorsqu'il « lève les
yeux, il voit l'homme pénétrer dans l'entrée, c'est-à-dire dans
l'espace en retrait s'étendant sur une profondeur de 4,50 m
entre le trottoir et la porte de son magasin ». Une voiture de
police fait demi-tour et, comme le bruit des sirènes faiblit,
l'homme « regarde par-dessus son épaule, rebrousse chemin
et remonte le boulevard West Jefferson en direction du
cinéma Texas ». Il porte un T-shirt sous sa chemise et n'a pas
de veste. Brewer déclare : « Il me semblait drôle... Sa chevelure était comme en broussaille et il me paraissait avoir
couru ; il semblait effrayé ; il avait un air bizarre. »
    Mrs. Julia Postal, caissière du cinéma Texas Theatre,
entend elle aussi les sirènes de la police puis voit un individu
« se faufiler » dans le hall du cinéma, près du guichet des billets. Attirée par le bruit des sirènes, Mrs. Postal quitte sa
caisse et avance sur le trottoir. Peu après, Johnny Brewer, qui
est sorti de son magasin de chaussures tout proche, lui
demande si le type qui est entré dans la salle a acheté un
billet. Elle lui répond : « Non, mince alors ! », se retourne,
mais l'homme a déjà disparu. Brewer explique à Mrs. Postal
qu'il a vu l'homme essayer de se cacher dans l'entrée de son
magasin et l'a suivi jusqu'au cinéma. Elle l'envoie dans la salle
essayer de trouver le resquilleur et surveiller les sorties, lui

---

1. *Rapport de la Commission Warren sur l'assassinat du président Kennedy, op. cit.*

parle de l'assassinat et lui lance : « Je ne sais pas si c'est l'homme qu'ils recherchent... Mais il doit bien avoir une raison de se cacher. » Immédiatement, elle téléphone à la police.

A 13 h 45, la radio de la police transmet le message suivant : « Sommes informés qu'un suspect vient d'entrer à l'instant dans le cinéma Texas Theatre de West Jefferson. » Des voitures de patrouille à bord desquelles se trouvent au moins quinze agents affluent dans cette direction. L'agent de police M. N. McDonald, accompagné des agents R. Hawkins, T. A. Hutson et C. T. Walker, pénètre dans le cinéma par l'arrière. D'autres agents entrent par la porte principale et fouillent le balcon, dont le détective Paul L. Bentley qui demande à l'opérateur d'allumer la salle. Brewer rencontre McDonald et les autres policiers à la sortie donnant sur la ruelle latérale, monte avec eux sur la scène et leur désigne l'homme entré sans payer. Il est assis seul au fond du parterre près de l'allée centrale à main droite. Il y a six ou sept spectateurs environ au parterre, et autant au balcon.

McDonald commence par fouiller deux hommes au centre du parterre, à environ dix rangées de fauteuils du premier rang. « Il sort de la rangée pour remonter l'allée centrale à main droite, explique la Commission Warren, quand il atteint la rangée où le suspect est assis, McDonald s'arrête brusquement et dit à l'homme de se lever[1]. » L'arrestation du resquilleur est mouvementée. Selon McDonald, celui-ci dégaine son revolver, tente en vain de tirer, le frappe au visage avant de lâcher, submergé par plusieurs policiers : « Voilà, tout est fini maintenant ! »

Il est 13 h 50. JFK est mort depuis moins de deux heures et la police de Dallas vient de reprendre la main. En interpellant l'homme du Texas Theatre, un dénommé Lee Harvey Oswald, elle vient non seulement d'arrêter l'assassin présumé de l'agent J. D. Tippit mais aussi, et c'est plus important, celui du président Kennedy.

Oswald, vingt-quatre ans, est employé comme manutentionnaire au Texas School Book Depository, un bâtiment en

---

1. *Ibid.*

briques rouges dominant Dealey Plaza, où, bien avant d'être interpellé dans le Texas Theatre, il s'est déjà retrouvé face à un policier. En effet, alors que les coups de feu ayant atteint le chef de l'Etat résonnent encore sur la place, Marrion Baker, policier motocycliste membre de l'escorte présidentielle, aperçoit un groupe de pigeons qui s'envolent précipitamment du toit du Depository. Pour lui, cela ne fait aucun doute, les détonations proviennent du bâtiment et les oiseaux ont été effrayés par les coups de feu. Il jette alors sa moto sur un trottoir d'Elm Street et se précipite vers l'entrée principale de l'immeuble. Par chance, il heurte Roy Truly, le directeur du dépôt de livre, qui va le guider dans le dédale d'escaliers et de couloirs interminables de l'immeuble. L'ascenseur étant bloqué, les deux hommes empruntent la première rampe. Arrivé au premier étage, celui de la cafétéria et de la salle de repos, Baker entrevoit à travers une porte vitrée une silhouette en mouvement. Le policier, revolver au poing, prêt à tirer, ordonne à l'homme de se retourner. A bout de souffle, Baker se tourne alors vers Roy Truly tout en gardant l'inconnu dans sa ligne de mire : « Connaissez-vous cet homme ? Travaille-t-il ici ? »

Le directeur a immédiatement identifié un de ses nouveaux employés, faisant partie de cette équipe chargée, pour un salaire de misère, d'effectuer l'inventaire complet des ouvrages stockés aux quatrième et cinquième étages [1] : « Oui, il travaille pour moi... Il s'appelle Lee Oswald. »

Baker, pressé, ne prend pas le temps de se demander pourquoi, alors que l'immeuble semble vide, Oswald n'est pas à l'extérieur pour assister au défilé présidentiel. Il reprend son ascension vers le toit tandis que Lee gagne tranquillement la sortie principale du bâtiment, une bouteille de Coca-Cola à la main.

A l'extérieur, c'est le chaos. Une partie du public, accompagnée par quelques policiers, s'est ruée vers le Grassy Knoll,

---

1. En américain, le rez-de-chaussé est considéré comme le premier étage. Aussi le fameux « nid du tueur » sera découvert au cinquième étage en système français, au sixième en version originale. Aujourd'hui cet étage est occupé par le Sixth Floor Museum, un musée consacré à la vie et à l'œuvre de Kennedy.

monticule herbeux situé à droite de la limousine de JFK donnant sur un ensemble de voies de chemin de fer. Mais rapidement, l'attention se concentre sur l'immeuble rouge. Un témoin, puis un autre affirment avoir vu un homme tirer depuis une fenêtre du cinquième étage. A 12 h 37, sept minutes après l'attentat, alors que l'on ne connaît toujours pas le sort de Kennedy, le Département de la police de Dallas boucle les issues du bâtiment. Moins d'une demi-heure plus tard, après avoir passé les autres étages au peigne fin, les policiers texans découvrent au cinquième niveau un amoncellement de cartons derrière une fenêtre coulissante entrouverte. Sur le sol, trois douilles, un sac en papier, les restes d'une carcasse de poulet, une bouteille de soda Dr Pepper et l'enveloppe d'un paquet de cigarettes. C'est le nid du tireur, l'endroit même d'où le président Kennedy et le gouverneur Connally ont été touchés. Une information vite confirmée par la découverte à l'autre bout de la pièce d'un fusil équipé d'une lunette. Tout démarre pour le mieux : l'arme du crime semble avoir été trouvée, et, depuis une dizaine de minutes, la radio de la police diffuse le signalement du suspect aperçu à la fenêtre du Depository : un homme blanc d'une trentaine d'années, mince, de taille moyenne et aux cheveux noirs. Une description qui correspondra à l'assassin de l'agent Tippit, dans le quartier d'Oak Cliff[1] à plusieurs kilomètres de Dealey

---

1. L'obligation d'aller vite et le terrible accent texan du chef Jesse Curry sont à l'origine de dépêches de presse souvent farfelues. Ainsi on peut lire cette déclaration de Curry dans le *New York Times* et le *Washington Post* du 26 novembre : « Oswald demanda au conducteur de l'autobus de s'arrêter, il descendit à un arrêt, fit signe à un chauffeur de taxi, Darryl Click. Je n'ai pas son adresse exacte. » Alors que la transcription correcte était :
— Où ?
— A Oak Cliff. Je n'ai pas l'adresse exacte. »
Mieux encore, la première dépêche de synthèse livrée par l'agence AP et qui a servi de base pour l'ensemble des articles français du lendemain est complètement surréaliste, mélangeant l'arrestation d'Oswald et le meurtre de J. D. Tippit, sans oublier la touche nécessaire de drame et de violence : « La police a arrêté Lee H. Oswald, soupçonné au premier chef d'être l'auteur de l'assassinat du président Kennedy. Les policiers Tippit et McDonald, qui avaient appris par un employé du Texas Theater qu'un individu suspect portant une chemise brune avait pénétré dans la salle plongée dans l'obscurité, se précipitèrent à l'intérieur. Tippit fit les sommations et tira un coup de semonce. Le suspect riposta à coups de revolver

Plaza. Aussi, c'est complètement par hasard que le capitaine Fritz (chargé par son supérieur Jesse Curry de l'enquête sur l'assassinat du Président) apprend l'arrestation de « son » suspect. De retour du Depository, il rencontre le sergent Hill dans le bureau des homicides et vols qualifiés de l'immeuble de la Direction de la Police, bâtisse de pierres grises abritant le quartier général du Département de la police de Dallas et la prison de la ville. « Fritz dit au détective de se munir d'un mandat de perquisition, de se rendre à une certaine adresse dans Fifth Street, à Irving, et d'appréhender un homme nommé Lee Oswald. Quand Hill demande pourquoi Oswald est recherché, Fritz répond : " Eh bien, il était employé au Book Depository et il n'était pas présent quand on a fait l'appel des employés. " Hill lui dit alors : " Mon capitaine, nous vous épargnerons le déplacement... C'est lui qui est assis là [1] ". »

L'interrogatoire débute à 14 h 30 et se poursuit de manière discontinue durant douze heures. Pendant la détention d'Oswald, toute l'activité va se concentrer au deuxième étage de l'immeuble de la Direction de la Police. A cet étage, les ascenseurs s'ouvrent sur un palier situé au milieu d'un couloir long de 43 mètres environ, qui s'étend sur presque toute la longueur du bâtiment. A l'une des extrémités de ce couloir, d'une largeur de 2,13 m, se trouvent les bureaux occupés par le chef de la police Jesse E. Curry et ses collaborateurs immédiats. A l'autre extrémité, une petite salle réservée à la presse, mais qui ne peut contenir qu'un nombre restreint de reporters. D'autres bureaux, y compris ceux des principaux détectives, s'ouvrent sur toute la longueur du couloir. Calme et posé, Lee ne se montre pas très coopératif avec la police. Le capitaine Fritz se souvient : « Vous savez, je n'ai pas eu de difficultés avec lui. Si nous lui parlions tranquillement,

---

et tua Tippit. McDonald se jeta sur le meurtrier et les deux hommes roulèrent sur un fauteuil. McDonald reçut un coup de couteau au visage, mais le suspect fut maîtrisé et arrêté. Oswald a été emmené par les policiers, pleurant et hurlant... » Le directeur de l'agence se félicita après coup d'avoir résisté au « bombardement de fausses nouvelles » et de n'avoir distribué « rien d'erroné » !

1. *Rapport de la Commission Warren sur l'assassinat du président Kennedy, op. cit.*

comme nous le faisons en ce moment, l'entretien se déroulait normalement, jusqu'à ce que je lui pose une question importante ; chaque fois que je lui posais une question importante, pouvant aboutir à une preuve, il me disait immédiatement qu'il ne me dirait rien à ce sujet, et il semblait prévoir ce que j'allais lui demander[1]. » Un sentiment partagé par l'agent spécial James W. Bookhout du FBI, présent dans la plupart des interrogatoires : « D'une façon générale, on peut dire que chaque fois qu'on lui posait une question pertinente pour l'enquête, c'était précisément le type de questions auxquelles il refusait de répondre[2]. »

Officiellement, personne n'a encore évoqué devant lui la mort de Kennedy. Tout d'abord, les questions se concentrent sur son identité, son âge, son emploi, le revolver qu'il portait à la ceinture. Lorsque Fritz demande à Oswald pourquoi il avait une arme, le prisonnier répond : « Eh bien, vous savez ce que c'est qu'un revolver. J'en portais un, voilà tout. Comme le font les garçons d'ici... » Puis sur la fausse carte du Selective Service au nom d'Alek J. Hidell retrouvée dans son porte-feuille. Mais une nouvelle fois, Oswald refuse de répondre, s'emportant même lorsque le capitaine lui présente l'objet du litige : « A présent, je ne vous en dirai pas plus long au sujet de cette carte dans mon porte-billets, vous avez la carte et vous en savez autant que moi. » Laissant momentanément de côté le mystère des faux papiers, le policier demande à Lee pourquoi il habite un appartement meublé dans les faubourgs de Dallas sous le nom d'emprunt d'O. H. Lee. Sans se démonter, Oswald réplique qu'il s'agit d'une erreur de sa logeuse qui a inversé son nom et son prénom. Fritz ne le contredit pas tout en sachant que la signature figurant au bas du registre de location est au nom d'O. H. Lee.

Enfin, lorsque le capitaine Fritz aborde les convictions politiques du suspect, Oswald n'hésite pas à affirmer son attachement à la cause marxiste. Il précise même avoir vécu en Union soviétique et être le président d'un obscur groupe de

---

1. *Ibid.*
2. *Ibid.*

soutien à la politique de Castro, le Fair-Play for Cuba Committee de Dallas. C'est bien évidemment le lien manquant qu'attendaient les policiers texans. Seul un communiste peut vouloir la mort du président des Etats-Unis. Laissant de côté l'assassinat de Tippit, Fritz, maintenant secondé par des agents du FBI et des membres du Secret Service, questionne alors Oswald sur JFK. Jusqu'à huit personnes se relaient dans le petit bureau. En tout, plus de vingt-cinq hommes participent aux interrogatoires. Le capitaine Fritz est fréquemment appelé hors du bureau. « Je ne crois pas, a-t-il déclaré, qu'il se soit jamais écoulé un bien long moment pendant lequel je n'ai été obligé d'aller à la porte ou de sortir pour recevoir le rapport de fonctionnaires de la police, ou pour leur assigner quelque mission supplémentaire. » En son absence, l'interrogatoire continue. Aussi, pour ne pas perdre de temps, le capitaine Fritz ne prend-il pas de notes[1] et ne demande pas que soit fait un enregistrement sténographique ou sur bande magnétique.

A l'extérieur du bureau, dans les couloirs du deuxième étage, règne une agitation invraisemblable causée par l'arrivée massive des journalistes. Une heure seulement après l'arrestation d'Oswald, les médias apprennent par une indiscrétion qu'il est suspecté d'être l'assassin du président Kennedy, en même temps que le meurtrier de l'agent Tippit. Dès 15 h 26, la télévision diffuse l'information sans la vérifier. Le siège du bâtiment de la police de Dallas débute alors. Felix McKnight, rédacteur en chef du journal *Dallas Times Herald*, a estimé qu'au cours des vingt-quatre heures qui ont suivi l'assassinat, plus de trois cents représentants de la presse, de la radio et de la télévision étaient dans le quartier général de la police durant la garde à vue d'Oswald. D'après un agent du FBI, l'affluence « n'était pas très différente de celle qu'on constate aux heures de pointe à la Grand Central Station, et ressem-

---

1. Dissimulées à, ou par, la Commission Warren, les notes du capitaine Fritz existent pourtant. L'auteur a pu en obtenir une copie et développera ce point plus tard.

blait peut-être à celle du Yankee Stadium à l'époque des championnats nationaux de base-ball[1]. »

Sur le palier du deuxième étage, les cameramen de la télévision ont installé aux points stratégiques deux grandes caméras et des projecteurs, ce qui leur permet de balayer le couloir dans toutes les directions. Des dizaines de mètres de câbles sont installés à la va-vite par les fenêtres du bureau d'un adjoint du chef de la police, le long d'une façade de l'immeuble. Les journalistes circulent dans tous les services, s'asseyant sur les bureaux, utilisant les téléphones de la police. De retour de l'aéroport de Love Field où il a assisté au serment de Lyndon Johnson, le chef Curry découvre « des représentants de la presse entassés dans le couloir nord du deuxième étage, là où se trouvent les bureaux de la division d'enquête criminelle. Plusieurs camions de la télévision entouraient l'hôtel de ville. Quand je me rendis dans les bureaux de mes services administratifs, je vis des câbles traverser le bureau de l'assistant administratif, traverser celui du chef adjoint de la circulation ; une caméra de télévision roulait à travers le couloir ; le tumulte était à son comble. On ne voyait que caméras montées sur des trépieds, appareils d'enregistrement du son, gens armés d'appareils photographiques, de caméras de cinéma à manivelle, gens de toutes sortes porteurs de magnétophones, et tous s'efforçaient de prendre des interviews, d'interroger quiconque appartenait au quartier général de la police et était susceptible de savoir quelque chose sur Oswald... Il fallait littéralement user de ses poings pour se frayer un passage dans le couloir[2]. »

Dans l'après-midi du vendredi, Oswald, escorté par six détectives, traverse ce couloir une bonne quinzaine de fois. A chaque passage, la foule des médias est prise d'hystérie. « Les photographes braquent sur lui leurs appareils, les journalistes brandissent leurs micros vers son visage et, à tue-tête, lui posent des questions. Il répond parfois. Les reporters placés

---

1. *Rapport de la Commission Warren sur l'assassinat du président Kennedy, op. cit.*
2. *Ibid.*

aux premiers rangs de la cohue répètent ses réponses pour ceux qui se trouvent derrière et qui n'ont pas pu entendre [1]. »

Puis, à 16 h 05, Fritz et Curry décident d'organiser un *line-up* [2] en présence des témoins de l'assassinat de l'agent Tippit et de ceux de Dealey Plaza déclarant avoir aperçu un homme tirant depuis la fenêtre du Depository. Vers 16 h 20, après le *line-up*, Oswald est reconduit dans le bureau du capitaine Fritz. Deux heures plus tard, à 18 h 20, il est de retour au sous-sol pour un nouveau *line-up*, puis reconduit dans les quinze minutes suivantes au bureau du capitaine Fritz pour un interrogatoire supplémentaire. Peu après 19 heures, celui-ci signe une plainte accusant Lee Harvey Oswald du meurtre de l'agent de police J. D. Tippit. Dix minutes plus tard, devant le juge de paix David L. Johnston, Oswald est informé des charges qui pèsent sur lui. Dans la soirée, le Département de la police de Dallas pratique des tests à la paraffine sur ses mains et sa joue droite pour déterminer s'il a récemment tiré avec une arme à feu. Les résultats sont positifs pour ses mains mais négatifs pour sa joue. A 22 heures, le procureur adjoint Alexander annonce à la presse l'inculpation de Lee pour le meurtre du policier Tippit. Mais Alexander, Fritz et Curry sont désormais persuadés qu'Oswald est également l'assassin du Président. Une conviction renforcée par les informations avancées par le FBI, qui assure que l'arme retrouvée au cinquième étage a été achetée par correspondance à Chicago par un certain « Hidell », pseudonyme utilisé par Oswald. De plus, le fusil a été envoyé à une boîte postale servant également au suspect. Enfin deux témoignages permettent presque de conclure l'enquête. Tout d'abord un voisin, Frazier, également employé au Depository, déclare à la police avoir conduit le matin même Oswald à son travail et qu'il portait sous le bras un long sac de papier brun contenant soi-disant des tringles à rideau. Une information niée par Oswald qui se justifie : « Eh bien, il a fait erreur. Ce doit être une autre fois

---

1. *Ibid.*
2. Le suspect est placé au milieu de policiers en civil et mis en ligne. Les témoins, protégés par l'anonymat d'une glace sans tain, procèdent à l'identification.

qu'il m'a emmené. Le seul sac que j'avais, c'était celui de mon déjeuner et je l'ai gardé sur mes genoux pendant le trajet. » Puis, la propre épouse de Lee, Marina, une jeune Russe balbutiant tout juste quelques mots d'anglais, confirme que son mari possède un fusil. Aussi à 23 h 26, Fritz signe la plainte accusant Oswald du meurtre du président Kennedy. Et ce alors qu'Oswald, qui semble ignorer les charges pesant contre lui, ne revendique pas le crime, nie être propriétaire d'une carabine et déclare ne plus avoir tiré avec une telle arme depuis son service chez les marines. Peu après minuit, les détectives l'emmènent dans la salle de réunion du sous-sol pour rencontrer pendant quelques minutes les journalistes avides d'informations. Là, Oswald, répète son souci d'être soutenu par un avocat :

« J'ai été interrogé par le juge... Mais j'ai protesté à ce moment-là pour dire que, pour ce charmant petit interrogatoire, on ne m'avait pas accordé l'assistance d'un avocat. Je ne sais vraiment pas de quoi il s'agit. Personne ne m'a rien dit, sauf que je suis accusé de... du meurtre d'un agent de police. Je ne sais rien de plus que cela, et, ce que je demande, c'est que quelqu'un vienne m'assister juridiquement.

— Avez-vous tué le Président ?

— Non. Je n'en ai pas été accusé. En fait, personne ne m'a encore dit cela. La première fois que j'en ai entendu parler, c'est quand les reporters m'ont posé cette question dans le couloir.

— Monsieur Oswald, comment vous êtes-vous blessé à l'œil ?

— Un agent de police m'a frappé[1]. »

Et, lorsqu'un reporter d'une radio de Fort Worth lui demande pourquoi la police pense qu'il s'agit du meurtrier du président Kennedy, Lee, éloigné *manu militari* par trois policiers au Stetson, a juste le temps de hurler : « Je n'ai tué personne ! Je ne suis qu'un pigeon[2] ! ». Tandis que Lee est

---

1. Enregistrement audio de la conférence de presse du 22 novembre 1963, 23 h 45.

2. En version originale : « I'm just a patsy ! » Cette affirmation est également le titre d'un ouvrage écrit par George de Mohrenschildt, un Russe blanc en étroit

transféré, les officiels texans concluent la réunion et le procureur[1] Henry Wade précise : « J'en ai envoyé à la chaise électrique avec moins de preuves que ça ! » Le capitaine Fritz affirme, lui : « L'affaire est dans le sac. » Vers 0 h 20, Oswald rejoint la prison au quatrième étage et est isolé dans une pièce offrant le maximum de sécurité située au milieu d'un bloc de trois cellules séparées du reste de la prison, les deux pièces voisines étant vides et un garde se tenant à trois mètres. Une heure plus tard, il est réveillé et conduit au bureau d'identification, au troisième étage. Le juge de paix Johnston l'informe enfin de l'accusation de meurtre sur John Kennedy. Pour seul commentaire, Oswald demande à nouveau l'assistance d'un avocat.

Le samedi matin, l'interrogatoire reprend vers 10 h 25. Pendant une heure dix, sous le feu des questions croisées du capitaine Fritz et des agents du FBI, Oswald n'avoue toujours pas. Mais qu'importe puisque, dans l'après-midi, les agents Moore, Stovall et Rose perquisitionnent la maison des Paine. C'est là, à Irving, à quelques kilomètres de Dallas, que vivent Marina et les enfants pendant que Lee travaille en ville. Les affaires du couple sont stockées depuis de nombreuses semaines dans le garage de leurs amis. Les policiers mettent la main sur deux photographies[2] compromettantes pour Oswald puisqu'on y voit Lee y porter à la ceinture le revolver ayant servi au crime de Tippit et tenir en main le fusil à lunette retrouvé au Texas School Book Depository. Les photographies sont immédiatement présentées au suspect, mais Oswald les rejette, affirme qu'il s'agit de montages, précisant que sa tête a été collée à un corps qui n'est pas le sien. Ancien employé de laboratoire photographique de précision, il se propose même d'en faire la démonstration lorsque cela sera possible. Mais une nouvelle fois Marina renforce la culpabi-

---

contact avec la CIA et « ami » de Lee Harvey Oswald à son retour d'Union soviétique. Ce manuscrit, jamais publié pour cause de décès mystérieux, a été retrouvé par l'auteur et sera développé plus loin.

1. D.A., District Attorney en VO.

2. En américain les Backyard Photographies. C'est sous ce nom que l'auteur s'y référera à plusieurs reprises plus loin.

lité de son époux en indiquant dans son procès-verbal d'interrogatoire avoir elle-même pris les clichés avec l'appareil
Imperial Reflex de son mari quand ils habitaient encore le
petit appartement de Neely Street. De toute façon, les photographies viennent confirmer ce que tout le monde, médias,
policiers, agents du FBI, proclame depuis la veille : Lee Harvey Oswald, déséquilibré communiste, est l'assassin de John
Kennedy. C'est en tout cas le message que choisit de faire
passer le chef Curry[1] lors de sa conférence de presse :

« Chef Curry, je crois comprendre que vous avez de nouvelles informations dans cette affaire. Pouvez-vous nous dire
lesquelles ?

— Oui, nous venons justement d'être informés par le FBI,
qu'il, le FBI, est en possession de la lettre de commande
venant d'une maison de ventes par correspondance. La lettre
a été envoyée à son laboratoire de Washington, et l'écriture
comparée avec des échantillons de celle de notre suspect,
Oswald, et on a trouvé que c'était la même.

— Cette commande était celle de la carabine ?

— Cette commande était celle de la carabine, adréssée à
une maison de ventes par correspondance à Chicago.
L'adresse de l'expéditeur était à Dallas, Texas, à la boîte postale sous le nom de A. Hidell, H-I-D-E-L-L. C'est la boîte
postale de notre suspect. Cette carabine a été envoyée par
colis postal le 20 mars 1963. Je sais qu'il a quitté Dallas peu
de temps après et n'est revenu qu'il y a environ deux mois, je
pense.

— Savez-vous à quelle date cette carabine a été commandée et êtes-vous en mesure de l'identifier comme la carabine
que vous avez confisquée au School Book Depository ?

— Cela, nous ne l'avons pas fait jusqu'à présent. Si le FBI
a été en mesure de le faire, je n'en ai pas encore été informé.
Nous savons que cet homme a commandé une carabine du
type de celle utilisée pour l'assassinat du Président à cette
maison de ventes par correspondance de Chicago, et que le

---

1. Entre le 22 et le 24 novembre, Curry est interviewé à la télévision et à la
radio au moins une douzaine de fois.

FBI a affirmé de manière formelle que l'écriture était celle de notre suspect.

— Je crois que vous avez des photographies du suspect, Oswald, avec une carabine comme celle qui a été utilisée. Pourriez-vous décrire cette photographie ?

— C'est la photographie d'Oswald debout, face à un appareil photographique, tenant à la main une carabine qui est très similaire à la carabine que nous avons en notre possession. Il avait également un pistolet attaché à la hanche. Il tenait à la main deux journaux, dont l'un semblait être *The Worker* et sur l'autre on voit « Soyez militant ». Je ne sais pas si c'était un titre ou le nom du journal.

— Combien coûtait la carabine de la maison de ventes par correspondance ?

— Je pense que le prix indiqué dans la publicité était de 12,78 dollars, je crois.

— Avez-vous reçu les résultats des tests balistiques pratiqués avec la carabine et avec Oswald ?

— Ils seront positifs. Je n'ai pas encore de rapport officiel.

— Mais vous êtes actuellement sûr qu'ils seront positifs ?

— Oui.

— Avez-vous maintenant le sentiment que vous êtes en possession de tous les éléments de l'affaire ou allez-vous continuer ?

— Nous continuerons tant qu'il demeurera le moindre indice à recueillir. Nous avons désormais un dossier d'accusation solide. »

Le reste du samedi après-midi ressemble à s'y méprendre à la veille. Entre 13 h 10 et 13 h 30, Oswald reçoit la visite de sa femme et de sa mère, Marguerite. A 13 h 40, il tente en vain de joindre au téléphone un avocat de New York. A 14 h 15, il comparaît au sous-sol pour un autre *line-up*. Une demi-heure plus tard, il accepte qu'un inspecteur du bureau de l'identité judiciaire lui fasse des prélèvements sous les ongles et lui prenne quelques cheveux. A 15 h 30, son frère Robert le rencontre pendant une dizaine de minutes. Entre 16 heures et 16 h 30, Oswald appelle deux fois chez Ruth Paine. A 17 h 30, il s'entretient pendant moins de cinq minutes avec le président de l'Association du barreau de Dallas. De 18 heures à 19 h 15, il est de nouveau interrogé puis ramené à sa cellule. A 20 heures, il téléphone une fois de plus chez Mrs. Paine et demande à parler à sa femme qui est absente. La garde à vue n'apportant plus grand-chose, Fritz et le procureur Wade décident qu'il est temps d'incarcérer le suspect dans la prison du comté en attendant d'organiser son procès[1]. Le transfert est annoncé à la presse par Jesse Curry pour le lendemain matin dimanche, à 10 heures.

A 9 h 30, l'ordre de sortie de prison est signé.

Avant cela, Oswald est emmené au bureau du capitaine Fritz pour un dernier interrogatoire. La police de Dallas a décidé de jouer la carte de la transparence et autorise les journalistes à assister à la scène. Lorsque Oswald, encadré par deux inspecteurs, se présente dans le sous-sol de l'hôtel de police où l'attend un fourgon cellulaire, il se retrouve projeté par le biais de la télévision dans des millions de foyers américains. Le vaste sous-sol de l'immeuble de la Direction de la Police abrite, entre autres, le bureau de la prison et le garage de la police. Le bureau de la prison, dans lequel donne l'ascenseur, est situé sur le côté ouest d'une rampe réservée aux automobiles. « En plus de la rampe destinée aux autos, cinq portes ouvrant sur le garage font communiquer le sous-sol avec l'immeuble de la Direction de la Police, sur le côté ouest du garage, et, sur le côté est, avec le bâtiment municipal contigu. Trois de ces cinq portes donnent accès aux deux ascenseurs et au monte-charge ouvrant à l'intérieur du garage, les deux ascenseurs, près de la partie centrale du garage, et le monte-charge, à l'extrémité est du garage. Une quatrième porte, placée près de l'ascenseur, s'ouvre sur le bâtiment municipal ; une cinquième porte, du côté du garage

---

1. A Dallas, lorsqu'une personne est accusée d'un crime, le shérif du comté prend d'ordinaire la garde du prisonnier et en assume la responsabilité. Normalement, lorsqu'un prisonnier a été accusé d'un crime, le Département de la police de Dallas le notifie au shérif, qui confie à ses adjoints le soin de transporter l'accusé à la prison du comté. D'habitude, cela se fait dans les quelques heures qui suivent l'enregistrement de la plainte, le quartier général de la police servant uniquement pour les gardes à vue.

qui donne sur Commerce Street, s'ouvre sur un second sous-sol, relié aux deux bâtiments[1]. »

Un peu après 9 heures, les agents font évacuer du sous-sol toutes les personnes n'appartenant pas à la police. Des gardes sont placés en haut des rampes d'auto de Main Street et de Commerce Street menant vers le sous-sol, ainsi qu'à chacune des cinq portes donnant sur le garage et aux doubles portes ouvrant sur le couloir public adjacent au bureau de la prison. Ensuite, le sergent Patrick T. Dean, à la tête de quatorze hommes, commence une inspection minutieuse du garage. Les policiers examinent les poutres, le haut des tuyaux d'air conditionné, chaque placard et chaque pièce donnant sur le lieu. Ils fouillent l'intérieur et les malles arrière des automobiles parquées. Une fois les vérifications terminées, la police permet à nouveau aux représentants de la presse de rentrer dans le sous-sol et de se rassembler autour de l'entrée. Le transfert est prêt à commencer. Un peu avant 11 heures, le chef adjoint de la police demande au capitaine O. A. Jones d'amener au sous-sol tous les détectives disponibles. Les consignes de sécurité sont strictes : « Dès qu'on amènerait le prisonnier, il voulait que nous nous formions sur deux rangs, que nous devions maintenir ces deux rangs pour former, vous savez, une barrière de chaque côté d'eux, une sorte d'allée dans laquelle ils marcheraient, et que, lorsqu'ils descendraient cette allée, nous devions garder ces rangs intacts et avancer avec eux jusqu'à ce que l'homme soit placé dans la voiture[2]. »

A 11 h 20, quelqu'un crie : « Le voilà ! » Les projecteurs s'allument et la nervosité est perceptible, raconte le rapport Warren. Puis un détective sort du bureau de la prison et marche en direction de la voiture de transfert. Quelques secondes plus tard, c'est au tour du capitaine Fritz. Enfin, encadré par deux détectives, Lee Harvey Oswald apparaît. Menotté, vêtu maintenant d'un pull sombre, imperturbable,

---

1. *Rapport de la Commission Warren sur l'assassinat du président Kennedy, op. cit.*
2. Témoignage du détective T. D. McMillon in *Rapport de la Commission Warren sur l'assassinat du président Kennedy, ibid.*

il affronte la meute des journalistes sollicitant des explications sur le plus formidable crime du siècle. Dans l'étroit sous-sol, la foule est considérable. Aux soixante-quinze agents en faction s'ajoutent plus de cinquante reporters. Trois impressionnantes caméras de télévision sont placées le long de la barrière, à l'endroit même où la plupart des journalistes jouent des coudes pour obtenir une meilleure place. Soudain, alors que le prisonnier n'a pas fait trois mètres, la haie d'envoyés spéciaux s'agite. Lee jette un regard sur sa gauche et reste comme pétrifié. Un homme vêtu d'un complet noir et d'un chapeau de la même couleur vient de se jeter sur lui, revolver en avant. Une détonation retentit. Oswald s'effondre. Il n'a pas esquissé le moindre geste de défense. Seule sa bouche a dessiné un « o » parfait[1]. Des insultes sont lâchées. Un reporter gagné par une certaine frénésie hurle dans son micro : « Il y a eu un coup de feu ! On a tiré sur lui ! On a tiré sur Oswald ! » Tandis que certains policiers maîtrisent l'agresseur qui ne semble pas opposer de résistance, Oswald est transporté à l'écart et déposé sur une civière. Un homme lui prodigue les premiers soins. Les caméras ne cessent de tourner. Une ambulance s'approche et Oswald, inconscient, saignant abondamment de l'abdomen est conduit vers l'hôpital de Parkland Memorial, là même où deux jours plus tôt JFK était en train d'agoniser.

A 13 h 07, le médecin chef de Parkland le déclare mort. Vingt minutes plus tard, le chef Curry rencontre pour la dernière fois la presse dans la salle de réunion de l'hôtel de police. Sa déclaration dure moins de soixante secondes. L'assassin présumé du président Kennedy vient de décéder d'une hémorragie interne. Une balle de calibre 38 lui a transpercé le pancréas et s'est logée dans le foie, sectionnant au passage l'aorte et la veine cave. Le policier précise que, par décence, les médecins de Parkland n'ont pas traité Oswald dans la même salle que Kennedy, mais dans une pièce voisine.

Pendant ce temps, son agresseur s'est déjà justifié. Il a

---

1. La photographie de Bob Jackson prise à l'instant du coup de feu fera le tour du monde et permettra à son auteur d'emporter le prix Pulitzer.

décidé d'assassiner Oswald pour éviter à Jackie Kennedy la douleur d'un procès. Quant à son identité, les policiers n'ont pas mis longtemps pour la découvrir. L'homme en noir se nomme Jack Ruby, il est le tenancier d'une boîte de strip-tease de Dallas et connaît la moitié du commissariat par son prénom.

Le lundi 25 novembre, à 15 heures, débute au cimetière Rose Hill de Fort Worth, à une cinquantaine de kilomètres de Dallas, la cérémonie funéraire de Lee Harvey Oswald. En comité restreint, sous étroite surveillance des hommes du Secret Service, sa mère, son frère, sa femme et ses deux jeunes filles pleurent la disparition de l'assassin du Président. Pour éviter une foule hostile, la concession a été réservée pour un certain William Bobo. Quant à la plaque de bronze ornant la tombe de Lee, elle porte simplement le nom Oswald et n'est accompagnée d'aucune date. De toute manière, l'enterrement n'est qu'une formalité. La veille, quatre heures après le décès de Lee, le procureur Wade s'est chargé de clore de manière définitive les trois jours les plus mouvementés de l'histoire de Dallas : « Il est indiscutable que Lee Harvey Oswald était l'assassin du président Kennedy. Maintenant que le seul coupable est mort, l'instruction doit naturellement cesser. » Dans son empressement à oublier, le procureur texan vient de commettre une erreur de jugement. La mort de Lee Harvey Oswald n'est pas une fin mais juste un long commencement.

CHAPITRE 4

La Commission Warren

> « *L'enquête sur l'assassinat deviendra sans aucun doute le travail de recherche le plus approfondi de l'histoire moderne. Si une nation ne croit pas aux découvertes de cette enquête, il y a peu de choses dans lesquelles elle peut croire.* »
>
> Editorial du *Dallas Times Herald*, 4 décembre 1963.

Les déclarations des policiers de Dallas, la volonté de retour à la normale affichée par Lyndon Johnson jusque dans l'heure précédant la cérémonie funéraire, les articles de presse condamnant unanimement Lee Harvey Oswald n'effacent pas complètement l'impression d'inachevé que laissent les événements de Dallas. Déjà, le soir de l'assassinat d'Oswald, le procureur Henry Wade avait senti le vent de la contestation naître. « Les gens disent... vous n'aviez pas de véritable coupable et c'est vous qui l'avez tué, ou vous l'avez mis là intentionnellement pour le faire tuer[1]. » Pis encore, les médias européens s'étonnent de cette célérité à boucler un tel dossier et lancent des accusations à peine voilées contre les forces de l'ordre de Dallas, décrites dans *Paris-Match* comme une police d'opérette, mais demandent aussi « à qui profite le crime ? » et s'interrogent sur le rôle joué par le Texan Lyndon Johnson. Comme l'assassinat d'Oswald ne permet plus de recourir à la procédure judiciaire normale et bloque la recherche de la vérité, très rapidement, les autorités fédérales et celles de l'Etat du Texas évoquent la possibilité d'instituer une commission d'enquête placée sous l'autorité d'un magistrat du Texas ou du Grand Jury du comté de Dallas[2], histoire de calmer les rumeurs. De leur côté, les commissions des deux chambres du Congrès proposent la mise en place d'auditions afin de mettre en lumière la totalité des faits relatifs à l'assassinat.

C'est dans cette situation de doutes qu'Edgar J. Hoover entre en jeu. Le patron du FBI, ami personnel du nouveau Président, comprend rapidement qu'il n'est dans l'intérêt de personne de laisser pourrir le climat. Aussi propose-t-il à LBJ la création d'une commission investie des pouvoirs les plus larges pour étudier les investigations menées par le FBI.

Ainsi, le 29 novembre 1963, sept jours après le meurtre de JFK et quelques palabres pour trouver les membres siégeant, Lyndon Johnson signe le décret n° 1130 qui crée la fameuse Commission Warren. « En vertu de l'autorité dont je suis revêtu en ma qualité de président des Etats-Unis, je nomme par le présent ordre une commission pour constater, évaluer et rapporter les faits relatifs à l'assassinat du président John F. Kennedy et la mort violente de l'homme accusé de l'avoir assassiné. [...] L'objet de cette commission est d'examiner les preuves présentées par le FBI et toutes les preuves supplémentaires qui apparaîtraient ensuite ou seraient découvertes par les autorités fédérales ou des Etats ; de mener toutes les investigations que la Commission jugerait nécessaires ; d'éva-

---

1. *Rapport de la Commission Warren sur l'assassinat du président Kennedy, op. cit.*
2. Le jury des Mises en accusation.

luer tous les faits et circonstances entourant cet assassinat, en y incluant la mort violente de l'homme accusé de celui-ci, et de me transmettre un rapport sur ses découvertes et conclusions [...]. Tous les ministères et agences ont ordre de fournir à la Commission les facilités, services et coopération qui leur seront demandés. »

Pour diriger la commission, Johnson nomme une personnalité au-dessus de tout soupçon, le président de la Cour suprême, Earl Warren. Juriste brillant, apprécié dans les milieux progressistes pour son combat contre la discrimination raciale dans l'enseignement et en faveur de la protection des droits individuels et des libertés, ancien candidat républicain à la vice-présidence contre Roosevelt, il siège à la Cour suprême depuis 1953. Si Warren accepte le poste, son choix est douloureux. Le *chief justice* estime en effet dangereux d'unir dans une seule commission les deux principaux pouvoirs des Etats-Unis, le judiciaire et l'exécutif.

A ses côtés siègent six autres membres. Deux sénateurs, le démocrate Richard Russell et le républicain John Cooper, deux membres de la Chambre des représentants, le démocrate Hale Boggs et le républicain Gerald Ford, et enfin deux personnalités issues du privé, John McCloy, un diplomate républicain ancien président de la Banque internationale pour la reconstruction et le développement, ancien haut-commissaire des Etats-Unis en Allemagne, et Allen Dulles, ancien directeur de la CIA, limogé par Kennedy après le désastre de la baie des Cochons en 1961.

Le 5 décembre 1963, la Commission se réunit pour la première fois. En préambule, Earl Warren précise le cadre de ses travaux : « Le décret représente, sans équivoque possible, un mandat présidentiel de mener en toute indépendance une enquête approfondie. Etant donné les nombreuses rumeurs et hypothèses existantes, la Commission estime que pour parvenir, dans l'intérêt public, à établir la vérité, elle ne peut se contenter des rapports et des analyses déjà faits par les organismes fédéraux ou les organismes des Etats. En conséquence, elle va entreprendre de réviser minutieusement les prémisses et les conclusions de ces rapports ; de plus, toutes les assertions et toutes les rumeurs relatives à l'éventualité d'un complot, ou à l'existence de complices d'Oswald dont la Commission aura connaissance, feront l'objet d'une enquête. »

Ensuite, il demande à l'ensemble des membres et à l'équipe des conseillers menée par J. Lee Rankin, conseiller juridique du gouvernement fédéral, la plus grande discrétion. La totalité des travaux de la Commission est placée sous le sceau du secret défense. Sans prêter serment, les membres s'engagent pourtant à ne rien révéler des investigations et à afficher une solidarité à toute épreuve avec les futures conclusions.

Une semaine plus tard, le Congrès adopte la résolution conjointe du Sénat n° 137, autorisant la Commission à émettre des assignations à témoigner ou à présenter des preuves. De plus, cette résolution autorise la Commission à contraindre des témoins à déposer même s'ils invoquent la protection du cinquième amendement à la Constitution des Etats-Unis exemptant le témoin de l'obligation de faire des révélations accablantes pour lui.

Si Lyndon Johnson n'a pas fixé officiellement de date butoir, il est clair que les résultats de la Commission doivent être connus avant l'élection présidentielle prévue pour novembre 1964. De fait, les travaux ne durent que dix mois et ne passionnent guère les six principaux membres qui, durant l'enquête, ne cessent pas leurs activités. La plupart des recherches sont effectués par Rankin secondé par un jeune conseiller avide de résultats et de reconnaissance, Arlen Specter.

La fin d'année est consacrée à l'étude des rapports émanant d'organismes d'enquête fédéraux et d'organismes d'enquête des Etats. Le 3 décembre 1963, bénéficiant d'une indiscrétion, le *New York Post* écrit : « Maintenant que le FBI est en train d'enquêter et que l'on a judicieusement désigné une Commission [...] peut-être les détectives amateurs penchés sur l'assassinat de Mr. Kennedy voudront-ils prendre les vacances dont ils ont le plus grand besoin. » Neuf jours plus tard, le FBI remet à la Commission son rapport d'enquête. Après l'avoir étudié, la Commission demande au FBI de lui communiquer les documents ayant servi de base à son élaboration. Le 18 décembre, c'est au tour du Secret Service de présenter un rapport détaillé sur les mesures de sécurité prises avant et pendant le voyage au Texas du président Kennedy. En janvier, le département d'Etat fait parvenir un dossier complet sur le ralliement de Lee Harvey Oswald à l'Union soviétique en 1959. Toujours en début de mois, l'attorney général du Texas livre la presque totalité des rapports de la police de Dallas sur l'assassinat du président Kennedy, de l'agent Tippit et du meurtre d'Oswald. Février est consacré à l'étude de l'ensemble de ces documents et à l'élaboration de résumés et de requêtes complémentaires. Ainsi le FBI, le Secret Service mais aussi l'IRS [1], l'ONI [2], la CIA et le département d'Etat participent-ils à ce complément d'enquête. Puis, c'est au tour de la Commission d'auditionner à huis clos certains témoins comme Jack Ruby ou Marina Oswald mais aussi Dean Rusk, secrétaire d'Etat, Douglas Dillon, ministre des Finances, John McCone, directeur de la CIA, Edgar Hoover, directeur du FBI, et James Rowley, chef du Secret Service. Au total, et à partir du 3 février 1964, la Commission entend 552 témoins [3]. Certains de ses membres se rendent à Dallas, tandis que d'autres restent à Washington pour entendre des experts indépendants.

Le 11 septembre 1964, avant de remettre ses conclusions au président Johnson, la Commission établit un bilan chiffré de son année de recherches. Les quatre-vingts agents spéciaux du FBI ont mené plus de 25 000 interrogatoires et élaboré plus de 2 300 rapports totalisant 25 400 pages. Le Secret Service a mené environ 1 550 interrogatoires et soumis 800 rapports totalisant 4 600 pages. Auxquels s'ajoutent les contributions des autres organismes.

Le 27 septembre 1964, Lyndon Johnson reçoit la totalité

---

1. Internal Revenue Service : service des impôts.

2. Office of Naval Intelligence : service secret de la Marine.

3. Quatre-vingt-quatorze d'entre eux ont comparu devant les membres de la Commission, 395 ont été interrogés par les collaborateurs juridiques de la Commission, 61 ont fourni des affidavits, c'est-à-dire des déclarations sous serment, 2 ont fait des déclarations.

de la Commission à la Maison-Blanche. L'heure est solennelle. Sous les yeux de millions de téléspectateurs, l'emblématique Warren remet au Président un rapport de 888 pages. Avant de résumer ses conclusions, la Commission s'attarde sur la définition de son rôle exact : « La procédure utilisée par la Commission pour réunir et apprécier les éléments de preuve a nécessairement différé de celle d'un tribunal jugeant un accusé inculpé d'un acte criminel et comparaissant en personne devant lui : en effet, le système judiciaire américain ne prévoit pas l'éventualité d'un procès posthume. Si Oswald avait vécu, il aurait été jugé selon la procédure judiciaire américaine et aurait été pleinement en mesure d'exercer les droits que la loi lui reconnaissait. Le juge, de même que les jurés, aurait présumé qu'il était innocent jusqu'au moment où sa culpabilité aurait été prouvée de façon indiscutable. Il aurait pu fournir des renseignements de nature à influencer le déroulement du procès. Il aurait pu participer à sa défense et aider ses défenseurs. Il aurait pu subir un examen destiné à déterminer s'il était sain d'esprit selon les normes juridiques en vigueur. Tous les témoins, y compris, le cas échéant, l'accusé lui-même, auraient pu être soumis à des interrogatoires minutieux, conformément à la procédure contradictoire en vigueur dans les tribunaux américains.

La Commission ne s'est considérée ni comme un tribunal jugeant un procès, ni comme un avocat général résolu à prouver la culpabilité d'un accusé, mais a estimé que sa mission consistait à réunir des faits dans le but de faire la vérité.

Au cours de l'enquête sur les circonstances et les rumeurs concernant ces événements, la Commission a été amenée à étudier des dépositions sur la foi d'autrui et d'autres sources d'information irrecevables au cours d'une procédure judiciaire, dépositions et informations fournies par des personnes ayant vu ou entendu et d'autres ayant été en mesure d'observer ce qui s'était passé. Par souci d'équité vis-à-vis de l'assassin présumé et de sa famille, la Commission a invité, le 25 février 1964, Mr. Walter E. Craig, président de l'Association du barreau américain, à participer à l'enquête et à dire à la Commission si la procédure suivie par elle était, à son avis, conforme aux principes fondamentaux de la justice américaine. [...] Cette procédure a reçu l'approbation de l'avocat de la veuve d'Oswald. »

Le rapport s'ouvre sur un chapitre résumant les constatations et les conclusions fondamentales de la Commission. Il est suivi d'une analyse détaillée des faits et des problèmes soulevés par les événements du 22 novembre 1963 et des deux jours suivants. Les autres chapitres traitent de la visite à Dallas, des coups de feu tirés du Texas School Book Depository, du meurtre de Lee Harvey Oswald, de l'éventualité d'un complot, des antécédents d'Oswald et de son mobile éventuel, ainsi que des mesures de sécurité prises pour la protection du Président. Mais l'essentiel du rapport est consacré à Lee Harvey Oswald. Pour mieux saisir son geste, la Commission a exploré le passé de l'ex-marine.

Lee est né à La Nouvelle-Orléans le 18 octobre 1939, deux mois après la mort de son père. Sa mère, Marguerite Claverie Oswald, a deux enfants plus âgés. L'un, John Pic, demi-frère de Lee, est né d'un précédent mariage qui s'est terminé par un divorce. L'autre, de cinq ans son aîné, se nomme Robert Oswald. A l'âge de trois ans, Lee est placé pour une année dans un orphelinat où son frère et son demi-frère se trouvent déjà. En mai 1945, Marguerite Oswald épouse en troisièmes noces Edwin Ekdahl. Un an plus tard, le couple se sépare, puis tente de se réconcilier quelques mois plus tard, mais finit par divorcer. La situation chaotique de sa mère se ressent sur les résultats scolaires du jeune Oswald. Pendant les cinq années et demie passées à Fort Worth, Lee se classe dans la moyenne, bien qu'en général son livret scolaire indique chaque année une baisse. « Les commentaires des instituteurs et de ceux qui l'ont connu à cette époque ne révèlent chez le garçon aucun trait de caractère ou de personnalité inhabituel. » En août 1952, quelques mois après qu'il a terminé sa sixième année d'études, un autre changement intervient dans sa vie. Marguerite et son fils, alors âgé de douze ans, rejoignent John Pic, en garnison dans les gardes-côtes, à New York. « Les dix-huit mois suivants passés à New York sont marqués par le refus de Lee de fréquenter l'école et par des troubles émotifs et psychologiques d'une nature apparemment sérieuse. Parce qu'il manque continuellement l'école, Lee est mis en observation psychiatrique. L'assistante sociale qui s'occupa de son cas le décrit comme étant " sérieusement indifférent " et " renfermé " et remarque qu'il y a " quelque chose d'assez sympathique et émouvant chez cet adolescent affamé de tendresse et privé d'affection ". En effet, Lee exprime à l'assistante sociale le sentiment que sa mère ne l'aime pas beaucoup et le considère comme un fardeau. Puis il fut la proie d'idées bizarres, s'imaginant qu'il était tout-puissant et qu'il faisait du mal aux gens. » D'après des tests psychologiques passés lors de son observation, il apparaît que Lee a une intelligence au-dessus de la moyenne des enfants de son âge. Le psychiatre en chef chargé de le suivre diagnostique un « trouble de la personnalité avec certaines caractéristiques de schizophrénie et des tendances à la passivité agressivité ». Ses conclusions sont formelles, Oswald est « un enfant souffrant de profonds troubles émotifs » nécessitant un traitement psychiatrique. Une décision rejetée par sa mère qui préfère quitter New York en janvier 1954 pour La Nouvelle-Orléans, ville natale de Lee. Le retour en Louisiane est une bonne chose pour l'enfant qui, s'il ne connaît pas de meilleurs résultats scolaires, n'occasionne plus de trouble. Les témoignages de son voisinage font de lui « un enfant tranquille, solitaire et introverti, qui lit beaucoup et dont le vocabulaire étendu lui permet de s'exprimer facilement. »

A seize ans, Lee quitte l'école et tente de s'engager dans les marines. Trop jeune, il multiplie les petits boulots. « C'est pendant cette période qu'il commence à se documenter sur le communisme, précise le rapport. Parfois, lors de discussions avec d'autres, il fait l'éloge du communisme et fait part à ses camarades de travail de son désir de s'inscrire au parti communiste. Vers cette époque, alors qu'il n'avait pas encore dix-sept ans, il adresse une lettre au parti socialiste d'Amérique, professant sa foi dans le marxisme. » Le 24 octobre 1956, six jours après son dix-septième anniversaire, Lee rejoint le corps des marines. « Le 21 décembre 1956, au cours d'une période d'entraînement à San Diego, Oswald subit une

épreuve avec un fusil M-1 et obtient un résultat de 212 points
— deux points au-dessus du minimum requis pour être classé
" très bon tireur " selon la hiérarchie : bon tireur, très bon
tireur, tireur d'élite. » Oswald est également initié aux rudi-
ments de l'aviation et au maniement du radar. Durant son
temps, Oswald passe à deux reprises en cour martiale. Une
première fois pour insulte à sous-officier et une seconde pour
détention d'une arme à titre privé et sans autorisation.

Jusqu'en novembre 1958, il passe la majeure partie de son
service au Japon. « Durant sa dernière année dans les marines,
il est la plupart du temps en garnison à Santa Ana, en Californie, où il manifeste un intérêt accusé pour l'Union soviétique
et exprime parfois des vues politiques extrémistes avec une
conviction dogmatique, poursuit le rapport. Le 6 mai 1959,
Oswald participe à une nouvelle épreuve de tir avec un fusil
M-1 et, cette fois, obtient un résultat de 191 points sur un
champ de tir plus court, un point seulement au-dessus du
minimum requis pour être classé " bon tireur ". Au cours de
cette période, il exprime une vive admiration pour Fidel Castro et le désir de s'engager dans l'armée cubaine. Il s'efforce
de poser à l'intellectuel devant ses camarades, mais certains
jugent sa pensée peu profonde et sectaire. »

Le 20 septembre 1959, quelques jours après sa libération,
Oswald achète un billet pour s'embarquer sur le cargo *Marion
Lykes* qui appareille de La Nouvelle-Orléans pour Le Havre.
« Le 16 octobre 1959, Oswald arrive à Moscou par le train
après avoir franchi la frontière de Finlande, pays où il a
obtenu un visa pour un séjour de six jours en Union soviétique. Il demande immédiatement la nationalité soviétique.
Dans l'après-midi du 21 octobre 1959, Oswald reçoit l'ordre
de quitter l'Union soviétique avant 8 heures le même soir.
Dans le courant de ce même après-midi, alors qu'il se trouvait
dans sa chambre d'hôtel, Oswald se fit une entaille dans le
poignet gauche, dans une apparente tentative de suicide. Il
fut immédiatement hospitalisé. » Le 31 octobre, trois jours
après sa sortie de l'hôpital, Oswald se rend à l'ambassade
américaine, annonce qu'il désire renoncer à sa nationalité
américaine et devenir citoyen russe, et remet au fonctionnaire

de l'ambassade une déclaration écrite qu'il avait préparée à cet effet. Lorsqu'on lui demande les raisons de sa décision, Oswald répond : « Je suis marxiste. » Un geste très fort pourtant pas accompagné d'effet : Oswald ne fit jamais officiellement les démarches légales nécessaires pour renoncer à sa nationalité américaine. Quant au gouvernement soviétique, il ne traite pas la demande déposée par Lee pour obtenir la nationalité soviétique. Néanmoins, en janvier 1960, Oswald reçoit l'autorisation, renouvelable chaque année, de demeurer en Union soviétique. Lee Harvey Oswald s'installe à Minsk où il occupe un poste d'ouvrier non spécialisé dans une usine de fabrication de matériel de radio. En février 1961, alors que son autorisation est confirmée, il écrit à l'ambassade des Etats-Unis à Moscou pour exprimer sa volonté de rentrer chez lui. Mais le mois suivant, lors d'un bal ouvrier, il rencontre la jeune Marina Nikolaevna Prusakova. C'est le coup de foudre, et le couple se marie le 30 avril 1961. Trois mois plus tard, les deux époux se rendent à l'ambassade américaine pour exprimer leur volonté de quitter le pays. Le 25 décembre 1961, les autorités soviétiques informent les Oswald qu'elles ne s'opposent pas au départ de Marina. En février 1962, le couple résidant toujours à Minsk a eu une fille. « Le 9 mai 1962, les services d'immigration et de naturalisation des Etats-Unis consentent, à la requête du département d'Etat, à ne pas tenir compte d'une restriction légale qui aurait empêché la délivrance d'un visa américain à la femme russe d'Oswald avant quelle n'ait quitté l'Union soviétique. Ils quittent finalement Moscou le 1er juin 1962 et reçoivent une aide du département d'Etat américain sous forme d'un prêt de 435,71 dollars pour payer leurs frais de voyage. Deux semaines plus tard, ils arrivent à Fort Worth et emménagent dans leur propre appartement au début du mois d'août. Durant la période passée à Fort Worth, Oswald est interrogé deux fois par les agents du FBI. Le rapport du premier interrogatoire, qui a lieu le 26 juin, le décrit comme arrogant et peu disposé à discuter les raisons pour lesquelles il était parti pour l'Union soviétique. Oswald nie être mêlé à des activités d'espionnage pour le compte des Soviétiques et promet d'avertir le FBI si des représentants des Soviétiques se mettaient un jour en rapport avec lui. Il est interrogé à nouveau le 16 août, se comportant alors de façon moins agressive, et promet, une fois de plus, d'informer le FBI si une tentative quelconque était faite pour l'enrôler dans des activités d'espionnage. »

Au début du mois d'octobre 1962, la famille Oswald s'installe à Dallas où elle reçoit l'aide de l'importante communauté de Russes blancs. « En dépit du fait qu'il ait quitté l'Union soviétique désillusionné par son gouvernement, Oswald semble plus ancré que jamais dans ses conceptions marxistes, indique le rapport. Il manifeste le mépris de la démocratie, du capitalisme et de la société américaine en général. Il critique vivement le groupe des russophones parce qu'ils semblent attachés aux principes américains de la démocratie et du capitalisme et ont l'ambition d'améliorer leur condition. »

Lors d'une des réunions avec les exilés russes, Marina Oswald rencontre Ruth Paine qui, intéressée par la langue russe, devient son amie. « Le 6 avril 1963, Oswald perd son emploi dans une firme photographique. Quelques jours après, le 10 avril, il tente de tuer le général de brigade Edwin A. Walker (démissionnaire de l'armée américaine) en utilisant une carabine qu'il a commandée par correspondance un mois auparavant sous un nom d'emprunt. » Marina Oswald découvre ce qu'a fait son mari quand elle lui montre un billet qu'il a laissé, et dans lequel il lui donne des instructions au cas où il ne reviendrait pas. Cet incident et les difficultés économiques constantes dans lesquelles ils se trouvent poussent Marina Oswald à proposer à son mari de quitter Dallas pour s'installer à La Nouvelle-Orléans afin d'y trouver du travail. Oswald part pour La Nouvelle-Orléans le 24 avril 1963. Ruth Paine, qui ignorait tout de l'attentat contre Walker, invite Marina Oswald et le bébé à rester avec elle dans leur modeste maison à Irving. « Durant son séjour à La Nouvelle-Orléans, Oswald organise dans cette ville une section fictive du comité "Justice pour Cuba", précise la Commission Warren. Il se fait passer pour le secrétaire de cette organisation et signale qu'A. J. Hidell en est le président. En réalité, Hidell était un personnage entièrement imaginaire créé par Oswald, seul membre de l'organisation. » Son activité politique se résume principalement à la distribution de tracts en faveur du régime de Fidel Castro et condamnant la politique américaine. Le 9 août, il est interpellé après qu'une de ses distributions dans les rues de la ville eut tourné en bagarre avec des anticastristes. « Le jour suivant, pendant qu'il se trouve au commissariat de police, il est interrogé par un agent du FBI après qu'il a demandé à la police de lui aménager cet interrogatoire. Oswald donne à l'agent de faux renseignements sur son passé et répond évasivement aux questions concernant les activités du comité " Justice pour Cuba ". Durant les deux semaines qui suivirent, Oswald prend deux fois part à des programmes de radio, prétendant être le porte-parole du comité " Justice pour Cuba " à La Nouvelle-Orléans. »

Le 27 septembre, Lee Harvey Oswald se trouve à Mexico. Là, il se rend aux ambassades cubaine et russe. « Selon ses déclarations, son but est d'obtenir l'autorisation officielle de s'arrêter à Cuba avant de se rendre en Union soviétique. » Mais le gouvernement cubain refuse de lui accorder de visa sans garantie de transfert vers l'Union soviétique. Le 14 octobre 1963, toujours sans emploi, sous le pseudonyme d'O. H. Lee, il s'installe dans une chambre meublée de Dallas, rendant visite pendant les week-ends à sa famille toujours installée à Irving. Grâce à l'aide d'une amie de Ruth Paine, Lee est engagé comme magasinier au Texas School Book Depository deux jours plus tard. Le 20 octobre, Oswald devient père d'une deuxième fille. « Le vendredi 15 novembre, Oswald reste à Dallas à la demande de sa femme qui lui a dit que la maison serait pleine en raison d'une réception donnée pour l'anniversaire de la fille de Ruth Paine, reprend le rapport. Le lundi 18 novembre, Oswald et sa femme se querellent violemment au téléphone, parce qu'elle vient d'apprendre pour la première fois qu'il vit dans la pension de famille sous un nom d'emprunt. Le jeudi 21 novembre, Oswald dit à Frazier qu'il aimerait aller à Irving pour y prendre des tringles de rideaux pour un appartement à Dallas. Sa femme et Mrs. Paine sont fort surprises de le voir, étant donné que c'est un jeudi soir. Elles pensent qu'il est venu se réconcilier avec sa femme à la suite de la querelle du lundi. Il se montre conciliant, mais Marina Oswald est encore en colère. Plus tard dans la soirée, après que Mrs. Paine a terminé de nettoyer la cuisine, elle se rend au garage et remarque que la lumière est allumée. Elle est sûre de ne pas l'avoir laissée allumée, mais l'incident lui semble sans importance sur le moment. Dans le garage se trouvent la plupart des affaires appartenant à Oswald. Le lendemain matin, Oswald part alors que sa femme est encore au lit en train de nourrir le bébé. Elle ne le voit pas quitter la maison. Ruth Paine non plus. Sur la commode de leur chambre, il a laissé son alliance, ce qu'il n'a jamais fait auparavant. Son portefeuille, contenant 170 dollars, a été laissé intact dans un tiroir de la commode. »

Voilà un portrait de l'assassin qui ne fait pas dans la nuance, d'autant plus important qu'il justifie presque à lui tout seul les conclusions du rapport, lequel précise : « La Commission a entrepris de vérifier les faits relatifs aux événements qui se sont déroulés du 22 au 24 novembre 1963. Elle est parvenue à certaines conclusions fondées sur tous les éléments de preuve se trouvant à sa disposition. Aucune restriction n'a entravé l'enquête de la Commission ; celle-ci a mené sa propre enquête et tous les organismes gouvernementaux se sont pleinement acquittés de leur obligation de coopérer avec la Commission au cours de cette enquête. Ces conclusions représentent l'opinion réfléchie de tous les membres de la Commission et elles sont présentées à la suite d'une enquête qui a convaincu la Commission qu'elle a dégagé la vérité concernant l'assassinat du président Kennedy, dans toute la mesure permise par une enquête prolongée et approfondie. » Le rapport, après ce préambule, affirme donc que :

« 1. Les coups de feu qui ont tué le président Kennedy et blessé le gouverneur Connally ont été tirés d'une fenêtre située au cinquième étage, à l'angle sud-est du Texas School Book Depository. Cette conclusion est fondée sur les faits suivants :

(a) Des témoins qui se trouvaient sur les lieux de l'assassinat ont vu qu'on faisait feu avec un fusil de la fenêtre du cinquième étage de l'immeuble du Depository et plusieurs témoins ont vu un fusil à cette fenêtre immédiatement après que les coups de feu eurent été tirés.

(b) La balle presque entière trouvée sur le chariot du gouverneur Connally, à l'hôpital Parkland Memorial, et les deux fragments de balle trouvés sur le siège avant de la voiture présidentielle furent tirés par la carabine Mannlicher-Carcano, d'un calibre de 6,5, trouvée au cinquième étage de l'immeuble du Depository, à l'exclusion de toute autre arme.

(c) Les trois douilles vides, trouvées près de la fenêtre du cinquième étage, à l'angle sud-est de l'immeuble, furent tirées par la même arme que la balle et les fragments décrits ci-dessus, à l'exclusion de toute autre arme.

(d) Le pare-brise de la voiture présidentielle fut atteint par un fragment de balle sur la surface intérieure du verre, mais ne fut pas perforé.

(e) La nature des blessures par balle dont furent victimes le président Kennedy et le gouverneur Connally et l'emplacement de la voiture au moment des coups de feu démontrent que les balles furent tirées d'en haut et d'un point situé derrière la voiture présidentielle, atteignant comme suit le Président et le gouverneur :

(1) Le président Kennedy fut atteint la première fois par une balle qui pénétra dans la nuque et ressortit en avant, à la base du cou, causant une blessure qui aurait pu ne pas s'avérer mortelle. Le Président fut atteint une seconde fois par une balle qui pénétra dans le côté droit de l'occiput, causant une blessure large et profonde qui fut mortelle.

(2) Le gouverneur Connally fut atteint par une balle qui pénétra dans le côté droit du dos, et qui, continuant sa trajectoire vers le bas, traversa la poitrine du côté droit pour ressortir au-dessous du mamelon droit. Cette balle traversa ensuite son poignet droit et pénétra dans sa cuisse gauche, à laquelle elle fit une blessure superficielle.

(f) Il n'existe aucun élément de preuve digne de foi permettant de penser que les coups de feu ont été tirés du Triple Underpass (passage souterrain à trois voies) qui se trouvait en avant du cortège présidentiel, ou de tout autre lieu.

2. La prépondérance des preuves recueillies indique que trois coups de feu furent tirés.

3. Bien qu'il ne soit pas nécessaire, en ce qui concerne les conclusions essentielles de la Commission, de déterminer lequel des coups de feu frappa le gouverneur Connally, les experts ont apporté des preuves très convaincantes que la balle qui transperça la gorge du Président causa également les blessures du gouverneur Connally. Cependant, le témoignage du gouverneur Connally, ainsi que certains autres facteurs, a donné lieu à des divergences d'opinion sur une telle probabilité, mais les membres de la Commission sont unanimes à conclure que tous les coups de feu ayant occasionné les blessures du Président et du gouverneur Connally furent tirés de la fenêtre située au cinquième étage du Texas School Book Depository.

4. Les coups de feu qui tuèrent le président Kennedy et blessèrent le gouverneur Connally furent tirés par Lee Harvey Oswald. Cette conclusion est fondée sur les faits suivants :

(a) La carabine italienne Mannlicher-Carcano, d'un calibre de 6,5, d'où partirent les coups de feu, appartenait à Oswald et était en sa possession.

(b) Oswald avait apporté cette carabine à l'intérieur de l'immeuble du Depository le matin du 22 novembre 1963.

(c) Oswald, au moment de l'assassinat, était présent à la fenêtre d'où furent tirés les coups de feu.

(d) Peu de temps après l'assassinat, la carabine Mannlicher-Carcano appartenant à Oswald fut trouvée en partie dissimulée par des boîtes en carton, au cinquième étage, et le sac en papier improvisé dont s'était servi Oswald pour apporter la carabine au Depository fut trouvé près de la fenêtre d'où les coups de feu avaient été tirés.

(e) S'appuyant sur les témoignages des experts et l'analyse faite par eux des films de l'assassinat, la Commission a conclu qu'un tireur du niveau de Lee Harvey Oswald aurait pu tirer les coups de feu à l'aide de la carabine utilisée lors de l'assassinat dans la limite du temps que dura la fusillade. La Commission a, en outre, conclu qu'Oswald possédait les capacités de tireur qui lui permettaient de commettre l'assassinat.

(f) Oswald mentit à la police après son arrestation à propos de questions importantes touchant le fond de cette affaire.

(g) Oswald avait tenté d'assassiner, le 10 avril 1963, le général de brigade Edwin A. Walker (démissionnaire de l'armée américaine) manifestant ainsi ses inclinations au meurtre.

5. Oswald a tué l'agent de police de Dallas, J. D. Tippit environ quarante-cinq minutes après l'assassinat. Cette conclusion confirme la constatation selon laquelle Oswald a tiré les coups

de feu qui ont tué le président Kennedy et blessé le gouverneur Connally et elle s'appuie sur les faits suivants :

(a) Deux témoins ont vu l'assassinat de Tippit et sept témoins oculaires ont entendu les coups de feu et vu le meurtrier quitter le lieu du crime un revolver à la main. Ces neuf témoins oculaires ont formellement identifié Lee Harvey Oswald comme étant l'homme qu'ils avaient vu.

(b) Les douilles trouvées sur le lieu du meurtre avaient été tirées du revolver qui était en la possession d'Oswald au moment de son arrestation, à l'exclusion de toute autre arme.

(c) Le revolver qui était en la possession d'Oswald au moment de son arrestation avait été acheté par Oswald et lui appartenait.

(d) Le blouson d'Oswald fut trouvé sur le chemin suivi par le meurtrier alors qu'il s'enfuyait du lieu du meurtre.

6. Moins de quatre-vingts minutes après l'assassinat et trente-cinq minutes après le meurtre de Tippit, Oswald offrit une résistance lors de son arrestation dans le cinéma en essayant d'abattre à coups de feu un autre agent de police de Dallas.

7. La Commission est arrivée aux conclusions suivantes concernant le meurtre d'Oswald par Jack Ruby, le 24 novembre 1963 :

(a) Ruby entra dans le sous-sol du département de la Police de Dallas peu après 11 h 17 et tua Lee Harvey Oswald à 11 h 21.

(b) Bien que les preuves concernant la façon dont Ruby pénétra dans l'immeuble ne soient pas concluantes, la prépondérance de celles-ci indique qu'il y entra à pied, empruntant la rampe qui mène de Main Street au sous-sol de l'immeuble du Département de la police.

(c) Il n'existe aucun élément de preuve à l'appui de la rumeur selon laquelle Ruby aurait pu être aidé par des membres du Département de la police de Dallas dans le meurtre d'Oswald.

(d) La décision prise par le Département de la police de Dallas de transférer Oswald à la prison du comté sous les yeux du public était peu rationnelle. Les dispositions prises par le Département de la police le dimanche matin, quelques heures seulement avant le transfert projeté, étaient insuffisantes. Le fait que des représentants de la presse et autres ne furent pas exclus du sous-sol, alors même que la police avait été avisée de menaces de mort faites à l'encontre d'Oswald, revêt une importance capitale. Ce manque de précautions contribua à la mort de Lee Harvey Oswald.

8. La Commission n'a trouvé aucune preuve de la participa-

tion de Lee Harvey Oswald ou de Jack Ruby à un complot quelconque, national ou étranger, en vue de l'assassinat du président Kennedy. Les raisons motivant cette conclusion sont les suivantes :

(a) La Commission n'a trouvé aucune preuve indiquant qu'Oswald ait été aidé dans la préparation ou l'exécution de l'assassinat. A cet effet, elle s'est livrée à une enquête approfondie sur divers facteurs, et notamment sur les circonstances ayant entouré la préparation du cortège motorisé à travers Dallas, l'embauche d'Oswald par la Texas School Book Depository Co., le 15 octobre 1963, la méthode utilisée pour introduire la carabine dans l'immeuble, l'installation de cartons de livres à la fenêtre, la fuite d'Oswald de l'immeuble et la déposition des témoins oculaires de la fusillade.

(b) La Commission n'a trouvé aucune preuve de la participation d'Oswald, en association soit avec toute autre personne soit avec un groupe, à un complot en vue de l'assassinat du Président, bien qu'elle ait enquêté sur toutes les pistes possibles, notamment sur tous les aspects des relations, de la situation financière et des habitudes personnelles d'Oswald, particulièrement pendant la période ayant suivi son retour de l'Union soviétique, en juin 1962.

(c) La Commission n'a trouvé aucune preuve indiquant qu'Oswald fût employé, persuadé ou encouragé par un gouvernement étranger [...].

9. Au cours de toute son enquête, la Commission n'a découvert aucune preuve de complot, subversion ou déloyauté à l'égard du gouvernement des Etats-Unis de la part d'aucun fonctionnaire à l'échelon fédéral, à l'échelon de l'Etat ou à l'échelon local.

10. Sur la base des éléments de preuve dont dispose la Commission, celle-ci conclut qu'Oswald a agi seul. C'est pourquoi, afin de déterminer les motifs de l'assassinat du président Kennedy, on doit porter son attention sur l'assassin lui-même. Des indications sur les mobiles d'Oswald peuvent être trouvées dans l'histoire de sa famille, son instruction ou son manque d'instruction, ses actes, ce qu'il a écrit, et les souvenirs de ceux qui eurent des rapports étroits avec lui de son vivant. La Commission a présenté avec ce rapport toutes les données de base qu'elle a pu découvrir concernant les mobiles d'Oswald. D'autres peuvent donc étudier l'existence d'Oswald et parvenir à leurs propres conclusions sur ses mobiles possibles.

La Commission n'a pu déterminer de façon définie les mobiles d'Oswald. Elle s'est efforcée d'isoler les facteurs qui ont contribué à déterminer sa personnalité et qui auraient pu influencer sa décision d'assassiner le président Kennedy. Ces facteurs sont les suivants :

(a) Son opposition profonde à toute autorité, qui s'exprimait dans l'hostilité qu'il manifestait à toute société dans laquelle il vivait ;

(b) son incapacité à établir des rapports constructifs avec les gens et une tendance chronique à rejeter son milieu en faveur de cadres nouveaux ;

(c) son impulsion à se créer une place dans l'histoire et le désespoir que lui avaient parfois causé les échecs essuyés dans ses diverses entreprises ;

(d) son inclination à la violence, qui se manifesta dans sa tentative d'assassinat sur la personne du général Walker ;

(e) son engagement notoire envers le marxisme et le communisme [...]. »

La presse américaine, qui publie des fuites depuis plusieurs semaines, se montre dithyrambique envers le rapport. Une nouvelle fois, et en pleine guerre froide, les Etats-Unis donnent au reste du monde la preuve de leur soif de démocratie et de leur supériorité. Même si, ironiquement, l'unanimité des médias n'est pas sans rappeler les glorieuses heures du stalinisme. Le 24 novembre 1964 paraissent en complément les vingt-six volumes de pièces et annexes du rapport Warren. Il s'agit d'une sélection sans index des procès-verbaux confirmant les conclusions du rapport.

Depuis 1964, la position officielle du gouvernement américain n'a pas évolué, alors que de nombreux auteurs et enquêteurs ont émis des doutes sur la limpidité de ces conclusions. A tel point que d'autres commissions d'enquêtes se sont succédé les unes après les autres. En 1966 et en 1968, l'attorney général Ramsey Clark réunit deux panels de médecins pour examiner les radiographies prises lors de l'autopsie. La thèse Warren est confirmée et les rapports classés top secret. En 1975, après le choc de l'affaire du Watergate, est constituée la Commission présidentielle sur les activités de la CIA. Plus connue sous le nom de Commission Rockfeller, ce groupe de recherches consacre dix-huit pages de son rapport à la possible responsabilité de la CIA dans le meurtre de JFK. Dix-huit pages pour mieux nier toute implication autre que celle d'Oswald.

En 1976, le Comité Church, constitué de sénateurs, s'intéresse également au rôle de la CIA. Si aucune preuve n'est présentée impliquant la CIA, pour la première fois, une autorité officielle confirme les accords passés entre la CIA et la Mafia afin de faire tomber Castro. Mieux encore, si le Comité Church approuve le rapport Warren, il remarque également que « le FBI, la CIA et le Secret Service ont dissimulé des informations à la Commission Warren. Des éléments qui auraient pu de manière substantielle affecter le cours de l'enquête. »

L'émotion causée par les conclusions du Comité Church, les révélations sur la présidence de Nixon, l'enquête menée en 1967 par le procureur de La Nouvelle-Orléans, Garrison, sur l'implication éventuelle de la CIA, les assassinats en 1968 de Martin Luther King et de Robert F. Kennedy, les tentatives de meurtre sur d'autres responsables politiques amènent le Congrès à réagir. En 1976, grâce à une courte majorité, est ainsi créé le Comité restreint de la Chambre des représentants sur les assassinats (HSCA)[1]. Après deux années chaotiques, le HSCA livre ses conclusions qui écornent sérieusement la version officielle, même si elles ne la déjugent pas. Mais un pas est franchi. « Le Comité confirme les conclusions du rapport Warren quant à la participation de Lee Harvey Oswald. Oswald a tiré trois coups de feu. Le premier a raté le cortège, le second touché le Président et blessé Connally, le troisième tué le Président. Se référant aux analyses acoustiques, le Comité croit qu'un autre coup dc feu tiré depuis le Grassy Knoll a également raté le cortège. Le Comité croit, sur la base des preuves dont il a pu disposer, que le président John F. Kennedy a probablement été assassiné dans le cadre d'une conspiration [...]. Le Juge à la Cour suprême Oliver Wendell Holmes a simplement défini la conspiration comme " un partenariat dans un but criminel ". Cette définition est adéquate.

---

1. House Selected Committee on Assassinations.

Il est néanmoins nécessaire de la préciser. Si deux individus ou plus se sont entendus pour agir contre la vie du président Kennedy, et si, finalement, l'un d'eux est passé à l'exécution du plan et qu'il en soit résulté la mort du président Kennedy, le Président aurait été assassiné dans le cadre d'une conspiration [...]. Même sans preuve de conspiration sur les lieux mêmes de l'assassinat, il y aurait tout de même une conspiration si Oswald a été aidé. Partant, une recherche des complices d'Oswald est nécessaire. »

Six millions de dollars, des milliers de documents classés « secret » pour arriver à cette conclusion nouvelle mais bien bancale. Le HSCA n'accuse personne même s'il oriente ses recherches en direction de la Mafia et demande, pour finir, que le département de la Justice poursuive son travail.

Nouveau rebondissement six ans plus tard : après avoir consulté ses propres experts, le département de la Justice met en pièces l'hypothèse acoustique d'un quatrième coup de feu : aucune preuve décisive ne permet de soutenir la thèse d'une conspiration. En 1992, le succès du film d'Oliver Stone oblige le gouvernement de George Bush à agir à son tour. Son successeur, Bill Clinton, qui se satisfait de la thèse Warren, ordonne néanmoins la déclassification de certains rapports. Au total plus de deux millions de pages sont livrées aux chercheurs, mais qui recèlent très peu d'informations intéressantes.

En novembre 1964, lorsqu'il remit son rapport au président Johnson, Earl Warren, opposé à la publication de son travail, déclara à la presse que la totalité des rapports, mémos et documents concernant l'assassinat de JFK, ne serait pas disponible pour le public avant plusieurs générations. De fait, la majorité des informations concernant Lee Harvey Oswald, Jack Ruby, John Kennedy, le FBI et la CIA sont au secret jusqu'en 2039. L'ouverture de ces archives ne livrera vraisemblablement pas les clés du mystère JFK. Non pas que la Commission Warren ait raison, mais précisément parce que ce qu'elle cache est beaucoup trop important pour dormir dans les cartons des Archives nationales. En effet, le rapport Warren n'est qu'un épais nuage de fumée pour dissimuler la plus horrible et importante manipulation du xxe siècle.

Deuxième Partie

La Contre-enquête

CHAPITRE 5

Les Omissions Warren

Il faut au moins reconnaître une qualité au rapport Warren. Trente-cinq ans après sa rédaction, il reste l'unique expression officielle de la vérité concernant l'assassinat du président John Kennedy. Peu importe les découvertes de dizaines de chercheurs et les critiques émises par certains membres de la Commission, ce rapport Warren reste une valeur sûre pour les officiels américains, un épisode glorieux de l'efficacité de cette démocratie figurant en bonne place dans le panthéon des actes fondateurs du pays. Hélas, cette croyance sans faille dans un tel document se révèle gênante quand on découvre que ses conclusions sont inexactes. Il ne s'agit pas ici de s'accrocher à une thèse pour tenter de prouver l'impossible, comme trop d'enquêteurs amateurs travaillant sur ce meurtre l'ont fait, mais plutôt de montrer par une accumulation de faits, froids et incontestables, que le meurtre de JFK ne s'est pas passé tel que rapporté. Non, Lee Harvey Oswald n'est pas un tueur solitaire et désaxé. Non, le gouvernement américain n'est pas exempt de tout reproche. Mais oui, le vendredi 22 novembre 1963, les Etats-Unis ont été victimes d'un coup d'Etat.

Une conspiration réglée au plus haut niveau et dont la création de la Commission d'enquête conduite par Earl Warren s'avère la pierre angulaire. Débusquer les erreurs du rapport, démontrer les manipulations multiples s'imposent comme la première étape indispensable à toute recherche de la vérité.

Avant d'entrer dans le détail du texte et de démonter une à une ses conclusions, quelques remarques sur la méthode employée par la Commission permettent d'emblée de dévaluer le sérieux de son travail. Premier point important, la méprise entretenue par la Commission elle-même sur ses réelles fonctions. Si le rapport Warren met en avant les 522 dépositions recueillies, c'est pour mieux camoufler un hiatus : malgré son titre, la Commission ne procède pas à sa propre enquête. Dans l'impossibilité d'engager des enquêteurs indépendants, elle se contente d'évaluer et de commenter un rapport remis par le FBI le 9 décembre 1963, texte qui bien évidemment accuse le seul Lee Harvey Oswald. Plus aberrant encore, pour vérifier ce travail, la Commission n'a d'autre possibilité – si ce n'est la CIA et le Secret Service – que de faire appel au FBI. Ainsi, et le plus sérieusement du monde, les membres de la Commission se sont contentés grossièrement de demander aux auteurs d'un rapport de synthèse si celui-ci traduit bien l'expression de la vérité ! Jamais la Commission n'aura les moyens de se libérer de cette tutelle.

Autre procédé choquant : pour se donner l'illusion d'un processus démocratique, la Commission met en avant les fameuses 522 auditions, alors que très peu ont eu lieu devant les membres du groupe d'enquête. La plupart ont en effet été enregistrées sous la forme de dépositions par des agents du FBI un peu partout sur le territoire américain. Quant à celles qui ont été conduites par des conseillers, elles se déroulent à huis clos. Mieux encore, partant du principe qu'il ne s'agit pas d'un procès, la Commission Warren refuse de mettre en place des contre-interrogatoires. Les chercheurs et l'opinion doivent se contenter d'une unique version des faits où une question intéressante est trop souvent noyée au milieu d'un charabia technique, entouré de mille précautions littéraires destinées à éviter que le témoin aille trop loin dans ses déclarations. Si bien que cette procédure saute aux yeux à la lecture de l'ensemble du texte : tout est fait pour effleurer la surface des choses. Ainsi le rapport consacre-t-il un peu plus de trois pages au problème de dentition de la mère de Jack Ruby, mais seulement une vingtaine de lignes à ses liens présumés avec la Mafia.

Autre handicap majeur, le temps. Car aucun des membres de la Commission ne cesse ses activités durant l'enquête. Les relevés sténographiques de certaines séances où chacun essaie de faire concorder son agenda avec celui des autres fleurent bon la comédie de boulevard. Ainsi, le 10 décembre 1964, les membres tentent en vain de trouver une date pour écouter différents témoins. Une fois les obligations professionnelles mises en avant, certains revendiquent le droit aux vacances de Noël en famille et repoussent ainsi une audition urgente à la deuxième quinzaine de janvier. Pis, 1964 étant une année électorale, le président Johnson, candidat à sa succession, ne pouvant se permettre de voir s'éterniser le travail de la Commission, le rapport Warren devra être et sera rendu avant le scrutin. Un impératif à double tranchant puisqu'en plus de limiter drastiquement le temps de réflexion (il faut savoir que la rédaction propre du rapport a pris plus de trois mois) il implique des réserves sur ses conclusions. Si le rapport avait été à charge contre une institution gouvernementale ou, pis encore, contre Johnson lui-même, aurait-il insisté pour que le texte soit rendu public avant le vote ? La Commission Warren avait bel et bien un seul objectif : valider la thèse de l'assassin unique.

Pouvait-il d'ailleurs en être autrement lorsqu'on étudie avec attention le profil de ses membres ? Allen Dulles, créateur de la CIA, n'en fait-il pas partic alors qu'il a été limogé par le président Kennedy à la suite de l'échec de la baie des Cochons ? De fait, dès le 5 décembre 1963, lors de la première réunion de la Commission, il s'illustre en distribuant à ses confrères une étude réalisée par un universitaire sur les tentatives et les assassinats perpétrés contre les présidents américains. Etude dont la conclusion cadre parfaitement avec la piste Oswald puisqu'elle montre qu'il s'agit toujours de l'œuvre d'un désaxé solitaire. Une fois la thèse dans les mains de ses camarades, Dulles précise bien que la lecture de cet ouvrage est un préalable nécessaire aux futurs travaux. Un geste révélateur pour celui qui sera, en compagnie de Gerald Ford, l'informateur privilégié de la CIA sur l'avancée des débats [1]. Autre sujet intéressant : John McCloy, conseiller de l'administration Kennedy sur certains dossiers, mais surtout ami intime de la famille Johnson et financier de nombreux hommes politiques conservateurs opposés à la politique de JFK. Gerald Ford quant à lui est un républicain conservateur, proche de LBJ et de Richard Nixon, candidat républicain défait par JFK lors de l'élection présidentielle de 1960 [2]. Les deux représentants démocrates, le sénateur Russell et l'élu Boggs, appartiennent à l'aile conservatrice du parti, celle qui s'est opposée à Kennedy lors de la course à l'investiture de 1960, lui préférant le Texan Johnson, mais aussi celle qui a refusé la politique d'égalité des droits civiques menée par le Président. Le sénateur républicain John Cooper, lui, est à la fois un familier de Johnson et de Hoover, le patron du FBI. Même chose pour Arlen Specter, le théoricien de la balle magique, qui ne cache pas ses affinités républicaines et sa volonté de se lancer en politique en utilisant son travail pour la Commission Warren comme passeport [3]. Reste Earl Warren, président de la Cour suprême, ancien candidat républicain à la présidence, libéral réputé classé à gauche par l'aile

---

1. Ces informations proviennent de différents documents déclassés en 1993, 1995, 1996 et 1998.

2. Ford est malgré lui à l'origine de la première déclassification de documents secrets de la Commission Warren. En effet, deux ans après la remise du rapport, il publie un livre à charge contre Lee Harvey Oswald : *Portrait of an assassin*. A l'intérieur, il reproduit des rapports top secret qu'il a officiellement « oubliés » de rendre à la fin des travaux de la Commission. Pour éviter le scandale, le gouvernement américain préfère rendre public l'ensemble de ces rapports confidentiels. Ford est également réputé pour avoir couvert Nixon lors de l'affaire du Watergate et ordonné que le Président américain ne soit pas poursuivi après que l'on eut prouvé que ce dernier avait détruit des preuves contre lui.

3. Et, effectivement, Arlen Specter est aujourd'hui un des piliers de l'aile dure du parti républicain. Candidat malheureux à l'investiture en 1996, il s'est signalé récemment en demandant que la CIA forme des commandos de tueurs pour abattre Saddam Hussein. Un mode opératoire similaire aux opérations menées contre Fidel Castro dans les années 60.

droite de son parti parce qu'à l'origine de nombreuses décisions condamnant des villes sudistes répressives envers la
communauté noire. Si bien qu'il apparaît dès sa nomination
comme la personnalité la moins contestable de la Commission. Mais comment est-il arrivé là ?

C'est dans les journées précédant le 29 novembre 1963 et
l'annonce par le nouveau chef de l'Etat de la création d'une
commission d'enquête qu'il faut chercher les explications de
sa nomination. Sur suggestion d'Edgar J. Hoover, Johnson le
convoque à la Maison-Blanche et lui expose son idée. Mais
Warren s'affirme immédiatement réticent, trouvant dangereux le mélange de genre qui marie l'exécutif et le judiciaire.
Aussi, lorsque LBJ lui propose de prendre la présidence du
groupe d'enquête, il refuse fermement. Johnson entame alors
un couplet qu'il va servir chaque fois qu'il affrontera un candidat hostile où il est question de patriotisme, de menaces
internationales et d'explosion nucléaire. Et quand cette dia-
tribe ne suffit pas, Johnson conclut : « Si vous deviez prendre
les armes pour défendre les Etats-Unis, vous le feriez. Ici,
c'est la même chose. » De fait, en bon petit soldat, Warren
accepte malgré lui une charge dont il sent peut-être qu'il en
sera simplement la caution. C'est sûrement pour cela que les
nombreux témoins le croisant à sa sortie du bureau Ovale
remarquent ses yeux rougis par les larmes [1].

Mais la pièce essentielle afin de saisir l'état d'esprit des
membres de la Commission au moment où ils prêtent serment devant l'Amérique reste le mémorandum écrit par
Nicholas de Katzenbach, attorney général adjoint, à Bill
Moyers, bras droit de Lyndon Johnson :

> « 25 novembre 1963
> Mémorandum pour Mr. Moyers
> Il est important que tous les faits en rapport avec l'assassinat
> du président Kennedy soient rendus publics de manière à assurer

---

1. En 1993, la bibliothèque Lyndon B. Johnson livre au public les transcriptions
des enregistrements téléphoniques de la présidence de LBJ. Dans ces milliers de
pages non triées dormaient les premiers entretiens de Johnson avec les futurs
membres de la Commission Warren.

le peuple des Etats-Unis et l'étranger que tous les faits ont été rapportés et qu'une annonce officielle dans ce sens soit faite rapidement.

1. L'opinion publique doit être assurée qu'Oswald était l'assassin, qu'il n'avait pas de complices qui seraient toujours en liberté et que les preuves de sa culpabilité sont telles qu'il aurait été condamné lors d'un procès.

2. Il faut mettre fin aux spéculations concernant les motifs d'Oswald et nous devrions disposer de certains éléments permettant de mettre fin à l'idée qu'il pourrait s'agir d'une conspiration communiste ou (comme le dit la presse du Rideau de fer) d'une conspiration de la droite pour le mettre sur le dos des communistes. Malheureusement les éléments concernant Oswald paraissent trop précis (marxiste, procubain, épouse soviétique...). De plus, la police de Dallas a fait des annonces officielles sur la théorie d'une conspiration communiste, et c'est également elle qui était responsable d'Oswald lorsqu'il a été assassiné et donc contraint au silence pour toujours.

3. Pour l'instant l'affaire n'a été traitée ni avec dignité ni avec conviction. Des faits ont été mélangés à des rumeurs et autres spéculations. Nous ne pouvons guère nous permettre que le monde nous confonde complètement avec la police de Dallas quand notre Président est assassiné.

Je crois que cet objectif peut être atteint en rendant public au plus vite un rapport complet et approfondi du FBI sur Oswald et l'assassinat.

Mais cela peut poser des difficultés en faisant apparaître des incohérences entre ce rapport et les annonces des responsables de la police de Dallas. La réputation du FBI est cependant telle qu'il pourrait prendre en charge l'ensemble de cette tâche.

La seule autre mesure serait de mettre en place une Commission présidentielle irrévocable afin de revoir et d'examiner les preuves et de rendre publiques ses conclusions.

Une telle mesure présente des avantages et des inconvénients.

A mon avis, une telle décision peut attendre jusqu'à la publication du rapport du FBI et à la réaction de l'opinion américaine et étrangère à ce sujet.

Je crois cependant qu'il faut annoncer que l'ensemble des faits sera rendu accessible au public. Il faut absolument éviter toute spéculation de l'opinion publique ou une enquête du Congrès qui pourrait être gênante. »

Trois jours après l'assassinat du président Kennedy, à peine vingt-quatre heures après celui de Lee Harvey Oswald, le pouvoir américain détient donc sa vérité et veut tout mettre en œuvre pour empêcher la critique : d'où la Commission Warren. A l'étude de ses conclusions, il est clair qu'elle a parfaitement rempli cette fonction.

La Commission, ne possédant pas d'aveux, compte essentiellement sur les preuves matérielles dont elle dispose. Il y a bien entendu l'arme, un fusil Mannlicher-Carcano, une cartouche et des fragments du calibre correspondant, des témoignages ainsi qu'une photographie représentant Lee Harvey Oswald posant en militant communiste, avec à la ceinture le revolver ayant permis de tuer Tippit et, à la main, la carabine du crime. Le lendemain de l'arrestation d'Oswald, le capitaine Fritz lui présente cette photographie. Selon les témoins, sa réaction est vive, comme s'il était surpris que l'on ose se moquer ainsi de lui. Il affirme même, fort de son expérience, pouvoir prouver qu'il s'agit d'un composite, que sa tête a été collée sur un corps qui n'est pas le sien. Pourtant la Commission Warren ne laisse planer aucun doute au sujet des clichés. Elle les juge authentiques et la preuve du militantisme extrémiste d'Oswald. La Commission avance en outre le témoignage de Marina Oswald qui prétend avoir elle-même pris les clichés, son mari voulant un souvenir pour les enfants. Qu'en est-il vraiment ? En fait deux possibilités s'ouvrent à nous. Soit ces photographies sont vraies et alors il reste à définir pourquoi Oswald a ressenti le besoin de poser ainsi ; soit elles sont fausses, et il faut se demander qui les a créées et pourquoi.

La première hypothèse repose essentiellement sur le témoignage de la jeune épouse soviétique de Lee, qui raconte qu'un dimanche après-midi, avant d'emménager chez les Paine, son époux a éprouvé le besoin de prendre les clichés dans l'arrière-cour de leur meublé. Bien qu'appréciant peu la mise en scène et constatant que Lee possède une carabine, elle prend trois photographies, les deux saisies par la police de Dallas et une dernière détruite par Marguerite Oswald, la mère de Lee, le jour de son arrestation.

Cette version apparemment accablante renferme toutefois de nombreuses failles.

Lorsque Lee est arrêté dans l'après-midi du 22 novembre 1963, Marina est terrorisée. Ne parlant pas l'américain, elle craint d'être expulsée du territoire et de perdre la garde de ses enfants. Sur les conseils de Ruth Paine, elle décide donc de collaborer pleinement avec le FBI, le Secret Service, et tout ce qui ressemble de près ou de loin à un officiel américain. Débute alors un des épisodes les plus rocambolesques de l'affaire. Marina est littéralement enlevée par le Secret Service et cloîtrée durant plus de deux mois et demi au Six Flags Inn, un hôtel situé à une vingtaine de kilomètres de Dallas. Les contacts avec l'extérieur, sa belle-mère ou ses amies, sont interdits. Une pratique sans aucune justification dans le droit américain. James Martin, le gérant des lieux, devient sur les conseils empressés du Secret Service l'agent artistique de Marina et vend morceau par morceau les souvenirs de la veuve. Un aspect pittoresque qui dissimule une opération d'intimidation de témoin fort grave. Durant son séjour, Marina est interrogée quotidiennement par le FBI, le Secret Service et les services de l'immigration. Aucune déclaration officielle de la jeune Soviétique ne filtre jusqu'au moment crucial, c'est-à-dire lorsque la Commission décide enfin de l'auditionner. Le 27 janvier 1964, Earl Warren annonce que Marina Oswald sera le premier témoin entendu par la Commission, et ce dès le 3 février[1]. Débute alors une parodie de justice qui n'a guère dépaysé Marina, puisque la dialectique des deux jours d'entretiens s'inspire directement des purges exécutées de l'autre côté du Rideau de fer.

D'abord, sous forme de préliminaire, Earl Warren déclare aux dizaines de journalistes patientant au pied de l'immeuble Veterans of Foreign War où se déroulent les auditions : «Nous ne lui avons pas encore montré le fusil, mais j'ai comme une idée qu'elle le reconnaîtra.» Effectivement, le miracle se produit : ce que Marina n'avait pas réussi à faire

---

1. Là aussi il s'agit d'un geste symbolique qui oriente l'enquête. Au lieu de convoquer un officiel de Dallas et de l'interroger sur les conditions de l'inculpation d'Oswald, ou encore un responsable du Secret Service pour tenter de comprendre les failles du système de sécurité présidentiel, la Commission préfère s'intéresser immédiatement à la personnalité et au passé du suspect.

en novembre 1963 – le capitaine Fritz déclare en effet dans son rapport du 22 novembre : « je montrai le fusil à Marina Oswald, et elle ne put pas l'identifier positivement, mais dit qu'il ressemblait au fusil que possédait son mari » – devient une évidence trois mois plus tard. Une identification expéditive à en juger par le seul moment où le sujet est abordé :

Mᵉ THORNE : « Voici la pièce numéro 139. »

MRS. OSWALD : « Ceci est le fusil fatidique de Lee Oswald. »

MR. RANKIN : « Est-ce bien là la lunette qui était dessus, pour autant que vous le sachiez ? »

MRS. OSWALD : « Oui. »

MR. RANKIN : « Je soumets comme preuve la pièce à conviction numéro 139. »

Mieux encore, le rapport signale que la veuve a vérifié que l'arme du crime était rangée dans le garage des Paine la veille du crime, puis a constaté qu'elle avait disparu le lendemain. Une information niée par Ruth Paine lors d'une entrevue avec le journaliste français Léo Sauvage : « Marina, me dit-elle catégoriquement, n'a jamais dit quoi que ce soit à propos de jeudi soir. Les policiers insistaient beaucoup pour savoir quel jour elle avait regardé à l'intérieur de la couverture et vu le fusil. Mais elle répondait qu'elle ne pouvait pas se rappeler exactement, qu'il y avait peut-être une ou deux semaines de cela [1]. »

Une opinion confirmée par l'étude des relevés sténographiques de la Commission. En effet, lorsque le 22 novembre Marina apprend par la télévision que les coups de feu ont pu être tirés du lieu de travail de son mari, elle se rend au garage des Paine où le fusil est caché parmi leurs affaires et constate qu'il est toujours là, bien qu'elle n'ait pas ouvert la couverture. « J'ai eu un coup au cœur. Je suis allée voir si le fusil y était, et j'ai vu que la couverture était toujours là, et j'ai dit : "Dieu merci !" » Une information capitale complètement ignorée par la Commission. Marina reconnaît que l'arme qu'on lui présente comme étant celle du crime appartient à son mari, mais précise aussi, au détour d'une journée de

_____

1. Léo SAUVAGE, *L'Affaire Oswald*, Les Editions de Minuit, 1965.

déclaration fleuve, que cette même arme demeurait à Irving dans les heures suivant le crime alors que, toujours officiellement, le fusil d'Oswald a été découvert au cinquième étage du Texas Book School Depository.

Dans la foulée, elle confirme également avoir pris les photographies de son mari. Et puis, comme si cela ne suffisait pas à charger Lee, elle revient sur le portrait de son époux. De bon mari, de bon père et d'innocent, il devient violent, irritable et coupable. Mieux encore, Marina lui attribue en outre la tentative de crime contre le général Walker et Richard Nixon, épisode embarrassant pour la Commission.

Le 11 juin 1964, cette dernière convoque à nouveau la veuve d'Oswald. Selon des déclarations vendues par son agent-porte-parole, Lee aurait tenté d'assassiner le vice-président Nixon. Ce que effectivement Marina confirme. Quelques jours avant son départ pour La Nouvelle-Orléans, le 24 avril 1963, Lee Oswald, après avoir lu le journal, aurait pris son revolver et serait sorti après avoir informé sa femme de l'arrivée de Nixon à Dallas et de son intention de l'abattre : « Il dit aussi qu'il se servirait du revolver si l'occasion se présentait. » Marina poursuit en racontant un épisode de bravoure où, après une âpre lutte, elle avait réussi à enfermer son époux dans la salle de bains, sauvant ainsi la vie du républicain. Après quelques questions, pour une fois précises et fermes de la Commission, elle modifie son histoire. L'épisode de la salle de bains disparaît, mais la veuve affirme être certaine de la sortie armée de son époux. La Commission se retrouve face à un grave problème : anticipant sur l'audition de la veuve Oswald, elle a vérifié si Nixon s'était bien rendu à Dallas aux dates indiquées par Marina. La réponse est négative. L'ancien Président a tenu lui-même à préciser que son unique visite dans la cité texane pour l'année 1963 remonte aux 20, 21 et... 22 novembre, lorsqu'il assiste en tant qu'avocat de la compagnie Pepsi-Cola à un congrès d'embouteilleurs. Mais le groupe d'enquête ne peut se permettre de désorienter son témoin vedette. Si Marina ment pour Richard Nixon, son portrait de Lee Harvey en assassin perd en crédibilité. Reste alors aux membres de la Commission de trouver une porte de sortie :

« Peut-être s'agit-il de Lyndon B. Johnson, le vice-président en fonction. Il était à Dallas le 23 avril ?

— Non il n'y a pas de doute que, dans cet incident, il s'agit de Mr. Nixon.

— Les journaux mentionnent la venue de Lyndon Johnson. Cela devait être lui...

— Oui, non. Je commence à m'y perdre un peu avec tant de questions. J'étais absolument convaincue que c'était Nixon, mais maintenant, après toutes ces questions, je me demande si j'ai encore ma tête. »

Pour conclure l'incident Nixon, la Commission préfère pudiquement ajouter que la Soviétique a sans doute mal compris son mari. Un cas de figure qui, selon la Commission, reste unique dans la vie du jeune couple. Dans de nombreuses interviews données au début des années 70, Wesley Liebeler, un des conseillers de la Commission Warren, persuadé peu à peu que toute la vérité n'avait pas été faite, regretta que la Commission n'ait pas été suffisamment « sévère et sélective avec les témoignages évolutifs de Marina ». Une manière peu élégante de se débarrasser d'un des aspects détestables du travail de la Commission Warren. Car si la veuve d'Oswald a très vite compris le système médiatique américain et l'intérêt financier qu'elle pouvait en tirer, elle a aussi été dans un premier temps victime d'un odieux chantage à l'expulsion. Ainsi, lors de ses dépositions des 3 et 4 février 1964, elle tente de raconter les pressions subies depuis le début de sa protection rapprochée par le Secret Service. Des velléités de franchise vite étouffées par la Commission :

« Pour autant que vous puissiez vous en souvenir maintenant, y a-t-il quelque chose qui ne soit pas juste dans ces interviews, que vous voudriez corriger ou compléter ?

— Oui, j'aimerais corriger certaines choses parce que tout n'est pas vrai.

— Voudriez-vous nous dire...

— Ce n'est pas que ce n'était pas vrai, mais ce n'était pas tout à fait exact. [...]

— Durant ces week-ends, avez-vous jamais vu votre mari se rendre au garage et y manipuler le fusil d'une manière quelconque ?

— Non.

— L'avez-vous vu quitter la maison à un moment où il aurait pu aller au garage et s'entraîner avec le fusil ?

— Non, il n'aurait pas pu s'entraîner pendant que nous étions chez les Paine, parce que Ruth était là. Mais chaque fois qu'elle n'était pas à la maison, il essayait de passer le plus de temps possible avec moi... Il regardait la télévision dans la maison. Mais il allait au garage pour voir nos affaires qui étaient là.

— Et vous ne savez pas, quand il y allait, ce qu'il aurait pu faire avec le fusil ? Est-ce là ce que vous voulez dire ?

— Je n'ai rien remarqué en tout cas.

— Maintenant, vous avez décrit comment votre mari...

— Excusez-moi. Je pense que cela prend beaucoup de temps pour s'entraîner avec un fusil. Il n'est jamais resté au garage pendant un temps prolongé. »

Puis revenant sur ses conditions d'interrogatoires :

« Au poste de police, il y avait les questions régulières, de routine, comme cela se fait toujours. Et puis, quand j'ai été avec les agents du Secret Service et du FBI, ils m'ont posé beaucoup de questions, naturellement, beaucoup de questions. Parfois les agents du FBI me posaient des questions qui n'avaient pas de sens ou de rapport, et si je ne voulais pas répondre, ils me disaient que si je voulais vivre dans ce pays, je devais les aider à ce sujet, même si souvent il n'y avait pas de rapport. Ça, c'est le FBI.

— Savez-vous qui vous a dit cela ?

— Mr. Heitman, et Bogoslav, qui était un interprète du FBI. [...]

— Vous comprenez que vous n'avez pas à parler à cette Commission pour demeurer dans le pays, vous comprenez, maintenant ?

— Oui.

— Vous n'avez aucune obligation de dire des choses à la Commission ici afin de pouvoir rester dans ce pays.

— Je comprends.

— Et vous êtes venue ici parce que vous désirez nous dire ce que vous pouvez dans cette affaire, est-ce exact ?

— Ceci est mon désir volontaire, et personne ne m'a forcée à le faire. »

Une intention et une phraséologie qui ne sont pas sans rappeler les procès de Moscou. Plus tard dans l'après-midi, Marina revient une nouvelle fois sur les pressions dont elle a été victime :

« Un représentant des services d'immigration m'a menacée.

— Qu'est-ce qu'il vous a dit ?

— Que si je n'étais coupable de rien, si je n'avais commis aucun crime contre ce gouvernement, alors j'avais tous les droits de vivre dans ce pays. C'était un genre d'introduction avant l'interrogatoire par le FBI. Il a même dit que ce serait mieux pour moi si je les aidais.

— Vous a-t-il expliqué ce qu'il entendait par " serait mieux pour vous " ?

— Dans le sens que je n'aurais plus de droits dans ce pays. Je l'ai compris de cette manière.

— Avez-vous compris que vous étiez menacée d'être expulsée si vous ne répondiez pas à ces questions ?

— Non, je ne l'ai pas compris de cette manière. C'était présenté, voyez-vous, sous une forme si délicate, mais il était clairement sous-entendu qu'il serait mieux si je coopérais.

— Est-ce que vous...

— Je le sentais seulement. Ce n'était pas dit en toutes lettres.

— Avez-vous eu l'impression que c'était une menace ?

— Ce n'était pas tout à fait une menace..., ce n'était pas une menace. Mais c'était leur grand désir que je sois en contact, en liaison avec le FBI. Je sentais cela. [...] Je pense que les agents du FBI savaient que j'avais peur de ne pas pouvoir rester dans ce pays après tout ce qui s'était passé, et ils ont exploité cela un peu pour leurs propres objectifs, d'une manière très polie, de façon que vous ne puissiez rien dire

après. Ils ne peuvent pas être accusés de quoi que ce soit. Ils
l'ont abordé d'une manière très adroite, très ingénieuse.

— Vous avez dit récemment que vous pensiez que votre
mari a tué le président Kennedy.

— J'ai assez de faits maintenant pour le dire.

— Pouvez-vous nous donner, ou donner à la Commission,
une idée, en général, quant au moment où vous êtes arrivée
à cette dernière conclusion, à savoir qu'il a tué le président
Kennedy.

— Une semaine, peut-être, après que tout est arrivé, peut-
être un peu plus. Plus il y avait de faits qui apparaissaient, et
plus j'étais convaincue. »

Il faut préciser que ce long échange entre Marina et Lee
Rankin n'apparaît ni dans le rapport Warren ni dans les
volumes annexes publiés par la suite. Sans l'archivage des
notes sténographiques des secrétaires, jamais les accusations
de Marina Oswald à l'encontre du FBI n'auraient été
connues.

Mais c'est indirectement que les preuves de menaces vers
la veuve de Lee sont les plus fortes. Ainsi, le *New York Times*
écrit sans être jamais contredit que « Mr. Martin, son agent,
dit qu'il ne permettrait pas à Mrs. Oswald de modifier ces
arrangements sans l'approbation du département de la Justice
parce qu'une détention non officielle est plus confortable
pour elle que ne le serait une incarcération en tant que témoin
essentiel. Mr. Martin craint l'arrestation de Marina Oswald à
titre de témoin essentiel en cas de manquement aux règles de
discrétion auxquelles elle est soumise. De plus, Mr. Martin a
parlé avec l'attorney général adjoint, Nicholas de Katzenbach, et avec J. Lee Rankin, conseil général pour la Commission présidentielle enquêtant sur l'assassinat. Avant cela, dit-
il, les instructions du département de la Justice lui étaient
transmises par le Secret Service. Mr. de Katzenbach déclare
que, techniquement, Mrs. Oswald est libre de rencontrer qui
elle veut et de parler avec qui elle veut, y compris la presse,
mais que le département de la Justice recommande qu'elle ne
parle à personne en dehors des enquêteurs fédéraux. »

Tout au long des auditions, les officiels américains vont

manier la langue de bois pour tenter de justifier l'étrange escorte de Marina Oswald. Une situation qui va contraindre les membres de la Commission Warren et l'avocat de la veuve à utiliser un langage policé fait de sous-entendu : « Elle est, comme vous le savez, sous la garde protectrice du Secret Service, depuis peu après l'assassinat. Elle a été très reconnaissante pour cette protection. Le Secret Service lui a témoigné la plus grande courtoisie, comme tout le monde dans cette affaire. Elle est extrêmement reconnaissante de la protection qu'elle a reçue. Je n'ai pas eu assez de temps, personnellement, pour réfléchir à ces choses moi-même. Je ne sais pas. Dans sa requête, toutefois, elle pense qu'aujourd'hui la protection n'est plus nécessaire. Elle pense qu'à présent elle peut marcher au milieu des gens la tête haute. Elle n'a rien à cacher. Elle n'a pas peur. Elle sent que le Secret Service lui a rendu un noble service. Et ceci ne constitue pas une façon de dire que c'est à cause d'une action quelconque de leur part qu'elle désire être débarrassée d'eux. J'ai remarqué que, depuis notre arrivée à Washington, elle est mécontente qu'on la conduise. Elle pense qu'elle peut trouver son chemin toute seule. Et, si la Commission voulait prendre en considération cette question... nous ne savons pas à qui nous adresser. Je n'y ai pas réfléchi. Je ne sais pas qui a suggéré que le Secret Service continue à la protéger. C'est une question, certainement, qui doit être prise en compte. Mais c'est sa requête : elle voudrait aussitôt que possible être à même d'agir librement, et hors des confins de cette protection... » Quant à la presse américaine, elle ne trouve guère à redire à cette attitude, annonçant tout de même, sans en condamner l'idée, que « les agents du Secret Service [avaient] suggéré à Marina qu'il serait plus sûr et facile pour elle de retourner en Union soviétique que d'essayer de vivre aux Etats-Unis. Une remarque qui l'a émotionnellement atteinte... Elle est actuellement isolée de la famille d'Oswald et du monde extérieur[1]. » Autant de propos qui jettent une lumière étrange sur la lettre de remerciement écrite par Marina et lue devant les caméras

---

1. *New York Times*, 8 décembre 1963.

de télévision le soir de sa dernière audition devant la Commission : « Je suis très, très reconnaissante envers les agents du Secret Service qui m'ont traitée avec attention et gentillesse. Et alors que certaines lettres que j'ai reçues accusent ces gens formidables de m'empêcher de voir les autres, je tiens à dire que suis libre de faire ce que je veux. »

Reste que lorsque Marina s'exprime librement dans les médias, ses propos quant à la culpabilité de son mari prennent des nuances nouvelles. Ainsi le 26 janvier, elle donne une interview exclusive à la chaîne KRLD-TV de Dallas. Pour commencer son entretien, Eddie Baker, le présentateur vedette du journal, lui demande :

« Croyez-vous que votre mari a tué le président Kennedy ? »

Et Marina Oswald de lui répondre :

« Je ne veux pas croire, mais je dois regarder les faits, et ces faits me disent que Lee a tué Kennedy... »

Personne, lors de deux jours d'auditions ni lors des nouvelles confrontations de juin 1964, n'osera lui demander qu'elles étaient les informations qui, durant son isolement, lui ont permis de changer d'avis sur son mari ni, et c'est peut-être le plus important, qui les lui présenta. Au détour de l'interrogatoire de son agent par le représentant Ford se glisse pourtant la réponse : « Le FBI lui montrait des photos et beaucoup de choses. » Interrogée par l'hebdomadaire *Paris-Match* en novembre 1993, Marina expliquera enfin les raisons de ses accusations : « Pendant des années, j'ai cru que Lee était coupable : je ne pouvais imaginer que la justice des Etats-Unis et son gouvernement puissent me mentir. »

C'est donc bien un témoin sous pression, menacé d'extradition et du retrait de la garde de ses enfants, qui avoue devant la Commission Warren avoir pris les clichés de Lee Harvey Oswald posant avec l'arme du crime. Un témoignage forcément sujet à caution. D'autant que Marina est incapable de dire où Lee a fait développer ces clichés ; les recherches menées par le FBI et la police de Dallas sur ce point n'ont jamais permis de trouver un laboratoire ayant eu Oswald comme client. Pourtant, et avant de démontrer pourquoi et comment ces photographies sont des composites destinés à compromettre Lee Harvey Oswald, il reste une piste qui aurait pu justifier que les vues aient réellement été prises. Une piste volontairement écartée. Si Oswald avait été un agent du FBI, ou de n'importe quel service de renseignement, il est fort probable que de tels clichés auraient pu être utilisés pour infiltrer les milieux communistes américains. Mais une telle hypothèse ne pouvant cadrer avec le portrait du tueur désaxé et solitaire, les hommes de Warren jetèrent pudiquement un voile sur cet aspect de l'affaire.

De toute façon, et sans pour autant hypothéquer cette éventualité d'un Oswald agent de renseignements, ces photographies s'imposent comme des faux de bonne facture. Avant d'aborder les détails techniques, il faut se souvenir des conditions de découverte de ces fameux clichés. Le lendemain de l'arrestation de Lee, le 23 novembre, la police de Dallas effectue une seconde perquisition au domicile des Paine à Irving. Dans le garage où sont entreposées les affaires d'Oswald, on découvre deux photographies le représentant. Prises dans l'arrière-cour de la maison que le jeune couple habitait sur Neely Street, elles fournissent aux enquêteurs le mobile et les preuves nécessaires à son inculpation. En effet, non seulement elles confirment son attachement aux valeurs communistes puisqu'il tient les journaux *The Militant* et *The Worker*, mais il brandit aussi la carabine retrouvée au cinquième étage du Texas School Book Depository. Mieux encore, Oswald porte à la ceinture le revolver ayant vraisemblablement servi à l'exécution de l'agent Tippit moins d'une heure après le meurtre de JFK. Ce document à charge, presque parfait, se révèle une preuve tellement évidente qu'il fait la une de *Life Magazine* en décembre 1963. S'agit-il à nouveau de conditionner l'opinion publique ? En tout cas, la fuite est organisée par la Commission Warren qui mise une partie de ses accusations sur ces clichés, aveux par procuration de l'ancien marine. Afin de renforcer la conviction, un expert du FBI est appelé pour garantir l'authenticité des clichés, et Marina priée de se souvenir du moment où elle a photographié son mari. Une mécanique trop bien huilée qui entraîne les premiers doutes sur ces vues. D'abord la date avancée par Marina, le

31 mars 1963, porte à caution. Si, effectivement, Lee est encore à Dallas à cette époque, la végétation apparaissant dans l'arrière-plan ne correspond pas à la saison. Une remarque qui vaut aussi pour l'ensoleillement. Marina se souvient encore avoir été assise sur les escaliers en bois de la maison pour prendre les clichés. Problème, les marches apparaissent à la droite d'Oswald. Sa déclaration contient une autre anomalie : n'avance-t-elle pas avoir pris un seul cliché alors que deux ont été retrouvés dans le garage et que plus tard Marguerite, la mère de Lee, avoue en avoir détruit un troisième ? En outre, en 1976, Geneva Dees, une Texane, communique à la Commission d'enquête Schweiker-Hart une quatrième photographie. Laquelle est peut-être la preuve la plus flagrante d'une manipulation.

Tout d'abord la pause prise par Oswald s'y révèle inédite : la carabine calée sur la hanche gauche, il tient en avant deux hebdomadaires procommunistes. Inédite mais pas inconnue puisque lorsqu'on s'intéresse aux clichés de la reconstitution organisée par le FBI et la police de Dallas en janvier 1964, on voit un officier de police prenant exactement cette posture. Une intuition géniale... confirmée douze ans plus tard ! Plus grave, une autre photographie de ce même policier dans la même position se révèle sans conteste un montage où sont juxtaposés l'arrière-plan de chez Oswald et l'officier de Dallas posant en studio. Mieux, il existe une dernière vue, étrange, trouvée par hasard dans les archives de la police de Dallas et surnommée « The ghost of Lee Harvey Oswald », le fantôme de Lee Harvey Oswald. Il s'agit toujours de la même arrière-cour avec, en premier plan, une silhouette posant comme Lee, découpée aux ciseaux pour être vraisemblablement juxtaposée sur un autre cliché ! Offert à George de Mohrenschildt, le cliché censé être l'œuvre d'Oswald porte au dos une dédicace écrite en russe et signée Lee. Si le sens du texte peut paraître énigmatique (« Chasseur de fascistes, ah, ah, ah ! »), l'analyse graphologique est certaine, Lee Harvey Oswald n'est pas l'auteur de ces lignes. Dernier élément, et pas le moindre, Geneva Dees, chez qui le cliché a été retrouvé en 1976, n'est autre que la veuve de Roscoe White. Si son nom est inconnu du grand public, Roscoe « Rock » White s'avère être un personnage majeur du mystère JFK. Officier de police de Dallas, il travaille au service de l'identification judiciaire de la ville. Sa spécialité ? Quelle coïncidence : les faux papiers d'identité. Autre point essentiel : White connaît Lee Harvey Oswald puisque les deux hommes ont fait leur service dans les marines au même moment. Affectés au Japon, ils ont pris le même bateau le même jour. Mais ce n'est pas tout : en 1990, le fils de Roscoe, Ricky, affirmera que son père était l'assassin de Kennedy. Ses preuves ? Le complot était détaillé dans l'agenda de Roscoe, un carnet de notes volé après que Ricky l'eut confié au FBI. Qui, forcément, nie ! Le jeune White précise encore que son père a rejoint la police de Dallas seulement deux mois avant le crime et qu'il a tiré à deux reprises sur le Président, dont le coup fatal. De plus, Ricky est également persuadé que son père a tué l'officier Tippit. Une conviction partagée par sa mère, Geneva, qui, sur son lit de mort, a raconté au chercheur Harrison Livingstone que son époux « avait demandé à Tippit de conduire Oswald à l'aéroport de Redbird... Tippit protesta, il suspectait qu'ils étaient impliqués dans le crime dont il venait juste d'entendre parler sur sa radio, et alors White l'a abattu immédiatement. » Dans sa conférence de presse de 1990, Ricky White a aussi affirmé qu'il possédait le fusil de son père, une arme de même calibre que celle d'Oswald. Malheureusement, il n'a jamais accepté de présenter cette preuve de sa bonne foi ainsi que les trois messages cryptés, garantie d'après lui de l'appartenance de son père à une organisation gouvernementale. Le scénario proposé par White met en scène une équipe de trois tireurs, où son père hérite du nom de code « Mandarin », tandis que les deux autres sont affublés des sobriquets « Saul » et « Lebanon », membres éminents d'une équipe homicide de la CIA. Si l'Agence a évidemment nié l'appartenance de White et l'existence d'un tel scénario, si rien n'est jamais venu étayer l'histoire de Ricky, la piste White n'est pas pour autant à négliger.

Comment ignorer en effet les propos du révérend Jack Burns, récipiendaire en 1971 des derniers mots de l'ancien policier mortellement brûlé dans une explosion jamais éclaircie ? Avant d'expirer, Rock lui aurait glissé avoir été un tueur professionnel pendant des années et avoir exécuté des dizaines de personnes.

Comment encore négliger les propos de Beverly Oliver, témoin direct du meurtre de JFK, persuadée d'avoir aperçu White quelques minutes après les coups de feu alors que la panique s'emparait de Dealey Plaza ? Précisons qu'elle est chanteuse au Colony Club, un cabaret de la ville, mitoyen de celui de Jack Ruby, qui emploie également l'épouse de Roscoe.

Comment ne pas tenir compte aussi du fait que l'épouse de Tippit était demoiselle d'honneur au mariage des White ?

Comment oublier le témoignage de Hugh McDonald, ancien chef des détectives de la brigade de Los Angeles, diplômé du FBI ? En 1964, responsable de la sécurité de la campagne présidentielle du candidat républicain Barry Goldwater, un agent de la CIA lui confie que JFK a été assassiné par un tueur professionnel répondant au nom de code Saul ! Il faut savoir en outre que White démissionne de la police de Dallas moins de six mois après le crime et qu'une partie de son dossier ne figure toujours pas aux Archives. Alors qu'en est-il exactement de cet individu ? Si rien ne permet de recouper les propos de son fils, s'il est impossible de dire avec certitude que Rock figure parmi les tueurs, on peut toutefois affirmer que ce policier de Dallas a joué un rôle important dans la conspiration amenant au meurtre de Kennedy.

C'est un autre White, sans rapport familial avec Roscoe, qui a découvert le secret de Rock. Jack White, texan et spécialiste des trucages photographiques[1], a débusqué les nombreuses tricheries des prétendus clichés d'Oswald. Il a remarqué par exemple que l'ombre portée sous le nez de Lee n'était pas orientée dans la même direction que celle du reste du corps. Il a prouvé également que le bas du visage de Lee n'était pas le sien. Sur les clichés, les joues sont creusées, le menton saillant alors que les formes d'Oswald sont plus

1. Il a d'ailleurs été entendu à ce titre lors de l'enquête du Congrès en 1978.

arrondies, presque poupines. Il a aussi mesuré le corps d'Oswald sur les deux premiers clichés où la position du tueur présumé n'est pas la même. Si la taille varie, celle de la tête reste identique. Jack White a également calculé, en utilisant comme échelle les périodiques tenus en main par Oswald, la taille de la silhouette. Dix centimètres séparent la photographie des mensurations officielles de Lee. Le fusil pose également problème. Après agrandissement, le collier de fût n'est pas du même modèle que celui de l'arme retrouvée au Texas School Book Depository. Mais c'est en notant un ultime détail que Jack White devient vraiment convaincant. Au poignet droit apparaît en effet une légère excroissance osseuse, une malformation rarissime absente en réalité chez Lee Harvey Oswald. Un aspect physique que Jack White a retrouvé sur une personne mesurant quelques centimètres de plus que Lee mais à la silhouette étrangement ressemblante. Cet homme, spécialiste lui-même de la fabrication de documents truqués, est... Roscoe White.

Si on peut admettre que la Commission Warren n'était pas capable par manque de temps et de volonté de mener un véritable travail d'investigation et d'explorer dès 1964 l'origine des photographies, elle a toutefois volontairement escamoté une information capitale. Si incroyable que cela puisse paraître, la Commission et la police de Dallas ont toujours affirmé qu'aucun enregistrement et qu'aucune note manuscrite n'avaient été réalisés lors des interrogatoires de Lee Harvey Oswald les 22 et 23 novembre. Le capitaine Fritz, responsable de la garde à vue, justifie cette absence par l'étroitesse de son bureau : il y avait trop de monde pour prendre des notes, dit-il, mais personne ne suggéra pendant ces deux jours qu'il suffisait de traverser le couloir sur environ cinq mètres afin de demander à un des nombreux journalistes présents le matériel nécessaire à l'enregistrement audio d'un prisonnier suspecté de l'assassinat du président de États-Unis. Ce manque évident de professionnalisme est certes à classer parmi les spécialités locales, ce détestable folklore texan qui atteindra son apogée avec l'exécution d'Oswald sous les yeux de dizaines de policiers incrédules, mais il faudra attendre presque trente-cinq ans pour saisir l'ampleur de l'amateurisme, voire de la dissimulation, de la police locale.

Car Fritz n'avait pas été distrait, il avait menti. En vérité, tout au long de ces heures d'interrogatoires, le capitaine nota sur son calepin et d'une écriture presque illisible les réponses et les remarques d'Oswald. Globalement, ses écrits ne diffèrent guère de son rapport de synthèse rédigé le 25 novembre. Il relève qu'Oswald ne revendique pas le crime, qu'il fait preuve d'un étonnant contrôle et accepte souvent de collaborer. Alors pourquoi lors de son audition devant la Commission Warren ce policier endosse-t-il un costume qui n'est pas le sien ?

Pourquoi s'est-il publiquement ridiculisé en dissimulant des notes qui n'ont rien d'explosif ? Parce qu'elles recèlent deux détails prouvant qu'Oswald n'avait pas tiré et qu'il avait été victime d'une manipulation au sein même du Département de la police de Dallas. Premier détail : Oswald était en train de boire un Coca-Cola lorsque, moins de deux minutes après les coups de feu, il croise au premier niveau du Texas School Book Depository l'agent de police Marrion Baker. Ce geste, nous le verrons plus tard, est important dans la démonstration faite par la Commission Warren sur l'emploi du temps de Lee.

Le second détail concerne directement les photographies d'Oswald posant en tueur communiste. Le capitaine Fritz relate évidemment la réaction du suspect, lequel s'insurge face au trucage et promet de le prouver. Mais, surtout, le policier place cette confrontation le matin du 23 novembre, autrement dit plus de quatre heures avant la découverte des clichés devant témoins dans le garage des Paine. Ces photographies fabriquées ne sont donc qu'un instrument à charge contre Oswald, le palliatif à un aveu qu'il n'aurait jamais prononcé[1].

_____

1. Angus Crane, avocat spécialiste de la criminalité des cols blancs, est l'auteur d'une formidable étude sur le crime politique aux Etats-Unis. Il est persuadé de l'innocence de Lee Harvey Oswald. Son travail utilise des références historiques, judiciaires et psychiatriques et dégage deux catégories d'assassin, le désaxé et le

Si les photographies d'Oswald sont fausses, les différents témoignages de Marina peu fiables, il reste néanmoins une pièce à conviction majeure dans les conclusions de la Commission Warren : le fusil de Lee. Mais là encore, ce qui est évident pour les enquêteurs l'est beaucoup moins lorsque l'on fouille plus avant.

Selon le rapport Warren, le Mannlicher-Carcano 6,5 mm, fusil réformé de l'armée italienne, appartient à Lee Harvey Oswald depuis mars 1963, époque où il l'a acheté par correspondance à un armurier de Chicago, Klein's Sporting Goods. Deux jours après l'assassinat de JFK, le FBI est en mesure de présenter une copie d'un microfilm provenant des archives du magasin où figure le bon de commande signé de la main d'Oswald. Interrogée à ce sujet, Marina déclare d'abord tout ignorer de cet épisode, pour ensuite se souvenir d'un fusil enroulé dans une couverture, avant de préciser que l'arme était encore là au moment du crime. Cette version ne satisfaisant pas la Commission, le lendemain, 4 février 1964, la veuve croit toutefois se rappeler d'une scène à La Nouvelle-Orléans où Lee, sous le porche de leur maison, aurait joué quelques instants avec le mécanisme de la carabine. Une anecdote utilisée à plusieurs reprises dans le rapport Warren. Mais comme le remarque le journaliste français Léo Sauvage dans son livre *L'Affaire Oswald* paru en 1965, les faits ne sont pas toujours présentés de la même façon : « La surprise, ici, écrit-il, consiste dans le fait que la Commission révèle, à la page 128 du rapport, des hésitations qu'elle ne manifestera plus à la page 192 et qui seront définitivement évaporées à la page 645. » Et d'ajouter : « D'après le témoignage de sa femme, lit-on à la page 128, il *apparaît* qu'il se *peut* qu'Oswald ait été assis sur le porche, la nuit, en train de s'exercer avec le fusil en regardant par la lunette télescopique et en manœuvrant la culasse. Page 192 : Marina Oswald a déclaré qu'en mai 1963, à La Nouvelle-Orléans, elle a vu Oswald

---

politique. Oswald n'entre dans aucune de ces grilles. Un politique met en avant sa cause et explique son geste alors qu'Oswald se tait. Un mystique avoue pour obtenir une certaine forme de reconnaissance tandis que Lee affirme n'être qu'un pigeon.

assis... Page 645, enfin : Marina Oswald a déclaré que son mari à La Nouvelle-Orléans s'entraînait à manœuvrer la culasse du fusil. La Commission ne précise pas ce qui a pu se produire entre-temps pour lui permettre de considérer comme un fait acquis – et d'utiliser contre Oswald – quelque chose qui, au début, lui paraissait seulement possible[1]. »

Quoi qu'il en soit, la reproduction d'un bon de commande retrouvé par le FBI, la bénédiction du bout des lèvres de Marina et deux photographies truquées valident l'idée selon laquelle l'arme supposée du crime appartient bien à Lee Harvey Oswald. Avant de démontrer les énormes doutes quant à cette conclusion, évoquons un instant la logique, ce sens qui a cruellement manqué aux membres de la Commission. Imaginons un instant ce qui a pu se passer dans la tête d'Oswald lorsqu'il décide en mars 1963 de commander ce fusil. Lee vit au Texas, l'Etat des Etats-Unis le plus laxiste dans la vente d'armes puisqu'à l'époque ni période probatoire ni papiers à présenter ne sont demandés. N'importe qui peut acheter à l'armurier du coin ou dans les nombreuses boutiques de prêt sur gages l'arme de son choix. Les calibres proposés sont légion, les prix dérisoires, la qualité est excellente. Pourtant, Oswald refuse la facilité et l'anonymat et décide d'acheter une arme de mauvaise qualité sur la côte est du pays. Pour cela, il utilise un faux nom, Alek Hidell, et fait expédier le fusil à sa boîte postale de Dallas. Mieux encore, le 22 novembre 1963, lorsqu'il décide d'abattre le président des Etats-Unis, il utilise cette arme aisément identifiable et, pour être certain de faciliter le travail de la police, il se munit d'une fausse carte d'identité au nom d'Alek J. Hidell, qu'on retrouvera sur lui au moment de son arrestation. Une telle histoire prêterait à sourire si elle n'était pas au cœur de l'assassinat du trente-cinquième président des Etats-Unis. Il est évident que la Commission a conscience des limites de cette version. D'où sa volonté de charger le portrait de Lee, faisant même appel à des psychologues de la petite enfance afin de démontrer qu'Oswald est suffisamment idiot pour avoir laissé autant de

---

1. Léo SAUVAGE, L'Affaire Oswald, op. cit.

preuves derrière lui. Une sorte de syndrome du Petit Poucet. Pourtant, noyés dans la masse, les témoignages sur les capacités intellectuelles de Lee sont nombreux. Tous, y compris les policiers qui l'ont interrogé pendant presque trois jours, reconnaissent ses facilités. L'inventaire des livres qu'il a empruntés à la bibliothèque du quartier, également communiqué, montre qu'en deux mois il lit plus qu'un Américain moyen dans sa vie entière. Ce qui fait beaucoup. Et puis il y a les faits, lesquels éloignent peu à peu l'idée qu'Oswald soit le réel propriétaire de l'arme. Le fameux bon de commande de la carabine, autrement dit l'envoi, a été validé par la poste de la ville à une heure où Oswald se trouvait... à son travail ! La publicité qu'Oswald aurait remarquée pour commander sa carabine ne correspond pas au modèle retrouvé au Texas School Book Depository. Mieux encore, aucun employé de la poste ne se souvient de la livraison d'un paquet de ce format et aucune trace écrite n'existe de la réception du fusil ni de son retrait par Oswald. Autre problème technique, si le fusil a bien été acheté au nom d'Alek Hidell, il est impossible qu'Oswald l'ait reçu puisque personne de ce nom n'était autorisé à retirer le courrier de sa propre boîte postale. Quant à la fameuse pièce d'identité présentée dans le rapport Warren comme preuve à charge, la publication des enregistrements radiophoniques de la police de Dallas soulève de sérieux doutes sur son origine.

En effet, suivant la procédure, les deux officiers qui arrêtent Lee au Texas Theatre se livrent à un inventaire des pièces portées par le suspect qu'ils transmettent au quartier général. Jamais, une carte au nom d'Hidell n'y est mentionnée. Une information confirmée par le procès verbal d'inventaire rempli par les deux officiers dès leur arrivée au bâtiment de la police, ainsi que dans leur autre rapport de synthèse, écrit deux semaines plus tard. C'est seulement fin mai 1964 que leur version s'accordera avec celle de la Commission. Une évolution, comme nous le verrons plus tard, similaire à celle qui concerne le nombre exact de douilles retrouvées au cinquième étage du Texas School Book Depository. Autre élément troublant concernant cette fausse carte : sa qualité de reproduction. Les experts du FBI interrogés par la Commission ont reconnu qu'il s'agissait d'un travail complexe, presque parfait, obtenu après plusieurs étapes. Le rapport conclut que « rien que la préparation du négatif, sans compter les retouches, nécessitait un matériel photographique de pointe, tel que celui que l'on trouve dans des laboratoires spécialisés. [...] Oswald les a probablement réalisés lors de son emploi au laboratoire Jagger-Chiles-Stovall à Dallas. » Si la connexion entre Oswald et son ancien employeur paraît judicieuse, la Commission néglige complètement de répondre à la question temps. Oswald ne travaillant pas directement à la section des appareils de reproduction, il est difficile de l'imaginer produire ses faux papiers durant de longues heures sans qu'aucun employé le remarque.

En vérité, et en faisant abstraction de l'ensemble de ces faits difficilement contournables, une seule raison aurait pu pousser Lee Harvey Oswald à commander son Carcano à Chicago. Professeur à l'université de Hartford, George Michael Evica s'intéresse depuis de nombreuses années à un aspect sombre et inconnu de l'histoire américaine. Durant les premières années de la guerre froide, le FBI, avec la collaboration du service des Postes américain, a mis sur pied un vaste programme de surveillance du courrier de ses citoyens. Créé dans un but de contrôle politique, cet espionnage à grande échelle a permis de mettre au jour un important trafic d'armes entre l'Europe, le Canada et les Etats-Unis. Un groupe d'investigation, le Comité Dodd, soutenu par le FBI, s'est chargé au début des années 60 d'enquêter dans cette direction. Evica a non seulement découvert que les méthodes utilisées par le groupe consistaient parfois à commander des armes aux quatre coins du pays pour étudier leur acheminement, mais surtout que les autorités italiennes avaient informé le gouvernement américain et la Commission Warren que des stocks réformés de Carcano étaient au centre de ce commerce illicite. Mieux encore, en communiquant les numéros de série des fusils incriminés, les Italiens frappaient fort puisque dedans se trouvait celui de l'arme découverte à Dallas. Ce qui pourrait impliquer soit qu'Oswald était un agent chargé de surveiller le trafic, soit qu'il était un bénéficiaire de ce commerce. Deux possibilités inacceptables dans la version édulcorée de la Commission.

Le dernier point étrange quant à l'origine de la carabine concerne l'armurier de Chicago. Dans la version inédite de son manuscrit *Coup d'Etat in America*, A. J. Weberman livre le long témoignage de Gerry Patrick Hemming, ancien marine, ancien camarade de Lee Harvey Oswald, membre de la CIA et de l'ONI [1]. Ce créateur du groupe de mercenaires INTER-PEN (International Penetration Force) raconte avant de se rétracter que « à chaque fois que l'on nous demandait des armes, nous les renvoyions à Klein's. En 1961, le FBI s'est plaint que nous envoyions nos clients acheter leurs armes chez Klein. » En clair, cela signifie que l'armurier Klein avait une réputation suffisamment établie dans le monde des mercenaires et du renseignement pour que des groupes armés comme INTERPEN s'y approvisionnent. Quant à l'intervention du Bureau, demandant à Hemming un peu plus de discrétion, elle atteste que l'armurier choisi par, ou pour, Lee Harvey Oswald n'était pas vraiment comme les autres. Mieux encore, Weberman va plus loin en publiant une partie du dossier CIA de Hemming. Où l'on apprend qu'au début des années 60 ce soldat de l'ombre avait comme garantie financière un armurier de Chicago, le Klein's Sporting Goods.

En plus des photographies d'Oswald en tenue de « tueur de Président », de la conviction ancrée que l'arme ne pouvait être que la sienne, le rapport Warren construit son accusation à partir de témoignages et d'affirmations qui s'avèrent eux aussi particulièrement contestables. Premier élément à charge, la Commission affirme que « Lee Harvey Oswald a apporté ce fusil dans l'immeuble du dépôt de livres le matin de l'attentat ». Une affirmation fondée sur les propos de Wesley Frazier. Frazier, un jeune homme de dix-neuf ans qui travaille au Texas School Book Depository et habite chez sa sœur Linnie Mae à une centaine de mètres de la maison des Paine. Les deux familles se connaissent. C'est la sœur de Frazier qui

---

1. Office Naval Intelligence, les services secrets de la marine.

apprend à Ruth Paine qu'un emploi de manutentionnaire est libre dans l'entreprise où travaille son frère. Le 16 octobre, Lee accepte le job et prend pour habitude, alors qu'il vit dans un meublé en ville, de profiter de la voiture de Frazier pour effectuer les allers-retours entre Dallas et Irving chaque fin de semaine. Le jeudi 21 novembre, modifiant ses habitudes, Oswald demande à Wesley Frazier de rentrer avec lui, lui expliquant qu'il doit récupérer des tringles à rideau pour un appartement. Le soir même Lee se couche vers 21 heures, après une dernière visite au garage. Le lendemain, vers 7 h 20, la sœur de Frazier l'aperçoit en train de rejoindre le véhicule de son frère. « Il portait un sac en papier brun, le genre épais, vous savez, je dirais un sac d'épicerie, mais en plus grand, déclare-t-elle. Quelle taille ? Je dirais peut-être deux pieds et demi [76 centimètres]. Il le tenait par le haut, qui était replié, et à bout de bras, de sorte que ça touchait presque le sol, car il n'était pas tellement grand, vous savez, comme homme, du moins comparé à un Texan. Je l'ai vu mettre le sac sur la banquette arrière de la voiture. Bientôt après, Wes était prêt et ils sont partis[1]. » C'est alors que Wesley remarque à son tour le sac en papier et, histoire de lier conversation avec ce voisin peu bavard, l'interroge sur son contenu. Oswald répond qu'il s'agit de tringles à rideau. Les vingt minutes de trajet vers Dallas se déroulent ensuite sans que personne aborde ce sujet pas plus d'ailleurs que la prochaine visite du président des Etats-Unis. Arrivé au parking, à moins de 200 mètres du Texas School Book Depository, Oswald s'empare de son paquet et, à son habitude, sans attendre que son compagnon ait fermé sa voiture se dirige vers son lieu de travail. Alors que Lee s'éloigne, Frazier observe une dernière fois le paquet : « Il n'était pas très long, peut-être deux à trois pieds en tout [de 61 à 92 centimètres]. C'était un sac en papier brun, du moins cela avait l'air d'un sac en papier[2]. » A l'exception des deux Frazier, personne ne remarque Oswald et son sac en papier. Pourtant, un embal-

---

1. Léo SAUVAGE, *L'Affaire Oswald, op. cit.*
2. *Ibid.*

lage va apparaître au cinquième étage de l'immeuble quelque temps après les coups de feu tirés contre JFK.

Evidemment la Commission s'engouffre dans cette brèche. Si, contrairement à ses habitudes, Lee rentre à Irving, c'est pour récupérer son arme dans le garage, affirme-t-elle. Quant au sac, il contient la carabine du crime. CQFD. La préméditation du meurtre devient dès lors incontestable. Bien que de prime abord convaincante, la version Warren ne résiste pas à l'examen détaillé.

Premier point, l'étrange visite de Lee chez les Paine au beau milieu de la semaine. A ce sujet, Ruth déclare : « Oswald ne se distinguait certainement pas par ses bonnes manières, mais il n'était venu, jusque-là, que pour le week-end et avait toujours prévenu par téléphone. Pourquoi le changement, cette fois-ci[1] ? » Un doute partagé, et même entretenu, par la Commission qui pourtant connaît la réponse, réponse nichée dans les dizaines de feuillets constituant la déposition de Marina du 3 février 1964 :

« Il appela plusieurs fois lundi, mais après que j'eus raccroché au milieu de la conversation et refusé de lui parler, il n'appela plus. Puis il arriva le jeudi.

— Votre mari a-t-il donné une raison quelconque pour rentrer à la maison un jeudi ?

— Il a dit qu'il se sentait seul parce qu'il n'était pas venu pendant le week-end précédent, et qu'il voulait faire la paix avec moi.

— Lui avez-vous dit quelque chose à ce moment ?

— Il essayait de me parler mais je ne lui répondais pas, et il était très bouleversé.

— Etiez-vous bouleversée, vous, à cause de lui ?

— J'étais en colère, naturellement. Lui n'était pas en colère, il était bouleversé. Moi j'étais en colère. Il se donnait beaucoup de peine pour m'être agréable. Il a passé pas mal de temps à ranger des langes et à jouer avec les enfants dans la rue.

---

1. *Ibid.*

— Comment lui avez-vous montré que vous étiez en colère contre lui ?

— En ne lui parlant pas.

— Et comment laissait-il voir qu'il était bouleversé ?

— Il était bouleversé parce que je ne lui répondais pas. Il a essayé plusieurs fois de commencer une conversation avec moi, mais je ne répondais pas. Et il disait qu'il ne voulait pas que je sois en colère contre lui parce que cela le bouleversait. Ce jour-là, il proposa que nous louions un appartement à Dallas. Il disait qu'il en avait assez de vivre seul et que peut-être la raison pour laquelle j'étais tellement en colère, c'était que nous ne vivions pas ensemble. Que si je voulais, il louerait un appartement dès le lendemain, qu'il ne voulait pas que je reste avec Ruth plus longtemps, mais souhaitait que je vive avec lui à Dallas. Il a répété cela non pas une mais plusieurs fois, mais j'ai refusé. Et il disait qu'une fois de plus je préférais mes amis à lui, et que je n'avais pas besoin de lui.

— Qu'avez-vous répondu à cela ?

— J'ai dit qu'il valait mieux que je reste avec Ruth jusqu'aux fêtes, il viendrait, et nous serions tous ensemble. Que cela était mieux parce que, pendant qu'il vivait seul et que je restais avec Ruth, nous dépensions moins d'argent. Et je lui ai dit de m'acheter une machine à laver, parce qu'avec deux enfants cela devenait trop difficile de laver à la main.

— Qu'est-ce qu'il a dit là-dessus ?

— Il a dit qu'il m'achèterait une machine à laver.

— Qu'est-ce que vous avez dit là-dessus ?

— Merci. Qu'il ferait mieux d'acheter quelque chose pour lui-même, que moi je me débrouillerais. »

Curieux meurtrier que cet Oswald incapable de supporter l'absence de son épouse comme de ses enfants et rentrant à Irving pour tenter de se réconcilier avec elle. Si ces quelques lignes décrivant un Lee passant la majeure partie de sa soirée à essayer de se rapprocher de sa femme ne l'innocentent pas, elles discréditent considérablement la thèse le dépeignant comme un homme de retour chez lui pour préparer son arme et préméditer l'assassinat du premier magistrat des Etats-Unis. Reste alors le témoignage de Frazier et de sa sœur

concernant le mystérieux sac en papier. Existe-t-il du reste ?
La Commission ne reconnaît-elle pas « qu'un employé, Jack
Dougherty, croit qu'il a vu Oswald arriver au travail, mais ne
se rappelle pas qu'Oswald ait eu quoi que ce soit dans les
mains en franchissant la porte. Aucun autre employé n'a été
trouvé qui ait vu Oswald arriver ce matin-là. »

Interrogé à ce sujet, Lee se contente de dire qu'il transpor-
tait des tringles à rideau. Mais la Commission Warren assure
que ce n'était pas son objectif. Et s'appuie pour l'affirmer sur
les propos de Mrs. A. C. Johnson, sa logeuse, qui a déclaré
que « la chambre d'Oswald, au 1026 North Beckley Avenue,
avait des tringles de rideau et des rideaux et qu'Oswald ne lui
avait jamais parlé de cette question ». Et d'ajouter « pour décider si oui ou non Oswald avait emporté une carabine dans un
long sac en papier en allant à son travail le 22 novembre, la
Commission a pris en considération le fait qu'Oswald avait
invoqué un faux motif pour revenir chez lui le 21 novembre,
et un motif qui lui fournissait un prétexte pour emporter un
paquet encombrant le lendemain matin ».

Problème : que sont devenues ces prétendues tringles ?
Mystère. Elles n'ont été, officiellement du moins, retrouvées
ni au Depository ni dans son meublé où il passe quelques
minutes vers 13 heures. Mieux, ce dont convient le rapport,
Lee n'aborde pas ce sujet lors du dîner à Irving. Mais il est
vrai, à en croire Ruth Paine, le futur « assassin » de JFK parlait
très rarement de ses projets.

Que penser alors des récits des voisins et de la logeuse ?
D'abord un détail à noter : la Commission Warren joue avec
les mots. Mrs. Arthur Carl Johnson n'est pas la logeuse mais
la propriétaire de la maison où vit Oswald, elle-même étant
domiciliée ailleurs. C'est en fait Earlene Roberts qui côtoie la
clientèle, donc Lee. Laquelle, sa déposition étant favorable à
l'accusé, n'est pas citée dans la version finale du rapport.
Dans l'ensemble, sa déposition paraît même gênante pour les
autorités puisqu'elle assure que la police se trompe lorsqu'elle
prétend avoir découvert de la propagande communiste dans
la chambre de Lee. La logeuse, un peu fouineuse en faisant
le ménage chaque jour, n'a jamais rien découvert, ni arme, ni

vue de la place Rouge. Malheureusement pour Oswald, elle néglige de raconter une scène photographiée à son insu le 22 novembre lorsque la police de Dallas, secondée par le FBI, passe au peigne fin la demeure de North Beckley Avenue, scène qui aurait pu clore le mystère. Sur ce cliché d'agence pris dans la chambre de Lee durant la perquisition et publié par le *Dallas Morning News* du 24 novembre, Mrs. Roberts, debout sur un tabouret, fixe des tringles à rideau. Hélas, nulle part dans l'article, ce geste peu orthodoxe n'est expliqué. De deux choses l'une : soit ce geste n'a aucun rapport avec l'alibi du suspect, soit elle est en train d'installer les tringles apportées par Lee le matin du crime.

Wesley Frazier et sa sœur sont présentés avant leur audition comme les témoins vedettes de l'accusation. Après leur interrogatoire, cela sera moins vrai car s'ils confirment bien à la Commission que Lee portait un sac sous le bras, la description qu'ils font de l'objet ne cadre pas avec les conclusions de l'enquête. Ainsi le sac en papier découvert au Depository qu'on leur présente ne ressemble guère à leurs souvenirs. La pièce à conviction mise en avant est une épaisse feuille de papier pliée tenue par une large bande adhésive, un ensemble vraisemblablement fabriqué avec des matériaux disponibles au Texas School Book Depository, tandis que les Frazier insistent sur le fait qu'il s'agissait d'un vrai sac. « Le paquet n'était ni fermé par des bandes collantes ou par de la ficelle, je n'ai rien vu de ce genre, assure Wesley. Pour moi, c'était un sac plutôt qu'un emballage. » Quant à Linnie, elle ne se rappelle « pas avoir remarqué des bandes collantes sur le sac que portait Oswald. C'était un sac d'épicerie[1], mais en plus grand[2]. » Premier couac.

---

1. A ce sujet, Léo Sauvage note avec un humour mordant que « la Commission reconnaît que l'emballage trouvé " n'était pas un sac de type ordinaire, tel qu'on pourrait l'obtenir dans un magasin, et il avait probablement été fait dans un but déterminé ". Le mot " probablement ", ici, fait partie des originalités linguistiques du rapport, car il est difficile d'imaginer qu'un emballage constitué par une feuille de papier roulée d'une certaine manière et maintenu par des bandes collantes ne soit pas " fait dans un but déterminé ". »

2. Léo Sauvage, *L'Affaire Oswald, op. cit.*

Plus troublant encore, les deux Frazier sont formels : les mensurations du sac de Lee et celles de celui qu'on leur montre ne correspondent pas. En effet, pour Linnie Mae, « le paquet avait environ 28 pouces de long [soit 71 centimètres] ». Son frère, qui l'a observé plus longuement et de plus près affirme avec conviction qu'il « mesurait 2 pieds [61 centimètres] à quelques pouces près, en plus ou en moins ». Alors que la Commission Warren avance un paquet plus long d'au moins 35 centimètres. Persuadé que les Frazier se trompent, le FBI organise une reconstitution le 1er décembre 1963. Qui tourne au fiasco puisque Wesley, se souvenant parfaitement de la longueur du paquet sur le siège arrière de sa voiture, indique qu'il couvrait entièrement la partie gauche de la banquette arrière depuis la portière, distance qui n'excède pas 64 centimètres. Autrement dit fort proche de sa première déclaration. L'emballage retrouvé n'a donc rien à voir.

Conscient de l'incohérence, le FBI se rabat sur Linnie. Puisqu'elle prétend que le sac d'Oswald n'était pas aussi long que la pièce à conviction, on lui demande de plier le papier selon son souvenir. Machinalement, elle s'exécute et rend un sac long de 71,5 cm, soit à peine 5 millimètres de plus que dans les déclarations de sa première déposition. Le problème est grave pour la Commission Warren puisque la publicité de Klein's précise que l'arme mesure 1,016 m. Soit 30 centimètres de plus que ce qu'avancent les Frazier. Mais très vite Washington fournit une explication logique. Selon le *New York Herald Tribune* du 12 décembre 1963, « une source gouvernementale aurait confirmé qu'un rapport du FBI concluait qu'Oswald avait transporté au Texas School Book Depository le fusil démonté ». Un nouveau mensonge validé par la Commission puisque, en pièces détachées, la structure de l'arme s'avère toujours trop longue ! En effet, une fois retiré le canon, la monture en bois mesure 88 centimètres, ce qui est toujours supérieur au sac aperçu par Wesley Frazier. La conclusion de cette incohérence livrée par le rapport Warren mérite d'être citée : « La Commission a pesé la mémoire visuelle de Frazier et de Mrs. Randile [Linie Mae] par rapport aux preuves présentées ici, montrant que le sac porté par

Oswald contenait l'arme du crime, et a conclu que Frazier et Randle se trompent sur la longueur du sac. » Ainsi, en toute impunité, elle déclare ne pas croire les deux seuls témoins de la scène quant à leur description du sac tout en les estimant par ailleurs suffisamment fiables pour accréditer cet épisode abracadabrant. Avant de démontrer que, dans tous les cas, ce sac n'avait jamais servi à transporter une arme, il faut élucider l'énigme Frazier. Et pour comprendre ce qui a poussé Wesley à accuser Oswald de transporter un sac de tringles à rideau, il convient de se plonger dans la journée du vendredi 22 novembre 1963. Lorsque, dans l'heure suivant les coups de feu, l'appel du personnel est effectué au Texas School Book Depository, de nombreux employés sont portés manquants[1].

Parmi eux, Wesley Frazier. Après deux heures d'investigation, la police de Dallas découvre qu'il passe des examens médicaux dans la clinique d'un comté voisin. Le capitaine Fritz demande alors à ses hommes de l'interpeller. Car, il ne faut pas l'oublier, à cet instant précis, comme l'indiquent les rapports et les souvenirs de la plupart des acteurs, le Département de la police de Dallas est convaincu qu'Oswald a agi avec un complice. Or Frazier en possède le profil idéal. Aussi son arrestation est-elle plutôt musclée. Le jeune Wesley est publiquement menotté et traîné par deux policiers dans une voiture de patrouille. Les photographies de presse qui le présentent à son arrivée à Dallas le montrent complètement terrorisé. Son visage porte des marques de coups, officiellement causées par une chute malencontreuse alors qu'il embarquait dans le véhicule de police.

Deux suggestions s'imposent : son témoignage ne lui a-t-il pas été soufflé par la police de Dallas et le FBI afin de compromettre un peu plus Lee Harvey Oswald ? Et cette discussion sur les mensurations du sac n'est-elle pas un habile moyen employé par Frazier pour se défaire de l'étau exercé

---

1. Contrairement à la version officielle qui mentionne uniquement Lee Harvey Oswald. Cette excuse éliminée, reste à savoir pourquoi la majeure partie des forces de police de la ville sont parties à la recherche du seul Lee.

sur lui par les enquêteurs ? Des interrogations troublées par une autre information importante. Garland G. Slack, un tireur amateur, est convaincu, comme d'autres, qu'un homme du nom de Lee Harvey Oswald s'est présenté le 10 novembre 1963 sur un stand de tir près de Dallas et qu'il aurait volontairement tiré sur la cible de Slack en précisant ostensiblement, pour s'excuser, qu'il avait pensé « qu'il s'agissait de ce fils de pute de Kennedy ». La déposition est explosive mais pose un double problème à la Commission. Premièrement, ce jour-là, Oswald travaille au Texas School Book Depository : il a pointé à l'arrivée comme au départ. Deuxièmement, Slack précise sous serment que Lee était accompagné d'un certain « Frazier d'Irving ». Or c'est un témoin clé de l'accusation. En outre, il ne faut pas oublier que les premières déclarations de la police à la presse rapportent la découverte non pas d'un Carcano 6,5, l'arme d'Oswald, mais d'un fusil anglais Lee Enfield 303, une pièce rare... possédée par Wesley Frazier ! Enfin, il convient de savoir que le meilleur ami de Frazier s'appelle John M. Crawford et possède la particularité d'être un proche de... Jack Ruby ! En somme, par quelque bout qu'on les prenne, les propos de Frazier, qu'ils accusent ou qu'ils disculpent Oswald, sont difficilement utilisables.

De toute manière, à considérer uniquement l'étude scientifique menée sur l'emballage en papier retrouvé au cinquième étage du Depository, le verdict est évident : il n'a jamais servi à transporter une arme. En effet, dixit le rapport de James Cadigan, expert du FBI : « Il est définitivement établi que le papier de même que les bandes collantes de l'emballage sont identiques en tous points au matériel utilisé par les services d'expédition du Texas School Book Depository. Une étude minutieuse de l'intérieur du sac a permis de découvrir un minuscule fragment de bois qui était trop petit pour permettre des comparaisons et qui pouvait provenir de la pulpe de bois ayant servi à la fabrication du papier ; une parcelle d'une matière cireuse, telle que de la cire de bougie ; et une fibre unique de viscose brune délustrée, ainsi que plusieurs fibres de coton vert. » Cadigan n'a pas pu prouver que les fibres trouvées dans le sac provenaient de la couverture. Néanmoins, l'expert du FBI a authentifié deux empreintes d'Oswald, une de sa paume droite, l'autre de son index gauche.

Cette étude renferme un certain nombre d'informations capitales. Tout d'abord, qu'aucune tache d'huile n'est découverte sur la surface du papier alors que, primo, le Carcano de Lee était graissé à l'extérieur comme à l'intérieur et, secundo, un fusil, surtout démonté, laisse forcément des traces. Ensuite que l'expert ne trouve pas de fibres provenant de la couverture alors que, d'après Marina et la Commission, l'arme y était enroulée depuis mars 1963. Quant aux empreintes, elles sont invisibles lors d'une première analyse à Dallas, puis apparaissent le surlendemain, une fois que l'ensemble des pièces à conviction a été envoyé au siège du FBI. Enfin, obstination troublante, voire équivoque, pourquoi le FBI, alors qu'il possédait des empreintes d'Oswald prises durant son interrogatoire, éprouve-t-il encore le besoin d'en relever d'autres après sa mort, comme en témoigne le préparateur funéraire de Lee, dont le travail a été interrompu pendant de longues heures par des agents fédéraux ?

En outre, que seulement deux empreintes soient détectées a de quoi intriguer quand on songe que des dizaines de traces du détective Robert Studebaker ont été retrouvées sur les lieux du crime, alors que cet homme, chargé du relevé d'indices, avait pris toutes les précautions pour ne pas dénaturer le « nid du tireur » ? Comment peut-on imaginer qu'Oswald, fabriquant lui-même son emballage et le transportant sans gants sous les yeux des Frazier, n'ait pu laisser que deux misérables traces ? C'est évidemment impossible, comme l'est la thèse d'une arme démontée. Avec cette invention, la Commission Warren résout trois questions capitales : où, quand, comment. En effet, si Oswald parvient à introduire la carabine dans le Depository, il lui faut impérativement un lieu pour la remonter. L'imaginer s'isolant aux toilettes relève du plausible, mais aussi de l'imprudence puisque, pour se rendre à la fenêtre du cinquième, il devrait traverser des couloirs au risque de rencontrer d'autres employés. Quant à l'hypothèse qu'il effectue cette opération sur le lieu même du crime, son emploi du temps la rend caduque. Et parce que toute la matinée des ouvriers se sont pressés au cinquième étage, limitant considérablement la marge de manœuvre du suspect. Un employé du Depository quitte l'étage entre 12 h 15 et 12 h 20, et les coups de feu éclatent dix minutes, puis quinze minutes plus tard. Or, Oswald a besoin d'au moins six minutes pour monter son arme, temps de référence d'un agent du FBI entraîné utilisant une pièce de dix cents[1] comme tournevis, puisque aucun outil n'a été récupéré sur les lieux ou sur Oswald. Dans l'hypothèse la plus optimiste, Lee a reconstitué l'arme à 12 h 21, mais il faut encore construire un mur de cartons le cachant de la rue et couvrant ses arrières. Un rempart de quarante éléments que l'assassin aurait bâti seul en moins de quatre minutes, l'horaire de passage du défilé étant prévu à 12 h 25. Quel exploit !

Deux cent quarante secondes pour déplacer quarante-trois boîtes, la gageure n'effraie pas la Commission Warren qui note qu'elles étaient « assez légères pour être mises facilement à la place voulue ». Une impression toute relative car un rapport du FBI, repris dans les vingt-six volumes de la Commission, explique que chaque boîte pesait en moyenne... 25 kilos. C'est donc au total plus d'une tonne qu'Oswald déplace seul en quelques minutes, sans éprouver la moindre fatigue physique puisqu'il va par la suite réussir des tirs à la précision unique dans l'histoire. Mieux encore, Oswald, qui ne porte toujours pas de gants, est parvenu à se fabriquer cette enceinte sans laisser la moindre empreinte digitale sur les cartons lui servant d'appui pour ajuster son arme, et seulement deux sur les autres boîtes. Et ce, alors que des dizaines d'empreintes d'ouvriers du Depository ont été décelées sans que

---

1. S'il y a deux qualités à reconnaître aux défenseurs du rapport Warren, c'est bien l'entêtement et l'imagination. Ainsi l'épisode de la pièce de dix cents devient un véritable scénario de polar : grâce à un entraînement spécifique, Oswald est devenu un professionnel du démontage et du remontage du Carcano avec une pièce de monnaie. Après les coups de feu, il se précipite à la salle de repos pour acheter un Coca-Cola. En fait, Oswald n'a pas soif mais fait ainsi disparaître la preuve de son forfait dans le distributeur automatique de boissons.

cela les implique pour autant dans le meurtre du chef de l'Etat. Oswald n'a donc pas pu introduire une arme au Depository. A moins qu'il l'ait confiée à un complice. Une piste ignorée par la Commission parce que ne cadrant pas avec la thèse du tueur solitaire.

De plus, comme les photographies et les faux papiers d'identité, il paraît évident que l'emballage de 96 centimètres présenté par la police de Dallas comme une pièce à conviction est simplement un faux supplémentaire pour compromettre Lee Harvey Oswald. Le premier soupçon apparaît à la lecture du rapport. S'il indique, croquis à l'appui, où se trouvait le sac, le rapport élude deux questions : de quand date sa découverte et pourquoi il n'apparaît sur aucun cliché des lieux ?

Des négligences d'autant plus regrettables que la Commission détaille à maintes reprises l'emplacement exact où il fut trouvé, c'est-à-dire « dans l'angle sud-est du sixième étage, à côté de la fenêtre d'où les coups de feu furent tirés. Plus exactement dans l'angle sud-est de l'immeuble, à quelques pieds des douilles de cartouches ». Concrètement cela signifie que n'importe quel policier arrivant sur les lieux du crime, avant même d'apercevoir les douilles, doit avoir remarqué cet emballage long de près d'un mètre. Mais le *deputy-sheriff* Luke Mooney, l'officier ayant localisé le nid du tueur, lorsqu'il rend compte de son arrivée devant la Commission, ne mentionne jamais la présence d'un emballage. Alors que les membres de la Commission font leur possible pour l'aider :

« Maintenant, y avait-il quelque chose que vous avez vu par là, dans l'angle ?

— Non monsieur, absolument rien. »

Son supérieur Will Fritz, questionné par Allen Dulles, n'en sait apparemment pas plus :

« L'enveloppe en forme de sac en papier dans laquelle il a apparemment apporté le fusil, est-ce qu'elle a été découverte au sixième étage à peu près au même moment ?

— Non, monsieur ; cela a été récupéré un peu plus tard. Je n'étais pas là-bas quand cela a été trouvé.

— Elle a été récupérée au cinquième étage, n'est-ce pas ?

— Oui, monsieur ; je crois que c'est ça. Nous pouvons vérifier ici pour voir. Je crois que c'était ça. Mais je n'étais pas là quand elle a été récupérée. »

Quant au détective Robert Studebaker, chargé du relevé d'indices et responsable de l'ensemble des clichés, il confirme – sans expliquer pourquoi – que le sac est la seule pièce à conviction à n'avoir pas été photographiée :

« J'ai dessiné un diagramme là-dedans pour le FBI, quelqu'un du FBI m'avait fait venir, je n'arrive pas à me rappeler son nom, et il voulait une indication de l'endroit approximatif où le papier avait été trouvé.

— Où était-ce, par rapport à ces tuyaux... ?

— Par terre juste à côté, juste ici.

— Est-ce qu'il était plié ?

— Il était plié en deux... c'était un morceau de papier à peu près grand comme ça, et il était plié en deux.

— Quelle longueur avait-il, approximativement ?

— Je ne sais pas... je l'ai ramassé et j'ai mis de la poudre, et ils l'ont emporté en bas et l'ont envoyé à Washington, et c'est la dernière fois que je l'ai vu, et je ne sais pas.

— En avez-vous pris une photo avant de le ramasser ?

— Non.

— Est-ce que ce sac apparaît dans l'une des photos que vous avez prises ?

— Non, il n'apparaît sur aucune des photos. »

Multipliant les conférences de presse, le capitaine Fritz, épaulé par le procureur Wade, n'a pas hésité tout au long du vendredi 22 novembre à communiquer à la presse chaque information pouvant compromettre son suspect. Allant jusqu'à annoncer souvent des éléments complètement faux et parfois démentis par la suite. Etrangement, à l'écoute de la totalité de ces points-presse et à la lecture des comptes rendus effectués, on se rend compte que jamais la découverte d'un emballage papier pouvant contenir la carabine d'Oswald n'est évoquée.

Autre contrevérité du rapport pourtant avancée comme certitude, le fait que « Lee Harvey Oswald se trouvait, au moment de l'attentat, à la fenêtre d'où les coups de feu furent tirés ». Contrairement à l'idée généralement entretenue par la presse de l'époque et la police de Dallas, le rapport n'avance qu'un seul témoin oculaire pour cette accusation pourtant capitale : Howard Brennan. Ouvrier spécialisé en plomberie âgé de quarante-quatre ans, facilement reconnaissable avec son casque de chantier, Brennan apparaît dans la foule filmée par Abraham Zapruder quelques secondes avant le meurtre de JFK. Puis, une fois les coups de feu tirés, il rejoint un policier pour lui apprendre « qu'il a vu à deux reprises un homme à la fenêtre la plus à droite du cinquième étage. L'homme était debout, appuyé sur un des rebords verticaux de la fenêtre » ; Plus tard dans la soirée, Brennan identifie Oswald comme étant l'homme du Depository. Du moins, tel est le résumé du rapport Warren, car en réalité le témoignage de Brennan ne prouve absolument rien.

Premier élément d'importance, la vue de Brennan. En effet, le témoin vedette de la Commission voit très mal de loin. Il atteste d'ailleurs devoir porter des lunettes de vue, le film de Zapruder montre clairement qu'au moment du défilé ses montures sont rangées. Pis encore, la Commission, sentant qu'il s'agit du point faible de la déposition de l'unique témoin oculaire ayant vu Oswald en train de tirer, précise qu'il se trouvait « à quelques mètres » de la façade du Depository. Le film de Zapruder le place à plus de 40 mètres. Pour prouver sa bonne foi, Brennan précise que deux autres employés se trouvaient à une fenêtre du quatrième étage. Si l'information est véridique puisque photographiée par le journaliste texan Tom Dillard, Brennan est incapable de dire où étaient exactement ces ouvriers et à quoi ils ressemblaient, ne notant pas par exemple qu'il s'agissait de Noirs. Le cliché de Dillard contredit aussi la posture décrite par Brennan. L'architecture des lieux ne permet pas à un homme de se tenir debout pour tirer. Au mieux, comme le confirment d'autres témoins ayant aperçu du mouvement en façade du Depository, seuls le bout du fusil et un avant-bras sur la garde peuvent être nettement vus. Quant au torse et au visage, on les devine tout juste dans l'ombre. Ainsi, Ronald Fischer et Robert Edward, qui se trouvaient à côté de Brennan, déclarent sous serment « n'avoir pas vu l'homme assez nettement ou assez longtemps pour l'identifier ». De plus, le rapport de fin de journée de la police de Dallas nous apprend que, contrairement aux déclarations de la Commission, Brennan ne reconnaît pas Oswald le 22 novembre mais seulement le lendemain. Evoquant cet élément en audition, il se justifie d'abord maladroitement en évoquant des craintes de vengeange avant de glisser que son identification du lendemain a été facilitée puisqu'il avait longuement vu Oswald à la télévision. Mieux encore, grâce au travail de recherches effectué par l'avocat américain Mark Lane dans les dizaines d'heures d'enregistrements effectués sur Dealey Plaza juste après les coups de feu, on découvre un Howard Brennan indiquant au journaliste la direction des détonations. L'ouvrier désigne non pas le Depository mais la barrière de bois du Grassy Knoll. La Commission, désarçonnée par l'ensemble de ces révélations, fera dans son rapport preuve d'une réserve peu habituelle tout en fondant son accusation sur ce témoignage [1]. En 1978, après l'étude de l'ensemble de l'audition de Brennan devant la Commission, où il finissait par avouer n'avoir vu personne, l'enquête menée par le Congrès sur les crimes politiques conclut définitivement le cas en le déclarant sans fondement. De plus, une version restaurée du film d'Abraham Zapruder sorti en vidéo en juillet 1998 permet de lever un dernier doute. Alors qu'il a toujours déclaré regarder en direction du Depository pendant le défilé, les images nettoyées du film amateur dévoilent Howard Brennan en train de lui tourner le dos.

Ainsi donc, l'ensemble des preuves avancées par le rapport pour placer Oswald au cinquième étage du Depository se révèle sans valeur. Avant d'aborder la théorie de la balle magique, l'invention la plus incroyable de la Commission Warren, il faut encore s'attarder sur quelques éléments cruciaux accusant à tort Lee Harvey Oswald.

Le meurtre de l'agent de police Tippit fait partie de cette

---

1. « La Commission a acquis que Howard Brennan a pour le moins vu un homme à la fenêtre qui ressemblait de très près à Lee Harvey Oswald et que Brennan pense que l'homme qu'il a vu était en fait Lee Harvey Oswald. »

catégorie. Selon le rapport, après avoir quitté le Depository, Oswald retourne en bus puis en taxi dans son meublé sur North Beckley. Il y reste quelques minutes, enfile un blouson et s'en va. Environ quinze minutes plus tard, à plus d'un kilomètre de là, il tue J. D. Tippit qui, écoutant sa radio de bord, l'a reconnu et tente de l'interpeller. Dans son livre *Enquêtes sur l'assassinat d'un Président*, Thierry Lentz cite un commentaire acéré mais juste de Mark Lane à propos du fantastique emploi du temps attribué à Lee Harvey Oswald. En effet, il comprend « une sortie tranquille du dépôt de livres, une marche dans Elm Street sur une distance égale à sept blocs d'immeubles, un trajet en autobus le ramenant en arrière dans les parages qu'il venait de quitter, une autre marche à pied sur une distance de plusieurs blocs d'immeubles, un trajet en taxi et encore un autre trajet à pied jusqu'à son logement où il passa de trois à quatre minutes, une pause d'une durée indéterminée à un arrêt d'autobus, une marche à pied de plus d'un kilomètre et, enfin, sa rencontre avec l'agent Tippit et l'assassinat de ce dernier ».

Pour tenter de comprendre ce curieux cheminement, il faut s'intéresser aux faits et gestes de Lee après sa rencontre avec le motocycliste Marrion Baker dans la salle de repos du Depository. La version officielle décrit Oswald prenant un autobus puis, excédé par les embouteillages, le quittant à mi-parcours avant de rejoindre un taxi. Une fuite décidément peu rapide pour l'assassin d'un Président et de plus considérablement modifiée par la Commission. Le rapport précise que personne ne vit sortir Oswald du Depository. Ce qui est faux. Interrogé par la police, Lee raconte qu'il rencontre un agent du Secret Service devant la porte principale de l'immeuble. L'homme lui demande s'il sait où se trouve un téléphone. Lee, qui est en fuite, rappelons-le, lui indique calmement le chemin à suivre. La confirmation de cette péripétie ne vient pas de Washington mais d'un journaliste de Dallas. Sans connaître la version d'Oswald, il raconte son aventure, expliquant avoir demandé sa route à l'assassin du Président. Le deuxième personnage à apercevoir Lee est un policier, le shérif adjoint Roger Craig. Son histoire, développée dans un manuscrit inédit, sera reprise plus loin. Puis vient l'épisode du bus. Sûrement perturbé par le geste qu'il vient de commettre, Lee se trompe de ligne et prend, en habitué des transports en commun de la ville, celui qui va dans le sens contraire de sa direction supposée : son meublé. A bord, seulement deux témoins ont aperçu Lee. Le conducteur d'abord, Cecil Mac Watters. Le soir du 22 novembre, il précise même à la police que Lee avait souri lorsqu'on annonça les coups de feu tirés contre Kennedy. Le lendemain, le chauffeur se présente à nouveau au Département de la police de Dallas. Dans la journée, il a pris en charge Milton Jones. Lorsqu'il le voit, il comprend que c'est lui qui était à bord de son bus la veille.

L'autre témoignage à charge est celui d'une personne âgée, Mary Bledsoe. Pour elle, Oswald était grimaçant, avait l'air d'un fou et portait une chemise déchirée. Ce dernier détail, Mary Bledsoe l'a certainement vu à la télévision où effectivement, après son arrestation mouvementée au Texas Theatre, Oswald porte des vêtements abîmés. Quant au reste du témoignage, il est tout simplement faux. Un mensonge reconnu par Bledsoe elle-même au moment de son audition. En fait, elle connaissait Oswald pour lui avoir loué une chambre en octobre 1963. Le séjour s'était mal passé et la logeuse devait toujours sa caution à Lee. Intimidé lors de son audition devant la Commission, ce témoin vedette de « l'accusation » reconnaît détester Oswald, et sa déposition avait été préparée avec l'aide du Secret Service. De plus, hasard ou pas, le fils de Bledsoe connaissait non seulement Lee mais également un autre personnage clé de l'affaire, David Ferrie. Les deux jeunes hommes avaient effectué une préparation militaire privée sous ses ordres.

Sans aucun témoignage plaçant Lee dans le bus, le rapport se concentre sur un ticket de transfert donné par le chauffeur et glissé dans le portefeuille d'Oswald. Une pièce à conviction retrouvée en compagnie des fameuses fausses pièces d'identité. Une fois descendu du bus, Oswald marche quelques dizaines de mètres en direction du lieu du crime maintenant livré aux forces de police, puis hèle un taxi. William Whaley le prend en charge et note sur son carnet de bord qu'il est 12 h 30, soit une dizaine de minutes plus tôt que l'horaire indiqué par le rapport. Mieux encore, alors qu'Oswald s'installe, une dame fait signe à la voiture qu'elle croit libre. Par courtoisie, Oswald, qui est toujours en fuite et à une centaine de mètres du Depository, lui propose sa place. Le reste de l'audition est un vrai casse-tête pour la Commission. D'abord, il compromet la police de Dallas en certifiant que lors d'un *line-up* il a choisi le suspect numéro deux. Une attribution qui est celle d'un policier en civil mais pas d'Oswald. Pour s'excuser de son erreur, le chauffeur de taxi précise que de toute manière il avait signé sa déposition désignant Oswald avant le *line-up*. Mieux encore, il précise les conditions de l'identification devant les membres de la Commission, médusés : « Vous auriez pu le désigner sans le reconnaître, rien qu'à l'écouter, car il hurlait des injures contre les agents, leur disant que ce n'était pas juste de le mettre en ligne avec des adolescents, et tout ça. » Deux policiers confirment cette étrange mise en scène. D'abord, le détective de la brigade criminelle James Leavelle :

« Dans un des cas, maintenant je ne peux dire avec certitude lequel c'était, Oswald était en T-shirt [...]. Et tous les autres, je crois, portaient des chemises. Il était le seul qui portait un T-shirt. Il était en train de faire du chahut parce qu'il était en T-shirt, et il ne voulait pas se taire.

— Qu'est-ce qu'il disait ?

— Il disait que ce n'était pas juste [...], il n'arrêtait pas. »

Puis, Walter Eugène Potts, également détective dans la brigade du capitaine Fritz :

« Il ne cessait de se plaindre durant tout le *line-up*. Il portait un T-shirt et les autres ne portaient pas de T-shirts. [...] Il était très belliqueux. Il ne voulait coopérer en aucune manière. Il faisait tout un remue-ménage. » Autre information donnée par le chauffeur de taxi, sa description vestimentaire de Lee ne correspond pas à ce qu'il portait le 22 novembre. Mais, c'est lorsque Whaley aborde le temps mis pour la course qu'il devient le plus gênant. Car, et en négligeant le fait que Whaley dans sa première version raconte qu'il a

déposé Oswald à près de 500 mètres de son meublé, le scénario minuté de la Commission ne laisse que six minutes, à
Oswald et à son taxi, pour arriver chez lui. Une minute de
plus, et l'assassinat de Tippit devient impossible. Problème
pour les hommes de Warren, la première reconstitution effectuée par un policier de Dallas prend onze minutes. Aussi, le
FBI prend les choses en main et demandent à Whaley de
refaire son parcours en décembre 1963. Le chauffeur met
neuf minutes. C'est deux de mieux mais toujours trois de
trop. Un temps qui ne satisfait toujours pas la Commission,
surtout lorsque le chauffeur déclare, encore fier de sa performance, « avoir mis le paquet et grillé tout les feux ». Un mois
plus tard, le Secret Service prend les choses en main, et Whaley réussit enfin une performance en rejoignant North Beckley en cinq minutes et cinquante secondes. Pour la
Commission, l'honneur est sauf et il importe peu que les
conditions – non publiées – de la reconstitution ne soient pas
celles du 22 novembre. En effet, l'exploit de Whaley est réalisé avec un véhicule appartenant au Secret Service et non
avec le taxi. Comme par hasard, la voiture des hommes de
Washington est plus puissante. De plus, selon les témoins
présents, Whaley a au moins grillé deux feux. Un geste qu'il
n'a sûrement pas fait le 22 novembre au risque de perdre sa
licence. A aucun moment la reconstitution n'a tenu compte
du trafic du jour du crime. En plus des traditionnels embouteillages de la pause-déjeuner, il y avait ce jour-là de nombreuses rues barrées pour permettre le défilé présidentiel.
Pourquoi un tel acharnement de la part des enquêteurs de la
Commission ? Pourquoi faut-il absolument qu'Oswald se plie
à un emploi du temps aussi rigoureux ? Parce qu'au milieu
de cet assemblage de témoignages douteux un seul ne varie
jamais, celui d'Earlene Roberts, la logeuse d'Oswald. Pour
elle, il ne fait pas de doute, Oswald est de retour à 13 heures
précises. A ce moment-là, elle regarde son programme favori
à la télévision. Soudain, l'émission est interrompue pour
annoncer l'attentat dont vient d'être victime JFK. C'est à cet
instant précis qu'Oswald pousse la porte. Alors que sa logeuse
lui annonce la nouvelle, un deuxième événement fixe ce

moment dans sa mémoire : le téléphone sonne, c'est une amie choquée par le flash d'information. Bien évidemment, et même si le rapport passe sous silence ce travail, le FBI vérifie les deux alibis. Earlene Roberts ne mentant pas, la présence d'Oswald entre « 12 h 59 et 13 heures » devient incontournable. Lee ne reste pas plus de quatre minutes dans sa chambre. Il prend, selon la Commission, un blouson et un revolver. Pendant ce court laps de temps, un autre incident vient frapper l'attention d'Earlene Roberts. Une voiture de la police de Dallas a ralenti devant la maison et klaxonne deux fois. La logeuse tire son rideau et aperçoit à son bord deux hommes en uniforme regardant dans sa direction. Le véhicule repart alors lentement, Lee sort, traverse la route pour rejoindre un arrêt de bus. Une minute plus tard, lorsque Earlene Roberts se penche de nouveau à sa fenêtre, Oswald n'est plus là. La Commission n'aborde même pas cet épisode. Pourtant, il faut savoir qu'officiellement aucune voiture de la police de Dallas ne patrouille dans cette zone à 13 heures. Le véhicule le plus proche se trouve tout de même à plus d'un kilomètre. Il s'agit de la voiture de J. D. Tippit qui, depuis quelques minutes, ne répond plus à la radio lorsqu'on lui demande sa position exacte. Dans l'hypothèse où Tippit se retrouve devant le domicile d'Oswald, qui est le deuxième homme en uniforme que distingue parfaitement Earlene Roberts ? Il pourrait s'agir de Roscoe White. On se souvient des accusations de son fils et de son épouse, de sa confession sur son lit de mort mais aussi de cet étrange fait jamais élucidé : une deuxième veste d'uniforme de police se trouvait sur la banquette arrière de la voiture de Tippit. De plus si, dans un premier temps, Earlene Roberts pense que le numéro de patrouille inscrit sur la portière de la voiture est 107 ou 207, elle confie rapidement son unique certitude : le nombre débutait par 10. La voiture de Tippit porte exactement cette identification.

Selon la Commission, le central de Dallas reçoit un message provenant de la voiture de Tippit à 13 h 15. Un passant a récupéré le microphone et annonce que l'on vient de tirer sur un policier et que ce dernier gise dans son sang. Comme pour la précédente demi-heure, le timing imposé par la Commission ne souffre pas du moindre retard. La scène se déroule dans le quartier d'Oak Cliff sur Tenth Street. A vol d'oiseau, la chambre d'Oswald est à plus d'un kilomètre et demi. Sortant de chez lui entre 13 h 04 et 13 h 05, il lui reste moins de dix minutes pour parcourir la distance et tuer Tippit. C'est peu, surtout lorsque l'on sait que Lee choisit de parcourir la distance à pied. La Commission est formelle à ce sujet. Le bus qu'il semble attendre un instant va dans le sens opposé du lieu du crime. Cette fois-ci, aucun taxi de la ville ne se souvient avoir pris en charge Oswald. Reste alors la possibilité que l'on soit venu le chercher en voiture, mais là, cela implique une nouvelle fois l'éventualité d'une complicité. Un terrain glissant, interdit aux hommes de Warren. Donc, Oswald se met à courir en direction d'Oak Cliff. C'est d'ailleurs vraisemblablement pour cela que Tippit le remarque et fait le rapprochement avec le signalement du suspect diffusé sur sa radio de bord. Il est le seul puisque, alors que Lee parcourt d'un pas rapide une bonne dizaine de rues, personne ne réussit à l'identifier par la suite. A 13 h 14 au plus tard, Oswald tue le policier. La Commission présente neuf témoins mais seules les dépositions de trois semblent fiables : William Scoggins, Ted Callaway et Helen Markman. Quant à ceux qui ont vu autre chose, le rapport ne prend pas la peine de les citer. En fait, et sans discréditer systématiquement le travail de la police de Dallas ni celui de la Commission, la définition de témoin fiable est toute relative. Elle signifie qu'il a reconnu Oswald lors d'un *line-up*. Nous avons déjà vu, grâce au témoignage de policiers, dans quelles conditions se déroulaient ces séances d'identification. Mais il faut ajouter, cette fois-ci, que les *line-up* de l'affaire Tippit ont lieu seulement le samedi. Or, depuis le milieu du vendredi après-midi, il est impossible, via la télévision et les éditions spéciales des quotidiens, d'échapper au visage de Lee Harvey Oswald. De plus, à mieux les étudier, chaque déposition est à double tranchant pour la Commission.

Scoggins, un chauffeur de taxi en train de déjeuner dans sa voiture, se précipite sous son volant lorsqu'il entend les coups

de feu. Quelques secondes plus tard, il aperçoit l'assassin présumé dans son rétroviseur. Le lendemain, il l'identifie comme
étant Lee Harvey Oswald. Malheureusement pour la
Commission, il reconnaît avoir vu la photographie d'Oswald
dans la presse. Et, beaucoup plus gênant, maintient que Lee
n'était pas arrivé par l'ouest mais marchait en direction de
l'est. Un itinéraire impossible si Oswald arrive à pied depuis
son meublé.

Callaway se trouve à quelques mètres du lieu du crime. Il
voit un homme, tenant un revolver, s'éloigner en courant.
Plus tard, il aide les secours à embarquer Tippit dans une
ambulance. S'il reconnaît Oswald le lendemain, ces différentes dépositions sont souvent contradictoires. Pis encore, il
certifie, comme d'autres, que Helen Markman, le témoin
vedette de la Commission, n'était pas sur les lieux au moment
du crime. Et en effet, comme avec Howard Brennan et Mary
Bledsoe, la Commission Warren se compromet complètement avec Markman. Son signalement de l'assassin pourrait
prêter à sourire. Pour elle, Lee était âgé d'une bonne trentaine d'année, était trapu et avait une chevelure abondante.
Piégée au téléphone par l'avocat Mark Lane, elle avoue
n'avoir rien vu et avoir parlé sur les pressions du FBI et du
Secret Service. Lorsque, une semaine avant son audition, elle
nie avoir eu cette conversation, Lane fait écouter à la presse
l'enregistrement de la discussion. Son audition est calami-
teuse, elle raconte avoir vu Oswald se pencher à l'intérieur de
la voiture avant que Tippit en jaillisse. Une photographie de
presse prise quelques minutes après le meurtre montre que
toutes les fenêtres sont montées. Puis elle proclame être
l'unique témoin du crime, et affirme être restée près de vingt
minutes avec le policier mourant qui tente à plusieurs reprises
de lui parler. Or Tippit est mort sur le coup, et cinq minutes
après son assassinat, une vingtaine de badauds se pressaient
sur le lieu et, vingt minutes après les coups de feu, le corps
de l'agent n'était plus là.

Interrogée sur le déroulement du *line-up* où, selon son procès-verbal, elle a identifié sans l'ombre d'un doute Oswald,
elle déstabilise la Commission.

« Avez-vous reconnu quelqu'un lors du *line-up* ?

— Non, monsieur.

— Personne, vous en êtes certaine ? Je vous répète la question, avez-vous reconnu le visage de quelqu'un ?

— Non, le visage de personne.

— Avez-vous identifié une des quatre personnes du *line-up* ?

— Je n'en connaissais aucune.

— Je sais que vous n'en connaissiez aucune, mais y avait-il quelqu'un dans ce *line-up* qui ressemblait à quelqu'un que vous aviez vu d'abord ?

— Non. Je n'ai jamais vu aucun d'eux, aucun de ces hommes-là... »

Reste les « preuves scientifiques » de l'analyse balistique. Quatre balles de calibre 38 sont extraites du corps de Tippit. Lors de son arrestation au Texas Theatre, Oswald porte un revolver de même calibre. Du moins selon la police et la Commission puisque, étrangement, l'ancien marine ne s'en sert pas et que la dizaine de spectateurs présents n'a aucun souvenir de Lee brandissant une arme. De plus, la rapport de l'expert du FBI est dans l'impossibilité de relier les balles au revolver, soulignant « que les marques irrégulières rendaient l'identification impossible ». Mais la Commission ne s'embarrasse pas de tels détails pour conclure à la culpabilité d'Oswald. Elle néglige une nouvelle fois les nombreux faits impliquant le contraire. Par exemple que les balles retrouvées dans le corps de l'agent confirment la piste de deux tueurs, comme l'a toujours prétendu Aquilla Clemons, le plus proche témoin du crime. En effet, s'il s'agit bien de quatre balles du même calibre, leur origine n'est pas la même. Trois sont fabriquées par Winchester-Western, une par Remington-Peters. Une distribution que l'on ne retrouve pas dans les douilles, où chaque marque est autant représentée. Autre détail gênant, l'officier de police Poe, suivant la procédure, marque à l'aide de la pointe d'un couteau ses initiales sur les douilles. Lorsque, au bout de six jours, un délai anormalement long, le FBI renvoie à Dallas ces pièces à conviction, l'officier refuse de les identifier, sa marque n'étant plus là.

Enfin, les enregistrements radio et le premier rapport de Poe font état de douilles provenant non de revolver mais de pistolet automatique. Les traces laissées par l'éjection de la douille sont aisément reconnaissables pour un policier. La confusion est donc impossible. De plus, selon Clayton Butler et Eddie Kinsley, les deux ambulanciers, une autre balle, apparemment freinée par un bouton de l'uniforme du policier, tombe du corps pendant le transport. S'ils certifient l'avoir remise à un policier en civil, il n'existe aucun document faisant état de cette découverte. Peut-être parce que cela faisait beaucoup de coups de feu tirés par un seul homme. Surtout si l'on considère que, devant la Commission, l'officier Gerald Hill certifie avoir saisi le revolver d'Oswald entièrement chargé et ne sentant pas la poudre. En effet, une nouvelle fois, la Commission évite de poser les vraies questions. Pourquoi, au moment de sa mort, Tippit se trouvait-il à près de cinq kilomètres de sa zone de patrouille ? A qui avait-il téléphoné à plusieurs reprises dans un dîner entre 12 h 30 et 12 h 45 ? Où se trouvait sa voiture à 13 heures puisque le policier refusa de donner sa position ? Pourquoi la Commission refusa-t-elle d'entendre les témoins qui affirmaient que Tippit connaissait Jack Ruby et qu'il fréquentait, comme de nombreux policiers, la boîte de nuit de l'assassin d'Oswald ? Pourquoi n'a-t-elle pas tenu compte dans son rapport du fait que Ruby vivait à quelques rues du lieu du meurtre ? Pourquoi la Commission a-t-elle ignoré que Tippit s'était déjà rendu dans la matinée autour du Texas Theatre, là même où sera interpellé Lee Harvey Oswald ? Pourquoi le FBI a-t-il classé sans suite le témoignage de cette serveuse d'un café d'Oak Cliff se souvenant d'avoir servi à la fois J. D. Tippit et Lee Harvey Oswald ?

Il existe une réponse commune à l'ensemble de ces questions. L'assassinat de J. D. Tippit est l'une des clés essentielles pour comprendre le rôle joué par Lee Harvey Oswald le 22 novembre 1963. Il ne faut pas faire preuve de candeur, les membres de la Commission Warren ont, c'est certain, compris qu'ils touchaient à un pouvoir contre lequel ils ne pouvaient rien. Lorsque la Commission s'entête à tenir un emploi du temps qu'elle sait irréalisable, elle signe sa complicité avec les assassins du Président. L'heure exacte du meurtre de Tippit est un secret de Polichinelle. L'enregistrement des conversations radiophoniques le situe à 13 h 06. Un horaire confirmé par le shérif adjoint Roger Craig. Dans son manuscrit inédit, il raconte qu'il se trouvait avec le capitaine Fritz lorsque la nouvelle a été connue. Confirmé aussi par trois témoins qui allaient prendre le bus de 13 h 10 lorsqu'ils ont entendu les coups de feu. Alors, parce que cette heure ne cadre pas avec le scénario Oswald, des hommes falsifient l'histoire. Ainsi en 1998, trois versions différentes du même document sont disponibles aux Archives de la police de Dallas. Ces transcriptions des enregistrements radiophoniques entre le quartier général et la voiture de Tippit affichent les mêmes informations, seule l'heure des messages est modifiée. Et donc forcément si Tippit est assassiné avant 13 h 16, Oswald ne peut pas être le coupable. D'autres pistes existaient comme celle, tenue secrète jusqu'en 1978, de Mrs. Johnnie Maxie Witherspoon. Cette serveuse était aussi la maîtresse du policier depuis presque trois ans. Après une période de brouille, les amants s'étaient retrouvés et, selon une rumeur tenace, Johnnie Maxie était enceinte de Tippit en novembre 1963. L'époux de la serveuse avait promis de tuer ou de faire tuer le policier, et la résidence des Witherspoon était à une centaine de mètres de Tenth Street. La police de Dallas et la Commission Warren ensuite auraient pu préférer la piste du règlement de compte et ainsi éviter de se ridiculiser une nouvelle fois. En effet, rien n'obligeait les hommes du capitaine Fritz à rattacher le meurtre du président Kennedy à celui du policier. Même sans l'assassinat de Tippit, Oswald restait un meurtrier. Et pourtant, les conspirateurs, dissimulant maladroitement la vérité, font choisir cette hypothèse. Et nous livrer ainsi la preuve inconsciente que le crime de Tippit est intimement lié à celui de JFK.

La même remarque peut être citée en préambule de la septième conclusion du rapport Warren : « Lee Harvey Oswald a essayé, en avril 1963, de tuer le major-général Edwin A. Walker. »

En 1963, le général Walker est une des personnalités les

plus influentes de l'extrême droite américaine. Membre de la
John Birch Society, sympathisant du Ku Klux Klan, il déteste
plus que tout John Kennedy. Le Président a eu, à ses yeux,
le mauvais goût de lui retirer le commandement de la vingt-
quatrième division d'infanterie US en Allemagne. Walker
prônait l'insurrection militaire contre JFK, qu'il trouvait trop
conciliant avec les communistes. En septembre 1962, après
avoir pris la tête des troupes d'assaut anti-Noirs d'Oxford
dans le Mississippi, il fut arrêté sur ordre de Kennedy et placé
dans un hôpital militaire. A sa sortie, désormais à la retraite
et tenté par une carrière politique, il s'installe à Turtle Creek,
la banlieue cossue de Dallas. Le 10 avril 1963, vers 21 heures,
le général s'assoit à son bureau. Quelques minutes plus tard,
un coup de feu claque, manquant de quelques centimètres
l'ancien militaire. L'enquête menée par la police de Dallas ne
donna rien, au point où certains policiers et journalistes se
demandèrent si l'attentat n'était pas une mise en scène de
Walker pour faire parler de lui.

Tenter d'assassiner Walker a forcément une dimension
politique différente que le meurtre du 22 novembre. Aussi, la
Commission préfère y voir « une tendance à attenter à des
vies humaines, la preuve de la capacité d'Oswald pour la violence ». En effet, il est difficile de lier les deux épisodes. Si
Oswald était un illuminé à la recherche de publicité, il aurait
d'une manière ou d'une autre revendiqué son geste. Ce qui
n'est pas le cas ici. L'équilibre psychologique de Lee est la
seule réponse trouvée par le FBI. Mais une nouvelle fois, une
contre-enquête précise démonte cette possibilité.

Le cas Walker débute le 6 décembre 1963 avec les accusations de Marina. Nous avons largement démontré plus haut
le contexte et la valeur des aveux de la veuve de Lee. Il est
donc préférable de s'attarder sur les rares faits donnés dans
le rapport. Le FBI avance d'abord la découverte d'un mot
écrit en russe par Oswald. Le billet adressé à Marina
comprend des instructions pour le cas où Lee aurait des problèmes avec la justice. L'épouse précise que son mari l'aurait
rédigé avant de tenter d'assassiner le général Walker. L'origine de la découverte est confuse. Quinze jours après avoir

échappé à la vigilance de dizaines de policiers effectuant trois perquisitions chez les Paine, le billet aurait été découvert par hasard dans un livre par Marina. En plus de son origine douteuse, le billet est non daté, et rien dans son contenu ne le rattache à une tentative d'assassinat. Ni contre le général Walker, ni contre personne d'autre.

Autre découverte étrange, une photographie de la maison de Walker. Sûrement par excès de zèle, Marina elle-même lors de l'une de ses auditions identifia le lieu et évoqua le général Walker. Balbutiant tout juste l'américain, il est étrange que la jeune Soviétique puisse à la fois connaître les activités du militaire et mieux encore reconnaître son domicile tout en indiquant ne s'être jamais rendue à Turtle Creek. Toutefois, il faut reconnaître à la décharge de Marina un élément important qui pourrait indiquer qu'elle dit la vérité. Car ce cliché est aussi une nouvelle preuve d'une manipulation des preuves orchestrée par la police de Dallas et soutenue par la Commission. En effet, sur cette vue de l'entrée principale de la résidence de Walker, un véhicule se trouve en stationnement. En lieu et place de sa plaque d'immatriculation, un trou. Entendus par la Commission, Guy Rose et R. B. Stovall, les deux officiers responsables de la découverte du cliché, déclarent sous serment que la vue était déjà altérée au moment de sa découverte. Marina, elle, est persuadée du contraire. En 1969, Jesse Curry publie aux Etats-Unis sa vision de l'affaire. *JFK Assassination File* contient quelques attaques bien senties contre la Commission coupable à ses yeux « d'avoir craqué sous la pression politique ». Mais ce sont les quelques photographies incluses dans le livre qui sont les plus intéressantes. Sur l'une d'elles, par exemple, un agent en civil récupère une balle sur Dealey Plaza. Une pièce à conviction inconnue au dossier. Enfin, page 113, il y a cette vue d'ensemble des objets appartenant à Lee et récupérés dans le garage des Paine. Le cliché de la maison du général Walker est bien là, la Chevrolet 57 en stationnement aussi. Seule différence, mais de taille, sa plaque d'immatriculation est intacte.

Autre curiosité lorsque le rapport affirme sans avancer

aucune preuve ni analyse balistique que la balle retrouvée
chez le général Walker provient du Carcano 6,5 mm d'Oswald. Pourtant le détective Ira Van Cleave, qui mena l'enquête en avril 1963, déclare à ce moment-là au *Dallas
Morning News* que le calibre du projectile est du 30,06. Et
puis, une nouvelle fois, comme pour le meurtre de l'agent
Tippit, un certain nombre de questions reste sans réponse.
Pourquoi la Commission refusa-t-elle de convoquer Walter
Kirk Coleman, seul témoin direct de la fusillade qui déclara
immédiatement aux policiers qu'il avait vu deux tireurs ?
Comment les hommes de Warren expliquent-ils les nombreux allers-venues chez le général Walker la veille de l'attentat ? Pourquoi le chien de garde de la résidence de Walker
a-t-il été empoisonné quelques heures avant les coups de feu ?
Comment Oswald a-t-il pu parcourir les vingt kilomètres le
séparant de chez le général Walker, alors qu'il ne possède ni
permis de conduire ni voiture et transporte son fusil ? Enfin,
et il s'agit sûrement de la question la plus importante, pourquoi le numéro de téléphone personnel du général ainsi que
son adresse apparaissent-ils dans l'agenda de Lee Harvey
Oswald ?

Le fusil Carcano n'étant pas forcément à Lee Harvey
Oswald, personne ne l'ayant vu tirer ni sur le président Kennedy ni sur le policier Tippit, que reste-t-il alors des travaux
de la Commission Warren ?

Des empreintes d'Oswald sur le Carcano ? Effectivement,
la police de Dallas « relève l'empreinte d'une paume sur la
partie inférieure du canon ». Mais encore une fois, les conditions du relevé ont du mal à tenir l'examen des faits. Avant
toute chose, il faut s'étonner qu'Oswald, sans gants, ne laisse
qu'une seule empreinte. L'emploi du temps imposé à Lee par
la CommissionWarren dans les minutes suivant les coups de
feu ne lui laisse pas, comme nous le verrons, le loisir de nettoyer son arme avant de l'abandonner. Puis le parcours de
l'arme, du Depository au laboratoire du Département de la
police de Dallas, discrédite complètement tout travail scientifique sur la carabine. Grâce aux nombreux journalistes présents, l'itinéraire de la carabine est facilement retraçable.

D'abord, elle est emportée à main nue par un policier en civil ; à plusieurs reprises, l'arme frotte sur son pantalon. Arrivée au quartier général de la police, elle est portée à bout de bras pour être montrée à la presse, enfin elle est confiée au laboratoire puis expédiée au siège du FBI à Washington à 23 h 45. Examiné pendant de longues heures par l'expert Sebastian Latona, le Carcano ne parle pas : « Les formations et caractéristiques des stries étaient insuffisantes pour que l'on puisse réellement identifier ces empreintes ou établir qu'elles n'étaient pas identiques à des empreintes de personnes. En conséquence, mon opinion fut tout simplement que les empreintes latentes qui se trouvaient là étaient dépourvues de toute valeur. » Un jugement confirmé par la police de Dallas durant la nuit puis infirmé au petit matin alors que l'arme est toujours à Washington !

Dernière carte de la Commission, Lee Harvey Oswald était dans le Texas School Book Depository à l'instant des coups de feu. C'est vrai, même si à un moment un détail d'une photographie aurait pu faire croire que Lee se trouvait devant les portes de l'immeuble pour assiter au défilé[1]. Mais, une fois de plus, les faits et gestes attribués à Lee sont démentis par des témoins comme par le chronomètre.

Les minutes qui suivent les détonations sont capitales dans la démonstration effectuée par le rapport : « La Commission, afin de savoir si Oswald se trouvait à la fenêtre de l'angle sud-est au moment où les coups de feu furent tirés, a passé en revue les dépositions des témoins qui ont vu Oswald dans l'immeuble quelques minutes après l'assassinat. La Commission a constaté que les allers et venues d'Oswald, tels qu'ils ont été décrits par ces témoins, cadrent avec sa présence à la fenêtre à 12 h 30. » Premier témoignage à charge, celui du motocycliste Marrion Baker qui, convaincu que les coups de feu proviennent du Depository, se précipite dans l'immeuble.

---

1. Sur cette photographie prise par Ike Altgens, la ressemblance entre Lee et Billy Nolan Lovelady est flagrante. Retrouvé par le chercheur indépendant Robert Groden, Lovelady, qui travaillait également au Depository, raconte que son épouse était venue le rejoindre dans l'immeuble une semaine avant le meurtre de JFK. Là, pendant un court instant, elle prit Oswald pour son mari.

Il entre dans le hall, « appelle et demande où est l'escalier ou l'ascenseur ». Un homme, Mr. Truly, lui répond : « Je suis le surveillant de l'immeuble. Suivez-moi, chef, je vais vous montrer. » Le policier et Truly passent une deuxième série de portes, arrivent à une porte battante puis continuent « à vive allure » en direction de l'angle nord-ouest du rez-de-chaussée où se trouve un des deux monte-charges. Aucun des deux monte-charges n'était là. Truly appuya sur le bouton du monte-charge ouest qui fonctionne automatiquement lorsque la porte est fermée. Il cria deux fois : « Dégagez le monte-charge. » Comme le monte-charge ne venait pas, Baker dit : « Prenons l'escalier », et il suivit Truly dans l'escalier qui se trouve à l'ouest du monte-charge. Arrivé au premier étage, Baker, à travers la porte vitrée de la salle de repos, aperçoit un homme : « Truly avait déjà commencé à tourner en direction du monte-charge le plus proche ; je sortais de ce tournant au premier étage, et je ne sais pas, je scrutais les lieux du regard tout en montant, je regardais à droite, à gauche et comme j'arrivais à cette porte-là, j'entrevis cet homme, juste, vous savez, un instant, et il m'a semblé qu'il s'éloignait de moi. » Le rapport poursuit : « L'homme se retourna et revint vers Baker. Il se dirigeait auparavant vers le fond de la cantine. Le long d'un mur latéral de la cantine se trouvait une machine débitant des boissons non alcoolisées, mais, à ce moment, l'homme n'avait rien dans les mains. Pendant ce temps, Truly avait monté plusieurs marches en direction du deuxième étage. Voyant que Baker ne le suivait pas, il revint sur ses pas pour trouver le policier dans l'encadrement de la porte conduisant à la cantine, face à face avec Lee Harvey Oswald. Baker se tourna vers Truly et lui dit : " Connaissez-vous cet homme ? Travaille-t-il ici ? " Truly répliqua : " Oui. " » Baker déclara plus tard que l'homme ne semblait pas hors d'haleine ; il paraissait calme. « Il n'a pas dit un mot ou quoi que ce soit. En fait, il n'a pas changé d'expression du tout. » Truly a dit d'Oswald : « Il ne semblait pas excité ou particulièrement effrayé ou quoi que ce soit. Il était peut-être un peu saisi, comme je l'aurais été sans doute si quelqu'un m'avait interpellé. Mais je ne peux pas me rappeler un changement quelconque d'expression sur son visage. » Truly estime que « le revolver du policier semblait alors presque toucher le milieu du corps d'Oswald. Truly remarqua aussi à ce moment que les mains d'Oswald étaient vides. »

Par deux fois, la Commission éprouve le besoin de noter qu'Oswald ne tenait pas une bouteille de Coca-Cola à la main, un souci de précision en soi presque déjà suspect. Surtout lorsqu'on compare le rapport avec les premières déclarations à la presse de l'agent Baker, du capitaine Fritz et du procureur Wade. Tous trois ont affirmé dans l'après-midi du 22 qu'Oswald tenait une bouteille de Coca-Cola lors de sa rencontre avec le policier. Interrogé, fin novembre 1963, par Léo Sauvage, Roy Truly soulève un sérieux doute quant à l'exactitude du rapport : « J'ai vu l'agent arriver en courant dès le dernier coup de feu, raconte-t-il. C'était même si vite après que je ne pense pas qu'il se trouvait sur sa moto dans le cortège. Il devait être à pied, près de l'immeuble. En tout cas, c'était immédiatement après les coups de feu. Je pensais, je ne sais pas trop pourquoi, qu'il voulait aller sur le toit. Comme l'ascenseur de devant ne va que jusqu'au quatrième étage, je l'entraînais tout de suite vers l'arrière de l'immeuble où il y a les ascenseurs de service qui vont jusqu'en haut. Mais tous les deux avaient été laissés quelque part dans les étages, et, sans perdre de temps, nous prîmes l'escalier à côté... Je suis arrivé derrière l'agent qui bouchait l'entrée du réfectoire et, de là où je me trouvais, je ne pouvais pas voir si Oswald tenait quelque chose dans la main [1]. »

Cette dernière phrase est en totale contradiction avec les propos que la Commission lui fait tenir. Pourquoi donner tant d'importance à un fait en apparence mineur ? Parce que si Lee était en train de consommer un Coca-Cola au moment où Baker arrive au premier étage, il ne peut pas avoir tiré sur le président Kennedy. En effet, les faits et gestes d'Oswald, tels que la Commission les résume, ne supportent aucun écart de secondes. Car le rapport prétend qu'après avoir tiré sur JFK il traverse tout l'étage pour se rendre à l'angle opposé du

---

1. Léo SAUVAGE, L'Affaire Oswald, op. cit.

cinquième – parcours en zigzag à cause des nombreux cartons
qui jalonnent le sol – et prend le temps de cacher son fusil
entre deux piles après l'avoir sommairement nettoyé. Les
monte-charges bloqués entre deux étages, il dévale ensuite
quatre séries d'escaliers, marche jusqu'à la salle de repos dis-
tante d'une dizaine de mètres, puis se rapproche du distributeur installé à six pas de la porte d'entrée. Le tout sans
ressentir la moindre fatigue puisque Truly et Baker certifient
qu'il n'est pas à bout de souffle. Pour justifier cette improbable course, la Commission mise sur le temps pris par le
policier pour effectuer son parcours et organise une reconstitution. Le 20 mars 1964, contraint par certains commentaires
dans la presse s'étonnant que ni la police de Dallas ni le FBI
n'aient vérifié ce point pouvant servir d'alibi à Oswald, David
Belin, conseiller adjoint de la Commission, se charge du chronométrage. Le but est simple : comparer le temps maximal
de Baker avec celui, minimal, d'Oswald. D'un côté, un trajet
rendu difficile par des cartons sur le sol et une carabine en
main, de l'autre un rush sur une distance similaire mais en
ligne droite. Puis quatre étages à descendre pour Lee contre
un seul à monter pour le policier. L'agent spécial John Howlett du Secret Service est chargé de refaire le parcours d'Oswald. Il « prit une carabine à l'angle sud-est du cinquième
étage, et la transporta le long du passage est, jusqu'à l'angle
nord-est. Il plaça la carabine sur le plancher près de l'endroit
où celle d'Oswald avait été réellement trouvée après l'assassinat. Puis Howlett descendit l'escalier jusqu'au palier du
deuxième étage et entra dans la cantine. Le premier essai, à une
allure normale, demanda une minute et dix-huit secondes ; le
second, à une allure de marche rapide, prit une minute et
quatorze secondes. La seconde expérience suivit immédiatement la première. Entre les deux expériences, Howlett ne prit
que le temps nécessaire pour remonter en ascenseur du premier au cinquième étage et revenir se placer à l'angle sud-est.
Il n'était pas essoufflé après l'une ou l'autre de ces expériences. » De son côté, Baker met d'abord une minute trente
secondes, puis lors d'un deuxième essai, une minute quinze.
Ce qui signifie qu'en prenant la seule hypothèse favorable à

la Commission, autrement dit le temps le plus rapide mis par Lee face à celui le plus lent du policier, l'écart n'est que de seize secondes. Seize misérables secondes au profit d'Oswald. Seize secondes qui fondent comme neige au soleil lorsque l'on se plonge dans le détail de cette reconstitution et du rapport Baker qui en découle.

Le policier a déclaré qu'Oswald se trouvait à l'intérieur du réfectoire à cinq mètres au moins de la porte. Le chronométrage de la performance de Howlett s'arrête lorsqu'il atteint simplement le palier du premier étage. De plus, Baker est certain que la porte d'entrée de la salle de repos n'était pas en mouvement, un détail important puisqu'il s'agit d'une porte à battant qu'un groom mécanique ferme automatiquement. En clair, si l'on ajoute la position exacte d'Oswald et le temps mis à la porte pour se fermer, les seize secondes de la Commission sont réduites à néant. C'est d'ailleurs sûrement pour cela que David Belin décrète arbitrairement que le temps pris le 22 novembre par Baker pour rejoindre l'entrée principale du Depository est plus long que celui de la reconstitution. Alors que Baker certifie le contraire : « Les gens commençaient à se jeter sur les pelouses de Dealey Plaza. J'ai mis les gaz pour me rapprocher du Depository et j'ai jeté ma moto à une dizaine de mètres de l'entrée. J'ai couru tout droit. Mon allure était celle d'une bonne foulée. » L'agent va d'ailleurs tellement vite qu'il rentre dans le dos de Truly qui le précède et court lui aussi. Mieux encore, l'audition de Baker, le 25 mars 1964, est instructive de la façon dont Belin a obtenu son temps maximal, le seul, rappelons-le, permettant à Oswald de rejoindre le réfectoire avant le policier.

« A partir du moment où je suis descendu de la moto, j'ai marché la première fois, et puis j'ai couru, ou à peu près, la seconde fois, de la moto jusque dans l'immeuble.

— Soit. Quand vous êtes arrivé dans l'immeuble, est-ce que vous avez couru, trotté ou marché ?

— Eh bien, je l'ai fait dans un genre de trot, je dirais, ce n'était pas une course vraiment rapide, une course nette. C'était plutôt un trot, un genre de trot. »

Pour justifier son hypothèse de base, la Commission, prête

à toutes les compromissions, valide donc un temps correspondant à une marche puis à un trot, lorsque son témoin affirme, lui, avoir couru tout d'une bonne foulée en permanence.

Mais ce n'est pas tout, car d'autres détails sont complètement négligés par la reconstitution de Howlett. Oswald se trouvant derrière une barricade de cartons, il doit s'extraire de sa cachette avant d'entamer sa course. L'agent du Secret Service n'exécute pas ce geste. Oswald, dans l'hypothèse où il est le tireur, dissimule sa carabine. Howlett la pose directement sur le sol à un endroit qu'il connaît par avance. Enfin, comment la Commission Warren explique-t-elle que ni Victoria Adams, qui descendait les escaliers du Depository pendant et après les coups de feu, ni William Shelley et Bill Lovelady, qui les montaient, ne rencontrèrent Oswald ?

En fait, le seul détail gênant supprimé par la Commission est celui de la bouteille de Coca-Cola. En effet, si l'on oublie l'ensemble des éléments déjà cités et que l'on considère que Lee est arrivé au réfectoire seize secondes avant le policier, l'achat d'une bouteille de *Coke* détruit définitivement ce laps de temps. Parce que pour récupérer une boisson, il doit d'abord prendre une pièce de dix cents dans son porte-monnaie. En outre, le distributeur de Coca-Cola du Depository est un Westinghouse multi-drink WB 60-K6-D, et des trois styles de distributeurs en service en 1963, c'est celui qui prend le plus de temps pour délivrer une bouteille. En façade de l'appareil se trouve un bouton sélecteur que Lee doit positionner sur la boisson de son choix. Puis, il doit introduire sa pièce et attendre environ six secondes pour obtenir sa boisson. Enfin, il la décapsule et en avale une première gorgée. L'ensemble dépasse largement les seize secondes du rapport. C'est donc pour cette raison qu'en plus de modifier les dépositions de Baker et de Truly à ce sujet la Commission demande, comme nous l'avons déjà vu, au capitaine Fritz de prétendre qu'il n'a pas pris de notes durant l'interrogatoire de Lee. Or, découvertes aujourd'hui, celles-ci permettent de constater que le policier avait écrit qu'au moment de sa confrontation avec Baker, Oswald tenait un Coca-Cola entamé à la main !

Comme nous venons de le voir, les nombreuses omissions du rapport Warren ne sont pas simplement le résultat d'incompétences et d'incompréhensions, mais les symptômes d'une manipulation volontaire des faits. Une falsification historique destinée à valider la thèse improbable d'un tueur unique. Autant de manipulations qui ne sont rien à côté de toutes celles qui ont été utilisées pour légitimer l'idée qu'un seul projectile ait pu à la fois blesser le gouverneur Connally et tuer le président des Etats-Unis.

CHAPITRE 6

Balle magique et tireur unique

« Après les coups de feu, j'ai jeté un coup d'œil en direction de l'Underpass et j'ai compris que nous étions tombés dans une embuscade. »

Dave Powers, conseiller de JFK.

En les simplifiant, les conclusions du rapport Warren sur ce qu'on appelle la « balle magique » sont les suivantes : Lee Harvey Oswald possédait l'arme retrouvée au cinquième étage du Depository, il a assassiné John Kennedy et le policier Tippit, le tout sans aucune complicité. Mais, comme nous venons de le voir, une étude précise des événements du 22 novembre 1963 retire tous sens et crédibilité au travail de la Commission. Il est désormais acquis que celle-ci a truqué la vérité, ignoré des témoignages, substitué des pièces à conviction afin d'affirmer que Kennedy n'a pas été victime d'une conspiration. Mais la théorie du tireur unique, imaginée par Arlen Specter, Gerald Ford et des agents du FBI, est sans aucun doute le mensonge le plus éhonté défendu par les membres de la Commission.

Ainsi le rapport s'ouvre-t-il sur des constatations qu'il convient de rappeler :

« Ces conclusions représentent l'opinion réfléchie de tous les membres de la Commission et sont présentées à la suite d'une enquête qui a convaincu la Commission qu'elle a dégagé la vérité concernant l'assassinat du président Kennedy, dans toute la mesure permise par une enquête prolongée et approfondie.

1. – Les coups de feu qui ont tué le président Kennedy et blessé le gouverneur Connally ont été tirés d'une fenêtre située au cinquième étage, à l'angle sud-est du Texas School Book Depository. Cette conclusion est fondée sur les faits suivants :

(a) Des témoins qui se trouvaient sur les lieux de l'assassinat ont vu qu'on faisait feu avec un fusil de la fenêtre du cinquième étage de l'immeuble du Depository et plusieurs témoins ont vu un fusil à cette fenêtre immédiatement après que les coups de feu eurent été tirés.

(b) La balle presque entière trouvée sur le chariot du gouverneur Connally, à l'hôpital Parkland Memorial, et les deux fragments de balle trouvés sur le siège avant de la voiture présidentielle furent tirés par la carabine Mannlicher-Carcano, d'un calibre de 6,5, trouvée au cinquième étage de l'immeuble du Depository, à l'exclusion de toute autre arme.

(c) Les trois douilles vides, trouvées près de la fenêtre du cinquième étage, à l'angle sud-est de l'immeuble, furent tirées par la même arme que la balle et les fragments décrits ci-dessus, à l'exclusion de toute autre arme.

(d) Le pare-brise de la voiture présidentielle fut atteint par un fragment de balle sur la surface intérieure du verre, mais ne fut pas perforé.

(e) La nature des blessures par balle dont furent victimes le président Kennedy et le gouverneur Connally et l'emplacement de la voiture au moment des coups de feu démontrent que les balles furent tirées d'en haut et d'un point situé derrière la voiture présidentielle, atteignant comme suit le Président et le gouverneur :

(1) Le président Kennedy fut atteint la première fois par une balle qui pénétra dans la nuque et ressortit en avant, à la base du cou, causant une blessure qui aurait pu ne pas s'avérer mortelle. Le Président fut atteint une seconde fois par une balle qui pénétra dans le côté droit de l'occiput, causant une blessure large et profonde qui fut mortelle.

(2) Le gouverneur Connally fut atteint par une balle qui pénétra dans le côté droit du dos, et qui, continuant sa trajectoire

vers le bas, traversa la poitrine du côté droit pour ressortir au-dessous du mamelon droit. Cette balle traversa ensuite son poignet droit et pénétra dans sa cuisse gauche, à laquelle elle fit une blessure superficielle.

Il n'existe aucun élément de preuve digne de foi permettant de penser que les coups de feu ont été tirés du Triple Underpass (passage souterrain à trois voies) qui se trouvait en avant du cortège présidentiel, ou de tout autre lieu.

2. – La prépondérance des preuves recueillies indique que trois coups de feu furent tirés.

Bien qu'il ne soit pas nécessaire, en ce qui concerne les conclusions essentielles de la Commission, de déterminer lequel des coups de feu frappa le gouverneur Connally, les experts ont apporté des preuves très convaincantes que la balle qui transperça la gorge du Président causa également les blessures du gouverneur Connally. Cependant, le témoignage du gouverneur Connally ainsi que certains autres facteurs ont donné lieu à des divergences d'opinion sur une telle probabilité, mais les membres de la Commission sont unanimes à conclure que tous les coups de feu ayant occasionné les blessures du Président et du gouverneur Connally furent tirés de la fenêtre située au cinquième étage du Texas School Book Depository. »

Pour la Commission, deux certitudes se dégagent de cette démonstration. Premièrement, si seulement trois coups de feu ont été tirés, deux balles ont touché Connally et Kennedy. Deuxièmement, l'assassin du Président était posté à la fenêtre du cinquième étage du Depository et nulle part ailleurs. Mais avant de prouver la présence de plusieurs tireurs sur Dealey Plaza, il faut s'arrêter sur cette étrange affirmation de la Commission : une balle, la pièce à conviction 399 (CE399), est responsable à elle seule de six blessures !

Pour comprendre l'incompréhensible, il faut se pencher sur la genèse de cette théorie. Dans sa démonstration, la Commission part du principe que trois coups de feu ont été tirés. Pour parvenir à ce nombre restrictif, les hommes de Warren se fondent sur divers éléments. Tout d'abord, la dépêche de Merriman Smith qui, dès 12 h 34, annonce l'attentat au monde entier. Le journaliste d'UPI parle de trois coups de feu. Toute la journée, et malgré les nombreuses autres versions, c'est ce chiffre qui est inlassablement répété par les médias, devenant ainsi la cadence officielle de l'assassinat. En fait, les témoins de Dealey Plaza divergent : beaucoup sont persuadés d'avoir entendu seulement deux détonations, tellement les deux derniers coups sont proches. D'autres ont distingué dans la dernière salve le son de deux armes de calibres différents. Certains expliquent encore que leur audition a été faussée parce qu'ils avaient pris le premier tir pour un raté de voiture ou un pétard. En vérité, personne n'est capable de dire si deux, trois, quatre, cinq ou même six détonations ont eu lieu.

Malheureusement la Commission ne s'est guère intéressée à ces problèmes de chiffres divergents. Il n'existe aucune étude auditive faite sur les lieux du crime avec les nombreux témoins. Jamais la configuration géographique si particulière de Dealey Plaza n'a été disséquée. Il faut attendre 1991 et le tournage de *JFK* d'Oliver Stone pour avoir le début d'une explication.

Lorsque le réalisateur américain a décidé de s'atteler au tournage d'un film sur l'assassinat de Kennedy, il a imposé comme condition de pouvoir recréer le drame sur les lieux mêmes du crime. Si le Conseil des citoyens de Dallas a d'abord refusé le droit de tourner à Stone, il est revenu sur sa décision. Depuis 1963, rien ou presque n'a changé sur Dealey Plaza, place protégée et classée par le gouvernement américain. Pour son tournage, épaulé par une dizaine de conseillers techniques, le réalisateur a exigé que les conditions de prises de vues soient exactement les mêmes que celles du 22 novembre 1963. Ainsi, illustrant sa thèse du tir croisé, il a placé un tireur au Depository, un autre au Dal-Tex building et un dernier derrière la barrière de bois du Grassy Knoll. Poussant l'expérience à son terme, il a équipé ses faux tireurs de véritables fusils disponibles en 1963. Toujours par souci d'authenticité, au moment d'enregistrer le son des coups de feu se perdant sur la place, il a demandé que le tir ait lieu à balles réelles et non à blanc. Plusieurs séries de sept coups de feu ont été enregistrées. Tirées presque simultanément, seules trois, voire quatre détonations ont été captées par l'oreille humaine. En somme, le cinéma prouvait quasi scientifiquement pourquoi les témoins de la fusillade n'étaient pas du même avis.

Bien évidemment la Commission ne se fonde pas seulement sur un ensemble de souvenirs imprécis pour certifier que seulement trois balles ont été tirées. Elle utilise également les résultats de l'autopsie du corps du Président. Mais comme nous le verrons plus tard, cet acte médical qui aurait dû être l'expression de la vérité relève d'un odieux camouflage. La Commission a également étudié le film amateur réalisé par Abraham Zapruder. Mais son interprétation des images prête à controverse et ne permet en aucun cas de déterminer le nombre de balles réellement tirées. De plus, certains éléments indiscutables tendent à prouver que le film de Zapruder a été coupé.

Reste donc cette constatation basique : trois douilles de calibre 6,5 mm ont été retrouvées sur le sol du cinquième étage du Depository. Après examen, l'expert du FBI conclut sans l'ombre d'un doute que ces douilles proviennent bien du Carcano. Pourtant, une nouvelle fois, ces pièces à conviction capitales pour la Commission sont douteuses. D'abord il faut noter leur étrange emplacement. Dans *When they kill a President*, sa vision inédite de l'affaire, le shérif adjoint de Dallas, Roger Craig, raconte que lorsqu'il arrive parmi les premiers au cinquième les douilles sont parfaitement alignées sur le sol, ce qui est une position improbable après une éjection manuelle comme sur un Carcano.

Mais ce n'est pas tout, le rapport présente aussi deux photographies des douilles sur le sol du Depository. Les clichés, s'ils contredisent les propos de Craig, posent plus de questions qu'ils n'en résolvent. Sur les deux vues, chaque reste de cartouche est délimité par un rond fait au crayon. Malheureusement, le tracé est tellement grossier qu'il empiète chaque fois sur les douilles, les masquant presque. Aussi, si trois cercles sont dessinés – la piètre qualité de ces images trop sombres prises de trop loin ne facilitant pas l'analyse –, on découvre quand même que seulement deux douilles gisent sur le sol. Sur ce point, à la vue de nouveaux documents inédits, les derniers doutes s'envolent.

Le 23 juin 1963, le lieutenant Day du Département de la police de Dallas fait une déclaration sous serment pour la Commission. Responsable de l'Identité judiciaire, il confirme avoir découvert trois douilles au cinquième étage du Depository. Son témoignage, versé au rapport, donne une certaine légitimité aux conclusions de la Commission. Mais, problème, ce que le rapport ne dit pas, c'est que le procès-verbal du 23 juin est une version corrigée d'un autre datant du 7 mai. Sur cette version antérieure, un seul changement, mais de poids : Day affirme avoir découvert deux douilles. Erreur de typographie ? Non, manipulation flagrante de la Commission Warren confirmée par deux autres documents jamais publiés. D'abord, l'inventaire des pièces retrouvées au cinquième étage du Depository. Il est rédigé dans l'après-midi du 22 novembre, vérifié et signé par Day et son adjoint. Là encore, il est écrit que deux douilles ont été découvertes. Troisième preuve du mensonge Warren, le bordereau de retour des douilles en provenance du laboratoire du FBI à Washington. Le 26 novembre 1963, la police de Dallas réceptionne les deux douilles retrouvées sur le sol du Depository. Deux douilles... La démonstration pourrait s'arrêter là [1]. Deux douilles et c'est l'ensemble du rapport Warren qui s'effondre. Deux douilles, sept blessures, une balle perdue : il y avait bien un deuxième tireur à Dallas, ce vendredi 22 novembre 1963. Mais, presque jusqu'à l'absurde, il faut continuer à démontrer que même sans ces documents découverts trente-cinq ans après, balle folle et tueur solitaire ne sont que des créations de la Commission, du Secret Service et du FBI.

C'est ainsi qu'il faut raconter la « naissance » de la théorie de la balle magique. Laquelle, jusqu'en mai 1964, n'existe

---

1. Dans *Bloody Treason*, paru en 1997, Noel Twyman présente deux autres preuves confirmant que seules deux douilles ont été découvertes au Depository. Il s'agit de l'enveloppe qui contenait les douilles, où il est clairement noté que deux douilles se trouvent à l'intérieur, et une photographie prise par le FBI le 22 novembre lors de la réception de l'ensemble des pièces à conviction. Une nouvelle fois seulement deux douilles sont présentes. Ces importants documents sont désormais disponibles au public aux Archives nationales américaines.

pas car si la CE399 est bien présente avec les autres pièces à conviction, son formidable trajet entre le corps de JFK et celui de Connally n'a pas encore raison d'être. Le rapport du FBI en date du 9 décembre 1963 est clair : une première balle touche Kennedy à la nuque, un deuxième projectile atteint le gouverneur texan tandis qu'un dernier fait exploser la tête du Président. Dès lors la presse américaine, « alimentée » par des fuites du FBI, livre, avant même que la Commission ne se soit mise au travail, ses futures conclusions.

Hélas, c'était sans compter sur l'intervention d'un simple vendeur de voitures, James Tague. Le 22 novembre 1963, Tague n'a pas prévu d'assister à la venue de Kennedy mais, vers 13 heures, il a rendez-vous dans le centre-ville de Dallas pour y déjeuner avec sa fiancée. A 12 h 20, sa voiture est prise dans les embouteillages de Commerce Street en plein Dealey Plaza, plus particulièrement à la sortie du Triple Underpass. Sur la gauche de Tague, qui tente de remonter dans le sens opposé au défilé présidentiel, Main Street interdite à la circulation et Elm Street où doit bientôt passer JFK. Le trafic bloqué pour encore une bonne dizaine de minutes, Tague sort de son véhicule et monte sur le petit parapet séparant Commerce de Main. Comme peu de curieux sont massés sur la place, son champ de vision est parfait. Soudain une détonation retentit. Tague pense d'abord qu'« il s'agit d'un pétard lancé par un idiot ». Mais une autre suit : le vendeur a compris et, instinctivement, se baisse. Au même moment, il ressent une vive piqûre sur la joue droite. La fusillade cesse. Tague, oubliant sa subite douleur, est fasciné par la panique s'emparant de Dealey Plaza. Un motard de la police de Dallas, Clyde Haygood, s'approche revolver au poing et lui demande ce qu'il a vu. Il désigne le Grassy Knoll, certain que les coups de feu proviennent du monticule herbeux. A côté des deux hommes, un badaud s'effondre alors en larmes. Charles Brehm se trouvait à moins de 10 mètres de la limousine présidentielle lors du dernier impact. Choqué, il ne cesse de répéter « sa tête a explosé, sa tête a explosé ». Avant d'arriver sur le Grassy Knoll, Haygood, accompagné par Tague, croise le shérif Eddy Walthers, qui remarque enfin la joue en sang de Tague : « Après les coups de feu, je me suis immédiatement rendu au Triple Underpass sur Elm Street pour essayer de localiser des marques laissées par des balles perdues. Alors que j'étais en train de chercher des traces suspectes, une personne que je ne connaissais pas s'est approchée de moi. Je lui ai dit : " Vous avez du sang sur le visage. " Quelque chose avait frappé sa joue droite alors qu'il était sur Main Street. » En fait, il s'agit d'un éclat de béton provenant d'un pilier du Triple Underpass, éclat qui a entaillé sur plus de cinq centimètres le visage de James Tague [1]. Haygood et Walthers constatent alors qu'une balle perdue a laissé une trace nette sur plus de dix centimètres. Un des coups de feu a raté la limousine pour venir mourir sur le pilier, arrachant le morceau de béton qui a atteint la joue droite du vendeur de voitures. L'après-midi, sur les conseils des deux officiers de police, Tague se rend au siège du FBI de Dallas. Il montre sa blessure, raconte l'histoire et la marque à l'entrée du tunnel, mais personne n'accepte d'enregistrer sa déposition. Un agent lui fait même clairement comprendre que l'affaire est bouclée et que son récit ne l'intéresse pas [2]. Et ce jusqu'au mois de mai 1964.

Mais ce Texan est têtu. Surpris de ne pas voir son histoire reprise par les journaux, il se rend en mai 1964 à l'endroit où il se trouvait le 22 novembre avec l'intention de photographier la marque dans le pilier et de l'envoyer à la Commission Warren. A sa grande stupéfaction, l'impact a été recouvert. Une réparation forcément suspecte puisque limitée aux seuls centimètres laissés par le projectile. Intrigué, Tague décide de consulter un avocat afin de parvenir à témoigner devant la Commission. Dans le même temps, il se souvient qu'un journaliste avait photographié la trace. Le 9 juin 1964, Martha Jo Stroud, assistante du procureur de Dallas, écrit à Washington

---

1. Aujourd'hui, le visage de James Tague porte toujours une fine cicatrice.

2. L'accueil du FBI peut paraître incroyable mais il est indirectement confirmé par Ed Hoffman, un témoin de la fusillade convaincu d'avoir vu un tireur derrière la barrière de bois du Grassy Knoll. Lorsqu'il vient déposer le vendredi 22 novembre, les agents refusent également d'enregistrer sa version des faits. Entretien avec l'auteur, novembre 1997.

pour demander officiellement l'audition de Tague. Dans sa correspondance, elle précise qu'elle joint « une photographie de Tom Dillard du *Dallas Morning News*. Il s'agit d'un éclat du pilier pris quelques minutes après le crime du 22 novembre 1963. » Ainsi, alors que les travaux de la Commission touchent à leur fin, Wesley Liebeler, un conseiller adjoint, est-il envoyé à Dallas le 23 juillet 1964 afin d'entendre le témoin. Et ce huit mois après le meurtre de JFK. Dès lors, le scénario du crime tel qu'il a été conçu par le FBI ne fonctionne plus.

La blessure de Tague place les hommes de Warren face à une nouvelle équation : sept blessures ont été causées par deux balles seulement. La seule solution possible, c'est la balle magique. Mais le témoignage de James Tague livre d'autres éléments. A l'étudier, cinq enseignements majeurs s'en dégagent. D'abord, il prouve que la Commission et ses relais gouvernementaux peuvent se tromper. Pendant huit mois, le FBI a prétendu que trois balles avaient touché Connally et Kennedy. La version Tague oblige donc à revenir sur cette version. Aussi, s'il y a eu erreur, pourquoi ne pas imaginer que d'autres éléments du rapport sont également incorrects ? Ensuite, il illustre ce que certains chercheurs indépendants ont toujours avancé : le FBI et le DPD n'ont pas correctement fait leur travail de recensement des témoins du crime. S'ils ont négligé Tague malgré les rapports de Walthers et de Haygood, pourquoi n'auraient-ils pas ignoré d'autres témoins importants[1] ? La péripétie Tague éclaire en effet d'un jour nouveau le travail du FBI. D'abord, comme d'autres, le vendeur de voitures de Dallas révèle que seulement quelques heures après le crime les agents du Bureau tenaient leur version officielle et refusaient d'entendre toute explication s'en éloignant. S'il ne s'agissait pas du FBI, n'aurait-on pas conclu à une certaine forme de complicité ? C'est

---

1. Une étude minutieuse de tous les documents photographiques de Dealey Plaza et de Houston Street permet de dénombrer au moins 400 témoins. La police de Dallas n'en entendra que 256. L'avocat Mark Lane rencontrera pour sa part 11 témoins qui se tenaient à quelques mètres de la limousine et qui ne seront jamais questionnés par le DPD ou le FBI.

également la mise en évidence d'une manipulation de la Commission par le FBI. Car, à la suite de la lettre de Martha Jo Stroud demandant l'audition de Tague, les hommes de Warren se sont tournés vers le FBI qui livre ses conclusions le 17 juillet : « La surface du pilier a été vérifiée avec minutie et il a été certifié qu'aucune trace de métal n'a été décelée ni aucune marque observée. Il est possible, si cette marque a été réellement vue le 22 novembre 1963, que les nombreuses pluies tombées sur la région l'ait effacée. » La théorie de la pluie, alors qu'il est clair que l'impact a été volontairement camouflé, ne convainc guère la Commission puisque six jours plus tard Liebeler interroge Tague à Dallas.

Autre enseignement, Tague est un témoin considéré comme crédible par le rapport Warren. Alors pourquoi ne pas le croire lorsqu'il déclare que les coups de feu ne provenaient pas du Depository, mais du Grassy Knoll ? Enfin, et c'est peut-être le plus important, la blessure de Tague atteste la présence d'un deuxième tireur sur Dealey Plaza. A la vérité, pour expliquer sa blessure, deux possibilités existent. Soit la personne postée à la fenêtre du Depository a raté sa cible, soit le coup de feu venait d'un autre endroit, donc d'un autre tireur. La première hypothèse ne résiste pas à la logique puisque Tague se tient à plus de 60 mètres à gauche de la limousine de Kennedy. Un tel écart, même pour un amateur, s'avère impossible. Aussi la solution du deuxième assassin s'impose-t-elle d'elle-même.

Les défenseurs de la théorie du tueur solitaire ont toujours tenté, sans grande conviction, d'expliquer par un montage abracadabrant la blessure de Tague. Hoover a suggéré que la trace décrite par Tague et photographiée par Dillard pouvait être causée par un éclat de la balle ayant atteint Kennedy en pleine tête ! Le rapport Warren s'avoue séduit par cette hypothèse pourtant totalement ahurissante, puisqu'elle implique qu'après s'être heurté au crâne du président un éclat possède encore suffisamment de puissance pour parcourir près de 100 mètres, se fracasser sur un pilier, y laisser une marque profonde, puis décrocher un morceau de béton et l'envoyer à 10 mètres avec suffisamment de violence pour blesser le vendeur de voitures. Comment accepter cette invention lorsque l'on sait que deux autres fragments ont été retrouvés sur le sol de la limousine, mais n'ont pénétré ni le cuir des sièges ni le pare-brise ?

L'intervention obstinée et surprise de James Tague oblige la Commission à réagir rapidement en demandant au jeune et ambitieux Arlen Specter de trouver une solution logique. Le film d'Abraham Zapruder ne détermine pas seulement le temps de la fusillade, il informe aussi de l'ordre des blessures. En cinq secondes six dixièmes, Kennedy est touché une première fois, puis c'est au tour de Connally et enfin arrive le coup fatal. Intégrant la donnée Tague, Specter déduit qu'Oswald rate son premier tir, touche JFK et Connally avec la même balle puis atteint mortellement Kennedy. En raison même du chronométrage imposé par les images du film amateur, Specter profère son premier mensonge. En effet, James Tague a toujours affirmé avoir été touché après le deuxième coup de feu. Une version inacceptable pour la Commission puisque le film de Zapruder ne laisse pas suffisamment de temps entre la première blessure de JFK et celle qui la tue pour qu'un autre coup soit tiré et raté. Aussi Specter ignore-t-il purement et simplement le vendeur de voitures et décrète le premier coup raté. Le dernier impact ne pouvant pas s'accompagner d'autres dégâts, le conseiller de la Commission soutenu par Gerald Ford mise tout sur la deuxième balle. A elle seule, elle devient responsable de six blessures. Son itinéraire mérite une place particulière au panthéon des exploits balistiques. En effet, après avoir pénétré au-dessus de l'omoplate droite de Kennedy, elle ressort au niveau gauche de son nœud de cravate, reste en suspension pendant presque deux secondes, oblique subitement à droite, entre sous l'aisselle droite du gouverneur Connally, fracture sa cinquième côte, ressort sous son sein droit, brise son poignet droit, puis tourne à gauche pour venir se planter dans sa cuisse avant d'être enfin retrouvée presque intacte sur un brancard du Parkland Memorial Hospital !

Avant de démonter cette amusante invention de la Commission, il convient de raconter les conditions de son

invention. Pour rendre possible l'impossible, Specter décide
de se rendre sur Dealey Plaza. Il ne compte évidemment pas
tirer sur des cibles humaines mais, à l'aide d'un matériel photographique de pointe, il souhaite prouver qu'il est possible
de recréer les conditions exactes du crime et par là même
condamner définitivement Oswald. Pour commencer, il se
poste à la fenêtre du Depository armé d'un Mannlicher-Carcano. Avant de mettre en pratique le principe de la balle
magique, il veut démontrer qu'Oswald a pu tirer ses trois
coups de feu en cinq secondes six dixièmes. Mais Specter
obtient un temps moyen de deux secondes trois dixièmes par
coup, soit un total de six secondes et neuf dixièmes. C'est
plus d'une seconde de trop. Et ce alors que des données
essentielles de la reconstitution ont été complètement négli-
gées. Ainsi, la performance minimale de Specter ne tient pas
compte du temps de visée : il a juste fait fonctionner la culasse
dans le vide. Ce n'est pas tout : il est impossible de savoir s'il
utilise l'arme retrouvée au Depository ou un modèle similaire.
Une différence peut-être capitale, dans la mesure où le rapport du lieutenant Day de l'Identification judiciaire de Dallas
précise que le Mannlicher-Carcano est une « arme vieille et
bon marché », à la crosse « rongée, éraflée », dont la culasse
est « relativement polie, comme si elle avait été manœuvrée
de nombreuses fois » et qui « présente des difficultés au
moment de l'armement. Le canon n'est pas en très bon état,
il est dans un état passable et montrait les effets de l'usage et
de la corrosion. La lunette de visée, de qualité passable, n'est
pas correctement alignée. » Ainsi donc, nous apprenons que
c'est un fusil en mauvais état surmonté d'une lunette ne permettant pas de viser correctement qui a permis, en un temps
record, d'abattre le Président et de blesser Connally ! Evidemment, la Commission présente un expert du FBI prêt à
promettre que l'état d'une arme n'influence pas ses performances et qu'une visée non alignée autorise un tir plus rapide
en anticipant sur les mouvements de la cible.

Quant au temps de la fusillade, il suffit de démontrer qu'il
n'est plus de cinq secondes six, mais de près de huit secondes.
Car que montre le film de Zapruder ? Il débute au moment

où la limousine présidentielle débouche sur Elm Street, ne devant pas dépasser les vingt kilomètres à l'heure. JFK et Jackie saluent la foule. Soudain, un événement qui n'apparaît pas à l'image attire l'attention du Président. Deux secondes plus tard, la voiture est masquée pendant un court laps de temps par le panneau de signalisation indiquant la sortie vers Stemmons Highway. Quand la limousine réapparaît, Kennedy porte ses mains à sa gorge. L'enjeu pour la Commission est donc de prouver que le premier coup de feu a eu lieu au moment où JFK cesse de saluer, deux secondes avant le panneau indicateur. Ce qui n'est pas compliqué, puisqu'il suffit de ne pas rendre public le film. Comble de chance pour les hommes de Warren, les quelques mètres de pellicule cruciaux n'appartiennent plus à Zapruder. Le FBI et le Secret Service en possèdent chacun une copie, mais c'est le groupe *Time-Life* qui, dès le 23 novembre, en a acheté l'exclusivité des droits. Il suffit pour retirer une sacrée épine du pied de la Commission que le groupe du milliardaire américain Henry Luce ne diffuse rien. Si *Life,* entreprise privée, refuse de projeter le film, on ne pourra pas reprocher le moindre acte de censure à une Commission d'enquête officielle nommée par le président Johnson lui-même. *Life* accepte de sacrifier son scoop, se contentant de quelques images sélectionnées. Sans accuser le magazine américain de complicité, voici trois éléments de réflexions intéressants.

Henry Luce était un ami proche d'Allen Dulles, créateur de la CIA et membre de la Commission, mais aussi d'Edgar Hoover, le patron du FBI. La femme de Luce, qui selon des fiches de Hoover était aussi la maîtresse de Dulles[1], finance sur ses fonds propres des opérations armées clandestines anticastristes à Cuba[2]. Enfin, *Life* sera le principal bénéficiaire des fuites concernant les travaux de la Commission. L'hebdomadaire, qui soutient sans ambiguïté les conclusions du rapport, livre ainsi en exclusivité les photographies controversées d'Oswald tenant l'arme du crime et le contenu du prérapport

1. Anthony SUMMERS, *Hoover, le plus grand salaud d'Amérique*, Seuil, 1996.
2. Noel TWYMAN, *Bloody Treason*, Laurell Publishing, 1997.

du FBI en date du 9 décembre 1963. Dans tous les cas, il faut attendre 1969, soit cinq ans après les accusations de la Commission Warren pour que *Life* se décide enfin à sortir le film de Zapruder de ses coffres. Mais ce parce que le procureur de La Nouvelle-Orléans, Jim Garrison, vient de contraindre judiciairement le groupe de presse à présenter cette pièce à conviction. Je développerai plus tard les enseignements et les problèmes posés par le film d'Abraham Zapruder, mais ces images permettent de revenir à Arlen Specter, et au moment exact de la blessure de Kennedy.

Une étude précise image par image du film ne laisse planer aucun doute : JFK n'est pas touché avant le panneau de Stemmons, mais quand il se trouve masqué par celui-ci. La fusillade dure cinq secondes six dixièmes et ne permet pas, un Carcano ayant un armement manuel, de tirer trois coups. Autre élément majeur confirmé : près de deux secondes séparent les blessures de Kennedy de celles de Connally. Une information capitale car, la balle magique transitant à plus de 600 mètres par seconde, cela signifie, si l'on adhère à la thèse du rapport Warren, que durant ces deux secondes, par un nouveau miracle, le projectile reste en suspension dans l'air !

Des détails qui n'embarrassent guère la Commission. Elle présente même deux photographies de reconstitution prouvant la validité de sa thèse. Sur la première, prise dans les rues de Dallas en janvier 1964, un tracé symbolisant l'itinéraire de la balle à travers Kennedy et Connally est dessiné. Le projectile est censé pénétrer par le dos du Président là où on retrouve un trou d'entrée sur sa veste. Puis ressort au niveau de son torse avant d'atteindre le gouverneur texan. Problème, le tracé proposé par Specter néglige complètement le fait que la balle soit sortie, non pas au niveau de la poitrine du Président, mais près de sa pomme d'adam. Sinon, il s'agit d'une autre blessure occasionnée par une autre balle, donc un autre tireur. Le deuxième cliché corrige cette erreur d'appréciation. Cette fois, ayant compris qu'une balle tirée depuis un cinquième étage ne pouvait posséder qu'une trajectoire plongeante, Specter ne s'intéresse plus à l'impact d'entrée dans le dos mais se concentre sur celui de sortie dans la gorge. En effet, il est difficilement imaginable qu'un projectile allant du haut vers le bas pénètre près de l'omoplate pour ressortir trente centimètres plus haut. Aussi, sur ce cliché, symbole de la défaite de la Commission, Specter, règle métallique à la main, indique lui-même sur deux doublures de JFK et de Connally l'itinéraire de la balle magique. Un parcours débutant par un premier impact au niveau de la nuque et non du dos ! Mais l'élément le plus ridicule de ce cliché, c'est que l'agent représentant Kennedy porte sur sa veste un morceau de tissu clair censé représenter l'impact d'entrée. Et le doigt de Specter indiquant la même chose... se trouve quinze centimètres plus haut. Les défenseurs de la Commission, le médiatique Gerald Posner en tête, ont trouvé une réponse à ce décalage : au moment de sa blessure, JFK saluait la foule, geste qui a fait remonter sa veste suffisamment haut pour que le trou sur le tissu soit dans l'alignement de la nuque. Hélas cette théorie est contredite à la fois par l'autopsie – Kennedy n'a jamais été touché à la nuque – et par les clichés pris lors du défilé qui le montre le bras appuyé sur le haut de la portière pour agiter la main sans se fatiguer. Et dans le film de Zapruder, où l'on distingue parfaitement la tenue du Président, sa veste ne lui remonte pas sur la tête.

Un autre élément fausse l'analyse de Specter : jamais la limousine présidentielle n'est utilisée pour la reconstitution. Une Cadillac du Secret Service remplace la Lincoln de JFK. Ce changement de véhicule a pour effet de fausser tous les calculs d'angle puisque la Cadillac s'avère plus haute que la voiture présidentielle. De plus, l'agencement de l'intérieur est différent. La Cadillac permet de rapprocher Kennedy et Connally et, par là même, de réduire la distance parcourue par la balle magique. La position des deux doublures utilisées ne correspond pas non plus à celle des deux hommes le 22 novembre 1963.

Mais tout cela n'est rien en comparaison de l'état de la CE399. En effet, la balle magique, qui vient pourtant de traverser deux hommes et de causer six blessures dont des fractures, n'est presque pas déformée. Un détail qui ennuie beaucoup la Commission et ses supporters. Aussi Gerald Pos-

ner, dans son livre *Case Closed*, persuadé de la seule culpabilité d'Oswald, prétend sans l'ombre d'une preuve scientifique
que la balle magique n'est pas abîmée par son parcours parce
que, heurtant une première fois Kennedy, elle aurait tourné
sur elle-même, frappant les deux hommes non pas de son nez
mais de sa base. En digne héritier d'Arlen Specter, Posner
oublie qu'il ne fait que changer la localisation du problème.
Car, si le bout de la CE399 est légèrement déformé, sa base
ne présente aucune marque de choc ! Il n'explique pas non
plus comment la balle réussit l'exploit de ne présenter à l'analyse aucune trace de résidus humain après un périple à travers
deux corps ! Enfin, comme la Commission, il néglige les tests
de balistique effectués par le FBI. L'agent Robert Frazier tes-
tera des centaines de cartouches sur des cadavres d'humains
et d'animaux. Après un seul impact, les balles seront plus
déformées que la balle magique après six. Le rapport néglige
encore une autre évidence, cette fois-ci mathématique. Lorsqu'on ajoute le poids des éclats retirés du corps du gouverneur Connally à la CE399, son total est supérieur au poids
d'origine d'une cartouche de ce modèle. Un excès d'autant
plus élevé que quatre autres éclats, visibles sur les radiographies de la blessure au poignet du gouverneur, n'ont jamais
été retirés parce que trop près d'un nerf. En décembre 1963,
Hoover demande une analyse spectrographique de la balle
magique, des éclats retrouvés dans la limousine ainsi que le
projectile provenant de chez le général Walker. Malheureusement les résultats sont jugés sans valeur. En 1975, le professeur George Michael Evica obtient sur décision judiciaire la
communication des résultats de l'analyse. Qui concluent que
l'éclat retrouvé après la tentative de meurtre de Walter ne
correspondait pas dans sa composition à une cartouche de
Carcano, et que les deux éclats découverts le lendemain dans
la limousine par le Secret Service n'avaient un rapport ni avec
une de cartouche 6,5 mm en général, ni avec la balle
magique.

De toute évidence, la théorie de la Commission ne fonctionne pas et, pis encore, la pièce à conviction CE399 n'est
pas la balle du crime. D'ailleurs sa découverte s'avère des plus

suspectes, puisque ce sont des membres du Secret Service qui l'ont retrouvée.... La balle magique reposait sur un brancard du Parkland Memorial Hospital, brancard qui, contrairement au flou volontairement entretenu par la Commission, n'avait transporté ni JFK ni Connally. Darrel Tomlinson, l'homme qui l'a trouvée, est formel sur ce point. Il a découvert la balle sur un brancard qui n'avait transporté personne après qu'il eut laissé ce brancard sans surveillance quelques minutes. Mieux, elle est coincée sous le matelas. Or, un projectile tombé d'un corps ne se serait jamais enfoncé aussi profondément. Aussi la Commission, dans son souci de découvrir la vérité, fera-t-elle la seule chose envisageable pour elle : ne jamais convoquer le brancardier pour qu'il s'explique. Pourtant Tomlinson aurait pu compléter ses déclarations en expliquant aux hommes de Warren qu'alors qu'il revient vers son brancard, dans cette allée d'hôpital en cul-de-sac sous strict contrôle du Secret Service, il croise un seul homme. Qui, d'après son allure, sa tenue vestimentaire, sa coupe de cheveux – et ce, Tomlinson en est persuadé –, appartient à une agence gouvernementale.

Il est un dernier élément de suspicion quant à l'origine de la balle magique. Seth Kantor, un envoyé spécial installé dans le défilé présidentiel, est persuadé avoir croisé Jack Ruby dans la cour du Parkland Memorial Hospital aux alentours de 13 heures. Le journaliste est formel puisque, ayant travaillé près de deux ans à Dallas, il connaît bien Ruby. Il précise même avoir échangé quelques mots avec lui. La Commission ne prête guère de crédit à cette information. Pourtant Kantor dit la vérité. Grâce à l'étude de l'ensemble des images tournées près de l'hôpital, on sait aujourd'hui qu'une demi-heure après les coups de feu de Dealey Plaza le futur assassin de Lee Harvey Oswald était une fois de plus aux premières loges du drame.

Enfin pour en conclure avec l'invraisemblable balle magique, voici deux points essentiels. D'abord le témoignage de John Connally. Avec son épouse Nelly et Jackie, il est celui qui a vécu le drame du plus près. Jusqu'à la fin de ses jours, le gouverneur affirmera qu'il est impossible que la même balle ait blessé le Président puis l'ait atteint, lui. Il est formel : avant de ressentir une balle lui traverser les côtes et sectionner un nerf de son bras droit, il a vu Kennedy porter les mains à son cou. « Je sais absolument qu'une balle a causé la blessure du Président et qu'un tir séparé m'a touché. Je ne changerai jamais d'avis à ce sujet. » Les agrandissements du film de Zapruder réalisés par Robert Groden[1], un chercheur indépendant, confirment ses propos. On y voit clairement le moment où Connally est touché. Le poumon transpercé, les joues du gouverneur se gonflent malgré lui. A ce moment-là, JFK est déjà blessé. Mieux encore, les images montrent clairement qu'à cet instant précis Connally tient encore son Stetson dans sa main droite. Deux secondes plus tard, atteint par une autre balle, le nerf de la préhension sectionné, il lâche prise. Le 6 mai 1998, interrogée par la chaîne Channel 8 de Dallas, Nelly Connally déclare même, parlant de la Commission et de la théorie de la balle magique : « Ils voulaient me faire croire qu'une seule balle était passée à travers le Président et John. Mais ce n'est pas vrai. Je suis catégorique. Il y a eu deux tirs. »

Le 3 juillet 1997, l'Assassination Records Review Bord (ARRB), organisme chargé par le Congrès de déclasser un certain nombre de documents sur le crime du 22 novembre, a rendu publique une partie des dossiers personnels du conseiller principal auprès de la Commission, J. Lee Rankin. Des documents qui démontrent une nouvelle fois la vraie nature du travail des hommes de Warren. En effet, parmi les archives de Rankin dormait une pièce unique : l'original du rapport du FBI sur les blessures du président Kennedy. Concernant la blessure dorsale, il y est écrit : « Une balle est entrée dans son dos, précisément en dessous de son épaule et

---

1. En juin 1998, Robert Groden a apporté une preuve supplémentaire de l'hérésie de la thèse de la balle magique. Dans les archives de la police de Dallas, il a découvert une photographie inédite des vêtements du gouverneur. Pris quelques heures après le crime, ce cliché montre que la balle qui a perforé les poumons de Connally n'a pas réussi à percer complètement le costume de ce dernier au moment de sa sortie. Comment a-t-elle fait alors pour causer ensuite deux blessures et fracturer un os ? (Entretien avec l'auteur).

à droite de sa colonne vertébrale. » Pourtant le rapport Warren écrit qu'« une balle est entrée dans son cou, précisément à droite de sa colonne vertébrale ». Comment une blessure à l'omoplate, c'est vrai peu conforme à la théorie de la balle magique, peut-elle devenir un impact au cou entre décembre 1963 et septembre 1964 ? Les papiers de Rankin donnent à nouveau la réponse en livrant une version corrigée à la main du rapport initial du FBI. Des corrections effectuées par Gerald Ford. Interrogé par la presse américaine, l'ancien président des Etats-Unis a reconnu les faits et déclaré sans sourciller que ses « changements n'avaient rien à voir avec une théorie de la conspiration. Ils ont été faits pour clarifier l'ensemble et rendre les choses plus précises ». En somme, pour un ancien président des Etats-Unis, truquer un rapport d'autopsie se dit « clarifier » en américain politiquement correct !

Après avoir démonté l'accusation Oswald, annihilé la théorie de la balle magique, il reste un dernier dossier à traiter pour enterrer définitivement le rapport Warren : la thèse du tireur solitaire. Et prouver sans l'ombre d'un doute la présence d'un deuxième tireur sur Dealey Plaza, c'est par conséquent mettre au jour une complicité. Ce qui, en termes de droit américain, s'appelle aussi une conspiration.

En 1978, l'enquête menée par le Congrès conclut à une probable conspiration. Mais sans chercher à en cerner les responsabilités puisque le groupe d'enquête se contenta de dire qu'à son avis quatre coups de feu avaient été tirés sur Dealey Plaza dont un depuis le Grassy Knoll. Cette affirmation se fonde sur un enregistrement radio du défilé réalisé par l'officier McLain. En 1976, Mary Ferrel, la plus ancienne membre de la communauté des chercheurs indépendants, met la main sur une bande magnétique de la police de Dallas. Enregistrement Dictabel effectué malgré lui – il a omis de fermer son micro – par ce motard de l'escorte placé huit voitures derrière celle de Kennedy. Si, à l'oreille, on ne distingue qu'un écho entrecoupé du hurlement des sirènes, après nettoyage des sons intempestifs une analyse plus fine permet d'isoler des détonations pouvant être celle d'une arme. Sur cette version retravaillée, quatre coups sont audibles. Mieux encore les travaux menés par les docteurs Mark Weiss et Ernest Asckenasy du New York Queen's College concluent qu'« à au moins 95 % de chance, quatre coups de feu ont été tirés depuis au moins deux points de Dealey Plaza. Le coup fatal a été vraisemblablement tiré depuis la barrière de bois du Grassy Knoll. » Le Congrès qui, peut-être, ne s'attendait pas à une telle affirmation a préféré se décharger d'une telle responsabilité en demandant au ministère de la Justice américain de tirer les conséquences de ces conclusions et de poursuivre l'analyse des enregistrements radiophoniques. A ce jour, vingt ans plus tard, la réponse du gouvernement américain n'est pas encore prête. En fait, seule une entreprise privée s'est lancée dans cette contre-expertise. Et a, évidemment, tiré des enseignements contraires à Weiss et à Asckenasy. Pour apprécier ce démenti à sa juste valeur, il faut savoir que cette firme a l'habitude de travailler pour la CIA et que son patron a reconnu lui-même que, par erreur, il avait fondé son étude sur du matériel non disponible en 1963. De toute façon, enregistrements radiophoniques ou pas, il est relativement aisé de mettre à mal la thèse du tireur unique.

J'ai déjà abordé l'état du fusil retrouvé au cinquième étage du Depository. Toujours est-il que même si l'arme avait été neuve, la performance dont on crédite Oswald apparaît exceptionnelle. D'ailleurs, « les ingénieurs de la firme Beretta qui fabriquait ce fusil et des instructeurs de l'armée italienne où il fut en service durant la Seconde Guerre mondiale ont déclaré qu'il était impossible de tirer trois coups aussi précis [1] ». Hubert Hammerer, autrichien champion olympique de tir, a déclaré pour sa part que l'exploit d'Oswald est « hautement improbable ». Quant aux experts qui estiment une telle série de tirs possible, ils modèrent d'eux-mêmes leurs propos en ajoutant qu'il faut connaître parfaitement son arme, s'exercer très régulièrement et être un tireur d'élite.

Craig Roberts est justement un ancien tireur d'élite. Ex-marine, il a pratiqué son art au Vietnam où il était l'un des meilleurs dans sa catégorie. Roberts, en bon Américain, a

1. Léo SAUVAGE, *L'Affaire Oswald, op. cit.*

toujours cru aux conclusions du rapport Warren jusqu'au jour de 1987 où, presque par hasard, il s'est retrouvé à la fenêtre du cinquième étage du Depository. Là, son regard de *sniper* n'a laissé aucune chance aux travaux de la Commission. « J'ai ressenti comme un choc. Le seul mot qui me venait à l'esprit, c'était : impossible ! J'ai su immédiatement qu'Oswald ne pouvait pas l'avoir fait. Du moins pas tout seul. Je savais qu'il n'avait pas pu le faire parce que moi, je n'aurais pas pu. Et puis, j'ai pris le temps de vraiment analyser la scène en tant que tireur d'élite. Rien ne collait. Même avec du matériel de haute précision disponible en 1963, c'est vraiment très complexe. L'angle de tir est impossible à utiliser, la voiture est fuyante. Et puis le cadre de la fenêtre rend la chose encore plus compliquée pour un droitier. Des branches d'arbres masquent une partie de la *kill zone*[1] sur le premier tir et peut-être même le deuxième. De toute manière, pour réussir une telle performance, il faut combiner deux facteurs en même temps : le relief de la rue et la formule physique d'un tir de haut en bas. Des lois incontournables que ne pouvait pas connaître Oswald. Et puis n'importe quel *sniper* a deux règles d'or : la position de tir – elle est catastrophique ici – et surtout l'itinéraire de fuite. Et là, le Depository est un piège[2]. » Et c'est lorsque Roberts se met à la place du tireur du 22 novembre que, fort de son expérience, il est le plus convaincant. « C'était une journée chaude, moite. Au cinquième étage, il n'y a pas d'air. Seules deux des sept fenêtres sont ouvertes. Alors tu transpires, pas seulement parce qu'il fait chaud mais parce que tu es prêt à le faire. Tu regardes ta montre, tu prends ton arme et tu te mets à genoux. Tu sais que d'où tu es la foule en bas peut te voir, mais tu oublies, tu te concentres. Au bout d'une minute, tes muscles te font mal, tes yeux piquent à cause de la sueur. Ta nuque se raidit, ta tête est lourde. Voilà, c'est le moment, le défilé approche. Ton œil se colle à la lunette, ta vue se brouille, puis ton œil

---

1. Zone de tir où les chances d'atteindre sa cible sont les plus nombreuses.
2. Entretien avec l'auteur, novembre 1997. Les souvenirs de Craig Roberts sont également disponibles dans son livre *Kill Zone*, Typhoon Press, CPI, 1994.

s'habitue. Et puis le voilà, droit dans ta ligne de mire. Il est si près que tu pourrais presque le toucher. Soudain tu te rends compte que quelque chose ne va pas. Tu t'es préparé pendant des mois, et là, d'un coup, c'est la grosse surprise. Kennedy ne ressemble pas à ce que tu avais imaginé, aux photos que tu as étudiées. Il est différent, il est vivant, il est humain. Et puis, ta concentration t'échappe, tu penses à la portée de ton geste : dans ton viseur c'est le président des Etats-Unis. Tu sais que tu vas changer l'Histoire. D'un coup, tu comprends que si tu prends sa vie, tu risques aussi de devoir laisser la tienne. Tes mains tremblent, tu vides tes poumons, clignes des yeux. Ton adrénaline te monte à la tête et tu as le sentiment que tes bras se détachent de ton corps. C'est bientôt, tu bloques ton souffle, ton cœur va exploser, c'est maintenant, tu tires. Là, tu crois que le plus dur est fait, mais c'est le contraire. Le temps presse et toi, tu ne réussis plus à contrôler ton corps. Tu n'as plus le temps de viser, tu éjectes la douille, tu armes à nouveau, épaules et puis tires. Tu entends les cris de la foule, tu sens la douleur de l'homme que tu viens d'atteindre. Maintenant tu dois terminer ton boulot, tu alignes sa tête, oublies les bras de Jackie qui l'entourent et tu appuies de nouveau[1]. »

En vérité, assassiner JFK nécessite une expérience et un niveau de performance que ne possède pas Oswald. Les résultats du jeune Lee lors de ses deux années sous les drapeaux le confirment. Le 26 octobre 1956, Oswald se trouve à San Diego au Marine Corps Recruit Depot où il effectue ses classes. Ses premiers tests d'habilité au fusil posent problème, dans la mesure où il est en dessous du minimum requis. Sherman Cooley, un de ses partenaires, se souvient : « On l'avait surnommé Shitbird[2] parce qu'il n'avait pas réussi à se qualifier au tir au fusil. C'étaient les tests les plus faciles et c'était vraiment la honte de les rater[3]. » Des souvenirs confirmés par un autre marine, Nelson Delgado, qui raconte même

---

1. *Ibid.*
2. Littéralement : merde d'oiseau.
3. Jim MARRS, *Crossfire*, op. cit.

qu'après le crime du 22 novembre des agents du FBI lui ont demandé de déclarer le contraire, autrement dit qu'Oswald était un tireur de premier ordre. La fin des tests de Lee n'est d'ailleurs guère meilleure puisqu'il obtient avec peine un point au-dessus du minimum nécessaire. Aussi est-il naturellement orienté vers le contrôle radar, un poste où il n'a guère à se servir d'une arme.

Evidemment la Commission organise ses propres tests pour démontrer que la performance du 22 novembre est à la portée de tous, donc d'Oswald. Mais la série débute mal pour les tenants de l'accusation. Le 6 avril 1964, la société Aberdeen Proving Ground, chargée de préparer l'arme pour les tests, « remarque que la lunette de visée a été installée pour un gaucher ». Un point déjà soulevé par la police de Dallas le 24 novembre. Lors d'une conférence de presse, un journaliste avait demandé au chef Curry si Lee était droitier. Le policier n'avait pas su répondre. La Commission interroge alors Marina et Robert, le frère de Lee : « Je ne l'ai jamais vu faire quelque chose de la main gauche, explique ce dernier. C'était un droitier naturel. » Pressentant une nouvelle situation délicate, les hommes de Warren préfèrent classer la question et n'interrogent même pas l'armurier de Klein's Sporting Goods afin de savoir s'il a donné des instructions de montage de la lunette à Oswald. Quoi qu'il en soit, les tests de tir ont lieu et, comme il se doit, tournent au succès pour la Commission.

Dans le rapport toutefois, ils sont abordés de manière fort évasive. Et il faut attendre la publication des volumes complémentaires pour trouver, éparpillées dans des centaines de pages, les conditions réelles de ces essais. La première surprise est de taille. Alors que, logiquement, le rapport laissait entendre que les tests s'étaient déroulés à Dallas depuis le cinquième étage du Depository, on apprend qu'ils ont eu lieu à Aberdeen. Là, trois tireurs d'élite hautement qualifiés, ce qui n'est pas le cas d'Oswald, ont chacun effectué deux séries de trois tirs. Deux des champions n'ont jamais réussi à égaler la performance de Lee. En près de dix secondes, ils ne réussissent à toucher la cible qu'à deux reprises. Le troisième, un dénommé Miller, obtient le meilleur résultat. En quatre secondes six et cinq secondes quinze, il réussit à atteindre deux fois sur trois la cible. Aucun d'entre eux, pourtant tireurs expérimentés, n'y parvient trois fois de suite. Le taux d'échec de ces essais s'élève donc à 33 %. Malgré cela, l'expert désigné par Warren, Ronald Simmons, conclut le plus naturellement du monde que « la série de tirs du 22 novembre ne nécessitait pas d'être un excellent tireur. » En 1975, la chaîne de télévision CBS décide de recommencer les épreuves et convoque onze tireurs d'élite. Là encore, les essais n'ont pas lieu depuis la fenêtre du Depository mais du haut d'un immeuble proche des conditions du 22 novembre. Malheureusement, CBS oublie que la fenêtre où se trouvait Oswald était à moitié fermée et limitait son champ de vision. Quoi qu'il en soit, une nouvelle fois, aucun de ces as de la gâchette ayant eu, contrairement à Oswald, la possibilité de s'entraîner avec le Carcano, ne touche trois fois de suite la cible mouvante dans les limites temporelles découlant du film de Zapruder. Le meilleur d'entre eux, Howard Donahue, touche deux fois sur trois en moins de six secondes mais après sa troisième série de tests. Pis encore, sept des onze tireurs ont échoué à la totalité de leurs essais. En 1977, enfin, des tireurs mandatés par l'enquête du Congrès parviennent eux à l'impossible. Un succès vite minoré lorsque l'on apprend que les essais sont menés sur des cibles fixes. Dernière précision, ni le test de CBS ni celui du Congrès n'ont été réalisés avec le fusil découvert au cinquième étage. Une arme qui, comme nous l'avons vu, était difficile à manœuvrer.

Heureusement pour lui, Oswald ne connaissait pas l'ensemble de ces données. Sinon, sa confiance en ses performances de tireur aurait vite disparu. Une confiance apparemment illimitée puisque, certain de son coup, il n'emportera avec lui que le nombre de cartouches nécessaire à son forfait. En effet, hormis une cartouche encore dans l'arme du Depository et les soi-disant trois douilles du sol, la police de Dallas ne découvrira ni sur lui, ni dans son meublé, ni chez les Paine, de munitions supplémentaires. Comme elle ne trouvera pas non plus de nécessaire d'entretien pour carabine alors que le Carcano est huilé de frais.

Le 22 novembre 1963, un tireur se trouvait bien à la fenêtre du Depository. Au moins sept témoins l'ont aperçu une dizaine de minutes avant le crime. Tous ont pensé qu'il s'agissait d'un membre du Secret Service en train de scruter Dealey Plaza. Au même moment, une secrétaire de l'immeuble est formelle, elle a vu Lee déjeuner dans la salle de repos du premier étage. De plus, hormis Howard Brennan, l'ensemble de ces témoins donne une description du tireur qui ne correspond pas à Oswald. Le seul point commun était que l'homme de la fenêtre portait un haut blanc. La chemise de Lee ce matin-là était de couleur marron-vert. Certains, comme Arnold Rowland ou le prisonnier John Powell dont la fenêtre de la cellule donnait uniquement sur le cinquième étage du Depository, affirment en outre que l'homme n'était pas seul. Et effectivement, grâce au travail d'agrandissement et de nettoyage de deux films amateurs par Robert Groden, on détient aujourd'hui la preuve visuelle d'une présence d'au moins deux personnes au cinquième étage du Depository.

Charles L. Bronson était un des nombreux badauds attendant patiemment d'acclamer le président Kennedy. Il se tenait, caméra à la main, sur Dealey Plaza, à l'angle de Houston et d'Elm Street. Six minutes avant le passage du Président, un homme dans l'assistance est pris d'une crise d'épilepsie. Bronson filme la scène et fait quelques plans de la foule et du lieu. Sans le savoir, il enregistre une scène capitale. En effet, pendant une seconde, il balaie le cinquième étage du Depository et capture un mouvement humain non seulement au niveau de la fenêtre où se trouve le nid de l'assassin mais également derrière les deux fenêtres adjacentes. Une seconde présence confirmée par le film amateur de Robert Hughes. Hughes a choisi de filmer le défilé arrivant sur Houston Street et tournant sur Elm, une poignée de secondes avant le premier coup de feu. Son mouvement de caméra englobe donc forcément le Depository, puisqu'il s'agit du seul immeuble présent dans le virage. De manière encore plus flagrante, ses images confirment celles de Bronson. A 12 h 29, un tireur était posté au Depository tandis qu'un autre homme se tenait à ses côtés. Une procédure usuelle, nous le verrons, dans les groupes de tueurs professionnels.

Le temps de la fusillade, l'échec des tireurs d'élite à recréer les conditions du 22 novembre imposent presque d'elle-même l'idée d'une deuxième personne sur Dealey Plaza. Un concept fermement rejeté par le rapport mais confirmé par au moins cinquante-huit témoins, un shérif et des dizaines de photographies !

Les coups de feu résonnent encore sur Dealey Plaza quand les premiers policiers suivis par plus de deux cents personnes se précipitent vers le Grassy Knoll. Tous sont persuadés que les tirs proviennent de ce monticule herbeux où, bien à l'abri derrière une haute barrière de bois, un tueur peut espérer trouver la tranquillité nécessaire à ce style d'opération. Ce mouvement de foule, filmé et photographié sur le vif, est impressionnant. Mais la Commission n'en tient pas compte, concentrant son attention sur le Depository. Pourtant, le contraste est saisissant : alors que la majorité des témoins désignent le Grassy Knoll, les clichés pris aux abords du Texas School Book Depository montrent un calme étonnant. Dans les minutes suivant l'attentat, personne n'a le réflexe de désigner l'immeuble où travaille Oswald. Au contraire, lorsque les reporters commencent à interroger les spectateurs du tragique défilé, 80 % d'entre eux citent le monticule her-beux de Dealey Plaza comme source des tirs. Le tournage du film d'Oliver Stone a démontré la difficulté de déterminer le nombre exact de coups de feu tirés. On peut donc déduire que leur localisation souffre du même handicap. Mais plus que d'avoir entendu des détonations, de nombreux témoins éprouvent le sentiment d'avoir été pris dans la ligne de feu. Une impression renforcée par l'odeur de poudre à proximité du Grassy Knoll et, pour certains, par la vision d'un éclair ou d'un nuage de fumée.

Ed Hoffman, sourd et muet de naissance vivant toujours dans la banlieue de Dallas, a carrément aperçu le tireur du Grassy Knoll. Le 22 novembre 1963, Ed a tout juste vingt-six ans. Ce jour-là, il n'a pas prévu d'assister au défilé prési-dentiel. Comme il souffrait d'une rage de dents, son patron l'a libéré afin qu'il se rende chez le dentiste. Vers 12 h 15, bloqué dans les embouteillages sur l'express Stemmons, il se souvient de l'arrivée du Président et gare son véhicule. Il s'installe sur un des ponts enjambant le *freeway,* poste d'observation qui lui permet d'avoir une vue générale de Dealey Plaza située à moins de 150 mètres. Soudain son attention est attirée par des mouvements sur le terrain vague accolé au Grassy Knoll. Un homme trapu, vêtu d'un costume noir et portant un chapeau mou de même couleur, traverse à pas rapides le lieu où sont stationnées quelques voitures. Ce qui choque Ed, c'est que l'homme porte un fusil à la main. « Arrivé à une vingtaine de mètres de la barrière en bois, et après avoir enjambé les voies de chemin de fer, il donne l'arme à un autre homme, plus grand et en tenue de travail légère. Celui-là, qui portait une casquette blanc et bleu de cheminot, est allé se mettre derrière la barrière en bois, face à Dealey Plaza. Moi, je ne pouvais plus le voir à cause des branches d'arbres. Je n'ai pas quitté des yeux l'endroit où il était. Comme je n'entends pas, les applaudissements et les cris de joie qui accompagnaient la progression de Kennedy ne me déconcentraient pas. J'essayais d'enregistrer tous les détails. Je ne savais pas si c'était le Secret Service ou autre chose. J'étais juste en train de me demander ce que je devais faire, lorsque j'ai aperçu une sorte d'éclair et un nuage de fumée. Quelques secondes plus tard, la limousine de JFK passait sous le pont. J'ai jeté un coup d'œil et vu notre Président allongé. C'était comme s'il n'avait plus de tête ; cela ressemblait à de la gelée à la fraise. Alors, je me suis mis à agiter les bras pour prévenir les voitures du Secret Service qui suivaient le Président. Un agent m'a aperçu, a sorti son arme et m'a mis en joue. A ce moment-là, j'ai arrêté de respirer, pétrifié par la peur : j'aurais aimé pouvoir crier. Il a baissé son arme et il est parti[1]. »

Le témoignage d'Ed Hoffman est devenu public en 1985

---

1. Entretien avec l'auteur et Ron Friedrich, interprète du langage des signes, Dallas, novembre 1997. Les mémoires d'Ed sont réunis dans un petit livret intitulé *Eyes Witness*, JFK Lancer Publications, 1997.

grâce au journaliste texan Jim Marrs. Evidemment, les défenseurs de la Commission ont immédiatement crié au mensonge. Le premier reproche adressé à Hoffman concerne bien
évidemment le délai, vingt-deux ans, nécessaire pour faire
état de tels éléments. Mais en fait, Ed avait immédiatement
proposé son histoire. « Un cousin de la famille travaillait au
DPD et j'y suis immédiatement allé. Mais là-bas, c'était la
folie et on ne laissait entrer personne. Alors, je suis allé au
FBI. Comme il était aussi sur le pied de guerre, le réceptionniste ne m'a pas permis de monter aux étages. J'ai laissé ma
carte, expliqué que c'était en rapport avec le crime, puis je
suis rentré chez moi et suis allé expliquer à mon père ce qui
c'était passé. Il s'est mis en colère. Il m'a dit que c'était dangereux et qu'il fallait que j'oublie ce que j'avais vu. Que ma
vie ne valait rien face à celle du Président. En plus, il ne cessait de répéter que mon patron allait me virer, que je devais
être chez le dentiste et pas en train de regarder le défilé. Alors,
je n'ai rien dit jusqu'au mardi suivant. Au boulot, les autres
ne cessaient de lire et de parler du meurtre. Un de mes collègues qui connaissait le langage des signes a compris que
quelque chose ne tournait pas rond avec moi. Il est venu me
voir et je lui ai expliqué ce que j'avais vu. Ensemble, nous
sommes allés en discuter avec mon patron. Les deux compre-
naient mon père mais disaient que je ferais mieux d'aller au
FBI. Que ce que j'avais vu était très important, mais que
c'était à moi d'en décider. Cette nuit-là, je n'ai pas dormi et,
le lendemain matin, j'étais dans le bureau du FBI[1]. »

Nous l'avons vu, comme James Tague et d'autres témoins,
les hommes du FBI ne s'intéressent absolument pas au récit
d'Hoffman. Comme il insiste, un agent finit par lui dire qu'il
sera convoqué au moment de l'enquête. « L'automne 64
venait de débuter. Dans les journaux, il était écrit que la
Commission Warren avait bientôt terminé. Et moi, personne
ne m'avait demandé de raconter mon histoire. Alors, j'ai profité d'un repas de famille pour expliquer à mon cousin policier ce que j'avais vu le 22 novembre. Il m'a rassuré,

---

1. *Ibid.*

m'expliquant que des agents gouvernementaux menaient l'enquête et que bientôt toute la vérité serait connue. Plus tard, j'ai su qu'il avait demandé à mes parents si je disais vrai. Quand le rapport est sorti dans la presse, j'ai compris pourquoi personne ne voulait de mon récit : je me suis souvenu de mon père et j'ai essayé d'oublier. Mais ce n'était pas possible, je ne cessais de revoir l'homme en noir, l'éclair et le crâne en bouillie du Président. Je ne suis pas démocrate mais lui, ce n'était pas pareil. Le 28 juin 1967, pressé par mes collègues de travail, je suis retourné au FBI. J'ai rencontré un autre agent qui cette fois avait l'air intéressé. Il a pris un appareil photo et nous sommes allés ensemble sur le pont où j'étais le 22 novembre 1963. Il a dû faire une cinquantaine de clichés. Il m'a remercié et je n'ai plus jamais eu de ses nouvelles [1]. »

Si les raisons de ce silence prolongé sont crédibles, il manquait des preuves à l'incroyable témoignage d'Ed Hoffman. Mais déjà, deux éléments de son histoire comportaient une touche de vérité. Ed a toujours expliqué qu'il avait été surpris par le grand nombre de gens massés en bordure d'autoroute pour acclamer JFK. Or le compte rendu de l'itinéraire du défilé s'étant arrêté à Dealey Plaza, aucun média n'avait mentionné ce point. Par ailleurs, des photographies de presse rendues publiques seulement en 1992 l'ont confirmé. De plus, Hoffman se souvient qu'à l'entrée du pont se tenait un policier en uniforme. Ce qu'atteste le rapport de *dispatching* de la police de Dallas qui place à cet endroit un dénommé Earle Brown. Deux clichés finissent d'asseoir la version d'Ed Hoffman qui, après agrandissement, le montrent bien à l'endroit qu'il mentionne dans ses souvenirs. Reste alors ses deux visites au siège du FBI de Dallas. En 1996, l'ARRB rend public un lot de rapports du Bureau. Sur trois d'entre eux, le passage d'Ed Hoffman est mentionné. Celui du 28 juin 1967, même s'il est sérieusement censuré, cite en filigrane l'histoire d'Ed. Un dossier à son nom est même cité en référence. Mal-

---

1. *Ibid.*

heureusement, trente-cinq ans après les faits, il est toujours officiellement introuvable.

De toute manière, Hoffman n'est pas le seul témoin à avoir aperçu l'équipe du Grassy Knoll. Lee Bowers, employé de chemin de fer, a assisté à la mise en place du tireur depuis son poste d'aiguillage à une cinquantaine de mètres à l'arrière du Grassy Knoll. Entendu par la Commission, il raconte qu'une demi-heure avant le crime, trois voitures sont entrées sur le parking derrière le Grassy Knoll. « La circulation étant interdite, je les ai remarquées immédiatement. La première venait du Depository. Elle semblait tourner en rond. Comme si le conducteur cherchait une issue de sortie ou était en train de vérifier la zone. Au bout d'un moment, il est reparti par l'endroit où il était arrivé. C'était une voiture blanc et bleu. Une *station wagon* Oldsmobile 1959 avec des plaques d'immatriculation qui n'étaient pas du Texas. Lorsqu'elle a tourné au pied de ma tour de contrôle, j'ai pu voir qu'il y avait un autocollant " *Goldwater for President* " sur le pare-chocs arrière. Mais ce qui m'a étonné, c'est qu'elle était recouverte de boue, de telle sorte qu'on ne pouvait pas lire la plaque. Pourtant, il n'y avait presque pas de boue dans le parc de stationnement derrière le Grassy Knoll. La deuxième voiture est arrivée quelques minutes plus tard, c'était une Ford noire 1957. Le chauffeur avait apparemment un micro devant la bouche et parlait. Pendant trois ou quatre minutes, il a roulé au ralenti sur le parking puis est parti. » A 12 h 21, cette fois-ci Bowers regarde sa montre, un troisième véhicule arrive, une Chevy Impala 1961 blanche. L'employé des chemins de fer remarque qu'elle porte également un autocollant soutenant le candidat républicain Barry Goldwater et que les plaques d'immatriculation semblent être les mêmes que la première voiture. Une nouvelle fois, au bout de quelques rondes, le véhicule repart. La Commission, considérant que la zone a été interdite d'accès dès 10 heures du matin, pense que Bowers se trompe et ne donne pas suite à son témoignage.

Quelques mois plus tard, l'avocat Mark Lane arrive au Texas. Son projet : enregistrer l'ensemble des témoins ayant vécu autre chose que la version officielle. Evidemment son choix se porte sur Bowers qui accepte de répéter ce qu'il a déjà déclaré devant la Commission. Et là, surprise. Si l'employé du chemin de fer mentionne l'épisode des trois voitures, son histoire se poursuit. Moins de deux minutes avant l'assassinat de JFK, il a vu deux hommes à proximité de la barrière de bois. Le premier, la quarantaine, trapu et habillé de sombre. Le second, qui doit avoir vingt-cinq ans, athlétique, porte une tenue plus négligée, avec une sur-chemise à carreaux et un pantalon kaki. Une description qui n'est pas sans se rapprocher de celle d'Ed Hoffman, qui aperçoit lui aussi deux hommes. Bowers est certain de lui. Le parking étant à proximité des voies de chemin de fer, il connaît chaque homme qui traverse cette zone. Au bout d'un instant, alors que sa vision est partiellement bouchée par des branches, Lee Bowers distingue «un éclair de lumière, un peu de fumée ou quelque chose comme ça, quelque chose d'anormal». Presque dans le même temps résonne une détonation : Bowers vient de comprendre. «J'ai entendu trois coups au total. Un, puis une courte pause, puis les deux autres, très proches l'un de l'autre... Les sons étaient allés s'écraser contre le Depository et revenaient mourir vers l'entrée du *freeway*. J'ai travaillé dans cette tour pendant douze ans, et avec les trains, la circulation, je sais parfaitement identifier où naît un son et son itinéraire sur Dealey Plaza. L'écho est différent d'un endroit à l'autre.» Bowers est persuadé qu'au moins un coup de feu, si ce n'est deux, a été tiré depuis la barrière de bois du Grassy Knoll. Coup de théâtre, le 9 août 1966, Lee Bowers est victime d'un accident de la route. Sans raison apparente, sa voiture s'est écrasée contre un pilier de pont. La circulation était quasi nulle, le compteur n'indiquait pas plus de 80 kilomètres à l'heure. Le médecin qui a constaté le décès a noté que Bowers était en état de choc lors de l'accident. Pourtant aucune autopsie ne sera pratiquée et, dès le lendemain, le corps de l'employé des chemins de fer sera incinéré avant que sa famille ait donné son aval.

Autre témoin, Julia Ann Mercer, dans sa voiture sur Elm Street une heure avant le crime. Après avoir passé le Grassy

Knoll, elle est prise dans un embouteillage causé par un pick-up Ford vert mal stationné. Bloquée à sa hauteur pendant plus de trois minutes, elle n'a rien d'autre à faire que d'observer le véhicule gênant. Immatriculée au Texas, la camionnette porte l'inscription « AIR CONDITIONING » sur son flanc droit. Derrière le volant est assis un homme trapu, « entre deux âges ». Ses cheveux sont bruns, son visage est rond et sa veste vert foncé. Un autre homme, plus jeune, « qui n'a pas encore trente ans et porte un pantalon marron, une chemise grise, une sur-chemise écossaise et une casquette en laine de chasseur » sort de la voiture du côté gauche, glisse vers l'arrière, soulève une couverture et prend rapidement dans le coffre ouvert du pick-up un fusil emballé dans un étui marron à franges. Le trafic s'écoulant peu à peu, Julia Ann Mercer aperçoit une dernière fois le jeune homme dans son rétroviseur. Son arme à la main, il se dirige vers le Grassy Knoll. Bien évidemment, les défenseurs du rapport rejettent en bloc cette histoire.

Pourtant, une fois de plus, les faits renforcent la version de Julia Ann. Tout d'abord Mercer raconte que durant son attente près du pick-up elle remarque trois motards de la police de Dallas en train de discuter près de l'Underpass. Le rapport 205 de la Commission Warren, dépositions sous serment de ces trois policiers, confirme qu'ils ont remarqué le pick-up vert. Ensuite, vers 12 heures ce vendredi 22 novembre, Mercer s'arrête pour déjeuner dans une cafétéria entre Dallas et Fort Worth. Là, elle raconte son histoire à différents témoins dont un policier qui précise que « le Secret Service n'est pas très secret ». Quarante-cinq minutes plus tard, à l'entrée de Fort Worth, un contrôle filtre les véhicules venant de Dallas. Là, un agent l'informe de l'attentat. Choquée, Julia Ann lui livre son témoignage. Le policier décide alors de l'escorter jusqu'à Dallas. Pendant près de cinq heures, Mercer est interrogée par des hommes qu'elle suppose être du FBI. L'interrogatoire est tendu. Plusieurs fois, un des agents lui assène qu'elle se trompe. Mercer tient tête et, après lecture, signe sa déposition. Le 23 novembre, on vient la chercher à son domicile pour une nouvelle audition.

Dans les bureaux du shérif, trois hommes du FBI lui soumettent des dizaines de photographies pour qu'elle tente d'identifier ses suspects. Si aucune ne correspond à l'homme au fusil, deux ressemblent à celui qui était derrière le volant. Avant qu'on lui retire les clichés des mains, Mercer a le réflexe d'en retourner un. Au dos est simplement noté Jack Ruby.

Si Mercer dit vrai, cela signifie que les autorités s'intéressaient à l'assassin d'Oswald un jour avant qu'il ne tue ce dernier. Quoi qu'il en soit, l'emploi du temps de Ruby durant la journée du 22 novembre est sujet à caution. En effet, rien ne l'empêche d'être à l'avant du pick-up au moment où Mercer semble le reconnaître. Le seul véritable alibi de Jack concerne la plage horaire entre 12 heures et 12 h 20. A ce moment-là, il est dans les locaux du *Dallas Morning News* afin d'acheter un espace publicitaire pour sa boîte de nuit. Le siège du quotidien est à moins de trois minutes à pied du Grassy Knoll. Une proximité[1] qui ne l'empêche pas, s'il le désire, d'être sur les lieux du crime à 12 h 25. Car, pendant près de dix minutes, personne ne remarque sa présence au journal. Il faut attendre 12 h 40 pour que trois membres de la rédaction attestent de sa venue. A ce moment-là, il est impossible de ne pas la mentionner, puisque pris d'une crise de larmes, il pleure l'attentat commis « contre notre bien-aimé Président ». Deux photographies semblent le placer près d'Elm Street au moment du crime. Il faut rappeler, pour continuer sur les curieux déplacements de Ruby, que Seth Kantor est certain de le rencontrer au Parkland Memorial Hospital vers 13 heures. Que pendant les deux jours de garde à vue de Lee Harvey Oswald, il rôde dans les couloirs des bureaux de la police de Dallas, se mêlant aux journalistes (dont Philippe Labro) et tentent de se faire passer pour l'un d'entre eux, alors que plus de la moitié des hommes du DPD le connais-

---

1. La courte distance séparant le défilé et le siège du journal porte un sérieux coup à la motivation avouée de Ruby lorsqu'il assassine Oswald. Il le fait par respect de Jackie et surtout parce qu'il ne réussit pas à se remettre de la mort de JFK dont il est, dit-il, un grand fan. Alors pourquoi, s'il est réellement un supporter du Président, n'assiste-t-il pas au défilé qui passe à moins de trois minutes de l'endroit où il se trouve ?

sent. Plus tard, Ruby assiste même à la conférence de presse
où est présenté Oswald, le 23 novembre vers minuit. Sur les
images de CBS balayant la salle, il apparaît en effet nettement
à deux reprises. Mieux encore, lorsque le chef Curry précise
qu'Oswald est membre du Free Cuba Committee, Ruby corrige à haute voix : « Fair Play for Cuba Committee ».
Comment le tenancier d'un cabaret de strip-tease de Dallas
peut-il connaître une association inexistante au Texas dont
Oswald est le président et unique membre ? Ajoutons pour
conclure que deux témoins sont certains d'avoir aperçu Ruby
assistant au défilé de Houston le 21 novembre.

Le témoignage de Mercer apparaît donc solide. Si elle n'est
pas catégorique en ce qui concerne la présence de Jack Ruby,
l'ensemble de la scène est clair dans sa mémoire et même
confirmé par un article du *Dallas Morning News* daté du
23 novembre. Là, Julius Hardie, un habitant de la ville,
raconte qu'avant midi il a vu deux ou trois hommes portant
des fusils sur le Triple Underpass, à quelques mètres du
Grassy Knoll. L'article se conclut par une citation de Hardie
affirmant avoir déjà donné sa version au FBI. A ce jour,
aucune déposition Hardie n'est disponible aux archives du
Bureau.

Hoffman, Bowers, Mercer, Hardie sont autant de témoins
confirmant la présence d'une équipe de tueurs proches du
Grassy Knoll. Des récits forts, précis, sans ambiguïté, ren-
forcés par beaucoup d'autres.

James Tague, nous l'avons vu, est certain qu'au moins un
des coups de feu a été tiré depuis le monticule herbeux. Lorsque la Commission lui suggère qu'il s'agit d'un écho, il
répond fermement : « Il n'y avait pas d'écho à l'endroit où je
me trouvais. On m'a déjà posé cette question et je l'ai déjà
dit et je le répète, ce n'était pas un écho. » Jean Hill, une
institutrice, se tenait du côté droit d'Elm Street, face au
Grassy Knoll et à quelques mètres de la limousine. Interrogée
par des reporters quelques minutes après le drame, elle
raconte : « Les coups de feu venaient du Grassy Knoll, j'ai
entendu au moins quatre coups de feu. Les derniers étaient
très proches. » Charles Brehm se situait à côté de Jean Hill, a

vu la tête de JFK exploser et a déclaré dans la foulée : « Cela venait de devant le Président ou alors du côté droit. » Paul Landis, membre du Secret Service, suivait la limousine de quelques mètres, perché sur un marchepied. « Lorsque le Président a été touché à la tête, le coup de feu venait de quelque part devant lui, du côté droit de la route, dit-il. C'était un gros calibre, j'ai vu la tête du Président s'ouvrir et de la chair et du sang voler dans l'air. » Forrest Sorrels, le représentant du Secret Service dans la voiture qui précède la limousine, livre ses impressions dès son arrivée à Parkland. Pour lui, il n'y a pas de doute, les coups de feu proviennent de « quelque part derrière la barrière en bois ». William Newman, sa femme Gayle et leurs enfants se tenaient à droite de la route à quelques mètres des escaliers montant vers la barrière en bois du Grassy Knoll. Pendant la fusillade, les Newman ont plongé à terre, ayant l'impression de se retrouver dans la ligne de feu. Gayle précise que les détonations venaient de « sa droite, derrière eux ». Une impression partagée par Mary Woodward, Maggie Brown, Jean Newman et Aurelia Lorenzo. John Chism se trouvait près du panneau Stemmons : « Lorsque j'ai entendu les détonations, je me suis tout de suite retourné. Derrière moi, c'était le Grassy Knoll. » Une version confirmée par son épouse Mary. Bill Lovelady, celui-là même que l'on a confondu un instant avec Lee Harvey Oswald, était sur les marches de l'entrée principale du Depository. Interrogé par le FBI, il déclare que « le son venait de la droite, de la petite hauteur du monticule. A aucun moment, je n'ai cru que les coups de feu venaient du Texas School Book Depository », précise-t-il. James Crawford, posté au même endroit, fait les mêmes déclarations. Trois autres employés du Depository, Avery Davis, O. V. Campbell et Danny Arce, pensent que les coups de feu ont été tirés depuis le monticule près de l'Underpass. A. J. Millican était juste en face de l'immeuble où travaille Lee. Il dit avoir entendu cinq coups de feu, « presque tous venant de la zone d'arbres près du Triple Underpass ». James Simmons, Sam Holland, Nolan Potter et Richard Dodd étaient sur le Triple Underpass et regardaient du côté de Dealey Plaza. Non seulement les

quatre hommes ont eu le sentiment que les coups de feu par-
taient de derrière la barrière de bois, mais ont également noté
un petit nuage de fumée au niveau des arbres. Les quatre
hommes se précipitent alors vers le parking. Derrière la barrière, ils découvrent des mégots de cigarettes fumants, des
traces de pas fraîches et de la boue sur les pare-chocs des
voitures. Ron Boone, un shérif de Dallas, court vers le Grassy
Knoll. Là, il rencontre plusieurs témoins qui lui indiquent
que les coups de feu proviennent de derrière la barrière de
bois. Seymour Weitzman, le policier qui découvrira plus tard
l'arme du cinquième étage, s'est aussi rué derrière la barrière
en bois. J. C. Price était sur le toit terrasse du Terminal
Annex Building, un bâtiment face à la tour de Lee Bowers. Il
est formel : « Les coups de feu ont été tirés de derrière la
barrière de bois du Knoll. J'ai vu un homme courir très vite
vers les rails et les wagons. J'ai immédiatement pensé qu'il
s'agissait du tireur. Il portait quelque chose à la main. » James
Altgens, un photographe d'Associated Press, déclare avoir
remarqué, alors qu'il fait le point, des personnes derrière la
barrière quelques secondes avant les coups de feu. Abraham
Zapruder précise lui à la Commission que les coups de feu
venaient de derrière lui. Il note même qu'une des détonations
était plus puissante que les autres.

A l'ensemble de ces témoignages viennent s'ajouter
d'autres encore plus troublants. A 12 h 31, le quartier général
de la police de Dallas enregistre le premier ordre du shérif
Decker qui se trouve dans la voiture précédant JFK. Decker
hurle dans son microphone : « Coup de feu ! Coup de feu ! Je
ne sais pas ce qui se passe ! Prenez tous les hommes disponibles à la prison et au QG et allez sur les voies de chemin de
fer à la sortie d'Elm près du Triple Underpass... Je crois que
l'homme [1] est touché. » Gordon Arnold, un soldat américain,
avait décidé de filmer le défilé depuis le Grassy Knoll car il y
avait peu de monde. Pour ce faire, il s'installe en appui derrière la barrière de bois. Rapidement, un homme en civil lui
présente une carte du Secret Service et lui demande de circu-

---

1. Ici, il s'agit de JFK, nommé « the man » par le Secret Service.

ler. Précisons qu'officiellement aucun membre du Secret Service ne se trouvait sur le parcours. Pourtant de nombreuses personnes auront affaire à ces mystérieux agents. Arnold se rend alors de l'autre côté de la palissade. Au moment des coups de feu, ce militaire professionnel entend une balle siffler près de son oreille : « Le tir venait de derrière moi, tout juste quelques centimètres par-dessus mon épaule gauche. Je venais juste de terminer une période d'entraînement intensif avec tir à balles réelles. Et je peux vous dire que, à ce moment-là, c'est la seule idée qui a traversé mon esprit : quelqu'un tirait à balles réelles derrière moi, au-dessus de ma tête. En plus, j'ai senti la balle. Vous n'entendez pas exactement la balle siffler mais vous ressentez un choc, comme une vague. C'est ça, vous le sentez, vous le sentez à l'intérieur de votre corps. Vous ressentez et puis juste après, un choc[1]. » Il plonge alors à terre et remarque immédiatement l'odeur âcre caractéristique de la poudre flottant dans l'air. Lorsqu'il se relève, il se rue derrière la barrière de bois. L'endroit est vide mais l'odeur encore plus prononcée. Soudain, un homme en uniforme de police le presse de lui confier son film. Arnold, préoccupé par les détonations, s'exécute. Mais un détail le gêne. Un instant plus tard, il comprend. Comment ce policier pouvait-il être en même temps que lui derrière la palissade ? Pourquoi ne portait-il pas de casquette ? Et pourquoi avait-il les mains aussi sales ? Deux jours plus tard, Arnold s'envole pour l'Alaska où il vient d'être muté. Lorsque, dix ans plus tard, il raconte son histoire, les chercheurs sont sceptiques. Pourquoi avoir attendu si longtemps pour parler ? Arnold explique que son uniforme est la cause de sa réserve, mais ne peut livrer de preuve sur sa présence à Dallas le 22 novembre 1963. En vérité et assez ironiquement, la garantie de la bonne foi d'Arnold se trouve dans... le rapport Warren. Le sénateur Ralph Yarborough, installé en compagnie de LBJ à deux voitures derrière la limousine présidentielle, précise en effet qu'au moment des coups de feu il regardait vers le Grassy Knoll. Là, son attention a été attirée par un homme plon-

---

1. *Dallas Morning News*, novembre 1978.

geant sur le sol. Ralph Yarborough, ancien militaire de carrière, est persuadé que le geste qu'il vient de voir est celui d'un soldat. Le sénateur déclare également que lorsqu'il passe au niveau du monticule il remarque une odeur de poudre. Un sentiment partagé par le membre du Congrès Ray Roberts et l'épouse du maire de la ville. Les policiers Earle Brown et Joe Smith, arrivés parmi les premiers derrière la palissade de bois, sentent également l'odeur de la poudre. Il ne faut pas négliger non plus Jesse Curry, chef de la police de Dallas qui, dans son livre, dévoile son opinion. Il pense qu'au moins un des coups de feu a été tiré depuis le Grassy Knoll. Une opinion qui ne l'a pas empêché de « condamner » le seul Oswald quelques heures après l'assassinat de JFK. Reste les témoignages de Kenny O'Donnel et de Dave Powers, les deux plus proches conseillers du Président. En fait, des amis personnels de Kennedy depuis la fin de la Seconde Guerre mondiale et les premières campagnes électorales.

Les souvenirs de ces deux hommes assis dans le véhicule suivant la limousine sont cruciaux. Non par la qualité du propos, mais parce qu'ils éclairent d'un jour nouveau l'enquête menée par le FBI et cautionnée par la Commission Warren. En 1975, lors d'un dîner privé avec l'ancien président du Sénat, Tip O'Neill, ils reviennent sur le voyage de Dallas qui continue à les hanter. O'Donnell explique qu'il est persuadé que « deux coups de feu venaient de derrière la palissade de bois ». O'Neill, intrigué par la confidence, fait remarquer à l'ancien bras droit de JFK que cette information est contraire à ses déclarations prononcées devant la Commission. O'Donnell hésite un instant, se tourne vers Powers qui approuve de la tête et se lance : « Eh bien... J'ai déposé dans le sens où ils voulaient que je dépose. Je ne voulais pas être la cause de plus de douleur et de problèmes pour la famille. C'est Hoover lui-même, prévenu par ses agents, qui m'a averti des " dangers " de ma déposition [1]. » Powers complète : « C'est la même chose

---

1. In *Man of the House : The life and political memoirs of Speaker Tip O'Neill*, Tip O'Neill, William Novak, St. Martin's Press, New York 1987.

pour moi. Je suis d'accord avec Ken, les coups de feu venaient du Grassy Knoll[1]. »

Les pièces à conviction condamnant Lee Harvey Oswald vidées de leur sens, la thèse de la balle magique mise en pièce, la piste du tireur unique sans fondement, il est désormais évident que les événements du 22 novembre 1963 et des jours suivants présentés dans le rapport Warren ne correspondent pas à la vérité. Mais avant de s'intéresser au mystère Oswald, de désigner les commanditaires du meurtre de JFK et de tenter de raconter ce qui s'est vraiment passé à Dallas, il faut une dernière fois revenir sur la Commission et démontrer, preuves à l'appui, que sa motivation profonde était de manipuler les faits.

---

1. *Ibid.*

CHAPITRE 7

L'Illusion Warren

« Mais, personne ne le lira. Ne croyez pas que les gens lisent dans ce pays. Il y aura peut-être quelques professeurs qui liront certains passages. Mais, le public en lira très peu. »

Allen Dulles à Albert Jenner, conseiller de la Commission, sur la future publication du rapport Warren.

La Commission Warren n'est rien d'autre qu'une formidable méprise. Dans cette Amérique des années 60 où tout va bien malgré la guerre froide et les problèmes raciaux, les manipulations du groupe d'enquête sont l'illustration d'un cynisme beaucoup trop compliqué pour un peuple qui devra attendre le Vietnam et le Watergate avant de perdre son innocence. Les Américains devaient faire confiance au rapport, de la même manière qu'ils croyaient Hoover lorsque, mensuellement, celui-ci brandissait la menace d'un ennemi communiste pour mieux affirmer que la Mafia n'existait pas aux Etats-Unis. Dans cette nation qui venait de perdre son

Président, la Commission a joué le rôle d'un anesthésique puissant. Earl Warren, en homme de devoir, a trahi ses concitoyens en pensant sauver son pays. Un chemin de croix effectué les larmes aux yeux. Car la vraie question est là : la Commission est-elle manipulatrice ou est-elle elle-même l'instrument pervers d'une manipulation ? En fait, il s'agit d'une coquille vide, d'une machine destinée à cautionner une thèse établie par le FBI et soutenue par Johnson dès le 22 novembre. Certes, la Commission a menti, truqué, escamoté, mais elle l'a fait parce que tel était son rôle et qu'elle n'avait pas le choix. Il convenait d'apaiser le pays, de protéger le nouveau chef de l'Etat, de défendre les valeurs de l'Amérique éternelle. La Commission Warren est en somme une victime consentante. Trompée par le FBI, le Secret Service, la CIA, elle n'a aucun autre choix que de fermer les yeux. Et ce car elle est trahie par ses membres qui, par intérêt personnel ou ambition politique, ont accepté avec un excès de zèle déroutant de jouer le jeu du pouvoir. La méprise a donc été de croire que la Commission avait été instituée pour chercher la vérité, alors que sa mission était d'enrober un mensonge d'un habit d'authenticité. Du mémorandum de Katzenbach expliquant que le peuple américain devait se satisfaire de la thèse du tireur solitaire aux témoignages calibrés de Marina Oswald, de Dave Powers et de Ken O'Donnell, sans oublier le geste de Gerald Ford, le travail des hommes de Warren s'est bel et bien déroulé à sens unique. Aujourd'hui des documents internes et des archives personnelles permettent de présenter la Commission sous son véritable jour. Ainsi, il est désormais possible, et ce pour la première fois, de dévoiler son inutilité, ses limites, ses défaillances, ses fissures et ses secrets.

A la lecture des vingt mille documents disponibles sur la vie interne de la Commission se dégage une impression étrange. Notamment parce qu'il apparaît que certains de ses membres connaissent pertinemment la futilité de leur mission, quand d'autres, principalement des conseillers, tentent d'effectuer un travail de recherche honnête. Plus curieusement encore, dans le premier camp, celui des complices, deux tendances se dégagent. Ceux qui ont décidé de collaborer et ceux qui tentent de se libérer d'une mission qu'ils ont acceptée sous la contrainte présidentielle. En effet, comment interpréter autrement qu'un désaveu le comportement de Richard Russell ? Le sénateur démocrate de Géorgie, pourtant ennemi affirmé de Kennedy [1], est ainsi le membre de la Commission le moins présent : sur les quatre-vingt-quatorze témoins auditionnés par la Commission, il n'en entendra que six, soit à peine 5 %. A titre de comparaison, Gerald Ford participera à soixante-dix interrogatoires et n'hésitera pas à se déplacer pour recueillir des dépositions. L'absentéisme de Russell livre un double enseignement. Il permet d'abord de constater que sur les 489 témoins cités dans le rapport moins d'un cinquième ont été réellement auditionnés. Dans près de 80 % des cas, la Commission s'est contentée de dépositions écrites sans questions contradictoires ni informations supplémentaires. Ainsi, Forrest Sorrels, responsable du Secret Service à Dallas, le policier Seymour Weitzman, le shérif Bill Decker, Harry Holmes, inspecteur des postes et dernier à avoir interrogé Lee Harvey Oswald, Abraham Zapruder, Bill Lovelady, James Tague, Jean Hill ou encore George de Mohrenschildt ne viendront jamais devant la Commission. Quant à la liste des absents, elle fait frémir. Ainsi, un mémorandum de la CIA daté du 18 mars 1977 apprend que le docteur Burkley, médecin personnel de Kennedy, n'a jamais été entendu dans l'enquête menée par la commission bien « qu'il ait signé le certificat de décès du Président à Dallas » et assisté à l'autopsie à l'hôpital militaire de Bethesda. Pourtant « il a des informations indiquant que d'autres qu'Oswald sont impliqués dans l'assassinat du président Kennedy ». Deuxième point, si les absences de Russell sont justifiées, nous le verrons, par un désaccord capital, l'ensemble des membres de la Commission

---

1. Ainsi le 12 juin 1963, en plein Sénat, il s'en prend avec virulence à la politique antiségrégationniste de JFK : « A mon avis, les propositions législatives du président Kennedy sont clairement destructives pour le société américaine et pour les droits constitutionnels du citoyen américain. Je m'y opposerai avec l'ensemble des moyens et ressources mis à ma disposition. »

porte finalement peu d'intérêt au débat. Pour preuve, sous référence 3 H 55, ce dialogue surréaliste :

EARL WARREN : « Sénateur Cooper, je suis maintenant obligé de partir pour notre conférence du vendredi à la Cour suprême. Cela devrait durer toute la journée mais j'essaierai de repasser plus tard. Si je ne peux pas, continuez sans moi, bien sûr. »

SÉNATEUR COOPER : « Je le ferai ce matin. Si je ne suis pas là cet après-midi, qui désignez-vous pour présider ? »

EARL WARREN : « Député Ford, serez-vous ici cet après-midi ? »

GERALD FORD : « Malheureusement, Mr. McCloy et moi-même devons quitter la ville pour une conférence. »

EARL WARREN : « Vous partez tous les deux pour la journée, c'est bien ça ? »

GERALD FORD : « Exactement. »

SÉNATEUR COOPER : « Je peux partir et essayer de revenir plus tard, mais... »

EARL WARREN : « J'essaierai de revenir ici moi-même. Sinon, est-ce que Mr. Dulles sera là ? »

JOHN MCCLOY : « Non, il n'est pas en ville aujourd'hui. »

En somme, personne n'a envie de cette corvée. Parce que tout est joué d'avance ? Le comportement de Russell est d'une autre nature. Il ne croit pas à la piste du tueur unique et repousse la théorie de la balle magique. Son refus est tel qu'il demande à Warren qu'une note de bas de page soit ajoutée au rapport pour exprimer sa défiance. Le président de la Cour suprême réfléchit, consulte sûrement et rejette sa demande. Les conclusions de la Commission doivent présenter une unité de façade. Russell s'emporte et annonce alors qu'il ne signera pas la version finale. Puis, en septembre 1964, ne jugeant plus utile de siéger, il présente sa démission. Et ce à quelques jours de la publication du rapport et à moins de deux mois de l'élection présidentielle ! Son geste est une bombe. Mais l'explosion ne se produit pas. La presse, gavée par les indiscrétions offertes par le FBI, ne bronche pas. Mieux encore, deux jours plus tard, Russell revient sur sa décision, réintègre la Commission et accepte même de signer le rapport, donc de valider la balle magique. Plus tard, sans expliquer clairement les raisons de son changement, il fera état d'un appel téléphonique « venant d'en haut » avec des arguments qu'il ne pouvait rejeter.

La balle magique est à l'origine d'une autre discussion au sein de la Commission. En janvier 1998, la correspondance privée de John McCloy a été rendue partiellement publique. Bien évidemment, une partie de ses lettres concerne son travail dans l'équipe Warren. Ainsi, en date du 24 juin 1964, sous la mention « CONFIDENTIEL », McCloy livre à Rankin son avis sur la première version du rapport et plus particulièrement sur le chapitre trois, celui qui concerne le nombre et la localisation des coups de feu :

« [...] le chapitre trois est le plus difficile à écrire mais c'est aussi le plus important. Je pense que beaucoup trop d'efforts sont mis en avant pour tenter de prouver que la première balle qui a touché le Président est aussi responsable de toutes les blessures de Connally. »

Autre enseignement des archives de la Commission, la tendance à demander l'arrêt de l'enregistrement des auditions dès que la conversation devient critique. Exemple, cette discussion sur les douilles retrouvées au Depository entre trois membres et Robert Frazier, l'expert en balistique du FBI :

HALE BOGGS : « Combien de cartouches peut contenir l'arme ? »

JOHN MCCLOY : « Le chargeur peut en avoir six. Vous pouvez en mettre une septième dans la chambre. En d'autres termes, elle peut contenir sept cartouches. »

HALE BOGGS : « Est-ce que l'arme était complètement chargée au moment de l'assassinat ? »

JOHN MCCLOY : « Je ne sais pas combien de douilles... »

MELVIN EISENBERG : « Arrêt de l'enregistrement. »

Puis quelques minutes plus tard, après « une discussion non enregistrée » :

JOHN MCCLOY : « Retour à l'enregistrement. »

MELVIN EISENBERG : « Monsieur Frazier, revenons à la lunette de l'arme [1]. »

---

1. 3 H 411.

Melvin Eisenberg, conseiller de la Commission auprès du FBI sur les preuves balistiques, vient donc d'empêcher John McCloy et Hale Boggs de s'avancer sur un terrain glissant. Puisque nous l'avons vu, deux douilles et non trois ont été retrouvées au Depository.

Sur les quatre-vingt-quatorze interviews conduites par la Commission, l'expression « arrêt de l'enregistrement » revient deux cent vingt-trois fois. Soit plus de deux fois par déposition. Une statistique énorme lorsqu'elle est additionnée aux entretiens « préparés » comme ceux de Marina Oswald ou de Dave Powers. Il ne faut pas négliger non plus ceux qui ont été triturés comme Julia Ann Mercer, Jean Hill, Abraham Zapruder, Sam Holland ou encore le policier Roger Craig, lesquels ne reconnurent pas leurs propos à la publication du rapport. Le cas de Roger Craig, qui raconte dans son manuscrit inédit qu'un agent du FBI lui a proposé de signer une déposition en blanc, est de fait à la fois troublant et significatif. En effet, dès le 22 novembre, il rédige des rapports sur sa journée. Comment imaginer alors que ses prétendues déclarations devant un conseiller de la Commission Warren puissent être contraires à ses premiers écrits ?

Dernière astuce de la Commission avant la grande manipulation, les témoignages censurés. Ainsi, lorsque Jackie Kennedy raconte la scène de l'assassinat, les éléments se référant à la blessure du Président sont éliminés du rapport final. Comme nous le verrons, ils sont pourtant essentiels pour déterminer la provenance du dernier tir. Le même procédé est utilisé pour enfoncer Oswald. Ainsi lorsque le docteur Howard Rome trace le profil psychiatrique de Lee, il débute par une mise en garde : « En ce qui me concerne, mon analyse est hautement conjecturale. L'ensemble est purement spéculatif. Je pense même que vous risqueriez de vous attirer les moqueries du public en publiant une analyse fondée uniquement sur des informations douteuses de deuxième et troisième main. » Evidemment, dans la présentation du rapport, ce préambule a été supprimé. De sorte que c'est à l'aide de données « purement spéculatives » que la Commission justifie le prétendu geste de Lee Harvey Oswald.

Et que penser encore de la réponse faite à Wesley Liebeler après l'affaire Sylvia Odio ? Cette Cubaine anticastriste réfugiée à Dallas raconte en effet avoir reçu en septembre 1963 la visite d'Oswald accompagné de deux Cubains. Le lendemain de la rencontre, un des deux Cubains lui téléphone et lui explique que l'Américain de la veille s'appelle Leon Oswald et qu'il « est un ancien marine tireur d'élite un peu fou qui en veut à JFK pour la baie des Cochons ». Le 14 septembre 1964, Liebeler, conseiller de la Commission, remet donc un impressionnant mémorandum à J. Lee Rankin où, après presque une année d'enquête sur les derniers mois de Lee, il livre ses conclusions sur ce sujet et bien d'autres. Des conclusions dont voici quelques extraits, qui détruisent avec minutie les travaux de la Commission. Et mettent le doigt sur toutes les lacunes des investigations :

> « — En connection avec le témoignage Odio, il faudrait interroger de nouveau Marina Oswald pour savoir si elle pense possible au suspect Oswald de s'être rendu à Dallas en septembre 1963 après son départ de La Nouvelle-Orléans et avant son voyage au Mexique. [...] Je pense qu'il faudrait dire à Marina Oswald, avant une nouvelle déposition, que nous avons à notre disposition des preuves indiscutables associant Oswald à des Cubains et des Mexicains et qu'il faudrait l'interroger avec vigueur sur ces nouveaux éléments. [...] En résumé, je souhaite fortement que vous questionniez Marina Oswald en détail sur les informations qu'elle pourrait détenir sur les contacts de son mari avec des Cubains. Il faut lui demander si elle était au courant des tentatives d'infiltration de l'organisation de Bringuier[1] par Oswald. Marina a déjà témoigné d'une visite au domicile conjugal d'un Cubain se renseignant sur les activités politiques d'Oswald. Si mes souvenirs sont exacts, elle nous a dit qu'Os-

---

1. Carlos Bringuier est un activiste anticastriste de La Nouvelle-Orléans. Il y dirige la section du Directorio revolucionario estudiantil (DRE). Le DRE est une des nombreuses associations créées avec l'aide active de la CIA qui a participé à l'invasion manquée de la baie des Cochons. En 1963, les membres du DRE suivent une formation paramilitaire pour tenter d'assassiner Castro. Mieux encore, un document de la CIA révèle qu'en plus de ses activités anticastristes Bringuier était utilisé comme informateur « pour les affaires touchant le territoire national » par la CIA et vraisemblablement par le FBI.

wald était persuadé qu'il s'agissait d'un anticastriste ou d'un membre d'une agence gouvernementale[1].

— Problème avec l'empreinte latente de la paume d'Oswald sur la carabine. Je suggère qu'une enquête complémentaire soit effectuée pour déterminer l'origine de l'empreinte de paume de la main retrouvée sur la carabine par le lieutenant Day. La seule preuve sur l'origine de cette empreinte est le témoignage de Day. De plus, il a témoigné avoir effectué un relevé de cette empreinte le 22 novembre 1963, mais il ne l'a fourni au FBI que le 26 novembre. [...] Latona, l'expert du FBI, a déclaré sous serment que la mauvaise qualité du bois de l'arme ne permettait pas d'effectuer un bon relevé car le bois était absorbant. Aucun des autres relevés effectués par le DPD et le FBI n'est utilisable du fait de leur mauvaise qualité. [...] Sur certains, aucune trace n'apparaît alors que le lieutenant Day a témoigné du contraire. [...]

— Autre fait, comment expliquer que ni Marina Oswald ni les Paine n'aient jamais vu l'arme d'Oswald dans le garage d'Irving ?

— Le rapport avance que Frazier était surpris lorsque Oswald lui a demandé de le ramener à Irving le 21 novembre 1963. Pourtant, rien dans l'audition de Frazier ne supporte cette affirmation ? [...]

— Le paragraphe sur les fibres retrouvées dans le sac de papier du Depository est très court. De plus, au maximum, on peut avancer qu'il existe une possibilité que ces fibres soient celles de la couverture du garage. En effet, l'expert du FBI a refusé de dire sous serment que c'était probable. [...]

— Le fait qu'Oswald soit le seul employé dont les empreintes aient été relevées sur les cartons du nid du tireur conjugué au fait qu'une seule sur vingt-huit lui appartienne ne réussit pas à me convaincre qu'il les ait déplacées en rapport avec le crime. En fait, je suis convaincu du contraire.

— Suivant le témoignage de Brennan sur la description de l'assassin, le rapport note que Brennan " est très certainement " à l'origine du signalement donné sur la radio de la police de Dallas. Ne pourrait-on pas en être plus certain ? Une des questions soulevées concerne la vitesse à laquelle le signalement de l'assassin a été fourni à la police et implique qu'il pouvait être un pigeon choisi à l'avance. La police de Dallas doit savoir qui a donné ce signalement. S'ils ne sont pas capables de trouver ce

1. Il faut noter que cette partie du témoignage de Marina Oswald ne figure évidemment pas dans le rapport Warren.

nom, s'ils ne connaissent pas les circonstances de l'alerte, nous devrions le signaler brièvement dans le rapport. [...]

— Je ne crois pas que la rencontre entre Baker et Oswald soit racontée de manière suffisamment claire. [...] Il est, par exemple, difficile de savoir où se trouvait exactement Oswald. C'est un détail important. [...]

— Je ne crois pas que le témoignage de Mrs. Markman sur l'identification d'Oswald sur les lieux du crime de l'agent Tippit nécessite autant de place. Sa version des faits décrédibilise le rapport et donne une image de naïveté à la Commission. [...]

— Si certains experts ont déclaré que les tirs sur le défilé étaient faciles, ils n'ont jamais pris en considération le temps de la fusillade. Je ne vois pas comment quelqu'un peut conclure qu'une série de tirs est facile ou difficile s'il ne connaît pas le temps pris par le tireur. [...]

— Pourquoi avançons-nous le fait qu'Oswald avait utilisé un colt 45 et un fusil à canon scié pendant son service pour justifier son habitude de l'arme du crime ? Cela n'a aucun rapport avec son habileté à se servir de cette arme. A moins que nous possédions des preuves que ces armes aient été utilisées dans le crime. En fait, cela nous est même préjudiciable. [...]

— Les affirmations concernant l'utilisation de l'arme du crime par Oswald avant le 22 novembre sont fausses. Elles donnent l'impression d'un entraînement intensif alors qu'au contraire nous avons trouvé qu'il ne l'a utilisée qu'une seule fois. [...]

— Le chapitre cinq consacré aux reconstitutions de tirs ne contient aucunes notes de bas de page décrivant les conditions de ces tests. [...]

— Il apparaît que quinze séries de trois coups de feu ont été tirées par des experts du FBI. Selon mes calculs, la totalité des tirs représente 93,8 secondes, soit une moyenne de 6,2 secondes par série. Vu que le chronométrage a débuté non pas avec l'armement du premier tir mais à la première détonation, cela signifie que chaque tir nécessite au moins 3,1 secondes. Mais, dans le chapitre trois, nous affirmons grâce au témoignage de Robert Frazier que le temps de tir est de 2,25 secondes. Les conclusions du rapport indiquent qu'Oswald a mis entre 4,8 et 5,6 secondes. Les lecteurs ne trouveront rien dans le rapport permettant de comprendre pourquoi nos experts ont tiré plus lentement qu'Oswald. [...]

— Concernant l'adresse au tir d'Oswald, je remarque que les documents disponibles de son passage dans le corps des Marines précisent qu'il n'était pas un bon tireur et qu'il ne portait aucun intérêt à son arme[1].

— Je remarque une sorte de sélection dans les témoignages choisis dans le rapport. De tels agissements affectent l'intégrité et la crédibilité du rapport dans son intégralité. »

Malheureusement, la totalité de ces commentaires n'impressionne pas les membres de la Commission. Pis encore, la réponse écrite et lapidaire de J. Lee Rankin ne laisse planer aucun doute sur les intentions réelles du groupe d'enquête : « A notre niveau, nous sommes là pour fermer des portes, pas pour les ouvrir. »

Si l'ensemble de ces informations termine de discréditer le travail des hommes de Warren, une partie des archives du FBI et de la CIA prouve qu'une manipulation de plus grande envergure imprègne l'enquête sur le meurtre de JFK ainsi que les gestes de la Commission. Ainsi, lorsque Gerald Ford modifie l'emplacement d'une blessure, il est normal de se demander s'il agit ainsi pour rendre service au FBI. Ford ne cache d'ailleurs pas ses affinités avec Hoover : de nombreux rapports en font même l'informateur privilégié du Bureau. Un allié de poids, mais sûrement pas le seul, qui explique peut-être pourquoi la Commission ne donnera pas suite à sa réunion du 27 janvier 1964. Ce jour-là, à huis clos, la presque totalité des hommes de Warren est présente. L'ambiance est tendue, des informations apparemment fiables venant du chef Curry font d'Oswald un agent du FBI. Une discussion classée top secret où, par souci de ne pas faire de vagues, Rankin emploi le terme de rumeur : « Rankin : ce que Curry a appris, c'est que le numéro de dossier assigné à Oswald par le FBI était le 179, et il sait qu'il était employé ou qu'il percevait un salaire. En fait, je crois que de la manière dont il l'a dit Oswald était employé par le FBI pour deux cents dollars par mois depuis septembre 1962 jusqu'au moment de l'assassinat. C'est tout ce que nous savons à ce sujet. En fait, nous nous retrouvons face à une sale rumeur qui pourrait être

---

1. Ces informations n'apparaissent pas dans le rapport. En fait, la Commission avance exactement le contraire.

néfaste à la Commission. Le problème, et il est très dommageable pour les agences gouvernementales qui sont impliquées dans cette histoire, c'est que la Commission doit tirer les choses au clair le plus rapidement possible. »

Il faut noter aussi que lors de la même séance, Rankin, qui a pu voir au moins une des photographies de l'autopsie, précise à l'assemblée la place exacte de l'impact d'entrée dans le dos du Président. Une rectification sans effet, puisque le rapport publie la version « corrigée » de Gerald Ford validant la thèse de la balle magique.

Au moins deux autres réunions à huis clos seront consacrées au problème du FBI. Samuel Stern, un jeune conseiller de la Commission, est chargé d'enquêter sur le sujet. Pour ce faire, il rencontre Alan Belmont, un des plus proches collaborateurs d'Edgar Hoover. En mai 1964, Belmont est auditionné par la Commission. Une session extrêmement tendue puisqu'elle divise la Commission. D'un côté, Stern est persuadé que le FBI en sait plus sur Oswald que ce qu'il veut bien dire, tandis que Rankin et McCloy font preuve d'une curiosité inhabituelle. De l'autre, Warren et Dulles, qui empêchent avec virulence les trois premiers d'aller trop loin dans leurs questions. Et, au milieu de cette étrange désunion, Alan Belmont, qui s'attendait sûrement à un interrogatoire de routine, se trouve obligé de pratiquer la langue de bois où il est fortement question de secret dans l'intérêt de la nation. Très rapidement, après avoir fait préciser à Belmont qu'il était au sein du FBI celui qui avait la responsabilité de l'enquête sur Oswald, Stern émet le souhait de s'intéresser aux points prouvant que Lee était un informateur du FBI. Avant que Belmont réponde, Warren demande un arrêt de l'enregistrement pour, apparemment, indiquer sa volonté de ne pas aborder le sujet. La discussion reprend mais, moins de cinq minutes plus tard, Stern revient sur son domaine de prédilection et parle d'un dossier du FBI baptisé Oswald qui contiendrait des noms d'informateurs de Dallas et de La Nouvelle-Orléans. Là, Warren s'emporte et ne le laisse même pas finir sa phrase, précisant qu'il « préfère de ne pas avoir à connaître le contenu d'un dossier secret ». Un point de vue que ne partage pas John McCloy qui aimerait au moins obtenir un résumé complet des éléments de ce dossier : « Nous devons avoir vu tout ce que le FBI possède sur Oswald. » Cette fois-ci c'est Allen Dulles, le père de la CIA, qui vient en aide à Earl Warren en évoquant la sécurité nationale. Un argument étrange dans la mesure où, si l'on en croit Belmont, le dossier Oswald ne contient rien de bien significatif à part des noms d'informateurs. Warren reprend la parole et presse Belmont d'en terminer. Le collaborateur de Hoover certifie alors que Lee Harvey Oswald n'a jamais travaillé pour le FBI. La réponse satisfait le président de la Commission qui clôt la séance et classe le sujet sans jamais avoir vu le dossier Oswald. Quelle conscience professionnelle !

L'acharnement de Warren est assez incompréhensible. En effet, il est certain que ce dossier ne contenait rien de compromettant pour la thèse du tireur unique. Non pas qu'Oswald n'ait pas travaillé pour le FBI, mais parce qu'il est évident que le Bureau aurait détruit ou écarté toute information gênante avant de le présenter. A titre d'exemple, les archives d'Alan Belmont contiennent quelques trésors dans ce registre d'informations jamais divulguées à la Commission. Ainsi un mémorandum interne du 28 août 1964 concernant l'unique empreinte de paume trouvée sur la carabine : « De sérieux doutes existent sur le relevé de l'empreinte de paume d'Oswald. Il est désormais légitime de se demander si elle a effectivement été obtenue au Département de la police de Dallas ou si elle provient d'une autre source. » Voilà bien une nouvelle conclusion fort gênante pour la version officielle !

Pour comprendre le rôle joué par le FBI et, de fait, accorder des circonstances atténuantes à la Commission, il faut se souvenir que le travail des hommes de Warren est d'apprécier les conclusions du FBI, de les juger grâce aux investigations du FBI et de les vérifier grâce à la bonne volonté du FBI. Si le Secret Service participe activement à l'enquête, si la CIA semble collaborer, c'est bien le FBI qui tient le rôle principal. La Commission Warren n'est en fait qu'un sérieux et distingué écran de fumée. Un pudique cache-sexe qui, parfois, oublie ses prérogatives et, à l'image de Samuel Stern ou de Wesley Liebeler, montre des velléités d'indépendance. L'étude de la correspondance entre la Commission et le FBI démontre d'ailleurs clairement que le Bureau freine toute tentative d'investigation des hommes de Warren. Lorsqu'un conseiller demande par écrit une précision, le Bureau, qui sait que le temps joue pour lui, prend deux mois pour répondre. Qui plus est de manière volontairement incomplète, ce qui nécessite un nouveau courrier et un énième délai. Ainsi Liebeler obtient-il la majorité de ses informations sur Oswald, mais seulement quand le rapport est quasiment terminé. De nombreux témoins, notamment les deux plus proches conseillers de JFK, expliquent que leur déposition a été modelée par le FBI. Hoffman, Mercer et Roger Craig parlent même de menaces. Si l'on compare le rapport préliminaire du FBI en date du 9 décembre 1963 et le rapport Warren publié onze mois plus tard, on constate que les grandes lignes des deux documents sont strictement les mêmes.

Mieux encore, il est évident que le rapport est un outil de propagande créé par le FBI. L'exemple le plus frappant de ce montage est la publication de deux photographies tirées du film d'Abraham Zapruder, deux vignettes capitales puisqu'elles présentent la blessure mortelle à la tête. Leur reproduction dans le rapport Warren n'est pas innocente. Il s'agit, par l'image, de valider l'impossible, c'est-à-dire la thèse du tireur unique installé à la fenêtre du Depository. Et ça marche ! Malgré la mauvaise qualité de la reproduction on distingue d'abord clairement JFK projeté en avant, donc touché depuis le Depository, puis qui s'effondre en arrière. Mais, et c'est un problème de taille, quand on visionne le film de Zapruder qui, rappelons-le, est à l'époque interdit au public, on voit exactement le contraire. Un choc violent projette Kennedy en arrière, lequel, ensuite, glisse vers l'avant. Le FBI, responsable de la publication, présente deux pièces à conviction dans un ordre validant sa thèse. A la fin des années 70, sollicité à plusieurs reprises par le chercheur indépendant David Lifton, le Bureau reconnaîtra enfin l'inversion. Officiellement, il s'agit d'une simple erreur d'impression !

Plus intéressant encore, un mémorandum écrit par Edgar Hoover le 12 décembre 1963, adressé à son bras droit Clyde

Tolson, qui dévoile la marche que doit suivre le FBI face à la Commission. Pratiquant l'art de la litote, le chef du Bureau insiste sur le fait qu'il est impossible de livrer des conclusions tout en donnant son avis personnel. Une précaution d'usage, puisque son opinion de *big boss* ne souffre aucune discussion au sein du FBI. De plus, hormis un détail, son point de vue coïncide parfaitement avec le rapport Warren. En réponse au mémorandum de Katzenbach sur la nécessité d'affirmer rapidement qu'Oswald est le seul tueur, Hoover exprime sa défiance. Non pas pour préserver les droits de Lee mais pour défendre son leitmotiv : JFK a été victime d'un complot communiste. En effet, avant de jouer la carte du tueur désaxé, Hoover a tenté d'imposer son obsession d'une menace rouge. Une monomanie qui l'amène à doubler l'effectif du modeste parti communiste américain : en 1963, celui-ci dénombre deux mille membres dont mille agents du FBI. Plus tragiquement, cette hantise de Hoover entraînera une surveillance systématique et à grande échelle du courrier des citoyens américains. Aussi, le 12 décembre 1963, Hoover défend-il avec virulence son idée : « J'ai dit personnellement que je crois qu'Oswald est l'assassin. Par contre, l'aspect du mémorandum de Katzenbach sur le fait qu'il soit le seul me préoccupe grandement. Nous avons plusieurs lettres, que nous ne pouvons pas présenter dans le rapport, écrites à Oswald depuis Cuba et se référant à " un boulot à faire ", vantant ses qualités de tireur d'élite et annonçant qu'une fois terminé il sera rapatrié à Cuba pour y être présenté au chef. Mais, à l'heure actuelle, nous ne savons pas si le chef est Castro. »

Les accusations de Hoover sont graves : *el Lider Maximo* serait derrière le meurtre de Kennedy. Jean Daniel de *L'Express* se trouvait avec le chef cubain le 22 novembre 1963. Quelques semaines plus tôt, le 24 octobre, il avait rencontré Kennedy à la Maison-Blanche, lequel lui avait fortement suggéré d'endosser le rôle d'ambassadeur de bonne volonté. JFK reconnaissait même avoir eu de l'admiration pour le combat de Castro : « " D'un certain côté, me dit Kennedy, je crois que Batista représente les péchés de l'Amérique et je comprends que Castro nous fasse payer pour ses péchés.

C'est pour cela que je peux dire que je suis d'accord avec les premiers révolutionnaires cubains ". Là, le Président se tait, me regarde fixement pour être bien certain de donner le poids nécessaire à ce qui va suivre. Puis, il se lance : " Mais le problème n'est plus cubain, il est devenu international, dont soviétique. Castro a trahi ses promesses de la sierra Maestra en devenant un agent des Soviétiques. Le monde a été au bord du chaos de par sa faute en octobre 1962. J'aimerais savoir si Fidel Castro en a pris conscience ou s'il s'en soucie[1]. " Kennedy insiste également sur le fait que depuis la crise des missiles il avait pris conscience que l'avenir des deux nations, et par extension du monde, passait par un retour au dialogue. Quelques jours plus tard, Jean Daniel est à La Havane. Au bout d'une semaine d'attente, *el Lider Maximo* rejoint son hôtel. Là, il raconte son parcours, parle de l'Union soviétique, des Etats-Unis, puis laisse la parole au journaliste français : « Au début, Fidel m'a écouté – je veux dire a écouté Kennedy – avec un intérêt dévorant : frisant sa barbe, enfonçant et redressant son béret noir, ajustant sa vareuse de guérillero, jetant mille lumières pétillantes depuis les cavernes profondes de ses yeux. Un moment, nous avons touché au mimodrame. Je jouais ce partenaire avec lequel il avait une envie aussi violente de s'empoigner que de discuter. Je devenais cet ennemi intime, ce Kennedy dont Khrouchtchev venait de lui dire que " c'était un capitaliste avec qui on pouvait parler[2] ". » Lorsque Jean Daniel en a terminé de son récit, Castro se tait. Il a saisi le poids de sa réponse. Puis insistant sur le dernier mot, il glisse au journaliste : « Je crois que Kennedy est sincère aujourd'hui. » « A la fin de la rencontre, Castro avait rejoint l'analyse de Kennedy. Il était prêt pour une certaine forme de dégel. Il m'a demandé, lorsque je reverrais Kennedy, de lui donner un message de paix. Pour la première fois, il trouvait dans le discours du président Kennedy des éléments positifs. Il n'attendait rien de spécial, ne voulait rien

---

1. Entretien avec l'auteur. Les souvenirs de Jean Daniel sont rassemblés dans *Le temps qui reste*, paru chez Gallimard en 1984.
2. *Le temps qui reste, ibid.*

et n'avait rien demandé, mais croyait que quelque chose devenait possible[1]. » Avant de quitter Cuba, Castro invite Jean Daniel à se rendre dans sa résidence estivale de Varadero. Ce vendredi 22 novembre 1963, le journaliste de *L'Express*, en compagnie d'autres invités, est à table avec Castro. « Soudain, le téléphone sonne et une secrétaire annonce que le président de la République cubaine, Dorticos, veut parler à Castro de toute urgence. J'entends Castro dire " Comment ? Un attentat ? " puis il se tourne vers nous et nous dit que Kennedy vient d'être assassiné à Dallas. Il s'assoit et dit trois fois : " C'est une mauvaise nouvelle[2]. " » Un instant, le Premier ministre cubain est rassuré par les nouvelles provenant du Texas. Lorsque NBC, qui émet depuis Miami, confirme la mort de JFK, Castro se tourne vers Jean Daniel et dit : « Voilà, c'est ainsi que se termine votre mission de paix. » Puis pensant à haute voix, il commence à commenter la situation : « Tout est changé. Kennedy était un ennemi auquel on s'était habitué. C'est une affaire grave. [...] Maintenant, il faut absolument qu'ils retrouvent l'assassin, sinon ils vont nous mettre le crime sur le dos. Cela fait le quatrième président des Etats-Unis ! Sur combien ? Trente-cinq ?[3] » Plus tard, vers 17 heures, alors que les reporters révèlent les idées communistes d'Oswald, Castro annonce au petit groupe qui l'entoure que la prochaine étape sera de relier le présumé assassin au leader cubain. Et, effectivement, Oswald est rapidement présenté comme un sympathisant de la cause castriste. Une nouvelle que le Cubain prend avec philosophie : « S'ils avaient des preuves, ils auraient dit un agent, un complice, un tueur à gages. S'ils disent simplement un admirateur, c'est pour tenter de lier dans l'esprit des gens l'émotion suscitée par l'assassinat et le nom de Castro. C'est la méthode de la publicité et de la propagande. Ce qui me rassure un peu, c'est qu'il y a aux Etats-Unis trop de polices

---

1. Entretien avec l'auteur.
2. Entretien avec l'auteur.
3. *Le temps qui reste, op. cit.*

concurrentes pour que les intentions de l'une d'entre elles puissent être imposées à toutes très longtemps[1]. »

Ce que Jean Daniel ne raconte pas et que dévoilent les archives cubaines, c'est que Fidel Castro a pris très au sérieux le meurtre de JFK. Un de ses premiers réflexes a été de placer l'île sous alerte générale, persuadé que les Américains allaient utiliser le crime pour envahir Cuba. Les réflexions de Hoover sur les affinités d'Oswald avec les services cubains illustrent parfaitement cet état d'esprit et ce refus d'une présence communiste à une heure de la Floride. Lorsque Castro, ne l'oublions pas, en expert de la désinformation, parle de l'absence de preuves liant Oswald à Cuba, il a parfaitement raison. Si Hoover ne présente pas les fameuses lettres où il est question de l'habileté au tir de Lee et de son retour à Cuba, c'est parce qu'il sait qu'il s'agit de faux. En effet, le service des postes et le laboratoire du FBI lui ont confirmé début décembre que les trois lettres interceptées n'étaient pas authentiques. Sur l'une d'entre elles, le tampon d'expédition a été vulgairement maquillé. Expédiées par deux correspondants différents, elles sont en réalité, après étude du papier, de la même provenance. Aussi, au lieu d'accuser Castro et Oswald, elles produisent l'effet contraire. Comme l'avance le responsable cubain, l'ensemble de la manœuvre ressemble plutôt à une maladroite manipulation pour tenter de faire endosser à Castro le crime de JFK. Comme nous le verrons plus tard, il s'agissait effectivement d'un des projets des organisateurs du meurtre.

Le mémorandum de Hoover – revenons-y – se termine sur les certitudes du chef du FBI. Il annonce par exemple avoir déclaré à J. Lee Rankin que ses hommes ont effectué des tests de tir avec l'arme du crime et qu'il s'agit d'une épreuve tellement simple que certains ont réussi la même série qu'Oswald en moins de temps. Il confirme ensuite le relevé de plusieurs empreintes d'Oswald sur le Mannlicher-Carcano et que les éclats de balles retrouvés dans la limousine proviennent d'une cartouche tirée par Lee. Comme nous l'avons vu, ces infor-

---

1. *Ibid.*

mations sont fausses et il est difficile de croire que Hoover l'ignore. Elles vont pourtant donner un cadre à suivre à la Commission Warren.

Le FBI n'est pas la seule agence à tenter de contrôler le travail de la Commission. Informée par Allen Dulles, la CIA a le « privilège » de connaître les questions posées lors des auditions de ses agents cinq jours avant qu'elles aient lieu[1]. Ainsi, le 13 mai 1964, dans un mémorandum, James Angleton, chef de la section contre-espionnage, informe John McCone, le directeur de la CIA, et Edgar Hoover des réponses qu'ils devront donner devant la Commission : « Demain, Mr. McCone devra prêter serment et répondre aux questions de la Commission. Mr. McCone et Mr. Hoover devront répondre aux mêmes questions. Aussi, il serait dommageable que les réponses des deux agences gouvernementales soient différentes. [...] Une des questions sera : " Lee Harvey Oswald a-t-il été un agent de la CIA ? " La réponse sera non. La deuxième question sera : " Est-ce que la CIA possède des preuves montrant qu'une conspiration a existé pour assassiner le président Kennedy ? " La réponse sera non. La troisième question sera : " Quelles sont les suggestions de la CIA pour préserver dans l'avenir la vie du Président ? " La réponse dépend de celle du FBI car il ne faudrait pas entrer en conflit avec leurs propres suggestions. La quatrième et dernière question sera : " Est-ce que les documents remis par l'Union soviétique à la Commission reflètent la réalité de ses relations ? " La réponse sera un simple oui ou alors un non justifié par le fait qu'officiellement nous n'avons pas connaissance de cette information. »

Un procédé confirmé par H. R. Haldeman, l'ancien conseiller de Nixon au moment de l'affaire du Watergate, qui note dans *The Ends of Power* que « la CIA a littéralement effacé toutes les connections entre l'assassinat de Kennedy et la CIA. En fait,

---

1. Une constante de l'Agence puisqu'un de ses membres sera pris en flagrant délit de vol de documents concernant l'assassinat de JFK lors de l'enquête du Congrès en 1978. Evidemment, la CIA niera toute responsabilité dans ce geste.

Angleton a téléphoné à Bill Sullivan[1], le numéro trois du FBI, et a répété avec lui les questions et les réponses à donner aux enquêteurs de la Commission Warren. »

Grâce à son impressionnant réseau de correspondants à l'étranger, la CIA se charge également de court-circuiter toutes les informations mettant en cause l'honnêteté de la Commission Warren. Un travail de sape et de désinformation destiné principalement aux presses française et italienne qui se montrent les plus critiques. La stratégie de la CIA est relativement simple. D'abord discréditer l'auteur en le présentant comme communiste et/ou homosexuel, puis, à l'aide des relais dont dispose l'Agence au sein même des rédactions, propager de fausses informations, comme la facilité du tir pour tuer Kennedy. Un mémorandum interne numéro 1035-960 « concernant les critiques émises contre le rapport Warren » est même largement distribué. Un autre document prouve également que la CIA était parfaitement introduite dans le monde de l'édition puisque, six mois avant sa sortie, les agents de la CIA en France possédaient un rapport complet sur le livre *Les Roses rouges de Dallas*, les points forts du livre y étant développés ainsi qu'un long argumentaire pour y répondre.

Contrôlés par le FBI, manipulés par la CIA, contraints au droit de réserve, sermonnés par le président Johnson lui-même, les membres de la Commission ne peuvent pas exprimer une autre vision que l'officielle. Pourtant, dans les années 70, sensibles aux nombreuses critiques fondées sur leur travail, certains ont osé parler. Ainsi le sénateur John Cooper exprimera, comme John McCloy et Richard Russell, de sérieux doutes sur la théorie de la balle magique. Russell encouragera même Harold Weisberg, un chercheur indépendant, à aller plus loin

---

1. En 1963, William Sullivan était à la tête de la division 5 du FBI. Un groupe en charge du contre-espionnage et renseignement domestique. Le 22 novembre 1963, dès 18 heures, Sullivan était en charge des aspects de sécurité interne et de la recherche sur le passé d'Oswald. En novembre 1977, une semaine avant d'être entendu par le Congrès, il meurt lors d'une partie de chasse. Touché en pleine tête à quelques mètres, Sullivan avait été pris « pour un daim » par son « meurtrier ». Sept autres témoins disparurent la même année dans des conditions tragiques.

en lui livrant ses archives personnelles. Le conseiller Wesley
Liebeler agira de même avec David Lifton. Quant à Hale
Boggs, c'est celui des membres de la Commission qui fut le plus
virulent avec le rapport. Quelques semaines avant le début de
l'enquête du Congrès, il promet sa pleine collaboration, doute
de la culpabilité d'Oswald et attaque le FBI tout en annonçant
avoir des documents compromettants pour le Bureau. Il n'aura
jamais l'occasion de les présenter puisque le petit avion de tou-
risme dans lequel il se trouve explose au-dessus de l'Alaska.
Son corps ne sera pas retrouvé. Sans renier le rapport qui porte
son nom, Earl Warren avouera que sur certains aspects la
Commission n'avait pas pu aller au bout des choses. En fait,
seuls Gerald Ford et Allen Dulles ne critiqueront jamais le
texte. Malheureusement, si cinq des sept membres de la
Commission se désolidariseront peu à peu de leur propre travail, aucun d'eux n'expliquera un point capital de l'enquête.
Pourquoi Lyndon Johnson, qui se tenait à une dizaine de
mètres de John Kennedy au moment de la fusillade, a-t-il refusé
de répondre à la Commission qu'il avait lui-même nommée
dans le but de trouver la vérité ?

Troisième Partie

Mort d'un Président

CHAPITRE 8

La Grande Manipulation

« Cette autopsie, c'était comme envoyer un enfant de sept ans qui a pris trois leçons de violon devant le New York Philarmonic et d'attendre de lui qu'il se mette à jouer une symphonie de Tchaïkovski. Il sait comment tenir le violon et l'archet mais a besoin de longues années d'apprentissage avant de faire de la musique. »

Docteur Milton Helpern, médecin chef de New York City, responsable de 60 000 autopsies.

« L'autopsie de Kennedy est extrêmement superficielle, bâclée, inepte, incomplète sur plusieurs niveaux, pas seulement de la faute des médecins qui ont commis cet horriblement inadéquat examen médico-légal, mais aussi de la part de beaucoup d'autres personnes. C'est un genre de " performance " qui n'aurait pas été toléré dans une affaire de meurtre classique dans la plupart des villes d'Amérique. »

Cyril Wecht, ancien président de l'American Academy of Forensic Medicine.

Pas de doute : l'enquête sur le meurtre de JFK est une tricherie de l'Histoire. Il est désormais certain que la Commission Warren a étouffé la vérité. Et par là même que Lyndon Johnson, le FBI, le Secret Service et la CIA ont collaboré à cette énorme manipulation ou l'ont provoquée.

Pourtant, une telle implication n'est pas forcément synonyme de participation au crime lui-même. Imaginons par exemple que, rapidement, les services américains aient acquis la certitude que JFK venait d'être victime d'un attentat commandité par les Soviétiques ou Cuba. Cette vérité-là, tragique dans le contexte particulier de guerre froide et de course au nucléaire, paraît tellement dangereuse pour la paix mondiale que, par souci de calme, Johnson décide la création et le contrôle de la Commission, que d'autres appuient les thèses du tireur isolé et de la balle magique, qu'enfin Oswald, victime expiatoire, se retrouve malgré lui, à titre posthume, héros de la nation. C'est d'ailleurs, comme nous l'avons vu et le développerons à nouveau, l'argument avancé par le nouveau Président pour convaincre les personnalités réticentes de rejoindre la future commission d'enquête. Dès lors, avec cet éclairage différent, les nombreuses faiblesses et tricheries du rapport deviennent plus faciles à comprendre, plus aisées à accepter.

Mais la réalité est tout autre. Ce ne sont ni Fidel Castro ni Nikita Khrouchtchev qui ont armé les assassins du trente-cinquième président des États-Unis. Si la Commission a réécrit l'histoire, c'est surtout pour protéger un système. Un système forcément illégitime puisque fondé sur un meurtre. Et quel meurtre ! Démontrer les tricheries de la Commission dans les semaines et les mois qui ont suivi le crime de Dallas n'établit pas totalement l'implication du gouvernement américain. En revanche, prouver une intervention dans les minutes et les heures qui ont suivi le crime, c'est condamner sans appel les véritables commanditaires. Dès lors, le déroulement étonnant de l'autopsie et les coupes réalisées dans les différents films de l'assassinat se révèlent autant de pièces à conviction désignant les véritables assassins du président Kennedy.

Le 22 novembre 1963, à 13 heures, les médecins du Parkland Memorial Hospital constatent le décès de JFK. Arrivé à

12 h 38, le Président a subi une trachéotomie et de nombreux massages cardiaques. À 13 h 30, Malcom Kilduff annonce son décès à la presse. Pendant ce temps, Johnson et sa suite ont rejoint l'aéroport de Love Field et embarqué à bord *d'Air Force One*. À 14 h 04, après un toilettage sommaire de la dépouille, JFK est placé dans un cercueil par Aubrey Rike et Dennis McCuire, deux employés des pompes funèbres, sous le contrôle du docteur Charles Crenshaw. Durant dix minutes, les hommes du Secret Service menés par Roy Kellerman s'opposent au médecin légiste de Dallas. Sous la menace des armes, après une bousculade et en totale violation des lois du Texas, le cadavre de JFK est transporté jusqu'à Love Field. À 14 h 18, le cercueil est installé à l'arrière d'*Air Force One*. Vingt minutes plus tard, Lyndon Johnson prête serment. L'avion présidentiel quitte Dallas à 14 h 47. À 18 heures, il se pose à la base d'Andrews de Washington. Le cercueil est alors placé dans une ambulance grise de la Navy. À son bord, Jackie et Robert, le frère de John. À 18 h 55, soit quarante-cinq minutes après avoir quitté Andrews, l'ambulance se présente à l'entrée de l'hôpital naval de Bethesda. Dix minutes plus tard, alors que la famille s'installe dans une chambre à l'étage, le corps de JFK est transporté en salle d'autopsie. À 20 heures, le cercueil est ouvert à la morgue. Un quart d'heure plus tard, la première incision est faite mais l'autopsie débute réellement à 22 h 30 pour se conclure vers minuit. À ce moment-là, le docteur James Humes, qui a conduit l'expertise, déclare que deux coups de feu ont touché Kennedy depuis l'arrière. Une annonce qui devient la position officielle des autorités américaines. Jusqu'à 3 heures du matin, le cadavre est préparé pour l'enterrement par une équipe des pompes funèbres Gawler. À 3 h 30, Roy Kellerman récupère les négatifs et les radios prises durant l'autopsie. Il les confie à Robert Bouck, agent du Secret Service en poste à la Maison-Blanche. Vingt-six minutes plus tard, JFK quitte Bethesda pour la Maison-Blanche. Comme à Dallas au moment de la fusillade, c'est l'agent William Greer qui conduit le véhicule.

Cette chronologie des événements est peut-être fastidieuse mais réellement capitale pour saisir correctement l'ampleur des trucages mis en route. Premier élément troublant, le cercueil et le « conditionnement » du corps du Président. Lorsque le cadavre de Kennedy quitte le Parkland Memorial, il repose dans un luxueux cercueil de bronze. C'est la même bière qui est débarquée à la base d'Andrews, mais ce n'est pas celle-ci que réceptionne l'officier de garde de Bethesda, Dennis David. À 18 h 40, soit quinze minutes avant que Jackie, Robert et le cercueil de Dallas se présentent à l'entrée de l'hôpital militaire, un corbillard noir (et non une ambulance grise) arrive depuis l'arrière de la morgue. Dennis David raconte : « C'était une Cadillac noire. Les docteurs Boswell et Humes étaient là. Il y avait aussi le chef du département médical de l'armée et le chef du département médical de l'armée de l'air. Deux grosses huiles. Boswell savait qu'il y avait deux cercueils. La Cadillac est arrivée depuis l'entrée est par Jones Bridge Road. C'est là que se trouve la porte de derrière. Six ou sept hommes accompagnaient le cercueil. C'était évident qu'il s'agissait de membres du Secret Service. Le cercueil était plein, cela se voyait aux difficultés qu'ils avaient pour le transporter. C'était un cercueil entièrement gris, en métal, sans aucun ornement. En fait, ce n'est pas dans ce style de cercueil que l'on enterre un corps, c'est juste une boîte intermédiaire[1] pour pouvoir transporter le cadavre[2]. » Une scène confirmée par Paul O'Connor, le préparateur du corps de JFK avant l'autopsie, lequel, ayant travaillé dans la morgue familiale depuis l'âge de quatorze ans, ajoute : « Nous étions en train de préparer la salle pour l'autopsie, lorsque nous avons entendu un hélicoptère s'approcher, faire un vol stationnaire puis une manœuvre pour atterrir. Je m'en souviens particulièrement bien parce que nous avons remarqué qu'il atterrissait à l'arrière de Bethesda et non à l'avant comme d'habitude. Quelque temps après, Dennis David et son équipe se sont chargés de la réception d'un corbillard

_____

1. En VO : *shipping casket*.
2. *Washington News Sun*, 1er mai 1975.

noir. Le cercueil a été livré à la morgue. C'était un cercueil provisoire en métal gris[1]. » Donald Rebentisch, membre de l'équipe de Dennis David, confirme également cette version dans l'édition du 23 janvier 1981 du quotidien *Grand Rapids Press*. Interrogé par David Lifton avant la sortie de *Best Evidence*, autrement dit avant le témoignage de son supérieur, Rebentisch a donné la description du cercueil et du corbillard. Il a aussi certifié que le corps de JFK était arrivé aux alentours de 18 h 40. En somme, si l'on en croit Lifton, O'Connor mais aussi d'autres témoins, le corps de JFK est à Bethesda avant son arrivée officielle et dans un cercueil qui n'est pas celui de Dallas. O'Connor mais aussi Jerrol Custer, un technicien en radiologie, ouvrent même la bière grise contenant le corps de JFK alors que Jackie est encore sur la route menant à l'hôpital militaire ! Impossible, diraient certains ? Eh bien si, un document officiel confirme en effet l'utilisation de deux ambulances et de deux cercueils. Le 18 janvier 1978, le lieutenant Richard Lipsey est interrogé sous serment par Donald Purdy et Mark Flanagan, deux membres de l'équipe d'enquête du Congrès : « Lipsey commence l'interview en mentionnant qu'il a signé un document une semaine après l'assassinat lui interdisant de révéler des informations concernant l'autopsie sous peine de poursuites. Il croit que cette interdiction est valable pour une durée de quinze ans. [...] Lipsey précise que cet ordre formel provenait du colonel Holden. Lipsey a accepté de collaborer et de nous donner toutes les informations en sa possession. [...] À Washington, il était l'aide du général Wehle. Il dit que le bureau de Wehle était en charge de l'ensemble des cérémonies militaires à Washington. Après le crime, Lipsey raconte que lui et Wehle étaient à la base d'Andrews au moment où le corps y était et au moment où il a été placé dans un corbillard pour être transporté à l'hôpital militaire de Bethesda. Lipsey mentionne également que lui et Wehle se sont rendus à Bethesda en hélicoptère pour se charger de la réception de JFK par l'entrée arrière de l'hôpital. Un ambulance servant

---

1. Noel TWYMAN, *Bloody Treason, op. cit.*

d'appât roulait en direction de l'entrée principale. Après avoir transporté le corps à l'intérieur de Bethesda, Lipsey dit avoir vu Jackie Kennedy et la famille entrer par la porte principale de Bethesda[1]. »

Plus troublant encore, l'état du cadavre qui arrive ne correspond pas à celui de Dallas. Ainsi, Paul O'Connor poursuit : « Alors, nous avons ouvert le cercueil et à l'intérieur il y avait un *body-bag*[2] fermé contenant le corps du Président. Nous l'avons pris à plusieurs et l'avons mis sur une table. Ensuite quelqu'un a ouvert le sac de la tête vers les pieds. J'étais au niveau de la tête. Le corps était nu avec un drap enroulé autour de la tête. Un drap recouvert de sang [...] c'est moi qui ai déroulé le drap. Je crois que Humes ou Boswell m'ont aidé[3]. »

Jerrol Custer, qui se trouve à quelques dizaines de centimètres de la table, confirme que le Président était entièrement nu à l'exception d'un drap taché de sang autour de la tête. Pourtant Aubrey Rike, Dennis McCuire et le docteur Charles Crenshaw à Dallas, lesquels ont assisté à la fermeture du cercueil, sont formels : le cadavre était enroulé dans des draps et sa tête protégée par deux serviettes grises portant les initiales brodées de l'hôpital de Parkland. Quatre infirmières et un infirmier se sont même occupés de la préparation du corps – Pat Hutton, Diana Bowron, Doris Nelson, Margaret Hencliffe et David Sanders – qui ont tous déclaré sous serment avoir lavé le corps avant de le recouvrir de drap[4]. Ensuite,

---

1. Document découvert aux Archives nationales en 1994 par Anna Marie Kuhns-Walko. Lipsey, qui a vu le cadavre, est certain d'avoir comptabilisé au moins trois blessures et non deux comme le prétend la Commission Warren.

2. Sac en plastique noir à fermeture éclair pour le transport des corps. Les *body-bags* ont été largement utilisés au Vietnam.

3. Noel Twyman, *Bloody Treason, op. cit.*

4. Ces dépositions sont intéressantes à de nombreux titres. On remarque par exemple que la Commission ne demande jamais à ces témoins privilégiés où étaient et à quoi ressemblaient les blessures de JFK. Une absence compréhensible car, lorsqu'ils furent interrogés dans la presse, le signalement donné correspondait à un tir de face et décrédibilisait complètement les conclusions de l'autopsie. Autre élément, aucun médecin de Dallas n'a signalé la blessure dans le dos du Président. Assez justement, la Commission conclut qu'affairés aux procédures d'urgence ils n'ont pas eu le temps ni la nécessité de retourner le corps. Mais alors, que faire

avant de le glisser dans le cercueil, ils ont installé un drap de plastique dans le fond pour ne pas tacher le satin blanc. C'est Margaret Hencliffe, avec l'aide de Diana Bowron, qui a emballé précautionneusement la tête du Président dans deux serviettes en éponge du Parkland Memorial Hospital. Dans une interview au *Boston Globe* en 1981, elle livre même un autre détail qui ne cadre pas avec le cadavre de Bethesda : JFK n'était pas nu car, par déférence et pudeur, les infirmières ne lui avaient pas retiré son caleçon.

De son côté, le capitaine John Stover, en charge du commandement de l'hôpital de Bethesda le soir du 22 novembre, déclare en 1980 s'être occupé « de certaines mesures de sécurité. Je ne me souviens pas s'il y avait deux ambulances. Je peux facilement croire qu'une telle procédure pour éloigner les curieux ait été utilisée. [...] Par contre, je pense me souvenir qu'il y avait un *body-bag*. Je me souviens avoir vu un *body-bag*... Je crois me souvenir avoir vu un *body-bag* fermé [1]. »

O'Connor, Rebentisch, David, Custer peuvent-ils se tromper ? Dans ces instants où tout va trop vite, où l'événement est d'importance, l'apparence d'un cercueil est-elle vraiment un détail qui attire l'attention ? Il faut croire que oui puisqu'une information, racontée séparément par ces quatre hommes qui ne se connaissent pas, confirme que la dépouille de JFK a été transportée dans un autre cercueil que celui dans lequel elle a été placée à Dallas. Rebentisch précise ainsi que, quelques minutes après avoir déchargé le cercueil gris, il remonte au niveau de l'entrée principale de l'hôpital. Là, il se rend devant les ascenseurs pour rejoindre les étages. Alors qu'il attend, il aperçoit Jackie et Robert Kennedy en train de descendre de l'ambulance de la marine où se trouve officiellement le corps de JFK. Avant que les portes de l'ascenseur se referment, il aperçoit des soldats en uniforme d'apparat se presser autour de la voiture. À 19 h 05, Dennis David, qui a

de cinq témoins qui ont entièrement lavé le corps de Kennedy sans remarquer l'entrée de la balle magique ?

1. David LIFTON, *Best Evidence*, op. cit.

rejoint son bureau au deuxième étage de Bethesda, se penche
à sa fenêtre, attiré par l'agitation liée à l'arrivée de Jackie et
de Robert Kennedy. Il y a pourtant déjà vingt minutes que le
cadavre de John Kennedy repose à la morgue. Une minute
plus tard, Jerrol Custer, escorté par un membre du Secret
Service, se rend au laboratoire situé dans un des étages de
l'hôpital pour y développer les radiographies qu'il vient de
prendre du corps. Au moment où il arrive dans le hall d'accueil, il croise Jackie et ses proches. Custer vient de travailler
plus de quinze minutes sur un corps qui est encore officiellement dans une ambulance stationnée dans la cour de l'hôpital
militaire de Bethesda. Paul O'Connor se souvient du retour
à la morgue de Jerrol Custer : « Lorsqu'il est revenu dans la
pièce, Custer était comme excité. Nous attendions que l'autopsie débute réellement après les examens de routine. Et là,
il me dit : "Devine qui je viens de voir..." et je lui réponds :
"Qui donc ?", et il me dit : "Jackie Kennedy en train d'entrer
dans l'hôpital[1]." »

Une telle concordance de témoignages laisse peu de place
au doute. Si le corps de JFK a été substitué et placé dans
un autre cercueil, cela implique des complicités au niveau du
Secret Service et de l'entourage de Lyndon Johnson. Car, où,
autre part que dans *Air Force One*, le cadavre du Président
assassiné a-t-il été manipulé ? En effet, lorsque l'on étudie la
chronologie depuis la mise en bière du Président en présence
de nombreux témoins, la seule possibilité d'une intervention
se situe dans l'avion. À 14 h 18, le cercueil de bronze est
monté à bord. Depuis son départ de Parkland, Jackie et le
général McHugh ne l'ont pas quitté. À 14 h 47, le Boeing
quitte l'aéroport de Love Field. Entre-temps, un seul et
unique événement a permis l'enlèvement de JFK : la cérémonie du serment de Lyndon Johnson. À 14 h 38, Johnson jure
sur la bible de Kennedy de servir son pays. Ces quatre
minutes comptent autant dans l'assassinat de JFK que la
fusillade de Dealey Plaza. À ce moment-là, Kennedy est « dé-

---

1. Noel TWYMAN, *Bloody Treason, op. cit.*

finitivement » mort. Et d'un coup, l'inexplicable devient aisé à comprendre. Lorsque Jackie et les proches de JFK arrivent à Love Field, ils sont surpris, voire excédés de constater que Johnson et les siens se sont déjà installés à bord d'*Air Force One*. Quand, moralement épuisée, Jackie rejoint sa chambre à coucher, elle tombe sur LBJ négligemment allongé sur le lit. Ce qui passe de prime abord pour un manque évident de délicatesse du rustre Texan est en vérité l'étape d'un plan établi à l'avance. Peu importe la provenance des coups de feu, peu importe la future découverte du film de Zapruder, peu importe Lee Harvey Oswald, les conspirateurs savent qu'impérativement le Président doit être victime d'un seul tireur. Et de fait, la substitution de son corps pour maquiller ses blessures devient inévitable. À 13 heures, lorsque Johnson apprend la mort de son prédécesseur, il demande personnellement à Malcom Kilduff de différer l'annonce du décès d'une demi-heure. Officiellement ce délai lui permet de rejoindre tranquillement Love Field. Mais, en fait, ces trente minutes lui sont utiles pour faire transférer l'ensemble de ses bagages *d'Air Force Two* à *Air Force One*. L'installation de Johnson dans *Air Force One* surprend d'ailleurs l'équipage du Boeing qui aurait aimé offrir ce dernier vol au président Kennedy. Pour une partie des proches de JFK, le geste de LBJ est ressenti comme une trahison et un manque de respect au défunt. Surtout, personne ne comprend la raison de ce changement. En effet, *AF1* et *AF2* proposent les mêmes prestations. À l'exception, comme nous le verrons, d'un détail essentiel pour les conspirateurs.

Autre geste inexpliqué, le comportement de Johnson une fois à bord du Boeing. Détendu, soucieux de son apparence physique, il interdit à l'avion de décoller. Il faut, dit-il, attendre le corps de Kennedy. Puis il décide de prêter serment avant de quitter Dallas et ordonne la convocation d'un juge ami, Sarah Hughes. Lorsque les conseillers politiques de Kennedy arrivent à Love Field, ils ne comprennent pas pourquoi LBJ est toujours là. Car pour eux, à ce moment de l'après-midi, l'assassinat de JFK fait peut-être partie d'un complot ennemi destiné à déstabiliser le pays, complot qui

pourrait viser le nouveau président Johnson comme prochaine cible. Seuls les organisateurs du crime peuvent donc
prendre ce risque qui n'en est plus un. En fins connaisseurs
de l'appareil politique américain, Dave Powers et Kenny
O'Donnell s'en ouvrent au Texan. Pour eux, rester à Dallas,
c'est courir le risque de voir le pays paralysé. Un argument
qui n'atteint guère Johnson puisqu'il répond que c'est Robert
Kennedy lui-même qui a demandé à Johnson d'attendre.
Mieux encore, l'attorney général a suggéré qu'il serait plus
juste que le nouveau Président prête serment avant de décoller. À 14 h 30, deux heures exactement après les coups de
feu de Dealey Plaza, le juge Hughes est à bord ; trois minutes
plus tard, la cérémonie débute pour s'achever à 14 h 38. C'est
pendant ce laps de temps que le corps du Président est sous-
trait de son cercueil.

Premier indice, les mensonges de LBJ. Les témoignages de
Powers, d'O'Donnell, de Robert Kennedy et de deux de ses
conseillers sont formels : le frère du Président décédé n'a
jamais suggéré au Texan de rester à Love Field et de prêter
serment dans *Air Force One*. En fait, il s'agit du contraire. Les
enregistrements d'une partie des conversations téléphoniques
du Boeing présidentiel prouvent que Bobby a demandé plusieurs fois à Johnson de rejoindre Washington[1]. Et ce parce
que, JFK mort, LBJ devient automatiquement Président, la
cérémonie de serment n'étant qu'un geste symbolique. C'est
donc Johnson lui-même qui a pris l'initiative de bloquer
l'avion pendant plus d'une heure trente.

Autre élément étonnant, l'état du cercueil au moment de
son embarquement à Love Field et son arrivée devant les
caméras de télévision à Washington. Les photographies et les
images ne laissent pas de place au doute : neuf à Dallas, il
porte très nettement des marques de coups au niveau d'une

---

1. *Radio Communications from Air Force One*, transcrites par Bill Kelly, JFK Lancer Publications, 1996. Il faut noter que les transcriptions et les enregistrements
des conversations téléphoniques de LBJ à bord d'*Air Force One* dans les minutes
qui ont suivi son arrivée, dont une communication avec Hoover, sont aujourd'hui
encore « introuvables ».

des ouvertures à Andrews. Exactement comme si quelqu'un avait tenté de le forcer. Et puis, comment ne pas tenir compte des cinq témoignages relevés par William Manchester dans son ouvrage *Mort d'un Président*. L'auteur, pourtant convaincu par la Commission Warren et écrivant à la suite d'une demande de Jackie Kennedy, raconte qu'au moment du décollage cinq passagers dont le général McHugh ont remarqué des agents du Secret Service jaillir de sous l'appareil juste avant qu'il entame la manœuvre. Exactement comme s'il sortait du ventre du Boeing. Un détail certes, mais déterminant. Les plans et les coupes d'*Air Force One* et d'*Air Force Two* se ressemblent à l'exception d'une unique différence. Sous le plancher d'*Air Force One* court un long et grand compartiment de rangement. Cette zone cargo, climatisée et éclairée, possède deux issues. Une première sous le ventre à l'opposé des sorties du Boeing, et une seconde, au niveau du couloir passager. Cette trappe dissimulée sous le tapis se trouve à moins d'un mètre du cercueil de JFK. Un emplacement en queue d'appareil choisi et préparé, puisqu'il a fallu démonter des fauteuils [1], par le Secret Service !

Reste un dernier point à résoudre pour transporter le corps du Président dans la soute de l'avion : le temps. C'est ici qu'entrent en jeu Lyndon Johnson et sa décision d'organiser à bord d'*Air Force One* la cérémonie de prise de pouvoir. À 14 h 30, LBJ demande que l'ensemble des passagers du Boeing se regroupe dans l'étroite salle de conférences pour la cérémonie. Au bout d'une minute, alors que Jackie est restée avec le corps de son époux, le Texan insiste pour que la veuve soit à ses côtés, afin, plaide-t-il, de marquer la continuité du pouvoir. Aussi, une amie de Jackie est-elle envoyée à l'arrière pour lui demander de venir. Quelques secondes plus tard, l'ex-Première Dame du pays se présente. Immédiatement Johnson et Lady Bird font part de leur sympathie et de leur tristesse. Au même moment, des agents du Secret Service

---

1. L'épisode de la préparation de l'endroit où est déposé le cercueil est raconté par plus de trente témoins dans différents ouvrages dont *Mort d'un Président* de William Manchester et *The Day Kennedy was Shot* de Jim Bishop.

s'assurent que plus personne ne se trouve à l'arrière de l'avion, là où repose le corps de JFK, et ferment les portes d'accès de la salle de conférences [1]. Avant d'ouvrir la cérémonie, Cecil Stoughton commence une première séance de photographies.

Il prend dix-neuf clichés. À 14 h 38, Johnson, avec à ses côtés son épouse et Jackie portant encore sa robe tachée de sang, prête serment. Puis, soulagé, il se retourne sur sa droite et adresse un sourire au député Thomas qui lui répond par un clin d'œil [2]. Pendant au moins six minutes, personne ne se trouve près du cercueil du Président. Le général McHugh a pour sa part déclaré n'avoir jamais quitté le cercueil y compris durant le temps de la cérémonie. Un témoignage largement contredit par les événements. D'abord, le rapport de Kivett est formel : personne ne se trouvait à l'arrière. Ensuite, l'ensemble des passagers a assisté au coup de colère du général ne comprenant pas pourquoi *Air Force One* ne décollait pas. Lorsque dans la zone réservée à la presse, du côté opposé de l'endroit où se trouve JFK, on lui apprend la volonté du nouveau Président, il hurle : « Je n'ai qu'un seul Président et il repose au bout de ce couloir ! » Ensuite, le général se rend dans la cabine de pilotage de Jim Swindal et menace de prendre lui-même les commandes du Boeing. Grâce à l'ensemble de ces témoignages, on peut affirmer que McHugh n'était pas près du corps de Kennedy de 14 h 18 à 14 h 32. Au même moment, Jackie se trouvait, elle, dans son cabinet de toilette. Johnson en personne lui avait assuré que le juge Hughes ne serait pas là avant une heure et que l'avion décollerait ensuite. Les transcriptions de la radio de bord prouvent que l'arrivée du juge d'ici moins de cinq minutes avait été annoncée à LBJ. Reste donc en théorie deux personnes veillant le corps, Kenneth O'Donnell et Larry O'Brien. Mais leurs dépositions devant la Commission Warren informent qu'à ce moment-là les deux conseillers de Kennedy sont

---

1. Rapport de l'agent Jerry Kivett, membre de l'escorte de Lyndon Johnson. Kivett s'est chargé lui-même de « vérifier qu'aucun passager ne se trouvait à l'arrière de l'avion ».
2. Voir le cahier iconographique.

convoqués dans la salle de conférences par... Lyndon Johnson qui les informe pendant près de dix minutes de la situation et des soi-disant décisions de Robert Kennedy. En clair, cela signifie que pendant quatorze minutes aucune surveillance n'a été exercée sur le cadavre. Au total, si l'on ajoute le temps pris par la cérémonie, le cercueil de JFK a été accessible durant vingt minutes. Un laps de temps largement suffisant pour ouvrir la bière, retirer le corps, le faire glisser par la trappe et l'emballer dans un *body-bag*. Mieux encore, les deux opportunités offertes par LBJ ne sont peut-être pas un hasard. Les images de l'arrivée du corps de Kennedy sur la base d'Andrews ne mentent pas. Le cercueil ne semble pas vide puisqu'il est transporté avec difficulté [1]. Les six minutes du serment ont-elles servi aux conspirateurs pour glisser un autre cadavre à la place de JFK ?

La réponse à cette question réside sûrement dans deux faits. D'abord, le considérable travail de recherche de Vince Palamara. Spécialisé dans le Secret Service, il a découvert en 1997 qu'un agent de ce département avait été tué à Dallas le 22 novembre 1963. L'origine de l'information n'est pas récente. Dans l'heure qui suit l'annonce du décès du Président, Eddie Barker de KRLD-TV, une filiale de CBS, rapporte que « le Président a été assassiné, un de ses agents est mort et que le gouverneur Connally est blessé ». Au même instant, ABC News en direct de Washington constate « qu'un agent du Secret Service a été apparemment touché par une balle ». Sur place, à Dallas, Bill Lord « confirme la mort d'un agent du Secret Service. » À 12 h 45, un flash d'Associated Press mentionne également ce décès. À 13 h 23, sur le réseau national de CBS, Walter Cronkite annonce qu'un « homme du Secret Service a également été tué ». Seth Kantor, le journaliste qui rencontre Jack Ruby au Parkland Memorial Hospital, écrit dans son cahier de notes : « Il y a également un mort au Secret Service. » Le carnet sera versé plus tard comme pièce a conviction lors de l'enquête de la Commis-

---

1. Il faut néanmoins préciser qu'Aubrey Rike a déclaré que même vide ce cercueil luxueux pesait vraiment très lourd.

sion. À 14 h 14, Associated Press confirme sa première
dépêche. Vingt-six minutes plus tard, la nouvelle est annoncée sur la fréquence deux de la police de Dallas. Les enregistrements découverts récemment permettent d'en savoir plus :
« Un des hommes du Secret Service sur le terrain – sur Elm
et Houston – dit qu'il vient de recevoir un télétype lui confirmant qu'un des agents a été tué. » Interrogé par des journalistes, le porte-parole du Secret Service à Dallas répond : « Je
ne peux confirmer ni nier la nouvelle. J'entends juste la même
histoire que vous. » Enfin, à 15 h 40, de Washington, Robert
Wallace, l'assistant du secrétaire d'État au Trésor annonce :
« Aucun homme du Secret Service n'a été blessé durant l'attaque du Président. » Un démenti laissant la porte ouverte à
la spéculation puisque limité à la fusillade de Dealey Plaza et
mentionnant une blessure et non un décès[1]. Mais Palamara,
qui a tenté de rencontrer l'ensemble des membres du Secret
Service en faction en 1963, a dévoilé qu'effectivement un
agent avait été tué à Dallas ce jour-là : « Mark Crouch était
le meilleur ami et le confident d'un agent du Secret Service,
James Fox. Et Fox lui a dit que c'était vrai. Le 22 novembre,
Fox était au quartier général du Secret Service à la Maison-
Blanche. Son supérieur, Robert Bouck, lui a demandé de
tenir prête une équipe de quatre à six agents pour réception-
ner le corps d'un des agents du Service. Fox a insisté là-dessus pour que Crouch saisisse parfaitement le poids de ses
mots : "Nous avons perdu un de nos hommes ce jour-là, un
des nôtres..." Quelque temps après sa confession, Fox est
mort et Crouch considère que son ami a libéré sa conscience
en lui racontant cette histoire[2]. » Cette confirmation agit
comme un véritable déclic sur Palamara : « J'ai décidé de me
spécialiser et d'essayer de trouver qui était cet agent sans nom
et probablement mort. Après avoir examiné le parcours de
tous les agents présents lors du voyage au Texas, je suis arrivé
à la conclusion que Dennis R. Halterman, membre de l'es-

---

1. Chronologie établie par Vince Palamara dans son livre *The Third Alternative*,
JFK Lancer Publications, 1997, et entretien avec l'auteur.
2. Vince PALAMARA, *The Third Alternative, ibid.*, et entretien avec l'auteur.

corte présidentielle, pourrait être l'agent tué à Dallas le 22 novembre. Halterman apparaît sur le rapport d'attribution des postes établi à la fin de la journée du 21 novembre à San Antonio. Et puis, il disparaît. Plus aucun document ne fait état de sa présence à Dallas ou à Washington. Sam Kinney, un de ses collègues, m'a confirmé que Halterman était décédé peu de temps après la mort de JFK. Mais il n'a pas voulu en dire plus [1]. »

Les carnets de Seth Kantor apportent une autre piste quant à l'identité de l'agent décédé : « À Parkland Hospital, une infirmière demande à un membre de Western Union s'il est vrai qu'un agent du Secret Service a été assassiné dans les rues. Il répond que c'est vrai. Cette histoire est une des premières et des plus solides rumeurs qui a vu le jour. Cela prendra plusieurs jours pour que les gens de Dallas refusent d'y croire (source de l'information : ami de chez Jaggars-Chiles-Stovall [2] qui a eu l'information d'un employé des postes qui se trouvait sur les lieux du crime au moment du tir). » Penn Jones, un des premiers chercheurs indépendants, a livré dans son propre magazine consacré au meurtre de JFK, *The Continuing Inquiry* du 22 janvier 1977, une copie d'une lettre reçue par le procureur Garrisson au moment du procès de Clay Shaw : « Monsieur Roberston, assistant du directeur du Secret Service de Dallas et de Forth Worth, a confié à un ami très proche en 1963 qu'un complot pour assassiner le président Kennedy était en marche et qu'il refusait d'en faire partie. Le 22 novembre 1963, mon ami était dans le bureau de Roberston lorsque tous les téléphones se sont mis à sonner. C'était au moment où Kennedy atterrissait à la base militaire de Carsewell à Fort Worth. Alors Roberston a dit : "Bon, c'est maintenant...", et il a quitté son bureau. Depuis ce moment, les sept enfants de Roberston et sa femme n'ont plus eu de ses nouvelles, bien que son salaire arrive toujours. » Jones associé à Gary Shaw a tenté d'en savoir

---

1. *Ibid.*
2. Cette firme est un laboratoire photographique de Dallas travaillant principalement pour l'armée de l'air pour laquelle elle effectue des reproductions de plans top secret. Lee Harvey Oswald a travaillé quelques semaines pour Jaggars-Chiles-Stovall.

un peu plus dès 1965 : « Notre enquête nous amène à penser que Roberston était bien à Dallas en novembre 1963 comme inspecteur des postes. Nous avons également appris par des journalistes de Dallas que quelque chose d'inhabituel s'est passé sur Harwood Street, un peu avant le virage sur Main Street au moment du défilé. Aucun des journalistes n'a voulu être cité mais ils nous ont raconté qu'un homme s'est précipité vers la voiture de Kennedy en criant : "Stop, je dois vous le dire." L'homme a été rapidement ceinturé et balancé sur le sol. » Des éléments de poids soutiennent cette version. D'abord, la lettre citée par Jones existe réellement. Elle est datée du 21 février 1968 et n'est pas un document anonyme puisque signée par Amy Britvar du quartier de Turtle Creek à Dallas. Ensuite, un rapport du département du Trésor en date du 17 janvier 1980. Joseph Forrester, responsable de la section US Customs au département, écrit à l'attorney général Benjamin R. Civiletti : « Mon intérêt dans le meurtre de Kennedy a débuté en 1966, par la rencontre d'un sergent de l'US Air Force à l'hôpital naval St. Albans, dans le Queen à New York. Ce sergent, un homme âgé, souffrait d'un cancer en phase terminale. Il m'a déclaré que le 22 novembre 1963 il était attaché à *Air Force One* en tant que technicien en électronique. Après avoir reçu un message annonçant que l'on avait tiré sur le Président, un autre message a été reçu sur la fréquence militaire. Il disait que plusieurs assassins avaient attaqué Kennedy[1]... De plus, un agent du Secret Service, Mr. Roberston, en poste dans la zone de Dallas-Fort Worth a disparu le 22 novembre 1963 bien que sa famille continue de recevoir son salaire. La disparition d'un individu n'est pas inhabituelle sauf qu'il a été dit que Roberston était au courant d'un complot dans le but d'assassiner le Président. » Le 31 janvier 1967, Vince Salandria du Secret Service rédige un mémorandum à la suite de sa rencontre avec Rita Rollins, une infirmière de la Navy : « Le nom de la personne à Dallas est Inez Roberston. Chuck Roberston, son mari, travaillait au bureau de poste. Inez Roberston a vu

---

1. La presque totalité des enregistrements des messages suivant l'annonce de l'attentat contre JFK sont introuvables.

des hommes armés. Un homme tenait un fusil. Il était grand avec de longs cheveux gris ou blancs. Il était installé dans une *station wagon*. C'était une Rambler. Il les a conduits à l'aéroport... Cet homme était à Dallas le jour précédant l'assassinat de Kennedy... Cet épisode a causé des frictions entre Chuck et Inez Roberston. Chuck Roberston n'est plus à Dallas[1]. » Roberston est-il l'agent des postes mentionné par Kantor et ayant assisté au meurtre d'un homme du Secret Service ? Ou est-il la victime remplaçant JFK à bord d'*Air Force One* ?

Un autre événement étrange se déroule le 22 novembre 1963 à Bethesda. Paul O'Connor et deux autres de ses compagnons se souviennent que la pièce voisine de la salle où s'est déroulée l'autopsie du Président était réservée pour un autre corps. Si O'Connor se souvient de ce détail, c'est parce qu'il s'agissait du cadavre d'un major de l'armée de l'air qu'il fallait préparer pour son enterrement[2]. Bethesda ne traitait d'habitude que les membres de la marine. Ce qu'ignorent O'Connor, ses deux collègues et William Manchester, c'est que nulle part dans les archives de Bethesda ne figure l'admission d'un autre cadavre le soir du 22 novembre, ni une autopsie pratiquée sur un membre de l'US Air Force durant l'ensemble de l'année 1963, ou encore un permis d'inhumation.

Quoi qu'il en soit, que le cadavre de JFK ait été remplacé ou pas, il est certain que Kennedy a effectué son dernier voyage dans la zone cargo d'*Air Force One*. Sinon, comment expliquer que ses blessures ne soient pas les mêmes à Dallas et à Bethesda ? Le vol du corps n'a qu'un seul but : rendre plausible la thèse du tireur solitaire en maquillant les lésions du Président. Avant de démontrer l'incroyable, c'est-à-dire une manipulation *post mortem* de la dépouille du trente-cinquième président des États-Unis, il faut répondre à une question : comment Kennedy a-t-il été évacué d'*Air Force One* ? C'est Craig Roberts, le tireur d'élite, soldat de carrière, sur-

---

1. Documents retrouvés par Jack White, John Amstrong et Vince Palamara.
2. William Manchester et certains journaux de l'époque citent cet épisode.

pris par l'angle de tir de Lee Harvey Oswald, qui a trouvé la réponse : « Alors que les caméras étaient braquées sur la descente du cercueil de bronze pour être placé dans l'ambulance grise de la Navy, quelque chose se passait de l'autre côté de l'avion. Un hélicoptère faisait chauffer son moteur pour un décollage. Le corps du Président est embarqué dans son cercueil de transport et, pendant que le monde pleure en voyant les images de Jackie et de Robert, le cadavre de Jack s'envole pour être opéré[1]. » Roberts n'est pas un romancier à l'imagination débordante. De nombreuses preuves confirment son explication. Ainsi, un des reporters, décrivant la cérémonie de retour du corps, commente, alors qu'*Air Force One* prépare son atterrissage : « Nous voyons le jet du Président arrivé. À ses côtés, un hélicoptère de l'armée. » Une procédure dangereuse et strictement interdite. Mieux encore, à écouter les différents reportages effectués en direct lors de l'arrivée du cercueil de Kennedy, on découvre le son d'un rotor d'hélicoptère. Très clairement, alors qu'il est invisible à l'image, on peut distinguer deux phases différentes. Une première stationnaire et une seconde ascendante puis de plus en plus faible. La configuration d'Andrews, la faible portée des micros des reporters, l'emplacement des caméras de télévision ne laissent qu'une place possible pour l'hélicoptère : tout contre *Air Force One*. Autre point : un médecin de l'hôpital militaire, Walter Reed, raconte que le 22 novembre au soir, juste après 18 heures, un hélicoptère a atterri sur le toit de l'hôpital. Intrigué par cette arrivée non annoncée et par le fait que cela faisait des semaines qu'aucun engin n'avait utilisé l'héliport, il remarque qu'une longue boîte en métal gris, d'une taille suffisante pour contenir un cadavre, est débarquée et conduite vers la morgue. Un peu moins de vingt minutes plus tard, la caisse métallique est remise à bord de l'hélicoptère qui décolle en direction du nord-ouest, là où se trouve... Bethesda. Comme nous l'avons vu, Dennis David, Jerrol Custer, Paul O'Connor et Donald Rebentisch ont remarqué l'arrivée d'un hélicoptère quelques minutes avant

---

1. Entretien avec l'auteur.

la réception du cadavre de JFK. Une chronologie troublante mais pas impossible. Le trajet en hélicoptère entre la base d'Andrews et Walter Reed ne prend pas plus de six minutes. Ce qui laisse près d'une demi-heure pour altérer le corps du Président et le transférer à Bethesda. Les pièces du puzzle s'imbriquent parfaitement. À Dallas, grâce à l'intervention du Secret Service et à la complicité de Lyndon Johnson, le cercueil de Kennedy a été forcé, son corps placé dans une bière provisoire et dissimulé dans une cachette propre à *Air Force One*. À Andrews, alors que l'attention de tous est braquée sur l'arrivée de JFK, son cadavre est évacué par l'arrière et embarqué à bord d'un hélicoptère. Six minutes plus tard, il arrive à Walter Reed et est transporté à la morgue. Pendant vingt minutes, un chirurgien militaire opère le corps du Président et fait disparaître les indices permettant de prouver la présence de plusieurs tireurs. À 18 h 40, le cadavre de JFK arrive à Bethesda par la voie des airs alors qu'il se trouve encore officiellement dans l'ambulance de la Navy traversant Washington. Cinq minutes plus tard, Jerrol Custer, Curtis Jenkins, Paul O'Connor et deux agents du FBI se trouvent aux côtés d'un cadavre. Ils ne le savent pas encore mais il porte des blessures qui ne sont plus celles qui ont été observées à Dallas.

Avant de se plonger dans l'étude des lésions de JFK et de leur manipulation à Walter Reed, il faut faire une remarque d'ordre logique. Même si le vol du cadavre de Kennedy paraît énorme, il est beaucoup plus facile à mettre en place que l'organisation d'une autopsie erronée à Bethesda. La première étape nécessite peu de complicité tandis qu'une manipulation orchestrée lors de l'examen médico-légal implique des dizaines d'intervenants.

Le 22 novembre 1963, juste après 19 h 45, Jerrol Custer et Paul O'Connor découvrent le cadavre de leur Président. Les deux hommes sont impressionnés par l'importance de sa blessure à la tête. O'Connor, qui est à moins d'un mètre du corps, raconte : « J'ai enlevé le tissu qui entourait sa tête. Je me trouvais du côté droit de sa tête. J'ai observé sa blessure, c'était un énorme et profond cratère. Cela partait juste au-dessus du début du cuir chevelu et descendait presque jusqu'à sa nuque. Il n'y avait plus rien. C'était un énorme trou aux formes irrégulières. Je n'en revenais pas. Je ne pouvais pas décrocher mon regard de ça. Je n'avais jamais rien vu de tel de toute ma vie et je n'ai jamais rien vu de tel depuis. C'était comme si une bombe avait explosé à l'intérieur de son crâne. Nous avons remarqué que le reste de son crâne, la partie présente, était également fracturé en plusieurs morceaux. En fait, la totalité de son crâne avait des fractures. C'était comme si quelqu'un avait pris un œuf dur et l'avait écrasé sur le sol. Cela fait des milliers de fractures. Une grosse partie du cuir chevelu était arraché, on pouvait voir à l'intérieur de sa tête. Un morceau de son crâne ne tenait plus que par un minuscule point d'attache. Il est tombé durant l'autopsie[1]. » Une impression confirmée par Jerrol Custer : « La blessure à la tête était vraiment énorme. Je pouvais y passer mes deux mains, d'accord ? Son œil droit était légèrement sorti de son orbite. C'était la seule blessure visible sur son visage[2]. » Un troisième homme, James Jenkins, technicien de laboratoire âgé de dix-neuf ans[3], assiste également à l'ouverture du *body-bag* : « Dès que je l'ai vu, j'ai compris que c'était un tir de face. Je ne m'y connais pas en balistique, mais lorsque vous travaillez sur des blessés par balle, vous apprenez vite que la balle fait un petit trou à l'endroit où elle entre et un beaucoup plus gros à sa sortie. Kennedy avait un énorme trou à l'arrière de la tête. Au moins un tiers de son crâne était manquant. La partie restante était fragmentée, comme si la tête avait implosé[4]. » La version des trois hommes est intéressante à de nombreux titres. D'abord, comme nous le verrons, elle contredit formellement les différents clichés de l'autopsie.

---

1. Noel TWYMAN, *Bloody Treason, op. cit.*
2. Harrison Edward LIVINGSTONE, *High Treason II*, Carroll & Graff, New York, 1992.
3. Son jeune âge n'empêche pas Jenkins d'avoir une déjà longue expérience des blessures par balles. Avant de rejoindre l'armée, il était infirmier aux urgences d'un hôpital de Floride, « où chaque samedi soir, la fête se terminait en fusillade ».
4. David LIFTON, *Best Evidence, op. cit.*

Ensuite, ces témoignages s'opposent aux souvenirs des médecins de Dallas.

Ainsi le docteur Charles Carrico déclare : « Il y avait un grand – assez grand même – trou à l'arrière droit du crâne. » Un diagnostic confirmé par l'infirmière Audrey Bell : « C'était une blessure massive à l'arrière de sa tête. » Concernant la taille, le docteur Charles Crenshaw ajoute : « La blessure avait la taille d'une balle de base-ball. » Le docteur Ronald Jones est également d'accord sur l'emplacement de la blessure et précise comme l'ensemble des médecins et infirmières présents « que le Président n'avait pas de blessure au visage ». Les docteurs Richard Dulaney, Kenneth Salyer, Paul Peters, Robert McClelland et surtout William Kemp Clark, le neurochirugien en chef de l'hôpital de Parkland, s'accordent à placer la blessure de JFK à l'arrière de son crâne.

Le premier enseignement de cette suite de témoignage concerne bien évidemment la Commission Warren. Les médecins de Dallas qui se sont trouvés plus de vingt minutes en présence du corps de Kennedy, qui, comme le spécialiste du cerveau Kemp Clark, ont observé avec minutie les blessures du Président, démentent complètement la thèse du tireur dans le dos. Il est intéressant de noter que si certains médecins ne changèrent jamais leurs déclarations, d'autres modifièrent leur diagnostic avant de déposer pour la Commission. Interrogés par de nombreux chercheurs sur ces revirements soudains, tous expliquèrent qu'ils avaient reçu la visite d'agents du Secret Service et du FBI. On leur présentait les conclusions de l'autopsie pratiquée à Bethesda et on expliquait pourquoi, dans l'urgence de la situation, ils s'étaient trompés. Une pratique qui rappelle les confidences de Dave Powers et de Ken O'Donnell contraints de dire le contraire de ce qu'ils pensaient pour cadrer avec la version officielle. En somme, les déclarations des médecins de Parkland ont toujours été un sérieux handicap pour les tenants du tireur unique posté à l'arrière de JFK. C'est sûrement pour cela que les hommes de Warren n'ont jamais réussi à obtenir la transcription de la conférence de presse tenue par les docteurs Perry et Clark, le 22 novembre 1963 à 15 h 16. Ce document, détenu par la Maison-Blanche, preuve définitive que Kennedy a été assassiné par différents tueurs et que les résultats de l'autopsie de Bethesda sont faux, est le suivant :

Wayne HAWKS [1] : « J'aimerais vous présenter deux des chirurgiens qui ont tenté de sauver le Président. Le docteur Malcom Perry, chirurgien du Parkland Memorial Hospital et le docteur Kemp Clark, le neurochirurgien en chef de l'hôpital. [...] »

PERRY : « J'ai été convoqué aux urgences dès l'arrivée du Président. [...] Dès que je me suis retrouvé à ses côtés, j'ai remarqué qu'il était dans une condition critique du fait d'une blessure au cou et une autre à la tête. Des mesures de réanimation ont été immédiatement prises. [...] »

PRESSE : « Est-ce qu'un seul coup de feu a pu faire de telles blessures ? »

PERRY : « Je ne veux pas me perdre en conjectures. Je ne sais pas. [...] »

CLARK : « Le docteur Perry m'a demandé de venir au bloc parce que le Président présentait une blessure à la tête. [...] »

PRESSE : « Docteur, pouvez-vous décrire le trajet de la balle en ce qui concerne la blessure à la tête ? »

CLARK : « Nous étions trop occupés pour être absolument certains de l'itinéraire de la balle, mais la blessure se trouve à l'arrière de sa tête. [...] Cette blessure peut être soit une blessure de sortie causée par la balle qui est entrée par le cou, soit le résultat d'un coup de feu tiré par le côté. En fait, c'était simplement une importante et profonde perte de tissus. »

Jamais le docteur Clark n'évoque un tir de l'arrière et un impact d'entrée. De plus, comme nous le verrons lorsqu'il aborde la blessure du cou, les médecins sont formels : il s'agit d'un tir de face.

Si les hommes du Parkland Memorial et certains de ceux de Bethesda ont localisé la blessure de JFK à l'arrière de son crâne, l'étendue des dégâts n'est pas la même selon le docteur McClelland de Dallas et Paul O'Connor à Washington. L'hy-

---

1. Assistant de Malcom Kilduff, le porte-parole de Kennedy durant le voyage au Texas.

pothèse d'une préautopsie effectuée vraisemblablement à Walter Reed se précise encore lorsque O'Connor et Custer déclarent que le cerveau de Kennedy, le seul organe permettant de tracer avec certitude l'itinéraire et le nombre de balles tirées, a disparu. Ainsi Paul O'Connor raconte : « Je pouvais voir à l'intérieur de son crâne, et la plus grosse partie de son cerveau avait disparu. Il restait seulement une poignée de matières macérées qui, si on les avait mises ensemble, aurait constitué peut-être tout juste un quart du cerveau. Mais, pour l'essentiel, il n'y avait plus rien à voir. » À Dallas, au moins quatre médecins se sont chargés exclusivement de la blessure à la tête. Tous sont formels, au moment du départ du cadavre de JFK pour l'aéroport de Love Field, seulement un tiers du cerveau avait été endommagé par la fusillade. Étrangement, mais bientôt expliqué par les deux agents du FBI présents lors de l'autopsie, O'Connor remarque également que si l'ouverture du crâne du Président est considérable, elle ne suffit pas pour laisser « passer » la totalité du cerveau. Donc, que l'organe a été volontairement ôté.

Même si O'Connor et Custer sont des témoins fiables, une telle affirmation nécessite d'être recoupée par d'autres éléments. En soi, la disparition du cerveau de JFK est sans doute le résultat le plus flagrant d'une conspiration préparée au plus haut niveau. La mutilation du corps de JFK a en effet nécessité des complicités et des pouvoirs que seul le nouveau Président et des hauts gradés possèdent. La confirmation d'une intervention sur le cadavre de Kennedy existe. Tout au long de l'autopsie, deux agents du FBI, James Sibert et Francis O'Neill, notent l'ensemble de la progression de l'expertise médico-légale. Ce rapport, essentiel, est rédigé à l'intention d'Edgar Hoover et contient deux informations explosives. D'abord sur l'état de la blessure à la tête du Président au moment où Paul O'Connor retire le drap entourant la tête de Kennedy : « Il est également apparent qu'une trachéotomie a été effectuée ainsi qu'une opération chirurgicale au niveau de la tête, précisément sur le haut du crâne. » Pourtant aucune opération chirurgicale n'a été pratiquée sur le corps de Kennedy en salle des urgences de Dallas. Il y a donc eu manipulation préalable. Sibert et O'Neill, qui ne sont pas des spécialistes, transcrivent uniquement les remarques effectuées par les médecins de Bethesda. Pourtant, nulle part dans les rapports officiels rédigés deux jours après l'autopsie on ne retrouve « qu'une opération chirurgicale au niveau de la tête, précisément sur le haut du crâne » a eu lieu. Les deux agents du FBI se trompent-ils ? Interrogé en 1966 par David Lifton, James Sibert déclare : « Je peux jurer sur une pile de bibles que c'est les docteurs qui ont dit qu'il avait eu une opération chirurgicale. » Mieux encore, de Dallas, le docteur Perry consigne dans son rapport que le 23 novembre dans l'après-midi il a reçu un appel du docteur Humes. Le responsable de l'autopsie de Bethesda voulait savoir si une opération chirurgicale avait été pratiquée sur le corps du Président. Pourquoi Humes se tracasse-t-il pour ce détail si, comme il l'affirme dans son rapport final, il n'y a aucune trace de chirurgie sur le cadavre ? Et c'est ici que se comprend l'analyse d'O'Connor estimant que l'ouverture sur la tête de Kennedy n'était pas suffisamment importante pour permettre une perte « naturelle » de l'organe. Pour dérober le cerveau du Président, il fallait pratiquer une intervention chirurgicale [1].

Curtis Jenkins, qui a pourtant remarqué la taille de la blessure, affirme pour sa part avoir retiré le cerveau du crâne du Président en vue de sa conservation. Mais, là encore, un début d'explication se trouve dans le rapport du FBI : « Après que le Président eut été installé sur une table d'examen, tout le personnel, à l'exception des officiers utiles à la prise de photographies et de radiographies, a été prié de sortir. » Custer qui, lui, est resté se souvient que des membres du Secret Service n'ont pas quitté la salle. Autre information importante à connaître avant de tenter de comprendre les propos de Jenkins : Manchester, Bishop et la presse de l'époque racontent qu'au niveau de la salle d'autopsie se déroule aussi l'examen d'un nourrisson mort-né. Une photographie volée

---

1. David Lifton est persuadé pour sa part qu'un clip chirurgical apparaît sur l'une des photographies de l'autopsie. Malheureusement la distance et la mauvaise qualité des clichés ne me permettent pas d'être aussi affirmatif que lui.

dans les couloirs de la morgue présente un technicien en blouse blanche transportant enveloppé dans une serviette le corps d'un fœtus. Pourtant, dans aucune des archives de Bethesda ne figure un tel examen. Jenkins ayant retiré le cerveau du crâne de Kennedy après avoir évacué la salle d'autopsie, tandis que Custer et O'Connor remarquent son absence avant l'interruption, on peut se demander s'il s'agit alors bien de celui du Président ? Si c'est le cas, pourquoi Jenkins note-t-il que le cordon reliant l'organe à la cavité crânienne a été tranché et que le cerveau est juste posé dans le crâne ? De plus, s'il s'agit bien du cerveau de Kennedy, pourquoi est-il aujourd'hui encore introuvable ? Pourquoi le caisson scellé remis aux Archives nationales par la famille Kennedy après avoir séjourné quelques semaines dans les mains des militaires de Bethesda est-il vide ? La réponse est évidente : le cerveau de Kennedy ne se trouvait plus dans son corps lors de son arrivée à Bethesda. Ce sont les docteurs Humes, Finck et Boswell, victimes de leur hiérarchie, obligés de mentir par devoir et de signer des déclarations leur promettant la cour martiale en cas de contact avec l'extérieur, qui livrent l'indice déterminant. Lorsque début décembre, ils effectuent une autopsie supplémentaire sur le cerveau du Président, les trois praticiens notent que l'organe pèse mille cinq cents grammes, poids moyen du cerveau d'un adulte. Problème, celui de Kennedy est, comme nous l'avons vu, au moins amputé d'un tiers.

La deuxième blessure apparente de Kennedy est une ouverture à la gorge que la Commission Warren affirme être un impact de sortie[1]. Lors de la conférence de presse du 22 novembre, les docteurs Clark et Perry ont une toute autre opinion :

PRESSE : « Où se trouve la blessure d'entrée ? »

PERRY : « Il y a une blessure d'entrée au niveau du cou. Pour la tête, je ne peux pas dire. »

---

1. De fait, l'hypothèse de la sortie est impossible. Le col de la chemise de Kennedy ne recèle ni traces de poudre ni traces de métaux laissées systématiquement lors de la sortie d'un projectile.

P<small>RESSE</small> : « Quel est le parcours emprunté par la balle qui le touche au cou ? Est-ce en face de lui ? »

P<small>ERRY</small> : « Il apparaît que le projectile venait de devant lui. »

La Commission fonde ses conclusions sur l'autopsie de Bethesda. Comment l'erreur est-elle une nouvelle fois possible ? À mieux comparer les témoignages de Parkland et de Bethesda, on remarque une nouvelle fois que la taille de la blessure n'est pas la même. Le docteur Perry, chirurgien confirmé, se charge d'effectuer à Dallas une trachéotomie sur la gorge de Kennedy, légèrement en dessous de la pomme d'adam. À ce moment, il remarque une « très petite blessure, de trois à cinq millimètres de diamètre, et décide de légèrement l'agrandir » pour faciliter la respiration de la victime. Les autres personnes autour de la table d'opération remarquent que l'incision est propre et régulière. Pourtant à Bethesda, l'ouverture est grossière, mesure près de dix centimètres de long sur quatre de large. Une nouvelle fois entre Dallas et Washington, quelqu'un a modifié l'apparence d'une des blessures de Kennedy pour valider l'idée d'un tireur unique. De plus, preuve du pouvoir exercé sur les médecins de l'hôpital militaire, ceux-ci ont accepté de cautionner cette thèse en sachant pertinemment qu'elle était fausse. En effet, le 22 novembre 1993, lors de l'ASK Conference, le docteur Robert Livingston[1], un spécialiste des blessures à la tête qui s'est illustré lors de la bataille d'Okinawa pendant la Seconde Guerre mondiale en sauvant des dizaines de soldats touchés par des balles et des éclats de shrapnel, explique : « Du fait de mon expérience en tant que directeur scientifique de deux instituts nationaux de santé spécialisés dans la neurochirurgie, [...] et surtout du fait que mes connaissances scientifiques et mon expérience personnelle pouvaient faire de moi un des responsables de l'autopsie du Président, [...] j'ai particulièrement fait attention aux informations données lors de l'après-

---

1. Lors de cette même conférence, ce spécialiste de la neurochirurgie a déclaré concernant la différence de témoignages entre Dallas et Bethesda sur l'état du cerveau de Kennedy : « La conclusion s'impose d'elle-même : les photographies et les dessins censés représenter le cerveau de Kennedy sont ceux d'un cerveau appartenant à quelqu'un d'autre que John F. Kennedy. »

midi du 22 novembre 1963. J'ai noté deux points : a) il y avait une petite blessure frontale sur la gorge du Président, b) une partie de sa cervelle sortait depuis la blessure à l'arrière de sa tête. [...] J'ai téléphoné à l'hôpital de Bethesda alors que le corps débarquait à Andrews [...] et j'ai pu parler à mon confrère, le *commander* James Humes. Le docteur Humes m'a dit qu'il n'avait pas entendu les nouvelles venant de Parkland parce qu'il était occupé à préparer l'autopsie. Je lui ai dit que les médecins de Dallas venaient de décrire la petite blessure du cou. J'ai répété à plusieurs reprises que, si j'en croyais mon expérience, il s'agissait d'une blessure d'entrée. J'ai insisté sur l'importance de particulièrement bien tracer l'itinéraire de la balle. Je lui ai dit, de manière extrêmement posée, que si la blessure de la gorge était confirmée, cela voudrait dire sans l'ombre d'un doute qu'une balle avait été tirée depuis une position face au Président. À cet instant, notre conversation a été interrompue. Après un instant, Humes est revenu au téléphone et m'a dit : "Je suis désolé, docteur Linvingston, mais je ne peux pas discuter avec vous plus longtemps. Le FBI ne me l'autorise pas." »

Les événements à bord d'*Air Force One*, la multiplication des témoignages à Bethesda et le rapport Sibert-O'Neill apportent d'incontestables éléments tendant à prouver que le corps de Kennedy a été enlevé afin de subir une préautopsie. Mais, malgré tout, une question de logique se pose. Pourquoi, alors que les commanditaires du crime ont préparé l'ensemble de l'opération de longue date, prendre une telle multiplication de risques ? Pourquoi effectuer une préautopsie et livrer deux cercueils à Bethesda, alors qu'il aurait été plus simple de directement effectuer une autopsie truquée à Walter Reed ? C'est en étudiant les enregistrements radio d'*Air Force One*, en comparant les notes d'Evelyn Lincoln, l'assistante de JFK depuis ses débuts en politique et celles de Liz Carpenter occupant la même fonction auprès de LBJ, ainsi que les souvenirs du général McHugh qu'il est possible de trouver la réponse. Bethesda est le grain de sable dans une machine parfaitement réglée. L'autopsie de Kennedy devait avoir lieu à Walter Reed et nulle part ailleurs. Une quinzaine de minutes avant d'atterrir à Andrews, Carpenter note que Johnson lui a dit que l'examen du corps allait se dérouler à l'hôpital militaire de Walter Reed. L'ensemble des communications passé depuis *Air Force One* par Kellerman du Secret Service fait état d'un transfert vers Walter Reed. Le premier communiqué envoyé à la presse ne mentionne pas l'hôpital de Bethesda mais celui de Walter Reed. Plus fort encore, au début des années 90, la brochure officielle de l'histoire de la base d'Andrews précise pour l'année 1963 : « À proximité de la piste, quelques instants après que le corps du Président assassiné eut été transporté au Walter Reed General Hospital, le Président Johnson a prononcé un bref discours[1]. » Que s'est-il donc passé à bord du Boeing présidentiel pour que, finalement, le cadavre de Kennedy soit transféré à Bethesda ? Tout simplement, comme le racontent le général McHugh et Evelyn Lincoln, « la ferme volonté d'une veuve ».

C'est Jackie qui, sortant de sa torpeur et bien décidée à organiser des funérailles à hauteur de l'image de son époux, a imposé Bethesda. À cela, deux raisons. D'abord Kennedy avait servi dans la marine et Jackie considérait comme normal que l'ancien corps d'armée de son mari se charge de son dernier examen médical. Un choix qu'aurait approuvé JFK puisque quelques mois plus tôt, alors que Jackie était enceinte d'un troisième enfant, il avait indiqué que l'accouchement se déroulerait à Bethesda. L'hôpital naval avait alors entamé une série de travaux pour augmenter le confort des lieux et, le 22 novembre 1963, possédait un ensemble de chambres constituant une sorte de suite présidentielle. Jackie, venue visiter les lieux avant de perdre son enfant, n'ignorait pas ces changement et décida donc seule que son mari irait à Bethesda. Mais pour que cette démonstration soit complète, il faut tenter de déterminer le moment où Jackie décida de choisir l'hôpital naval au détriment de l'armée. Si cette volonté est affirmée uniquement à bord d'*Air Force One,* la raison pour laquelle le cadavre de JFK a été retiré de son

----

1. *Historical Highlights of Andrews Air Force Base, 1942-1989.*

cercueil suit alors une logique dont nous ignorons encore aujourd'hui les motivations. En fait, puisque Jackie ne s'est jamais exprimée en détail sur le 22 novembre, il est très délicat de donner avec certitude l'instant où elle exprima son choix. Dans *Mort d'un Président,* l'ouvrage commandé par la famille Kennedy, McHugh raconte la conversation sur le choix de l'hôpital. Ce dialogue où Jackie fait preuve de fermeté se situe après le décollage. Mais, en fait, le vocabulaire employé par le général laisse place au doute. Le sentiment qui s'en dégage est qu'il s'agit non pas d'une première discussion mais de la confirmation d'un avis exprimé plus tôt dans la journée. Mieux encore, les témoins présents à l'arrière du Boeing racontent que par deux fois le général est venu vérifier si Jackie n'avait pas changé d'avis puisque, disait-il : « Tout était prêt à Walter Reed[1]. » Malheureusement, l'intégralité de l'entretien de Manchester avec McHugh est encore interdit au public. Restent alors les propos d'Evelyn Lincoln qui affirme que le sujet de l'autopsie a déjà été abordé à Parkland. Sans préciser si Jackie a annoncé sa volonté de voir JFK conduit à Bethesda, la secrétaire, ainsi que Dave Powers, signale que la Première Dame, « une fois le décès prononcé, prend rapidement la situation en main pour tout ce qui concerne les événements à venir ». En fait, il semble que la question de l'examen médico-légal ait été abordée au moment où Lyndon Johnson et Lady Bird viennent signaler à Jackie qu'ils rejoignent Love Field. Jackie a-t-elle alors dit au nouveau Président que Bethesda était son choix ? Quoi qu'il en soit, tandis que l'ensemble des témoins présents lors du départ du Texan est persuadé qu'il se rend sur *Air Force Two* où son équipage a reçu des ordres pour un décollage rapide, LBJ monte à bord d'*Air Force One* et se lance dans

---

1. Je ne crois pas à l'implication du général McHugh dans le crime de Kennedy. Les enregistrements de la radio d'*Air Force One* montrent qu'il ne fait que transmettre à Jackie des ordres venant de Washington. De plus, ce fidèle parmi les fidèles a immédiatement marqué sa défiance envers le nouveau pouvoir, refusant même de reconnaître la légitimité du nouveau Président. Un comportement responsable de la perte de l'ensemble des responsabilités au sein de la Maison-Blanche dans les jours qui ont suivi les funérailles de JFK.

une série impressionnante de coups de fil. Si la teneur de ces appels a été détruite, on sait qu'il ne s'agissait pas de communications officielles puisque celles-ci figurent dans les transcriptions des enregistrements du Boeing présidentiel. L'identité et le contenu des messages de Johnson sont vraisemblablement la clé permettant de comprendre les étranges mouvements du cadavre de JFK.

La décision de Jackie n'a toutefois même pas dû semer la panique chez les conspirateurs. Le plan A ne fonctionnant pas, ils sont passés au suivant. Les hôpitaux militaires habilités à pratiquer une telle autopsie étant relativement peu nombreux autour de Washington, l'hypothèse Bethesda a été certainement envisagée dès la préparation de l'opération. C'est d'ailleurs pour cela que la hiérarchie militaire choisit le docteur Humes. Ce vendredi 22 novembre 1963, Humes n'était en effet pas de garde à l'hôpital naval et, même si cela avait été le cas, rien ne le prédisposait à effectuer un tel examen. Humes était un fonctionnaire, en charge d'un service administratif. Ses dernières autopsies remontaient à plusieurs années et n'avaient jamais concerné des victimes de coups de feu. Interrogé par le Congrès en 1978, qui conclut que Humes « n'avait pas une pratique et une expérience suffisantes pour interpréter une mort par arme à feu », le médecin commenta de façon laconique le plus important acte de sa vie : « Nous avons fait de notre mieux pour comprendre ce que nous voyions. [...] Ma sélection par mes supérieurs était étonnante, mais c'était un ordre. » Implicitement, il livre les raisons qui ont fait de lui le responsable d'une opération qu'il ne pouvait maîtriser : il n'était pas compétent et surtout obéissait sans discuter aux directives de ses supérieurs.

Des supérieurs, et c'est une nouvelle preuve de la prise en main des opérations par le pouvoir militaire, massivement présents dans l'étroite salle d'autopsie. Custer, O'Connor, Jenkins, Sibert, O'Neill, Kellerman, Humes ont tous, à un moment ou à un autre, confirmé la présence de très hauts gradés durant l'ensemble des opérations et l'ambiance de suspicion qui entourait chaque geste des praticiens. Mieux encore, le docteur Finck, médecin en second lors de l'autopsie, est allé beaucoup plus loin. En 1967, ce lieutenant-colonel est convoqué comme témoin lors du procès conduit par Jim Garrison contre Clay Shaw. Mis sur le grill, le seul des trois médecins qui avait une expérience des blessures par balles [1] livre sous serment le déroulement de l'autopsie de JFK : « Je n'étais pas prévu au départ, c'est le docteur Humes qui a pris l'initiative de me demander de venir en tant que consultant. À un moment, l'atmosphère était très lourde et le docteur Humes a dit excédé : "Qui est le responsable ici ?" et un gradé a répondu : "Moi !" C'était un général ou un amiral, je ne me souviens pas de son nom. [...] Je reconnais que ce n'était pas un médecin et qu'il n'avait aucune compétence pour superviser l'autopsie. Vous devez comprendre que dans de telles circonstances, avec tous ces militaires de hauts rangs, ces membres d'agences gouvernementales, vous ne demandez pas le nom et la fonction de tous. Vous obéissez. La salle d'autopsie était pleine. C'était une toute petite salle, et lorsque l'on vous demande de venir dans des circonstances spéciales qui sont celles de l'assassinat du président des États-Unis, vous savez que vous ne devez pas noter le nom et la fonction des gens présents. Aussi ne l'ai-je pas fait. Dans cette pièce, il y avait des militaires, du personnel en civil, des agents fédéraux, le Secret Service, le FBI... Il y avait même des amiraux et lorsque vous êtes lieutenant dans l'armée, vous suivez les ordres. Et, à la fin de l'autopsie, si je m'en souviens bien, l'amiral Kinney nous a spécifiquement ordonné de ne jamais discuter de l'affaire. » Un peu plus tard, Finck développe le déroulement même de l'examen du corps. Une nouvelle fois, un haut gradé intervient : « Nous n'avons pas disséqué le cou [2]... On m'a dit que la famille Kennedy voulait un examen de la tête et de la poitrine mais, pourtant, nous n'avons jamais retiré les organes du cou. J'ai regardé sa gorge, j'ai noté la

---

1. Au moment de son audition devant la Commission, Finck s'était déjà illustré en exprimant sa défiance envers la balle magique. La CE399 ne pouvait pas être responsable de la blessure du poignet de Connally puisque les médecins de Dallas avaient prélevé plus de fragments métalliques que la balle en avait perdu.
2. Pourtant c'était le seul acte qui aurait permis de déterminer avec certitude l'itinéraire de la balle touchant JFK au cou.

blessure au niveau de la trachéotomie, mais je n'ai pas pu disséquer ou retirer ses organes... On m'a ordonné de ne pas le faire... Je ne me souviens plus qui. J'ai également constaté la blessure dans le dos. *A priori,* elle n'était pas profonde [1], je pouvais y faire pénétrer la première phalange de mon doigt... J'ai donc décidé de suivre le cheminement de la balle à travers le corps du Président... Un gradé m'a dit que ce n'était pas nécessaire. Plus tard, conformément à la procédure, j'ai demandé à examiner les vêtements du Président pour y étudier les éventuelles perforations causées par les balles... Un gradé m'a dit que ce n'était pas nécessaire, que cela présentait un intérêt purement académique. »

Autre événement étrange découvert par David Lifton, la présence d'un projectile presque intact au moment de l'autopsie. En effet, sur un des rapports rédigés par le capitaine David Osborne, chirurgien en chef à Bethesda, il est noté qu'une « balle quasiment intacte, sans déformation apparente, a roulé sur la table d'autopsie » au moment de l'installation de JFK. Interrogé par le Congrès en 1978, Osborne renouvelle ses allégations mais apparemment, comme il est le seul témoin de la scène, le groupe d'enquête a conclu qu'il avait dû confondre avec deux éclats récupérés dans le crâne de Kennedy.

Quelques mois après, David Lifton décide de rencontrer l'ex-capitaine devenu amiral pour tirer au clair cette histoire de balle intacte : « La balle n'était pas déformée et relativement propre. Son état était quasiment identique à la CE399, la balle magique. Lorsque j'ai dit ça à la Commission d'enquête du Congrès, il y a eu un désaccord. La Commission a dit que j'avais prétendu que la balle provenait des draps enroulant JFK. C'est faux, cela venait de ses vêtements. Ensuite, ils m'ont dit : "Vous devez vous tromper parce que le Secret Service a déclaré sous serment avoir découvert la balle à l'hôpital de Parkland et l'avoir après transportée à Washington." Alors, je leur ai répondu : "Eh bien, c'est vrai, Ils l'ont transportée à Washington et plus précisément à la

---

1. La Commission Warren en fait pourtant l'entrée de la balle magique.

morgue parce que je me suis retrouvé à l'avoir à la main et à prendre le temps de l'observer ! Ensuite, le Secret Service l'a récupérée[1]." »

Osborne va donc plus loin dans ses accusations. Non seulement une balle intacte a été retrouvée à proximité du cadavre du Président mais, selon lui, cette balle est la pièce à conviction de la Commission Warren, la CE399. Concrètement, rien n'interdit que la balle magique soit à Bethesda. Les quelques éléments concernant son « emploi du temps » dans l'après-midi du 22 novembre permettent de dire qu'elle n'est plus à Dallas mais très vraisemblablement à Washington au moment de l'autopsie. Mais sa présence au quartier général du Secret Service à la Maison-Blanche n'est pas la garantie de la retrouver à la morgue à une bonne dizaine de kilomètres de cela. En effet, s'il n'existe pas de certitudes concernant l'identité de la balle retrouvée en salle d'autopsie, son existence est réelle, donc troublante. Deux autres témoins ont également apperçu le projectile mais, mieux encore, ont fait un rapport. Une fois de plus, les agents du FBI, Sibert et O'Neill, jettent le trouble en notant dans la première version de leur rapport qu'ils « reçoivent des mains du *commander* James J. Humes un projectile ». Les défenseurs de la version officielle ont toujours prétendu qu'il s'agissait de la réception d'un des deux fragments retrouvés dans le crâne du Président. C'est faux après lecture de l'intégralité du rapport. Quelques lignes après avoir pris possession du projectile, les deux hommes du FBI décrivent en détail les deux fragments qu'ils viennent de récupérer. Il est évident qu'il s'agit de deux opérations distinctes. Mieux encore, Sibert et O'Neill donnent le « projectile » au capitaine de la base James Stover qui signe un bordereau de reçu. L'ensemble est confié à l'amiral Burkley qui, ensuite, le confie à l'agent du Secret Service, Robert Bouck. Bouck est responsable de la Protective Research Section (PRS) à la Maison-Blanche. Il est directement sous les ordres du nouveau Président. Inexplicablement, Bouck, qui reconnaît être en possession de l'ensemble

---

1. David Lifton, *Best Evidence, op. cit.*

des pièces de l'autopsie le 26 novembre, oubliera de signaler l'existence de cette balle intacte à la Commission Warren. Interrogé par Lifton en 1980, Stover renvoie involontairement sur la piste de la CE399 : « Je ne me souviens pas d'avoir signé un reçu pour une balle entière. Je l'ai fait pour les fragments mais je ne me souviens pas pour la balle entière. Par contre, Osborne ne se trompe pas. Il y avait bien une balle intacte à Bethesda le soir du 22 novembre. Il me semble que c'était celle découverte à Dallas. Le Secret Service l'avait apportée... Je crois me souvenir qu'elle était dans une enveloppe de papier brun. » Et, ainsi, un deuxième témoin confirme la présence de la CE399 à la morgue. Reste à savoir pourquoi. C'est Jerrol Custer, le technicien des radiographies faites sur le corps de JFK, qui donne la réponse. Dans la matinée du 23 novembre, un de ses supérieurs lui a demandé d'effectuer une série de clichés bien particuliers. Il s'agissait de passer aux rayons X un crâne d'homme dans lequel était posée une balle presque intacte.

Si la déclaration de Custer est exacte, elle signifie que des faux ont été fabriqués à Bethesda. En fait, il existe très peu de radiographies et de photographies de l'autopsie du Président. Par exemple, le photographe John Stinger a déclaré avoir utilisé un rouleau de film de cent vingt pauses, alors que tout juste dix clichés très contestables sont disponibles[1]. De son côté, Custer certifie avoir exposé « au moins cinq films rien que du crâne, dont une vue en oblique du cratère. Deux films du cou. Deux de chaque épaule. J'ai pris une vue de la poitrine, de la cage thoracique, de la colonne vertébrale, du pelvis. J'ai également exposé les fémurs. En fait, j'ai couvert quasiment tout son corps. La seule chose que je n'ai pas exposée aux rayons X, ce sont ces pieds. Mais, je ne sais pas ce qui est arrivé à ces clichés[2]. » Car le problème est là. À l'exception de deux vues du crâne disponibles aux Archives nationales, le travail de Jerrol Custer a complètement disparu.

----

1. Le rapport Sibert-O'Neill fait état de « vingt-deux clichés en couleurs et dix-huit en noir et blanc pour un total de quarante photographies différentes ».
2. Harrison Edward LIVINGSTONE, *High Treason II, op. cit.*

Pourtant, et c'est sûrement la raison de leur disparition, les clichés du technicien de Bethesda sont instructifs. Custer se souvient particulièrement d'une série d'images de recherche de fragments de balles demandée par le docteur John Ebersole. Les résultats avaient été probants puisque de nombreuses traces avaient été isolées dans le crâne mais aussi dans le cou. Ces informations apportent deux renseignements. D'abord, une énième confirmation de l'aberration de la thèse de la balle magique. Lorsque l'on additionne les fragments découverts dans la limousine, ceux qui sont retirés du corps de Connally, ceux qui sont toujours présents chez le gouverneur plus ceux du cou de Kennedy, on doit arriver à un total supérieur au double de la quantité perdue par la CE399. Seconde information, si les souvenirs de Jerrol Custer sont exacts, les clichés des Archives nationales sont faux.

Avant de prouver effectivement la falsification à la fois des radiographies et des photographies, une remarque générale s'impose. Lorsque l'on compare les clichés et les radios[1], sans même tenir compte des différents témoignages de ceux qui ont vu les blessures de JFK, sans aucune connaissance médicale, on est obligé de constater que cet ensemble de preuves se contredit. L'étendue d'une blessure sur une vue ne se retrouve pas sur une autre. Les radios contredisent formellement toutes les photographies, comme si, et c'est étonnant, les faussaires avaient fabriqué ces pièces sans aucune continuité, en ne respectant aucune logique. En fait, l'explication la plus plausible est que ces faux n'ont pas été créés au même moment, ni par les mêmes personnes. Car les clichés et les radios ont été présentés chaque fois pour répondre à une demande.

Premier exemple, la Commission Warren. Pendant des mois, les conseillers réclament en vain au FBI et au Secret Service les vues prises lors de l'autopsie. Alors que le rapport est déjà parti à l'imprimerie, le Secret Service — n'oublions pas que c'est Robert Bouck qui a réceptionné l'ensemble des éléments se référant à l'examen du cadavre de JFK — consent

---

1. Voir le cahier iconographique.

à rencontrer Arlen Specter : « La totalité des photographies prises lors de l'autopsie n'a pas été fournie aux enquêteurs ni à la Commission. On m'a simplement montré une vue du dos d'un corps censé être celui du Président bien que rien ne permette de l'identifier comme tel. Le cliché montrait un impact là où le rapport d'autopsie le plaçait. Autant que je m'en souvienne, la Commission n'a jamais vu d'autres photographies ni radiographies. De toute façon, de tels documents n'apportent rien de crucial puisqu'ils servent à corroborer ce que les chirurgiens en charge de l'autopsie ont certifié sous serment devant la Commission[1]. »

Deuxième exemple, la demande de Robert Kennedy. En mars 1965, six mois après la publication du rapport Warren, le frère de JFK s'étonne que les photographies et les radiographies de son frère n'aient toujours pas été remises à la famille. Via l'intermédiaire de l'amiral Burkley et de son avocat, Bobby Kennedy obtient un inventaire complet des pièces en possession du Secret Service le 26 avril 1965. Le même jour, le frère du Président déclare avoir chargé son conseiller Burke Marshall de gérer les autorisations extérieures d'études de ces pièces à conviction. Quelques semaines plus tard, un caisson métallique scellé est remis à Evelyn Lincoln, l'ancienne secrétaire de JFK. Le 29 octobre 1966, l'ensemble est déposé aux Archives nationales, sans que jamais la famille l'ait ouvert. Cette chronologie des pièces se référant à l'autopsie permet d'imaginer que, pressé par Robert Kennedy, le Secret Service a falsifié certains documents. Un geste tardif qui expliquerait les différences flagrantes entre certains clichés. Cet épisode implique encore un peu plus le Secret Service et la Maison-Blanche dans l'organisation du maquillage du crime. Pendant seize mois, sans aucune raison, le Secret Service a retenu l'ensemble des pièces de l'autopsie, y compris le cerveau du Président. Sollicité par la Commission, le Secret Service refuse de montrer les clichés. Mieux encore, le 26 avril 1965, avant de sceller le caisson, le Secret Service rédige « un mémorandum de transfert » reprenant l'inventaire complet des pièces

---

1. *US News & World Report*, 10 octobre 1968.

remis à la famille Kennedy. Ce document est un faux puisqu'il mentionne la présence de relevés de tissus du corps de JFK, de son cerveau et de la totalité des photographies de l'autopsie. Lors de son ouverture aux Archives nationales, la boîte métallique est quasiment vide. Cela implique soit que le vol a eu lieu aux Archives, ce qui est impossible vu les conditions de sécurité qui entourent les documents se référant au crime, soit que les Kennedy ont retiré des éléments avant le dépôt. Un geste improbable puisque Evelyn Lincoln, l'amiral Burke, Angie Novello, l'assistante de JFK, Burke Marshall, Ted Kennedy, Jackie et Bobby affirment que le caisson était encore scellé lors de sa remise aux Archives. Reste donc une troisième hypothèse : le Secret Service a rédigé un inventaire complet pour se couvrir tout en limitant le nombre de pièces rendues à la famille. Dernière information pour juger à sa juste valeur l'onde de choc causée par la décision de Robert Kennedy, le début de panique qui secoue la Maison-Blanche. Pour se prévaloir de tout risque d'être critiqué sur l'origine des radiographies et des photographies, les conseillers de Johnson demandent aux trois médecins de l'autopsie de certifier par écrit l'authenticité des pièces à conviction. Problème, Pierre Finck, celui qui s'est montré le plus critique envers les travaux de la Commission, a « quitté » son poste à Washington pour être subitement « muté » au Vietnam. Qu'à cela ne tienne, Johnson ordonne son retour immédiat pour une validation uniforme prenant quelques minutes.

En 1968, cinq ans après le crime de JFK, Burke autorise l'étude des radiographies à un panel de quatre spécialistes placés sous l'autorité de l'attorney général Ramsey Clark. Si le groupe rejoint l'essentiel des conclusions de la Commission, certains détails importants s'en éloignent. Par exemple, ils situent l'orifice d'entrée de la balle dix centimètres plus haut que le rapport d'autopsie de Humes. Autre différence de taille, le groupe de Clark prétend avoir décelé sur la radiographie une blessure de sortie alors que les trois médecins ayant travaillé sur le corps n'en ont pas trouvé. La publication du rapport Ramsey en 1969 pour contrer l'enquête menée depuis La Nouvelle-Orléans par Jim Garrison oblige Burke à autoriser un groupe indépendant à lire les radiographies. Cette fois-ci, comme bien souvent dans les batailles d'experts, les conclusions vont dans le sens contraire du panel Clark. Seul point positif de cette bataille de l'interprétation, une vue de face et une autre de profil sont largement diffusées dans les milieux universitaires. Ces deux radiographies, maintenant disponibles à l'étude aux Archives nationales, sont capitales. Sur la vue de face, on note l'absence totale de la partie droite du front depuis la naissance de l'orbite de l'œil jusqu'au haut du crâne. Une blessure significative d'un tir de l'arrière et d'une sortie de face. Des symptômes pourtant totalement absents des photographies de l'autopsie où le visage de Kennedy n'est pas touché. De fait, un des deux supports ne peut représenter la vérité. Le général McHugh, qui a tenu à veiller le corps de JFK de son départ de Dallas jusqu'à son retour à la Maison-Blanche, a assisté à l'autopsie. Le 19 novembre 1967, il se souvient de sa nuit à Bethesda pour David Lifton : « C'était un ami. C'était mon Président, il était un grand gentleman et je voulais absolument savoir, alors je suis resté... Je me souviens de sa main que j'ai longuement touchée et j'ai également tenu son corps lorsqu'il fallait le tourner pour les photographies. Certaines personnes disent que son visage était démoli. C'est faux, il était en parfaite condition à l'exception de l'arrière de son crâne, la partie haute. C'était comme s'il avait été touché par une balle explosive. [...] Mais son visage était exactement le même que celui de son vivant[1]. » Les médecins de Dallas, Jackie, Clint Hill du Secret Service n'ont jamais prétendu autre chose. C'est donc que la radiographie de Kennedy est en fait celle d'un autre crâne. Et puis, il y a cet autre enseignement. Le groupe mené par Ramsey Clark recense quarante minuscules fragments de balle dans le crâne. Un chiffre confirmé par les deux clichés. Alors pourquoi sur celui de face apparaît la forme intacte d'une balle ? Et pourquoi n'a-t-elle pas été prélevée lors de l'autopsie puisque aucun procès-verbal ne la men-

---

1. David LIFTON, *Best Evidence, op. cit.*

tionne ? Soit cette balle a été ajoutée, comme le raconte Jerrol Custer[1], soit elle existe vraiment et signifie alors que deux balles ont touché JFK à la tête et donc invalident la thèse Oswald.

En 1978, Robert Blakey, ancien responsable de la Commission d'enquête du Congrès, justifiait les découvertes acoustiques prouvant un quatrième coup de feu sur Dealey Plaza d'une seule phrase : « À mesure que les souvenirs s'effacent, la technologie progresse. » Le même adage s'applique à l'étude des radiographies de Kennedy. Le groupe Clark et celui des « indépendants » mené par Cyril Wecht se sont uniquement astreints à interpréter des vues. Depuis 1995, le docteur et radiologue David Mantik va beaucoup plus loin. Pour la première fois depuis 1963, il a analysé les clichés grâce à une nouvelle technique : la densimétrie optique. Travaillant directement sur les négatifs originaux conservés aux Archives nationales, il est parvenu à prouver de manière indiscutable que les radiographies de JFK étaient des montages composites. Avant d'entrer dans le détail de son travail, une remarque préalable et une explication s'imposent. Si les montages photographiques existent et sont utilisés depuis la guerre de Sécession, les radiographies sont précédées d'une aura totalement injustifiée d'inviolabilité. En fait, et l'étude de Mantik a débuté par cet exercice, il est plus facile et rapide de fabriquer des fausses radios que de fausses photos[2]. Le matériel nécessaire se limite à un film non utilisé,

---

1. Dans *High Treason II*, Jerrol Custer met plus largement en cause le docteur John Ebersole. C'est lui qui lui aurait donné l'ordre d'effectuer les radiographies-montages. Mieux encore, revenant sur le déroulement de l'autopsie, Custer raconte : « Chaque preuve passait entre ses mains. Humes attendait qu'Ebersole lui donne son avis. C'était Ebersole à Humes et jamais Humes à Ebersole. Je pense que c'est lui qui contrôlait réellement l'autopsie. » Ebersole était le chef radiologiste de Bethesda. Il n'a jamais été entendu par la Commission Warren mais a par contre signé le 1er novembre 1966 une déclaration certifiant que les radiographies déposées aux Archives nationales étaient les mêmes que celles du 22 novembre 1963. Un avis que ne partagent pas les techniciens de son équipe. Ce sont pourtant eux, et non Ebersole, qui ont pris et développé les clichés.
2. L'âge d'or du photomontage a été sans aucun doute le règne de Staline où il existe souvent plusieurs documents d'un même événement, la photographie évoluant en même temps que la position politique de tel responsable soviétique.

à la vue originale et à un agrandisseur. Il suffit ensuite de placer un cache opaque sur la zone à voiler de l'original et de l'exposer en même temps que le film vierge sous la lumière de l'agrandisseur. Plus aisée encore, et vraisemblablement utilisée sur le cadavre de JFK, la méthode de mettre directement un cache opaque sur la partie du corps à camoufler. Ainsi, un impact d'entrée de balle dissimulé par une pièce opaque n'apparaît pas sur la radiographie. Si ces deux techniques ne sont quasiment pas détectables à l'œil, elles apparaissent toutefois immédiatement par densimétrie optique. Aussi, pour saisir l'importance des découvertes du radiologue californien[1], il convient d'expliquer comment fonctionne cette technique de mesure. Utilisée depuis des années pour évaluer la dimension, la masse et la densité des parties du corps humain comme les tumeurs ou les os, la densimétrie optique mesure la transmission d'une lumière ordinaire à travers des zones délimitées d'une vue aux rayons X. Plus la zone est opaque, plus la densité optique est forte. Dès lors, une carte en trois dimensions de la radiographie est tracée où les plus hauts points représentent les zones les plus sombres, donc les endroits du corps où le maximum de rayons X sont passés pour impressionner le film. Ainsi transformées, les informations contenues dans un film en deux dimensions deviennent plus précises. Mantik ajoute que « les pics et les creux dessinés sur cette carte topographique ne prennent de la valeur que s'ils sont comparés à une vue normale et fiable d'un cerveau humain. Chaque anomalie, surtout celles qui prennent de grandes proportions, devient ainsi les preuves d'une manipulation ».

Par chance, le dossier médical de Kennedy avant son assassinat est complet et disponible aux Archives nationales. Il contient une série de radiographies du crâne du Président

---

Pour son étude, le docteur Mantik a reconstitué un nombre impressionnant de fausses radios utilisant uniquement du matériel et des films Eastman Kodak disponibles en 1963.

1. David Mantik a publié ses conclusions dans un ouvrage collectif paru à la fin de 1997 : *Assassination Science, Experts Speak out on the Death of JFK*, édité par James H. Fetzer, P.H.D., Catfeet Press.

particulièrement lisible et de très bonne qualité. La comparaison devient dès lors possible. Dernière notion à connaître : dans une radio, les zones blanches représentent les parties les plus denses comme les os, est-ce parce qu'au moment de l'exposition peu de rayons X réussissent à impressionner le film. C'est, nous l'avons vu, exactement le contraire pour les zones sombres, comme les poumons qui ne renferment que de l'air.

En six visites aux Archives nationales, le docteur Mantik trace des milliers de minuscules cercles d'un millimètre de diamètre et effectue une mesure complète de la densité optique des radiographies de Kennedy. Première étape, une comparaison entre les deux clichés exposés le 22 novembre 1963. Même s'ils ne sont pas pris du même angle, ils représentent le même crâne et, donc, une densité identique doit apparaître sur les deux vues. Mais, preuve d'une falsification, celles-ci ne révèlent pas les mêmes zones denses ou aérées. C'est bien évidemment l'arrière du crâne qui pose problème. Là où certains témoins de Dealey Plaza, les médecins de Parkland et quelques intervenants de Bethesda ont vu un cratère, le rapport d'autopsie et les radiographies ne situent pas de blessure, si ce n'est un minuscule impact d'entrée. Les travaux de Mantik dévoilent aussi qu'une importante pièce osseuse à l'arrière droit de la tête de JFK n'arbore pas la même densité que le reste de la boîte crânienne. Une impossibilité anatomique qui démontre une nouvelle fois une volonté évidente de manipuler la vérité. En fait, un morceau de crâne a été superposé sur la radiographie originale pour donner l'illusion d'un crâne intact [1].

Les deux clichés dévoilent également que la quasi-totalité du cerveau de JFK manque. Mantik a réussi à calculer exactement la masse présente. Avec certitude, il avance le chiffre de 23,7 % de matières cervicales encore présentes. Une valeur

---

1. Pour pouvoir être catégorique, le docteur Mantik a comparé ses mesures avec dix-neuf études différentes réalisées sur des victimes de coup de feu dans la tête. Neuf d'entre elles ont été tuées dans les années 60 et radiographiées dans les mêmes conditions que JFK. La densité osseuse de leur boîte crânienne, même éclatée, ne varie pas dans les surprenantes proportions de celle de Kennedy.

capitale puisqu'elle confirme les souvenirs de Paul O'Connor, technicien de laboratoire qui a toujours affirmé que lors de son arrivée à Bethesda le crâne de Kennedy ne renfermait plus qu'un quart de son cerveau. Dernière découverte, la confirmation que sur la radiographie antérieure-postérieure du Président, c'est-à-dire la vue de face, le cercle brillant de 6,5 mm de diamètre, censé être une balle tirée depuis le Carcano retrouvé au cinquième étage du Depository, est en fait un ajout. La représentation en trois dimensions du cliché permet d'affirmer que la balle a en réalité été posée sur l'arrière de la tête de Kennedy, donc ne se trouve pas dans le crâne du Président. En toute logique, les révélations du docteur Mantik obligent à porter un regard nouveau sur les photographies de l'autopsie. Si l'analyse de densité dévoile qu'une importante partie de la tête de JFK est manquante, cela signifie que pour être authentiques les clichés doivent obligatoirement représenter cette blessure. Et comme ce n'est évidemment pas le cas, cela prouve que les quelques photographies disponibles sont falsifiées. De toute manière, et même sans les conclusions de Mantik, les signes d'un tripotage des clichés sont suffisamment nombreux pour conclure à la manipulation. Là encore, certaines images se contredisent, montrant une fois le Président avec les yeux grands ouverts et, une autre fois, les paupières presque closes. Mieux, deux tirages de la même vue ne possèdent pas les mêmes éléments. En effet, chaque version de cette photographie verticale de l'arrière de la tête du Président présente un aspect et surtout une implantation de chevelure différents. Un trucage grossier visible à l'œil nu. Comme l'est le travail sur la nuque effectué en laboratoire. L'uniformité du cuir chevelu et le manque de netteté injustifié de la zone sont fort suspects. Un morceau de crâne, baptisé ironiquement *batwing*[1] par les chercheurs, est accroché au niveau de la tempe droite de Kennedy et suggère un impact de sortie. Mais étrangement, *batwing* n'apparaît ni sur la vue de face de JFK, ni sur les radiographies, ni sur l'ombre qui se dessine sur le drap où repose le corps !

1. Aile de chauve-souris.

Interrogé par Kron-TV à San Fransisco en 1978, Floyd Riebe, un des techniciens responsables des clichés qu'il découvre pour la première fois depuis le 22 novembre 1963, déclare : « Ce n'est pas ce que j'ai vu cette nuit-là. Le Président avait un énorme cratère à l'arrière de la tête. Comme si on avait mis un bâton de dynamite. Ces photographies sont fausses. C'est un trucage, une manipulation. »

Autre cliché suspicieux, celui qui a été pris à hauteur du crâne de JFK. Le Président est allongé si bien qu'au premier plan apparaissent le haut de sa tête et sa chevelure recouverts de matières cervicales. Cette image existe en trois versions différentes dont une qui semble avoir été colorisée postérieurement. Une colorisation qui s'est accompagnée d'un ajout de matières cervicales sur la partie droite du crâne, là où se trouve la blessure du Président. Des matières cervicales qui apparaissent claires sur ces clichés mais... foncées sur une vue de profil. De plus Kennedy est difficilement reconnaissable et certains chercheurs, notant par exemple que l'implantation du cuir chevelu proche du front ne correspond pas à celle du Président, sont intimement convaincus qu'il ne s'agit pas de lui. Enfin, une étude attentive du cliché permet de déceler à la limite du cuir chevelu, quelques centimètres au-dessus de l'œil droit, un minuscule triangle noir. Le style de pièce opaque qui ne laisse pas passer la lumière lors des radiographies. Le trucage est encore plus visible sur la vue de face du Président[1].

En 1996, une déposition de Tom Robinson, l'employé des pompes funèbres responsable de l'embaumement intervenu à la fin de l'autopsie, est déclassée. Le 12 janvier 1977, cet homme avait informé la commission d'enquête du Congrès que « sur le côté droit de la tête du Président, à la limite de son cuir chevelu, à proximité de sa tempe, se trouvait un petit trou. J'ai mis de la cire à l'intérieur pour le boucher. » Les

---

1. Sur ce même cliché, on peut remarquer que l'implantation du cuir chevelu au niveau de l'oreille droite de Kennedy est beaucoup plus haute que celle qui apparaît sur les photographies prises de son vivant le 22 novembre 1963. Autre point intéressant, la blessure du cou ne correspond pas, comme nous l'avons vu, aux témoignages des médecins de Parkland.

révélations de Robinson sont capitales parce qu'elles confirment le tir de face, donc la manipulation. Kennedy, comme le montre le film de Zapruder et le racontent les témoins les plus proches, a été touché au niveau de la tempe droite. Une blessure qui ne peut pas provenir d'un tir du Depository mais du Grassy Knoll. Les médecins de Bethesda, contraints par les conspirateurs qui ne pouvaient être que leurs supérieurs, ont modifié la vérité. Pis encore, en camouflant cet impact d'entrée, les personnes ayant accès aux clichés – à partir du 26 novembre et pour une période de seize mois, les photographies et les radiographies se trouvent à la Maison-Blanche – ont signé leur participation au crime du trente-cinquième président des États-Unis.

Mais les trucages des images de l'autopsie ne s'arrêtent pas là. Sur une vue de profil, à l'origine en couleurs, le visage de Kennedy possède un aspect cireux étrange. La pause figée ne correspond pas aux autres clichés. Certains chercheurs pensent qu'il s'agit d'une reproduction en cire de JFK. Une idée pas si folle lorsque l'on se réfère aux témoignages de Jerrol Custer et du docteur Ebersole. Custer raconte que « le lendemain de l'autopsie, Ebersole et le capitaine Brown, un des responsables du département radiologie, m'ont demandé de passer aux rayons X différents fragments d'un crâne dont une grosse partie venait de l'arrière de la tête. [...] Je ne sais pas d'où provenaient ces os. La seule chose que l'on m'ait dite, c'est que mon travail servirait à fabriquer un buste du président Kennedy[1]. » Interrogé par la Commission d'enquête du Congrès en 1978 au sujet de marques de feutres retrouvées sur les radios, le docteur John Ebersole confirme en être l'auteur et déclare avoir pris des mesures à la demande de la Maison-Blanche afin d'effectuer un buste. De plus, divers témoignages font état de la visite à Bethesda, le 23 novembre 1963, d'un artiste sculpteur spécialisé dans les statues de cire. Lui aussi venait pour la Maison-Blanche. Une commande qui ne connaîtra aucune suite officielle !

1. Harrison Edward LIVINGSTONE, *High Treason II, op. cit.*

L'ensemble de ces clichés amène à une question plus générale. Si Floyd Riebe et Robert Knudsen, les deux techniciens responsables du développement des clichés, et si John Stringer, un des photographes de Bethesda, ne reconnaissent pas leur travail, ne faut-il pas se demander quand et où ces vues ont été prises ? Si l'on admet la préparation du corps de JFK à Walter Reed, ne peut-on imaginer que des photographies truquées ont été réalisées à ce moment-là ?

Surtout lorsque l'on sait que des hommes présents à Bethesda ont du mal à identifier la morgue de l'hôpital naval. Paul O'Connor, Jerrol Custer, Curtis Jenkins et Floyd Riebe relèvent les invraisemblances. D'abord le crâne de JFK repose sur un appuie-tête métallique, alors qu'à Bethesda celui-ci était recouvert d'un épais caoutchouc noir. Sur un cliché apparaît une petite desserte à instruments chirurgicaux fixée à la table d'autopsie et enjambant le corps de JFK au niveau de son pubis. Les quatre hommes, mais également des médecins ayant exercé à Bethesda durant les années 60, sont formels : aucune table de la morgue ne présentait cette particularité. O'Connor et Custer ne se souviennent pas non plus que le carrelage du sol de la pièce fût noir et blanc comme il apparaît sur une des images. Les deux hommes sont en revanche certains qu'il n'y avait pas de plinthes en bois et que le drap où gisait Kennedy était, comme chaque fois, marqué des armes de l'hôpital. Ajoutons à cela que sur la totalité des photographies aucun des médecins officiant auprès de Kennedy n'est identifiable.

Mais les manipulations de la vérité lors de l'autopsie continuent. Le 2 août 1998, l'ARRB a déclassé trois mille pages d'informations sur l'autopsie. Deux cent quarante-huit d'entre elles sont consacrées au docteur Humes. Lors du procès Clay Shaw mené par Jim Garrison, Humes avait déclaré avoir brûlé une partie de ses notes prises durant l'opération. Son rapport rédigé, qui plus est taché du sang du Président ne devait pas, disait-il, prendre une valeur morbide. Fort de cette volonté noble, il justifiait la destruction de pièces à conviction. Mais, en fait, et c'est un des éléments essentiels des dossiers de l'ARRB, « le docteur Humes, sous serment, a consenti à avouer qu'il avait détruit non seulement la totalité de ses notes mais également la première version de son rapport ». L'excuse de Humes ne fonctionne plus, puisque la première version de son rapport a été rédigée dans le salon de sa demeure le 23 novembre 1963, où il est fort peu probable que le sang de Kennedy l'ait suivi[1].

Autre révélation, celle qui concerne les réflexions des médecins de l'autopsie. Leonard Saslaw, biochimiste à Bethesda, a déclaré sous serment à l'ARRB que « moins d'une semaine après l'autopsie, alors qu'il déjeunait avec le docteur Pierre Finck, ce dernier s'est plaint de la disparition de ces notes. Cela faisait des jours qu'il tentait de les retrouver. Elles avaient disparu alors qu'il se lavait les mains juste après la fin de l'autopsie ». Enième information de poids qui pourrait clore à jamais le mystère Kennedy, Robert Knudsen, responsable du développement de la cinquantaine de clichés, a déclaré de son vivant avoir fabriqué huit jeux différents. Si sept d'entre eux ont été récupérés par le FBI et le Secret Service, le huitième fut remis en mains propres à Ted Kennedy. Si Knudsen dit vrai, le jeune frère de JFK posséderait à l'heure actuelle l'unique série complète de photographies prises lors de l'autopsie. Une suite réalisée sans trucage puisque, selon Knudsen, qui se souvient par exemple de plusieurs clichés en gros plan des blessures, et son assistante Sandra Spencer, les vues « officielles » ne sont pas celles qui ont été développées dans leur laboratoire de Bethesda. Spencer ajoute que « la blessure à la gorge était plus petite, qu'une partie arrière du crâne manquait et que le corps était plus propre » que sur les clichés disponibles. L'ARRB a également déclassé la déposition sous serment de Knudsen devant la Commission d'enquête du Congrès. Le technicien de laboratoire raconte d'abord que l'agent du Secret Service qui lui avait remis les négatifs et qui était resté le temps du traitement lui avait demandé de ne pas regarder le contenu des

---

1. Précisons également que la « première » version du rapport, qui est donc en réalité une deuxième mouture, est non signée par les trois médecins responsables. Et que le poids du cerveau de Kennedy n'est mentionné nulle part.

clichés. C'est pour cette raison que Knudsen a redoublé d'attention. Une observation qui lui a permis d'affirmer que « sur les cinq photographies présentées par la Commission quatre ne proviennent pas de son laboratoire et ne correspondent pas à l'état réel du président Kennedy. Le dernier provient bien de Bethesda mais il est évident qu'il a été modifié ». Un jugement de Knudsen repris par son fils Bob : « Mon père m'a certifié que sur un des clichés des cheveux avaient été dessinés pour masquer un morceau de crâne manquant. »

Autre preuve de la manipulation mise en route autour de l'autopsie, le fragment Harper. Le 23 novembre 1963, William Harper, un étudiant en médecine, est sur Dealey Plaza pour rendre hommage au Président assassiné. Là, à une dizaine de mètres à l'arrière et à gauche de l'endroit où se trouvait la limousine de Kennedy au moment du tir fatal, il découvre un morceau d'os encore taché de sang. Pensant qu'il s'agit d'une partie du crâne de JFK, il se rend au Methodist Hospital de Dallas où son oncle, A. B. Cairns, est médecin légiste. Cairns identifie le fragment de cinq centimètres sur sept comme provenant de l'arrière du crâne. Le fragment, photographié sous tous les angles, est une preuve supplémentaire d'un tir de face et de la non-authenticité des résultats de l'autopsie. Pièce à conviction, Cairns, en accord avec les responsables de l'hôpital, décide de faire parvenir le fragment au docteur George Burlkey, ancien médecin de JFK et praticien de LBJ. Le pli, adressé à la Maison-Blanche, n'est jamais réapparu[1].

Dernier élément touchant à l'autopsie avant de s'intéresser au film de Zapruder, la mort mystérieuse de William Bruce Pitzer. Le 29 octobre 1966, alors que les Kennedy déposent le caisson hermétique censé contenir les pièces de l'autopsie, le lieutenant de l'US Navy, Pitzer, est retrouvé mort dans son bureau de Bethesda, une balle de calibre 45 dans la tête. Les

---

1. En juillet 1998, un rapport de l'employé postal et informateur du FBI, Billy Holmes, était rendu public. Rédigé le 22 novembre 1963, il fait état de nombreux fragments du crâne de JFK retrouvés sur Dealey Plaza. Tous sont remis au Secret Service de Dallas pour être expédiés à Washington. Aujourd'hui, il n'existe plus aucune trace de ces pièces à conviction.

autorités navales concluent immédiatement au suicide. Une thèse qui ne convainc pas sa famille. Sa veuve explique qu'après vingt-huit ans d'armée, Pitzer allait rejoindre « l'équipe d'une chaîne de télévision et toucher quarante-cinq mille dollars par an ». Minutieux, il a l'habitude de laisser des notes expliquant chacun de ses gestes. Là, rien. Et puis la veuve insiste, alors que son mari a subi une autopsie, il est impossible d'en obtenir les conclusions. Mais ce qui choque le plus la femme de Pitzer, c'est que « sa main gauche était si abîmée par la détonation que je n'ai pas réussi à lui retirer notre alliance. Pourtant il faisait tout de la main droite [1] ».C'est seulement en 1990 que l'auteur Harrison Livingstone réussit à se procurer le rapport d'autopsie. Pour le médecin militaire qui l'a examiné, Pitzer s'est tiré une balle au niveau de la tempe droite. L'état de la main du lieutenant est bien confirmé, mais le légiste n'explique pas la raison de ses blessures. Si Pitzer s'est tiré une balle dans la tête avec la main droite, pourquoi sa main gauche est-elle en partie arrachée ? Par ailleurs, le médecin ne relève ni traces de brûlures ni de poudre sur la main droite et au niveau de l'impact, alors que, pour un tir à bout pourtant, il s'agit de symptômes incontournables. Un suicide étrange dans l'hôpital où s'est déroulée l'autopsie de Kennedy, le jour où les résultats de l'examen du cadavre du Président sont versés aux Archives nationales intrigue forcément. Pourtant, *a priori*, Pitzer n'a aucun lien avec l'autopsie puisque son nom n'apparaît pas sur la feuille des présents à la morgue le 22 novembre 1963. Mais bientôt, sous couvert d'anomymat, un de ses camarades parle. Non seulement Pitzer était à la morgue le soir de l'assassinat mais il était chargé de filmer l'autopsie. Interrogé à ce sujet, le docteur Boswell nie la présence du militaire et se réfère à la liste officielle des présents. Malheureusement cette liste est imcomplète. L'énumération oublie par exemple des agents du Secret Service et le général McHugh qui est pourtant resté durant la totalité de l'examen. Le 1er mai 1975, le quotidien *News Sun* de Waukegan dans l'Illinois obtient une interview d'un des meil-

---

1. Robert GRODEN et Harrison LIVINGSTONE, *High Treason*, Berkley Books, New York, 1990.

leurs amis de Pitzer qui, pour sa sécurité, apparaît sous le pseudonyme de l'informateur de Lake County. L'homme, un gradé
de Bethesda, confirme la présence de Pitzer lors de l'autopsie,
ainsi que celle d'un film, et raconte que Pitzer, qui était capable
aussi bien de prendre des radiographies que des photographies,
avait été menacé plusieurs fois. En 1991, Joanne Braun entame
une correspondance avec l'informateur de Lake County qui
accepte de dévoiler son nom. Il s'agit de Dennis David, l'officier de garde de Bethesda qui, avec son équipe, a réceptionné
le cerceuil où se trouvait JFK alors que Jackie était encore sur
la route menant à l'hôpital. Pour David, ami de longue date et
confident de Pitzer, il ne s'agit pas d'un suicide mais d'un
meurtre. « C'était un ami depuis longtemps, mon partenaire de
bridge et même parfois celui qui gardait mon enfant. Le
22 novembre, Bill a filmé l'autopsie de Kennedy. Je l'ai aidé à
le monter début décembre 1963. Je ne sais pas pourquoi et ni
pour qui il filmait. Je ne crois pas qu'il l'ait fait pour des raisons
personnelles [1]. Je ne lui ai jamais demandé plus de renseignements. Par exemple, je n'avais pas accès moi-même à la salle
d'autopsie, donc je ne l'ai pas vu personnellement. Mais, il
disait y avoir été et puis surtout il possédait ce film. Quand nous
l'avons visionné ensemble, nous avons remarqué l'importante
taille de la blessure et, apparemment, un point d'entrée. Bill
avait aussi des diapositives trente-cinq millimètres qui, il me
semble, étaient des vues du film. Je crois pouvoir dire que le
film que j'ai vu avec Bill a été réalisé avant l'examen *post mortem*
puisqu'il n'y avait pas encore d'incision en Y au niveau du
torse, ni au niveau du cuir chevelu [2]. » Plus loin, Dennis David
raconte comment son ami avait été traumatisé par le spectacle
de l'autopsie et avait fait état des menaces subies s'il lui venait
l'envie de faire un jour une confession. D'autres éléments

---

1. Cela paraît effectivement peu probable vu les conditions de sécurité entourant l'examen. William Stringer, le photographe officiel, raconte qu'un agent du
Secret Service le suivait comme son ombre alors qu'il faisait le tour du cadavre et
que soudain l'agent lui retira son appareil, prit le film et l'exposa à la lumière pour
le détruire. Stringer avait eu la mauvaise idée de faire une vue d'ensemble des
personnes présentes dans la salle.
2. Lettre à Joanne Braun, 11 septembre 1991.

rendent la mort de Pitzer mystérieuse. Pourquoi les autorités navales n'ont-elles pas permis à la justice de l'État du Maryland de mener sa propre enquête ? Pourquoi le corps de Pitzer ne présente-t-il pas les symptômes d'un suicide à l'arme à feu ? Pourquoi sa main gauche a-t-elle été déchirée par une balle ? Et puis, surtout, cette somme très importante qu'une chaîne de télévision aurait, selon son épouse, promise à Pitzer est largement au-dessus d'un salaire annuel. De plus, si l'officier de Bethesda avait mentionné le montant, il n'a pas eu le temps d'expliquer à sa famille quelle serait la nature de son emploi. Avait-il décidé de vendre ses informations ou, mieux encore, une copie du film ? La mort de Pitzer prend surtout l'allure d'un message envoyé aux autres participants de l'autopsie. Pitzer « est suicidé » le 26 octobre, six jours plus tard, John Stringer, les docteurs Ebersole, Humes, Boswell et Finck certifient que le contenu du caisson déposé par les Kennedy correspond à leur travail. Depuis, Stringer a déclaré n'avoir pas eu le choix. Si les quatre médecins ne se sont jamais officiellement désolidarisés de leur engagement, l'examen du contenu du caisson hermétique vaut le plus important des aveux. Bien qu'il y manque le cerveau de JFK, les blocs de paraffine ayant contenu des morceaux de tissus, cinquante-huit prélèvements sanguins, quatre-vingt-quatre prélèvements divers, trente-cinq diapositives, vingt-sept photos, une quinzaine de radiographies et la première version définitive du rapport d'autopsie, ils acceptent de signer une déposition confirmant l'authenticité et l'intégralité de l'ensemble. Questionnés par de nombreux chercheurs, les docteurs Finck, Boswell et Humes ont indiqué avoir appris la mort de William Pitzer avant le 1er novembre. Était-ce le signal nécessaire pour obtenir cette belle unanimité ? Quoi qu'il en soit, qu'il s'agisse d'un suicide ou d'un assassinat, la mort de William Bruce Pitzer a été l'occasion d'apprendre qu'un film avait été réalisé à la morgue de Bethesda. En 1998, trente-cinq ans après le meurtre de JFK, ce document, visionné par Pitzer et David, est toujours introuvable.

Ces manipulations, ces tricheries, ces menaces sont bien la trace d'une volonté gouvernementale d'étouffer la vérité. La Mafia, les Soviétiques ou encore les Cubains n'ont évidemment pas les moyens d'exercer une telle pression à l'intérieur même de l'appareil américain. Avant de tenter de résoudre le mystère Oswald et de raconter pour la première fois comment s'est organisé puis déroulé l'assassinat de JFK, il faut s'intéresser aux différents films amateurs réalisés sur Dealey Plaza le 22 novembre 1963. Et ainsi, une nouvelle fois, démontrer qu'ils ont été truqués afin de concilier l'impossible.

CHAPITRE 9

Images d'un assassinat

« Le film Zapruder est la forme la plus proche de "l'absolue vérité" concernant l'ordre des événements qui se sont déroulés sur Dealey Plaza. »

Josiah Thompson, *Six Seconds in Dallas*, 1967.

« Il est possible que le film du siècle soit plus intimement relié au crime du siècle que nous l'avons toujours supposé. Non pas parce qu'il a capturé le crime du siècle comme nous l'avons toujours prétendu, mais parce qu'il est lui-même un instrument de la conspiration.

Professeur Philip Mclanson, *Third Decade*, 1984.

Parmi la foule considérable massée le long du parcours présidentiel dans les rues de Dallas se trouvaient de nombreux spectateurs décidés à immortaliser l'événement. Ce qui a permis aux enquêteurs d'abord et aux chercheurs ensuite de disposer d'un ensemble de photographies et de films[1] sur les dernières minutes de la vie de John Kennedy fort instructifs.

Le plus connu de ces documents est bien sûr le film amateur de Zapruder en couleurs tourné en 8 millimètres qui n'excède pas les vingt-deux secondes. Lorsque, en exclusivité mondiale, dans son édition du 29 novembre 1963, le magazine *Life* publie en noir et blanc une sélection d'images, l'article est sous-titré : « De tous les témoins de la tragédie, le seul incontestable est la caméra 8 millimètres d'Abraham Zapruder. » Zapruder, propriétaire d'une fabrique de vêtements pour dames au 501 Elm Street au centre de Dallas, se rend dans ses bureaux le matin du 22 novembre 1963. Sans avoir l'intention de filmer la venue de JFK. « Quand j'ai quitté mon domicile, raconte-t-il, il pleuvait et je pensais n'avoir aucune chance d'apercevoir le Président. » Mais sa secrétaire, Lillian Rogers, le convainc de retourner chez lui pour récupérer sa nouvelle caméra, une Bell & Howell. Au retour, la foule a déjà envahi les trottoirs de Dallas, si bien que le seul lieu encore dégagé reste Dealey Plaza. Là, Zapruder s'installe sur un mur en béton. Sujet au vertige, il demande à sa réceptionniste qui l'accompagne, Marilyn Sitzman, de s'installer derrière lui afin de le caler. Il est 12 h 29, les applaudissements du public signalent la proche arrivée de la limousine présidentielle. Zapruder déclenche sa caméra et réalise, sans le savoir, les vingt-six secondes les plus célèbres du monde. Mais si ce

---

1. La totalité des films amateurs réalisés sur Dealey Plaza est regroupée dans une cassette vidéo de Robert Groden, consultant photographique lors de l'enquête du Congrès et conseiller technique sur le tournage de JFK d'Oliver Stone : *The Assassination Films*, New Frontier Productions, 1995. Depuis juillet 1998, une version digitale et nettoyée du film d'Abraham Zapruder est également disponible : *Image of an Assassination, a New Look at the Zapruder Film*, MPI Media Group.

film est évidemment majeur, d'autres images sont essentielles pour saisir les événements du 22 novembre.

D'abord, les prises réalisées par Charles L. Bronson. Six minutes avant le début de la fusillade, un spectateur est atteint d'une crise d'épilepsie à l'angle d'Elm et de Houston Street. Bronson, trouvant la scène insolite, déclenche sa caméra 8 millimètres, cadrant involontairement le Depository. Dans l'après-midi du 22 novembre, sa séquence est remise au FBI, comme l'ensemble des documents photographiques déposés dans les laboratoires de Dallas. Analysée par les spécialistes du Bureau, elle est classée sans suite puisque « ne montrant pas l'immeuble d'où ont été tirés les coups de feu ». En 1978, le journaliste Earl Golz découvre ce rapport du FBI puis demande la publication du film de Bronson. Le *Dallas Morning News* réussit même à obtenir en exclusivité une copie. Si la bande est en assez mauvais état [1], elle ne laisse pas l'ombre d'un doute : pendant près de trois secondes apparaît plein cadre le Depository. Comment et pourquoi le FBI a-t-il pu déclarer le contraire en 1963 ? La réponse réside sûrement dans le fait que Bronson dévoile le cinquième étage de l'immeuble et plus particulièrement la fenêtre d'où, si l'on se fie à la version officielle, Oswald doit avoir tiré. Or les images montrent une présence humaine derrière la fenêtre du *sniper nest* mais aussi derrière celle qui est située à sa droite. Problème, à 12 h 24, six minutes avant le crime, la Commission Warren affirme qu'il n'y a personne au cinquième étage. De sorte que, dans le cas improbable où il s'agirait d'Oswald en position de tir, Bronson démontre l'existence d'au moins un complice à ses côtés.

Une information importante confirmée par un autre film amateur réalisé moins d'une minute avant le début de la fusillade. Robert Hughes se trouve, lui, à l'angle de Main et de Houston quand la limousine présidentielle tourne sur Elm.

---

1. En effet, comble de malchance, officiellement, tous les films et photographies de l'assassinat de JFK ont été détériorés au cours de leur développement. Une suite d'incidents déplorables de la part de professionnels alors qu'en 1963 et depuis des années n'importe quel laboratoire des États-Unis est capable de développer correctement des souvenirs de vacances.

Sa caméra balaie la façade du Depository au moment où la voiture de JFK s'en approche. À cet instant, on distingue clairement un mouvement non seulement au niveau de la fenêtre où sont entassés les cartons mais aussi au niveau de celle d'à côté. Un rapport du FBI récemment déclassé prouve que les services de Hoover sont parvenus à récupérer le film Hughes quelques heures après le meurtre du chef de l'État. Pourtant, aucune trace des images n'est mentionnée dans les pièces remises à la Commission Warren. Mieux encore, les experts du Bureau ont aussi remarqué une présence derrière les vitres de la fenêtre voisine du *sniper nest*. Mais, pour couper court à toute polémique, le rapport affirme qu'il s'agit d'ombres produites par l'entassement des cartons masquant Oswald. Ce qui est impossible étant donné leur disposition. Si Hughes n'a pas eu le temps de filmer la fusillade, il se trouve sur Dealey Plaza lorsque la limousine disparaît sous le Triple Underpass. On voit ainsi une partie des témoins et des policiers en uniforme se ruer vers le Grassy Knoll à la poursuite d'un tireur.

Phil Willis [1], de son côté, est l'auteur de douze clichés pris sur Dealey Plaza avant, pendant et après l'assassinat de JFK. Deux d'entre eux permettent de confirmer l'étrange comportement d'un spectateur se tenant à droite de la limousine, à quelques mètres du panneau Stemmons. Cet homme vêtu entièrement de noir monte et descend un parapluie ouvert alors que le cortège passe à sa hauteur. Surnommé Umbrella Man [2], il intrigue depuis des années la communauté des chercheurs travaillant sur l'assassinat de JFK. Pour beaucoup, ce geste ne peut-être qu'un signal destiné au tireur. Sinon, comment expliquer, alors que la chaleur est étouffante sur Dealey Plaza, l'utilité d'un parapluie ? Lors de l'enquête menée par le Congrès en 1978, un homme, Louis Witt, affirma être ce fameux Umbrella Man et raconta que, opposant à la politique de Kennedy, il avait décidé d'aller protester

1. Phil Willis est le témoin des grands événements de l'histoire moderne américaine. Sur Dealey Plaza le 22 novembre 1963, il était également à Pearl Harbor le 7 décembre 1941 lors du raid japonais.
2. L'homme au parapluie.

lors de sa venue à Dallas, le choix du parapluie étant un rappel de la politique munichoise du père de JFK quand celui-ci était ambassadeur à Londres en 1938. Le parapluie, prétendit encore Witt, était un des symboles du Premier ministre britannique d'alors, Neville Chamberlain. Par ce geste, en 1963, au Texas, vingt-cinq ans après l'accord avec Hitler, cet Américain avait donc l'intention de faire comprendre à Kennedy les erreurs de jugement de son père Joseph ! Si l'alibi est compliqué, le témoignage de Witt perd complètement en crédibilité lorsqu'on lui demande de raconter ses faits et gestes sur Dealey Plaza. À l'époque, seules quelques très mauvaises copies pirates du film de Zapruder circulent sur les campus universitaires et Witt ignore leur contenu. Aussi, lorsque le Congrès compare ses déclarations avec le film et les photographies de Willis, le décalage est flagrant.

L'épisode Witt est important, car il permet de confirmer une piste lancée par l'étude d'autres clichés. En effet, sur certains d'entre eux, le voisin d'Umbrella Man, un homme jeune de type hispanique, probablement cubain, semble dissimuler sous ses vêtements un émetteur-récepteur. Une piste qui n'a jamais été officiellement évoquée. Pourtant, en 1991, lorsque l'intégralité de l'interrogatoire de Louis Witt est déclassée, les enquêteurs l'interrogent pour savoir s'il a remarqué l'utilisation de radios portables sur Dealey Plaza. Drôle de question pour une piste soi-disant en cul-de-sac.

Mais c'est sûrement la photographie numéro cinq qui s'avère la plus importante. Prise à l'instant précis où JFK est touché une première fois, elle dévoile le Grassy Knoll. Là, derrière un muret en béton, apparemment accroupi, se cache quelqu'un. Cette silhouette, surnommée Black Dog Man, est au centre d'une polémique. Certains chercheurs, dont Robert Groden, sont persuadés qu'il s'agit d'un homme en train de tirer. Si sa présence est attestée par deux autres clichés, il est honnêtement impossible de dire ce qu'il est précisément en train de faire. Ce qui est en revanche certain, c'est qu'il disparaît dès la fin de la fusillade et que sa position, à genoux en appui contre le mur, apparaît hautement suspecte. Enfin la présence d'un tireur posté à cette distance explique l'odeur de poudre relevée par différents témoins au niveau de la route. Autre révélation des photographies de Phil Willis, le cliché numéro huit. Quelques minutes après le crime et alors que Dealey Plaza est en proie à la panique, Willis saisit la foule massée devant l'entrée du Depository. À l'extrême droite de cette vue en couleurs se trouve un homme ressemblant à Jack Ruby. Une similitude si troublante que, lors de la publication du cliché dans un des vingt-six volumes d'annexes au rapport, la Commission Warren a préféré couper le bord de l'image pour faire disparaître ce « sosie » encombrant de Ruby.

Autre photo censurée par la Commission, celle qui a été prise par un journaliste de Dallas, Tom Dillard. Environ quinze secondes après la fusillade, il prend la façade du Depository. Sur la vue, on distingue parfaitement l'entassement de cartons ayant servi à protéger un tireur. Lors de l'enquête du Congrès de 1978, le chercheur Robert Groden a la possibilité de travailler sur le négatif original. Malgré le fait qu'il ait été « involontairement » détérioré par un bain de développement trop long, Groden se rend compte que la photographie de Dillard n'a jamais été publiée dans son format original. Et ce parce que la Commission Warren a complètement occulté l'extrémité opposée de la façade de l'immeuble. Après divers agrandissements de cette zone censurée, Groden découvre ce qui pourrait être le visage d'un homme. Malgré la mauvaise définition d'un tel travail, il est néanmoins certain qu'il ne s'agit pas de Lee Harvey Oswald. Là, la face est carrée et l'homme présente une coupe de cheveux en brosse très courte. Exactement comme le signalement d'un homme au cinquième étage du Depository donné par des témoins. Dernier détail troublant, un tir depuis cette fenêtre pourrait parfaitement correspondre au trajet et à l'angle des blessures du gouverneur Connally.

Un autre personnage apparaît aussi en arrière-plan sur une image réalisée par James Altgens, photographe de l'agence AP. Ce professionnel de quarante-quatre ans, qui ne fait pas partie du cortège des journalistes suivant depuis Washington le président Kennedy, arrive sur Dealey Plaza une dizaine de

Le 8 novembre 1960, John F. Kennedy devient le 35e président des États-Unis. Démocrate, catholique, jeune, il devance son opposant républicain, Richard Nixon, d'à peine 100 000 voix.

© CORNEL CAPA / MAGNUM F.KENNEDY

6

8

7

4

2

3

I

Le 22 novembre 1963, en pleine campagne pour sa réélection, JFK parade dans les rues de Dallas. La cité texane est réputée pour son extrémisme et sa défiance envers le président, mais le succès est au rendez-vous. Jusqu'à 12h30 et un virage sur Dealey Plaza.

Les lieux du crime: Dealey Plaza.

PHOTOGRAPHIE : DAVID LIFTON

En pointillés, l'itinéraire de JFK.

1: Limousine JFK au moment de la blessure fatale.

2: Position d'Abraham Zapruder filmant le crime.

3: Grassy Knoll.

4: Texas School Book Depositery.

5: Triple Underpass.

6: Dal-Tex Building.

7: Dallas County Records building.

8 : Criminal Courts Building.

Voici un document rare puisque n'existant pas officiellement. En effet la commission Warren, enquêtant pour savoir si Lee Harvey Oswald était bien le seul assassin du chef de l'État, a toujours affirmé qu'aucune note n'avait été prise durant l'interrogatoire du meurtrier. Et pourtant, le capitaine Fritz a écrit ces pages. Qui bouleversent les conclusions du texte officiel. Elles détruisent l'emploi du temps parfait du meurtrier établi par la commission, mais surtout, en affirmant que les clichés où l'on voit Oswald avant le meurtre poser avec l'arme du crime ont été présentés au suspect plusieurs heures avant… leur découverte officielle, elles instillent le doute sur l'honnêteté de l'enquête.

Cette lettre de John McCloy, membre de la commission Warren, à Lee Rankin, responsable des travaux de celle-ci, prouve le manque de spontanéité du rapport. Après une première lecture, McCloy estime en effet que trop d'efforts sont mis en route pour valider la thèse de la « balle magique », ce projectile quasi intact responsable à lui seul de… cinq blessures, celles du président et celles du gouverneur Connaly.

JOHN J. McCLOY
ONE CHASE MANHATTAN PLAZA
NEW YORK 5. N.Y.

June 24, 1964

Dear Lee:

Herewith my notes on Chapters Two and Three. I think Chapter Two is better done than Chapter Three but Chapter Three is a more difficult chapter to write and a much more important one.

I think too much effort is expended on attempting to prove that the first bullet which hit the President was also responsible for all Connally's wounds. The evidence against this is not fully stated and the section on the possibility of shots from the overpass is not well done. In many respects, this chapter is the most important chapter in the Report and it should be the most convincing considering the evidence we have.

I am going over the other chapters as rapidly as possible.

Sincerely,

Jack

Enclosures

Honorable J. Lee Rankin, General Counsel
President's Commission on the Assassination
    of President Kennedy
200 Maryland Avenue, N.E.
Washington, D. C.

Le FBI organisa à Dallas une reconstitution qui confirma la thèse officielle selon laquelle Oswald était l'unique assassin. Mais les calculs du FBI pour amener à cette conclusion sont faux. En effet, au lieu d'utiliser un véhicule semblable à la limousine présidentielle, les experts du Bureau choisissent la voiture du Secret Service, plus courte, plus haute, cible bien plus évidente pour un tir d'étage.

Ces deux vignettes, extraites du film réalisé par hasard par Abraham Zapruder, montrent que le corps de Kennedy est projeté en arrière avant de s'affaisser sur Jackie, mouvement significatif d'un tir de face. Et pourtant ces deux photographies, quand elles sont incluses dans le rapport Warren, sont reproduites avec une qualité médiocre et inversées afin de valider l'idée d'un tir dans le dos. A la fin des années 1970, sollicité par un chercheur indépendant, le FBI reconnaîtra du bout des lèvres cette inversion, la mettant sur le compte d'une erreur d'imprimerie.

Voici peut-être les preuves les plus accablantes de la manipulation orchestrée par le FBI validée par la commission Warren. En effet, le rapport officiel conclut que trois coups de feu ont été tirés par Lee Harvey Oswald. Pourtant le premier document, en date du 22 novembre 1963 et qui dresse l'inventaire des pièces à conviction récoltées au cinquième étage du Texas Book School Depositery, précise que seulement deux douilles ont été retrouvées. Le 26 novembre, l'expertise judiciaire confirme ce nombre. Le 7 mai, interrogé sous serment pour la commission Warren, le lieutenant Day de la police de Dallas parle lui aussi de deux douilles. Mais aucun de ces textes ne figure dans le rapport Warren. Y figure juste une version corrigée datée du 23 juin 1963.

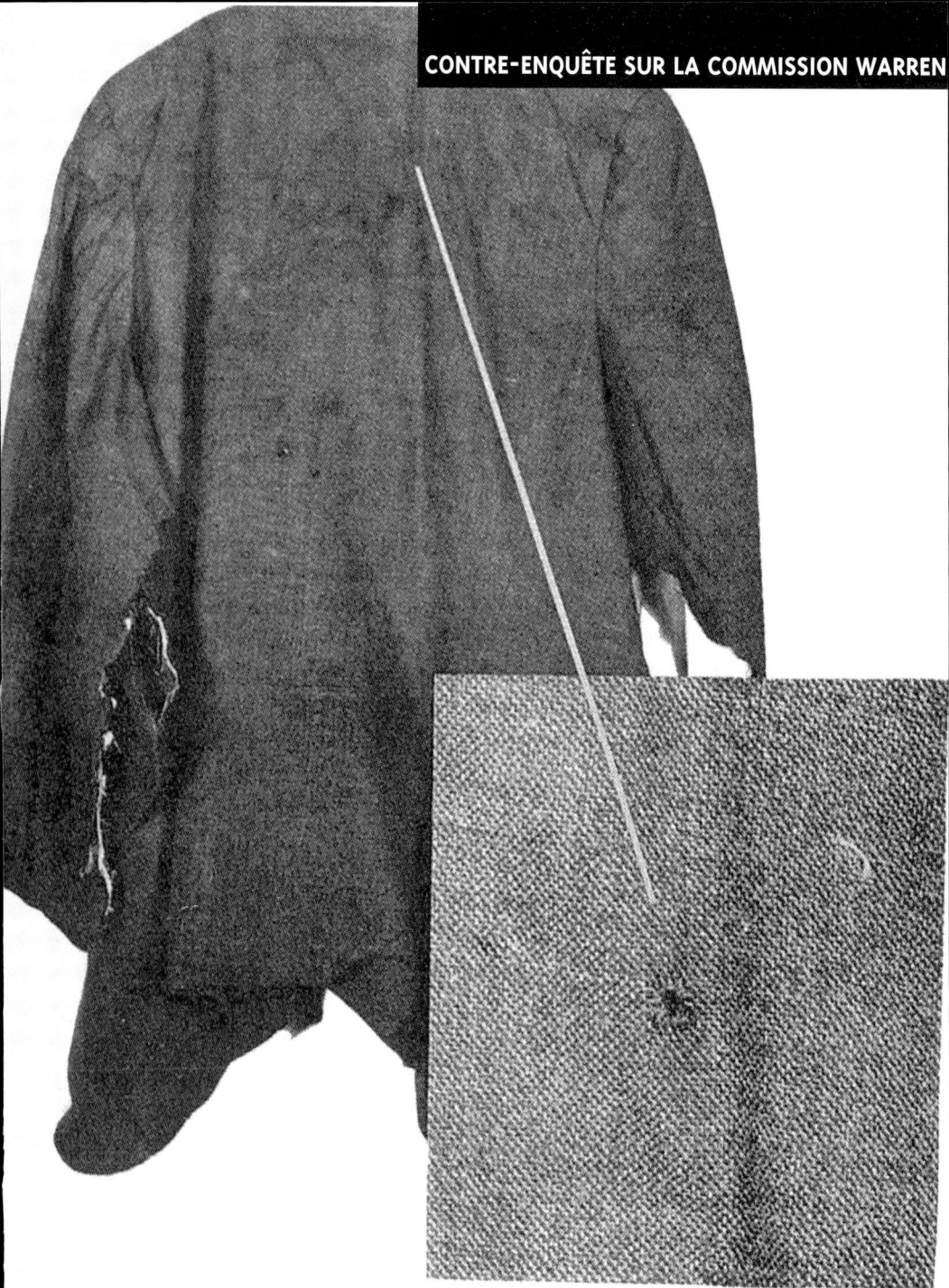

La théorie de la « balle magique », conçue par Arlen Specter, implique une balle rentrant dans le dos de Kennedy pour ressortir par sa gorge avant de blesser à trois reprises le gouverneur Connally ! Specter, confirmé par certains croquis d'autopsie, place le premier impact au niveau de la nuque de JFK. Pourtant, la chemise du président ne laisse guère planer de doute quant à la position de la blessure, une localisation basse ne permettant pas une sortie par la gorge. De même, les photographies de la veste de Connally retrouvée il y a quelques mois montrent une trace de sortie bien éloignée de la version officielle.

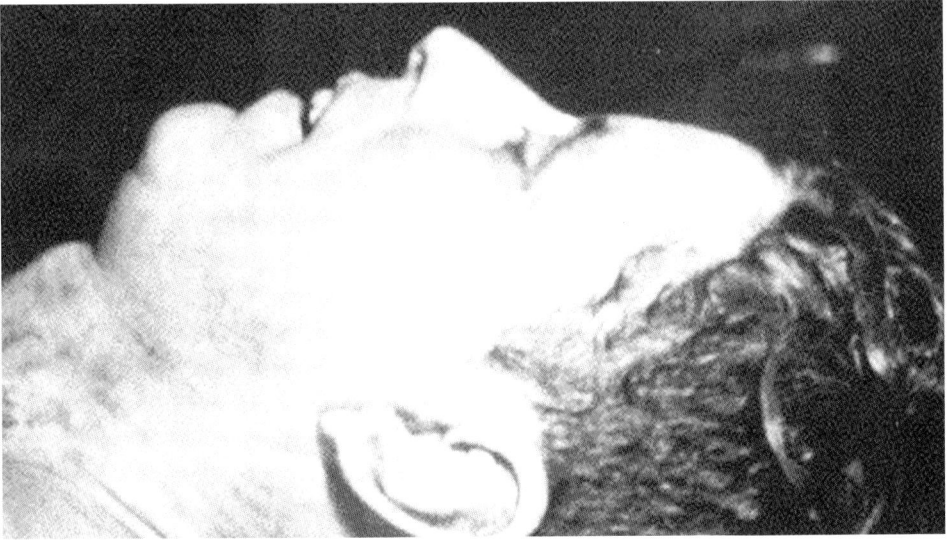

Ces photographies, pour la plupart inédites, sont insoutenables mais nécessaires à la vérité, car ces clichés de l'autopsie de JFK confirment une manipulation orchestrée depuis le sommet du pouvoir américain. Les quelques vues difficilement disponibles sont truquées. Quant aux autres, elles ont « disparu » du dossier placé aux Archives nationales sans que personne ne puisse prouver qu'elles y furent un jour. Ce profil gauche est un composite destiné à camoufler l'explosion de la calotte crânienne de JFK, un symptôme correspondant à la fois à un calibre puissant et à un tir de face. Ce que ne retient pas la version officielle.

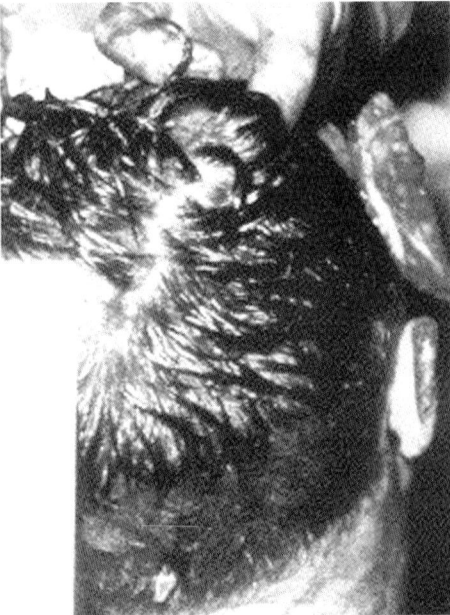

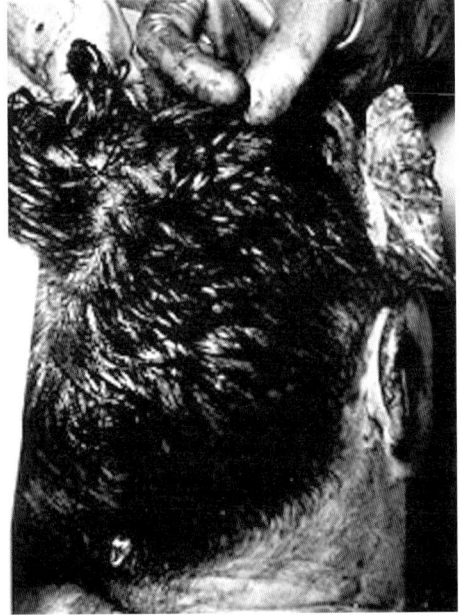

Ces deux vues presque semblables sont l'involontaire confirmation d'une tricherie. En plus de ne pas correspondre aux blessures évoquées par les médecins de Parkland, elles diffèrent d'autres photographies de l'autopsie ainsi que du rapport de docteur Humes. Dernier détail troublant, l'implantation des cheveux de JFK sur le haut de son crâne et sa nuque n'est pas la même sur les deux clichés.

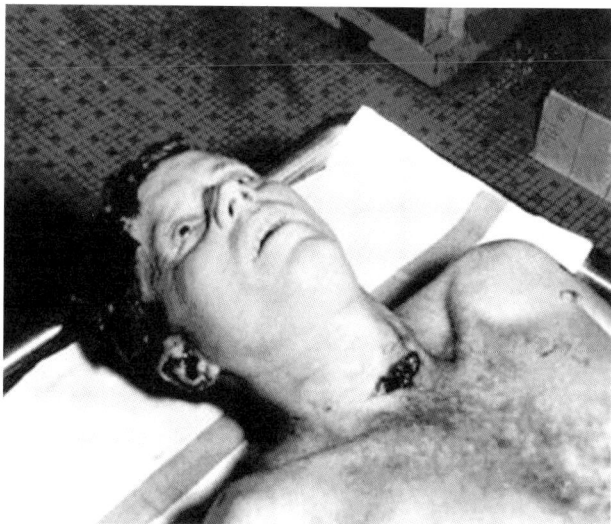

Cette vue de face contient de nombreuses anomalies. La plus flagrante concerne la blessure à la gorge. En effet, tous les médecins de l'hôpital de Parkland de Dallas s'accordent à dire qu'il s'agit d'une ouverture régulière de quelques centimètres. Pourquoi, alors, cette fine incision se transforme-t-elle en grossière plaie ? Tout simplement parce que les médecins de Dallas avaient incisé une blessure par balle déjà existante, blessure si étroite qu'il ne pouvait s'agir que d'une entrée de projectile. La version officielle ayant choisi la thèse du tueur isolé placé dans le dos de JFK, quelqu'un à l'hôpital militaire de Bethesda a maquillé cet impact d'entrée en explosion de sortie. De même, un curieux rectangle noir apparaît à la naissance du cuir chevelu de la victime. Il obstrue en fait une entrée de balle en haut et à droite, impact correspondant à un tir depuis le Grassy Knoll. Dernière étrangeté, la délimitation du cuir chevelu de JFK autour de son oreille droite ne correspond pas à celle qu'il porte de son vivant le 22 novembre.

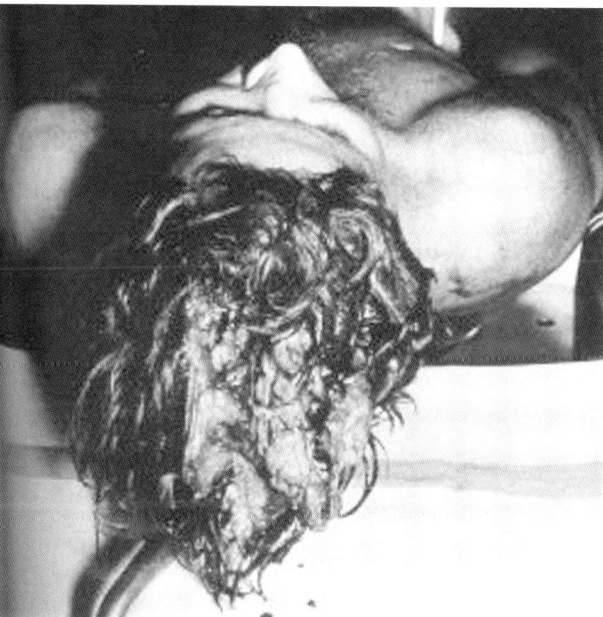

Trois versions différentes dont une en couleur existent de ce cliché. Il semble que les morceaux de matières cervicales aient été ajoutés directement sur la photo. Certains chercheurs doutent même qu'il s'agisse du cadavre de Kennedy. Il est vrai que ce soir là, à l'hôpital de Bethesda, un autre corps, dont toute trace a disparu, fut autopsié. Enième élément intéressant, ce cliché aurait été pris à la fin de l'autopsie. Problème, l'incision en Y du torse du président n'apparaît pas.

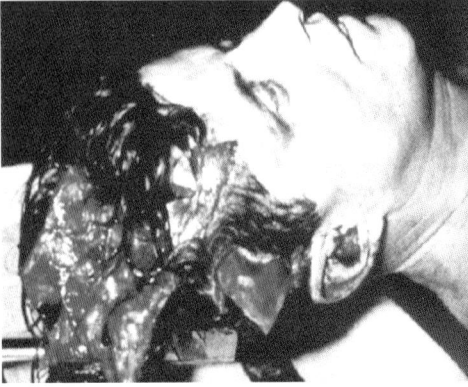

Cette photo spectaculaire contredit d'autres prises de vue du même jeu. L'étrange aspect de la face du président soulève un doute sur sa réalité: s'agit-il d'un moulage de cire? On peut se poser la question dans la mesure où le lendemain de l'assassinat, un artiste sculpteur spécialisé dans les statues de cire a été convoqué pour faire un moulage du défunt destiné à la Maison-Blanche. Mais jamais une telle commande n'a été honorée.

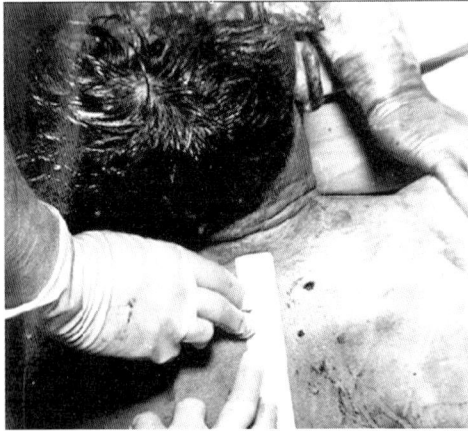

Cette photographie du dos du président livre une nouvelle implantation de son cuir chevelu. De plus, la zone de la nuque est étrangement uniforme. La photographie ne permet pas de savoir si l'impact visible au niveau de l'omoplate de JFK est bien réel ou s'il s'agit d'un caillot sanguin. Les nombreux médecins légistes qui ont analysé ce cliché ont été étonnés par la position peu académique du double décimètre. Un geste qui pourrait dissimuler les traces d'une autre blessure. Enième manipulation?

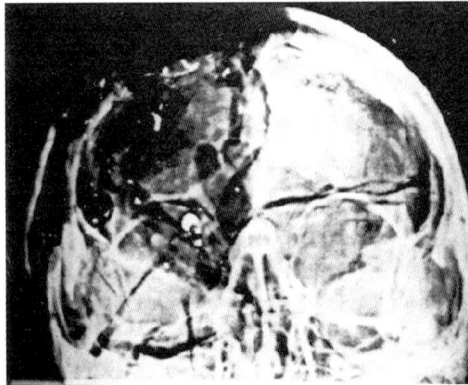

PHOTO: ARCHIVES NATIONALES

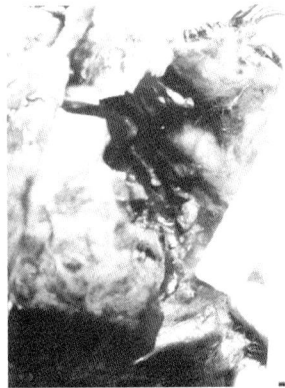

Cette radiographie de la tête de JFK est un vulgaire montage. Elle ne correspond à aucune des photographies et à aucune des blessures décrites à la fois par les médecins de Dallas et de Bethesda. De plus, l'impact de 6,5 mm suggérant une balle de Carcano néglige complètement le fait que le crâne du président ayant explosé (une blessure absente ici), le projectile s'est éparpillé en plusieurs éclats.

Il s'agit probablement d'une photographie du crâne du président. Etrangement et contrairement à toute procédure, rien ne permet de l'identifier comme tel. On peut noter aussi l'absence totale de cerveau. Le prélèvement, si prélèvement il y eut, s'est déroulé pourtant après ce cliché.

Deux agents du FBI assistent à l'autopsie. Dans la première version de leur rapport figure un étrange commentaire : avant que l'autopsie débute et alors que le corps vient juste d'arriver, ils notent qu'« une manipulation chirurgicale au niveau de la tête, plus précisément en haut du crâne », a été pratiquée sur le cadavre de JFK. Pourtant, les médecins de Dallas n'ont pratiqué aucune opération sur le président. L'aspect des blessures du chef de l'État a-t-il été modifié en vue de l'autopsie?

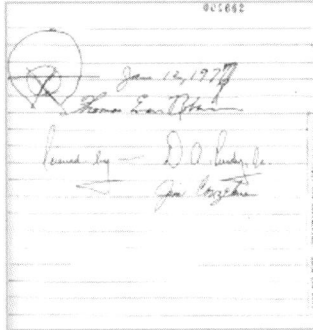

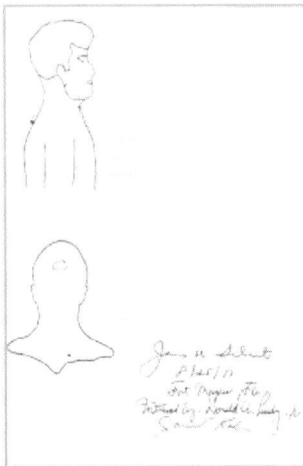

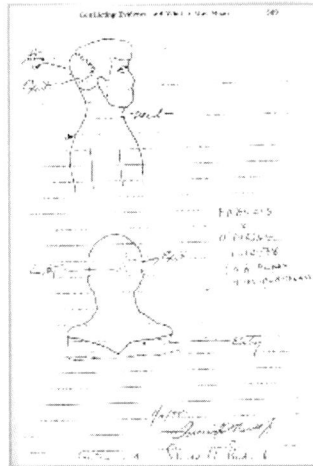

Ces croquis effectués lors de l'enquête diligentée par le Congrès américain en 1978 sont capitaux. Agents du FBI présents au moment de l'autopsie et simples assistants des médecins de Bethesda dessinent, à tour de rôle, l'état des blessures du président. Comme plus de cinquante témoins à Dealey Plaza, comme l'ensemble des médecins de Dallas, comme les images du film de Zapruder, tous sont d'accord : une importante partie de l'arrière du crâne de JFK est manquante. La preuve parfaite et inattaquable d'un tir de face. Selon la commission Warren et les médecins militaires de Bethesda, les clichés prétendent le contraire !

Depuis près de trente ans, le texan Jack White s'est spécialisé dans l'analyse photographique de Lee Harvey Oswald. Ce composite a été réalisé à échelle semblable à partir de deux clichés différents d'Oswald, un pris lors de son service militaire, l'autre lors de son séjour en Russie. Il montre une différence de plusieurs centimètres séparant un Oswald de l'autre. Etrange.

Ces deux clichés de Lee Harvey Oswald ont été pris à six mois d'écart. Comme l'ensemble des photographies de l'assassin présumé du président, ils entretiennent le doute sur sa personnalité. En effet, si chaque vue est ressemblante, la forme du menton, la taille d'une oreille et l'épaisseur de la chevelure varient de l'une à l'autre. Pourquoi?

PHOTO ARCHIVES NATIONALES

Cette photographie, soi-disant prise par Marina Oswald, est une pièce essentielle de la fabrication du dossier du coupable idéal. Lors de son interrogatoire, Oswald s'engagea à prouver qu'il s'agissait d'un photomontage réalisé par la police de Dallas. Jack Ruby, son meurtrier, ne lui en laissa pas le temps. Jack White, Scotland Yard et des experts de la police canadienne s'en chargèrent. Parmi les principales anomalies, ils notent un angle d'ombre différent sous le nez d'Oswald et sa silhouette, un journal qui n'est pas à l'échelle de son corps, un menton détouré qui ne correspond pas à la forme de celui du suspect, et au niveau du poignet droit une excroissance osseuse inconnue chez Oswald.

Cette silhouette découpée, découverte récemment par hasard dans les archives de la police de Dallas, amène à penser qu'Oswald avait raison quand il accusait la police d'avoir fabriqué des preuves contre lui. Autre élément troublant, des clichés de reconstitution montrent un policier imitant le « meurtrier ». Problème, si cette position correspond à une photo où figure effectivement Oswald, celle-ci a été découverte plus de dix ans après la reconstitution. Comment les hommes de Dallas la connaissaient-ils alors?

Department of State

From: John Edgar Hoover, Director

Subject: LEE HARVEY OSWALD
INTERNAL SECURITY - R

Since there is a possibility that an imposter is
using Oswald's birth certificate, any current information the
Department of State may have concerning subject will be
appreciated.

1 - Director of Naval Intelligence

39.6-981

Ce mémorandum du patron du FBI, Edgar J. Hoover, est longtemps resté secret. Et pour cause, datant de 1960, il informe les autorités fédérales que quelqu'un utilise un certificat de naissance de Lee Harvey Oswald pour établir de faux papier alors que celui-ci vit en Union Soviétique.

Voici la preuve de l'existence d'un dossier Oswald dans les archives de la CIA. Ce dossier 201, code normalement utilisé pour reconnaître les « employés » de l'agence, est malheureusement vide. Son contenu a été détruit « par routine » au début des années 1970.

25 November 1963

SUBJECT: Mr. Lee Harvey Oswald

TO : ████████████████████

1. It makes little difference now, but ████████had at one time an OI interest in Oswald. As soon as I had heard Oswald's name, I recalled that as Chief of the 6 Branch I had discussed -- sometime in Summer 1960 -- with the then Chief and Deputy Chief of the 6 Research Section the laying on of interview(s) through ███████ or other suitable channels. At the moment I don't recall if this was discussed while Oswald and his family were en route to our country of if it was after their arrival.

2. I remember that Oswald's unusual behavior in the USSR had struck me from the moment I had read the first State dispatch on him, and I told my subordinates something amounting to "Don't push too hard to get the information we need, because this individual looks odd." We were particularly interested in the OI Oswald might provide on the Minsk factory in which he had been employed, on certain sections of the city itself, and of course we sought the usual BI that might help develop target personality dossiers.

3. I was phasing into my ████████████assignment, ████████████████, at the time. Thus, I would have left our country shortly after Oswald's arrival. I do not know what action developed thereafter.

Autre pièce à conviction permettant d'établir des liens entre la CIA et Oswald, ce rapport interne dans lequel un membre de l'Agence se souvient que des contacts avaient été pris avec Oswald dès l'été 1960.

Nouvelle confirmation écrite de l'utilisation du nom de Lee Harvey Oswald sur le territoire américain alors qu'il réside en Union Soviétique. Ce bon de commande pour des camionnettes chez le concessionnaire Ford de la ville de Bolton est daté du 20 janvier 1961 et signé par un prétendu Oswald au nom d'une association procubaine.

PHOTOGRAPHIE : COPYRIGHT 1964-1992 NIX FILM

Cette image extraite d'un film amateur implique une participation du Secret Service dans le meurtre de JFK. Quelques secondes avant les coups de feu, alors que la voiture du futur président Johnson est encore sur Houston Street, ses gardes du corps, tous membres du Secret Service, anticipent la fusillade en ouvrant leur portière afin de venir protéger le texan.

PHOTOGRAPHIE : COPYRIGHT 1967-1995 LMU CO

Si les gardes du corps de Johnson font tout pour le protéger, les gorilles de JFK n'ont pas le même empressement. Un seul se précipite, mais en vain, sur la limousine. Pis encore, au beau milieu de la fusillade, et contrairement à la procédure, le chauffeur de la voiture présidentielle stoppe. Bill Greer se tourne et assiste impassible à la blessure mortelle de Kennedy. Ce détail du film de Zapruder est à charge contre l'homme du Secret Service qui a toujours déclaré ne s'être ni arrêté ni tourné.

Malcom E. Wallace pourrait prouver l'implication de Lyndon B. Johnson dans l'assassinat de son prédécesseur. Wallace, ancien tireur d'élite, est un homme à tout faire de l'équipe texane de LBJ qui, lors d'élections locales, n'a jamais hésité à faire le coup de poing pour son patron. D'après différents rapports, il aurait même participé à plusieurs meurtres. Le 22 novembre 1963, une dizaine d'empreintes digitales sont relevées au cinquième étage du TSBD. Elles n'appartiennent pas à Oswald et sur ordre express d'Hoover, le patron du FBI, sont classées secrètes. Sûrement parce qu'elles présentent quatorze points communs avec celles de l'homme du président!

Ce spectateur sur Houston Street, Joseph Milteer, est responsable d'une organisation d'extrême droite. Mis sur écoute par la police, il annonce lors d'une conversation privée le crime de Dallas deux semaines avant qu'il ait lieu, précisant même le mode opératoire. Le 22 novembre, il téléphone à un ami en se vantant d'être à Dallas pour assister au grand spectacle.

THE WHITE HOUSE
WASHINGTON

~~TOP SECRET~~ - EYES ONLY   October 11, 1963

NATIONAL SECURITY ACTION MEMORANDUM NO. 263

TO: Secretary of State
             Secretary of Defense
             Chairman of the Joint Chiefs of Staff

SUBJECT: South Vietnam

At a meeting on October 5, 1963, the President considered the recommendations contained in the report of Secretary McNamara and General Taylor on their mission to South Vietnam.

The President approved the military recommendations contained in Section I B (1-3) of the report, but directed that no formal announcement be made of the implementation of plans to withdraw 1,000 U.S. military personnel by the end of 1963.

After discussion of the remaining recommendations of the report, the President approved an instruction to Ambassador Lodge which is set forth in State Department telegram No. 534 to Saigon.

McGeorge Bundy

Le retrait programmé des forces américaines au Vietnam est une des raisons de la mort de Kennedy. Le National Security Action Memorandum n°263 ordonnait le départ de 1000 soldats américains avant la fin de l'année 1963. Le premier acte politique de Johnson, le jour même des funérailles de JFK, sera d'annuler cet ordre. En mai 1998, la bibliothèque Kennedy a rendu public un grand nombre de mémos inconnus de JFK sur la politique extérieure du pays. L'un d'eux affirme sa volonté de quitter complètement le Vietnam.

PHOTOGRAPHIE : CECIL STOUGHTER

Le premier cliché est la photographie officielle de Lyndon B.Johnson prêtant serment à bord d'Air Force One. L'heure est grave, la mort de Kennedy vient d'être annoncée. Le second cliché aurait du être détruit, et suit le premier de quelques secondes. LBJ, le nouveau président, se tourne vers son ami le sénateur démocrate conservateur Albert Thomas. Il lui adresse un large sourire et l'autre décoche un clin d'oeil complice. Mission accomplie ?

PHOTOGRAPHIE : DR

Kennedy-Johnson, le couple le plus étrange de la politique américaine. Opposant virulent lors de la course à l'investiture de 1960, complices obligés lors de la campagne contre Nixon, les deux hommes n'auront jamais cessé de s'affronter, bien souvent avec violence. En 1963, Johnson rattrapé par des affaires de corruption, de liens avec la Mafia et de meurtre ne devait plus faire partie du ticket présidentiel pour l'élection de 1964. La mort de Kennedy lui offre un destin présidentiel auquel il ne pouvait plus espérer.

APPROVED FOR RELEASE 1993
CIA HISTORICAL REVIEW PROGRAM

Ce document est une énigme. Véritable bombe à retardement ou leurre pour éloigner de la piste CIA ? Quoi qu'il en soit, ces lignes écrites par William Harvey, le responsable des opérations homicides de l'Agence et ennemi intime des Kennedy, décrivent en seize points la formation d'une équipe de tueurs. Le point 10 consacré au recrutement est sans appel : « Corses recommandés. Siciliens peuvent parler à la Mafia ». Il faut noter également les références 5 : « planification doit inclure matériel pour blâmer Soviétiques ou Tchécoslovaques » et 9 : « Devra avoir un faux dossier 201 contenant des documents truqués et anti datés. Devra ressembler le plus possible à un vrai ».

Le capitaine Souetre fut un des responsables de l'OAS avant de s'occuper de différents groupes de mercenaires. Un rapport de la DST le déclare à Dallas le jour du crime. En fait, s'il a rencontré la presque totalité des « conspirateurs » du 22 novembre, il n'était pas au Texas ce jour-là. Il est en fait victime d'une opération d'intoxication des services français pour prévenir les risques d'attentat contre de Gaulle lors d'un futur voyage au Mexique.

Cette photographie de mauvaise qualité est une pièce unique. Il s'agit de l'agent de la DST Michel Mertz, sous deux angles différents. Infiltré dans le milieu OAS pour protéger de Gaulle, il est à Dallas le 22 novembre où il se fait passer pour Souetre. Sa présence au Texas est la preuve que les services français savaient que Kennedy allaient être assassiné ce jour-là.

DALLAS MORNING NEWS

Dix minutes après l'assassinat de JFK, d'étranges vagabonds aux vêtements neufs et à la coupe de cheveux nette sont « promenés » sur Dealey Plaza. Leur identité et leur rôle étaient un mystère dans le complexe scénario du 22 novembre. Parmi eux, cet homme de vingt-cinq ans, Hongrois. Ancien du 1er REP, maître armurier, proche des milieux de l'extrême-droite, membre actif de l'OAS, il fait partie d'une équipe chargée de brouiller les pistes en cas de problème après l'assassinat.

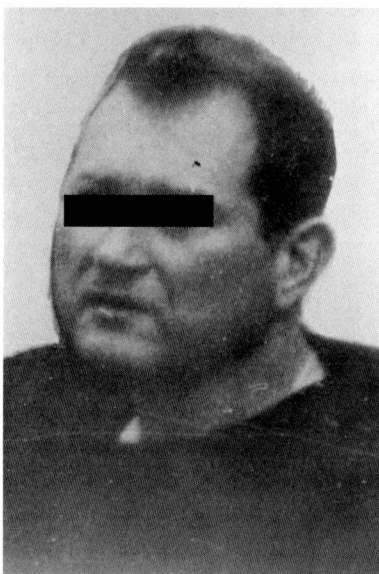

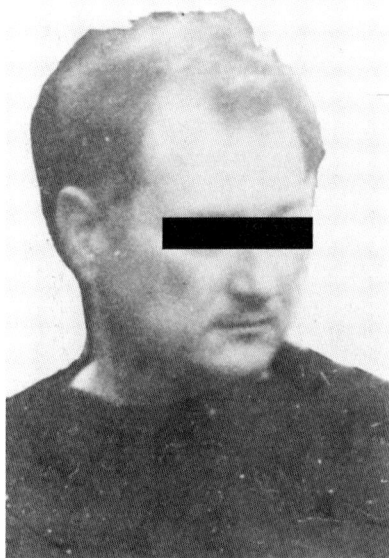

Rapidement après le meurtre, la CIA prétend avoir des clichés d'Oswald visitant les ambassades Cubaines et Soviétiques à Mexico. Les vues sont livrées à la commission Warren mais, sans l'ombre d'un doute, ne représentent pas Oswald. Pourtant l'identité des hommes photographiés n'est jamais révélée. Ces deux peut-être trois hommes sont en fait des membres de l'OAS. L'un est Hongrois, l'autre Français. Leur présence à Mexico s'explique par la prochaine venue de Gaulle.

PHOTOS RENDUES PUBLIQUES PAR LA CIA EN 1976, REPRISES DANS LA PRESSE FRANÇAISE ET DANS « COÏNCIDENCE OR CONSPIRACY » DE BERNARD FENSTERWALD

minutes avant le passage du défilé. Son intention est de photographier la limousine sortant de Dallas avec, en arrière-plan, les gratte-ciel de la ville. L'endroit idéal pour effectuer un tel cliché est le Triple Underpass. Mais un policier en uniforme lui en interdit l'accès. Si Altgens dit vrai, le comportement de ce dernier est suspect puisque, au moment où la limousine de JFK arrive sur Dealey Plaza, plusieurs personnes sont déjà sur le Triple Underpass. Et si tous décriront le nuage de fumée du Grassy Knoll, aucun ne sera écouté. Un cliché pris de ce lieu aurait sans aucun doute dévoilé le tireur du Knoll. Algtens décide alors de se poster plus haut, au niveau du virage d'Elm Street. « J'étais en train de prendre une photographie et, au même instant, j'ai entendu un bruit qui ressemblait à un pétard », déclare-t-il [1]. En fait, il immortalise le moment précis du premier coup de feu, celui qui va rater la limousine. Premier enseignement, une différence de comportement entre les agents du Secret Service responsables de la sécurité de JFK et ceux qui sont chargés de celle du vice-président Johnson. Alors que les hommes entourant Kennedy ne réagissent absolument pas, continuant à observer la foule depuis les marche-pieds de la voiture suiveuse, les hommes de LBJ, eux, quittent déjà leur véhicule pour protéger le Texan. Cette rapidité de réaction pourrait être exemplaire si, comme nous le verrons, elle n'était pas plutôt suspecte.

L'arrière-plan de la photographie d'Altgens est également important. Ed Chiarini, spécialiste de la recherche photographique, a travaillé de nombreuses années sur cette vue partielle de la façade du Dal-Tex Building. Depuis toujours, les partisans d'un tir croisé sont persuadés qu'une équipe de tireurs était postée à l'une des fenêtres de cet immeuble. Chiarini n'a pas isolé de tireur mais un homme, de type hispanique, tentant de se dissimuler derrière la structure métallique d'un escalier de secours. Mieux encore, en étudiant

---

1. Témoignage devant la Commission Warren. Il faut noter que ni le FBI ni la Commission n'avait prévu d'entendre ce témoin. Un article virulent du *New York Herald Tribune* du 29 mai 1964, remettant en cause le travail du FBI, est à l'origine de son audition.

d'autres clichés, il a découvert qu'un spectateur était assis quelques mètres plus haut sur cette même issue de secours. Un homme au comportement intéressant puisqu'il tranche avec l'impassibilité des autres témoins. En effet, sur la vue d'Altgens, on le devine se levant précipitamment de sa place, exactement comme si un coup de feu venait d'être tiré près de lui. La photographie d'Altgens permet encore de démentir une affirmation de la Commission Warren en montrant le pare-brise de la limousine présidentielle. Des clichés réalisés sur l'aire de stationnement de Parkland présentent distinctement le pare-brise de la Lincoln touché à deux endroits par des impacts. Pour la Commission, l'un d'entre eux est une marque faite par un gravillon bien avant le défilé, l'autre étant dû à la balle magique. Le cliché d'Altgens révèle au contraire que le pare-brise est bien intact après la première série de coups de feu, donc que les deux trous de Parkland ne sont ni le résultat de la balle magique ni la trace de gravillons, mais la preuve que plus de trois coups de feu ont été tirés.

Mais c'est une autre photographie, un Polaroid, qui est sans doute l'élément le plus important de cette recherche de la vérité. Mary Moorman est venue sur Dealey Plaza non pas pour applaudir Kennedy mais pour apercevoir un des motards de l'escorte présidentielle. Accompagnée par Jean Hill, elle s'installe sur la pelouse face au Grassy Knoll. Au moment du dernier impact, celui qui fait exploser le crâne de JFK, elle se trouve à quelques mètres du chef de l'État, la limousine venant juste de passer à sa hauteur. Une seconde avant, elle a déclenché son appareil et photographié de dos le Président effondré dans les bras de Jackie. C'est le seul cliché qui dévoile la presque totalité du Grassy Knoll lors de la fusillade. Bizarrement, cette image capitale n'a jamais été étudiée par la Commission Warren. Pourtant United Press International, qui en a acheté les droits pour la modique somme de six cents dollars dans l'après-midi du 22 novembre, n'aurait pas refusé d'en communiquer l'original. En fait, il faut attendre 1978 et l'enquête du Congrès pour qu'une première analyse sérieuse soit effectuée. Malheureusement le groupe d'enquête du Congrès n'obtient qu'une copie fort médiocre.

Dans son rapport final, il demande aux autorités gouvernementales de tout mettre en œuvre pour permettre l'expertise
de la vue. Une demande restée lettre morte.

En 1982, deux chercheurs indépendants, Gary Mack et
Jack White, réussissant à en obtenir une reproduction fidèle,
commencent à l'étudier. « L'histoire incroyable de Gordon
Arnold, un militaire en permission posté sur le Grassy Knoll,
catégorique quant à la présence d'un tireur derrière la barrière
de bois, nous a permis d'avoir pour la première fois des indications précises sur l'endroit où pouvait se trouver le tireur,
explique Jack White. Nous avons commencé à étudier la zone
broussailleuse du côté est de la palissade. Nous ignorions
alors que les experts en acoustique avaient déterminé qu'un
coup de feu venait précisément de cet endroit. C'est ainsi que
nous avons découvert Badge Man. Un homme, de face, en
uniforme de police en train de tirer sur Kennedy[1]. » Il faut
concevoir que le travail de Mack et de White est étonnant.

Sur les agrandissements réalisés par les deux Texans apparaissent nettement « le début de son cuir chevelu, ses yeux,
son oreille gauche et ses joues. Seuls sa bouche et son cou
sont masqués par un flash. Celui du coup de feu[2]. » Mieux
encore, la forme porte un uniforme foncé avec sur l'épaule
gauche un badge circulaire. « L'homme du Grassy Knoll est
vêtu de l'uniforme de la police de Dallas. Exactement comme
le racontent Arnold et d'autres témoins. » Voulant soumettre
leur découverte à une contre-expertise sérieuse, ils se rendent
au célèbre Massachussetts Institute of Technology (MIT).
« Là, ils ont analysé le cliché avec bien plus de moyens que
nous, utilisant des ordinateurs puissants pour nettoyer
l'image. Leur conclusion, sans l'ombre d'un doute, est que le
Polaroid de Mary Moorman montre bien un homme tirant
avec un fusil. Le lendemain, le doyen du MIT nous a
demandé de restituer la totalité du matériel provenant de ses
laboratoires. Il a refusé de nous expliquer pourquoi et a seulement précisé que son université ne collaborerait plus à de

---

1. Entretien de l'auteur.
2. *Ibid.*

telles expertises. Maintenant, il faudrait qu'une agence gouvernementale ou un groupe de presse ayant les moyens financiers nécessaires analyse le cliché. Mais cela ne les intéresse
pas [1]. »

La trouvaille de Mack et de White est essentielle si elle se
révèle exacte. D'autant que la vue de la totalité de leur travail
incite à suivre leurs conclusions. En outre, lorsque Jack White
énumère les témoignages confirmant la présence de Badge
Man, il est difficile de n'y voir que des coïncidences : « Zapruder a déclaré avoir entendu au moins un coup de feu sur sa
droite. Là où nous avons découvert le tireur, Lee Bowers a
vu de la fumée et, rapidement après, un homme en uniforme.
Des dizaines de témoins qui se sont rués sur le Grassy Knoll
après les coups de feu ont déclaré n'avoir vu derrière la barrière que des employés du chemin de fer et des hommes en
uniforme de police de Dallas [2]. » Et encore, White néglige les
témoignages de trois officiers de police, Emmett Hudson,
Constable Weitzman et Joe Smith, qui ont déclaré avoir vu
des policiers derrière le Grassy Knoll alors qu'officiellement
aucun homme du DPD n'était placé dans cette zone.

Mais la contribution de Mary Moorman à la contre-
enquête ne s'arrête pas là. Elle affirme, et sa version est corroborée par Jean Hill, avoir pris un autre cliché une vingtaine
de secondes avant le coup fatal alors que la limousine de JFK
était à hauteur du panneau Stemmons. L'arrière-plan du
cliché montrait clairement le cinquième étage du Depository.
Malheureusement personne ou presque n'a vu cette image,
remise quelques minutes après le crime, au shérif Sweat.
Celui-ci a confirmé ce fait et précisé que, suivant la procédure, il avait confié cette pièce à conviction à William Patter-
son, agent du Secret Service. Depuis, le cliché a disparu.
Comme nous le verrons plus tard, le Polaroid de Mary Moorman est encore utile pour prouver les coupes effectuées sur
le film de Zapruder.

Le film de Maria Muchmore, lui, capture les dernières

1. *Ibid.*
2. *Ibid.*

secondes de la fusillade du côté opposé à celui d'Abraham Zapruder. Comme le cliché de Mary Moorman, ces brefs instants sont capitaux pour démontrer la manipulation du film de Zapruder. Autre information, le film Muchmore réquisitionné par le Secret Service présente les signes d'une altération dans le dessein de cacher la vérité. Moses Weitzman, expert reconnu des effets optiques, a découvert dès 1973 la plupart des trucages effectués. Information principale, une partie du film, celle qui concerne évidemment la blessure fatale, a été mutilée d'un long coup de lame. Après des mois de travail, Moses et son équipe sont parvenus à restaurer le négatif. Lequel confirme un tir de face avec projection de matières cervicales et de morceaux de crâne du Président à l'arrière gauche de la limousine.

Le film d'Orville Nix, confié au FBI, a lui aussi été modifié. Employé à la maintenance du siège du Secret Service de Dallas, le 22 novembre 1963, Nix suit la parade de Houston Street puis de Dealey Plaza, du côté opposé au Grassy Knoll. Les droits du film qu'il a pris sont achetés dans le courant de l'année 1963 par UPI pour la somme de cinq mille dollars. Avant cela, il l'a confié au FBI. « Le FBI avait ordonné à l'ensemble des laboratoires de Dallas de leur faire parvenir immédiatement toutes les images concernant le crime. Le laboratoire a prévenu mon grand-père qui, en bon citoyen américain, s'est précipité au FBI. Ils ont pris le film et la caméra pour cinq mois. Ils nous l'ont retourné en morceaux[1]. » Le film est revenu avec de nombreuses altérations relevées par Orville Nix lui-même[2]. D'abord, le fond de l'image, la partie concernant le Grassy Knoll, a été foncé de manière à ne rien dévoiler. Une modification irrémédiable.

---

1. Gayle Nix Jackson, petite-fille d'Orville Nix in *Village Voice*, 31 mars 1992.

2. Nix tentera en vain de protester. En 1967, il est invité à une émission produite par la chaîne CBS pour tenter de comprendre le crime de Dallas, mais chacune de ses interventions fut coupée au montage. Chaque fois, il affirmait avoir vu des coups de feu provenant du Grassy Knoll. Interrogé des années plus tard par un chercheur indépendant, Nix affirme que son ami Forrest Sorrels, le responsable du Secret Service de Dallas, lui a confié que « lui aussi pensait que les coups de feu venaient de derrière la barrière de bois du Grassy Knoll ».

Ensuite, le film présente des ruptures de rythme étranges, comme si certaines images avaient été supprimées, notamment au moment du dernier coup de feu. Toujours est-il que ce film, jamais projeté devant la Commission, démontre clairement un tir de face, puisque l'on peut apercevoir un morceau du crâne de JFK s'envoler à l'arrière de la voiture. Le film d'Orville Nix mériterait sans aucun doute d'être confronté aux techniques modernes d'analyse de l'image. Malheureusement, depuis 1978 et l'enquête menée par le Congrès, l'original reste introuvable.

Dernier film connu enfin, celui de Jack Daniel, habitant de Dallas placé après le Triple Underpass qui filme le cortège alors qu'il se rend rapidement vers le Parkland Memorial. Inconnu jusqu'en 1978, les quelques secondes réalisées par Daniel impliquent le Secret Service. En effet, Bill Greer, chauffeur de la limousine, a toujours déclaré ne pas connaître l'itinéraire menant à l'hôpital et avoir simplement suivi le véhicule du chef Curry, information confirmée par deux autres membres du Secret Service, les agents Sorrels et Lawson. Pourtant le film de Daniel prouve le contraire. Doublant la voiture de Curry, Greer fonce vers Parkland, et personne ne lui indique le chemin. Comment cet agent de Washington venant pour la première fois à Dallas a-t-il pu se rendre de lui-même à Parkland, alors que le premier panneau qu'il croise indique la direction du Methodist Hospital ? On se souvient alors de l'étonnante réaction des différents agents sur la photographie d'Altgens. Les uns sont figés, les autres rapides. Une rapidité suspecte puisqu'une image isolée du film de Nix prise sur Houston Street montre que les gardes du corps de LBJ ont ouvert la portière de leur véhicule pour protéger le futur Président quelques secondes avant le début de la fusillade. Or cette implication, encore plus flagrante dans la version originale du film d'Abraham Zapruder, devait être cachée. Ce qui nécessitait, comme nous allons le voir, une profonde modification du « film du siècle ».

Pourtant avant de passer au film de Zapruder, il convient de revenir sur le seul film amateur qui, s'il n'avait pas disparu, aurait permis de lever les derniers doutes entourant l'assassinat de JFK. En 1963, Beverly, qui a tout juste dix-neuf ans, travaille comme chanteuse au Colony Club, un club de strip-tease voisin de celui de Jack Ruby[1]. Le 22 novembre, elle décide d'aller filmer la venue du président Kennedy avec la caméra Yashica 8 millimètres flambant neuve offerte par son fiancé quelques semaines plus tôt. De fait, on l'aperçoit sur de nombreuses photographies, ainsi que sur les autres films amateurs réalisés alors, à gauche de la route sur le parterre gazonné face au Knoll. En compagnie de Charles Brehm, elle fait partie du dernier groupe de spectateurs avant le Triple Underpass. Jusqu'en 1977, personne ne connaissait Beverly Oliver sous son vrai nom. Cette jeune femme armée d'une caméra, vêtue d'un manteau jaune et la tête coiffée d'un foulard de soie, était surnommée The Babushka Lady. Mais cette année-là, retrouvée par le docteur Gary Shaw, elle est entendue à huis clos par le groupe d'enquête du Congrès. « Robert Tannenbaum, l'avocat du groupe d'enquête qui m'a interrogée le 17 mars 1977, m'avait promis le secret, raconte-t-elle. Mais il y a eu des fuites dans la presse et l'enfer a commencé avec des menaces téléphoniques puis des " visites " dans mon logement[2]. » Il faut dire que Beverly Oliver est un témoin exceptionnel. Elle a filmé la limousine depuis son virage sur Elm Street jusqu'à son départ précipité sous le Triple Underpass. Son film a saisi l'ensemble de la fusillade, incluant la séquence invisible du film de Zapruder, lorsque le véhicule de JFK passe au niveau du panneau de Stemmons, ainsi que le Depository et le Grassy Knoll. « J'étais horrifiée. Je venais de voir sa tête exploser devant moi. L'action s'était déroulée au ralenti. C'était horrible. Je suis rentrée chez moi complètement malade et ne suis pas sortie du week-end. L'image du Président me hantait. Le lundi, je suis retournée à mon travail. Deux hommes en civil, des agents du FBI, m'y attendaient. Et m'ont immédiatement demandé mon film. Je n'ai pas compris tout de suite, ayant complètement occulté le fait

---

1. Entretien avec l'auteur. Pour plus d'informations, se référer à son ouvrage de souvenirs cité en bibliographie.
2. *Ibid.*

que j'avais filmé toute cette horreur. J'ai ouvert mon cabas. Ma petite caméra se trouvait exactement là où je l'avais déposée le 22 novembre. Et machinalement, je la leur ai donnée. Personne ne me l'a jamais rendue [1]. » Si Beverly dit vrai, non seulement le FBI possède, dès le 25 novembre, un film suffisamment explicite pour boucler l'enquête, mais il préfère faire disparaître une pièce à conviction essentielle ! En novembre 1997, profitant de la venue à Dallas du président de l'ARRB, Beverly Oliver demande qu'enfin son film lui soit restitué. Le responsable de l'ARRB ne peut alors que lui avouer son impuissance : impossible de remettre la main sur cette preuve capitale. Évidemment, l'éclosion tardive des souvenirs de Beverly Oliver prête à caution. Pour faire taire ses doutes, elle explique son long silence par la peur de représailles. « En novembre 1963, ma meilleure amie s'appelait Jada [2]. Elle travaillait comme danseuse dans la boîte de Jack Ruby, le *Carousel Club*. Le 23 novembre, elle a raconté à plusieurs journalistes dont Seth Kantor que Ruby connaissait Oswald. Le lendemain, Oswald était mort et Jada avait disparu. Plus personne ne l'a jamais revue. C'est pour cela que j'ai préféré me taire. Nous, les filles du Colony et du Carrousel avions compris le message [3]. » Le silence de Beverly Oliver n'est pas relatif à son film mais plutôt aux personnes rencontrées au Carrousel. « Un soir, environ deux semaines avant l'assassinat du Président, Jack m'a présenté Oswald. Il m'a dit : " Voici Lee Oswald de la CIA. " David Ferrie était si souvent au club que je croyais que c'était le manager ou le comptable. Tippit est également venu à la boîte. Et bien sûr Roscoe White, et la presque totalité des membres de la police de Dallas [4]. » Un parterre d'hommes liés de près au meurtre qui ne pouvait que l'inciter à la prudence. D'autant que de nombreux épisodes de sa vie, jusqu'à son remariage avec un pasteur, ne pouvaient eux aussi que la pousser à la discrétion. Son premier mari, George McGann n'était-il pas membre de la Mafia et ami

---

1. *Ibid.*
2. De son vrai nom, Janet Adams Bonney Cuffari Smallwood Conforto.
3. Entretien avec Beverly Oliver.
4. *Ibid.*

de Ruby ? « En 1968, raconte Beverly, nous avons rencontré Richard Nixon pendant plus de deux heures dans un hôtel de Miami. C'était pendant la campagne présidentielle. » Une telle affirmation pourrait *a priori* discréditer Beverly ! Pourtant, avec le temps, plus les historiens américains se penchent sur la vie de Nixon, et plus ils découvrent ses étranges liens avec certaines familles mafieuses.

Grâce à Gary Shaw, Beverly a pu identifier un des agents rencontrés le lundi 25 novembre 1963. Il s'agit de Regis Kennedy, un homme du FBI habituellement en poste à La Nouvelle-Orléans qui, durant l'enquête du FBI en décembre 1963, fut chargé de trouver d'éventuels liens entre la Mafia et le crime[1]. Les conclusions de l'agent pourraient faire sourire s'il ne s'agissait d'un sujet si grave. Car Regis Kennedy écrit dans son rapport que Carlos Marcello, un des parrains historiques de la Mafia américaine, n'est qu'un modeste négociant de tomates et que le crime organisé est absent de Louisiane.

Aujourd'hui, il est vraisemblable que le film pris par Beverly Oliver ne réapparaîtra jamais, l'emplacement de la jeune chanteuse et les plans accumulés ne permettant pas, comme ce fut le cas avec les films de Nix ou de Muchmore, de retirer quelques images ou de détériorer seulement quelques centimètres de négatifs. Le film de Beverly Oliver aurait dû devenir le film du siècle. Aujourd'hui cette appellation est réservée aux images d'Abraham Zapruder qui ne sont pourtant qu'une version erronée de la fusillade de Dealey Plaza.

Commencer à discuter de l'authenticité d'une telle pièce à conviction implique d'affirmer en préambule que les trucages appliqués sur le film de Zapruder n'ont rien de techniquement impossibles, puis de raisonner en terme de logique. La majorité des chercheurs travaillant sur ce film rappellent qu'en 1963 les studios Walt Disney ont produit *Mary Poppins*, un long-métrage mêlant animation et réalité, histoire de souli-

---

1. Étrange requête de la part de Hoover puisqu'il ne cesse d'affirmer publiquement que le crime organisé n'existe pas aux États-Unis.

gner que les techniques de trucage visuel sont vraiment au point. Les chercheurs Harrison Livingstone, Noel Twyman, David Mantik ou Jack White ont du reste rencontré d'anciens techniciens de « l'usine à rêve californienne », qui affirment tous que les trucages utilisés sur le film de Zapruder relèvent de techniques anciennes et éprouvées nécessitant un matériel de base facilement accessible[1].

Cela dit, il faut d'abord apprécier le film de Zapruder dans un contexte particulier, celui d'une manipulation destinée à étouffer l'assassinat d'un Président. Sans même considérer les trucages des films de Nix ou de Muchmore, sans même tenir compte de la disparition du film de Beverly Oliver, la contre-enquête sur la mort de JFK révèle, comme nous l'avons vu, un nombre considérable de maquillages et de substitutions de preuves. Aussi, poursuivant la logique qui amène par exemple au vol du cerveau de Kennedy, les seules pièces à conviction rendues disponibles par le Secret Service et le FBI doivent au mieux confirmer la piste du tueur isolé et, au pire, ne pas la contredire. La conservation et l'utilisation du film de Zapruder dans le rapport Warren épousent cette démarche en oubliant les points gênants, voire en les brouillant ; ainsi la seule image problématique du film pour la thèse officielle, autrement dit le mouvement vers l'arrière du corps du Président, est inversée à l'impression. En somme, si le film de Zapruder existe encore, c'est qu'il n'est guère dangereux pour la version Warren. Étant approuvé par des organismes coupables de manipulation, le film de Zapruder devient par définition suspect.

Des doutes confirmés après une étude précise de ces vingt-six secondes d'images. Rapidement deux points bizarres émergent : le tout début du film et, évidemment, la partie concernant le dernier tir. Le film débute par le virage du cortège sur Elm Street. Les deux premières motos de l'escorte s'engagent sur Dealey Plaza. Normalement, le véhicule de Curry devrait suivre, ainsi que la limousine présidentielle.

---

1. Parmi eux, le professeur Ryan, spécialiste reconnu des trucages et ancien ingénieur d'Eastman Kodak.

Mais soudain, alors que les motos n'ont pas terminé leur virage, l'image saute comme si le cinéaste amateur avait cessé de filmer durant deux secondes. Alors, la voiture de Kennedy réapparaît mais déjà engagée sur Dealey Plaza. Cette étrange coupe s'avère pour le moins étrange. Les défenseurs de la probité du film de Zapruder prétendent que c'est le commerçant lui-même qui a interrompu son tournage. Ce qu'il a lui-même affirmé lors de son audition devant la Commission Warren. Mais, malheureusement, son entretien trop bien préparé par le FBI n'a que peu de valeur et prouve les pressions excercées sur ce témoin. D'autant que moins de trois heures après l'assassinat, Zapruder a été interrogé sur une chaîne de télévision locale et, à chaud, visiblement choqué, a livré ses souvenirs. Dans lesquels il parle d'un tir de face venant du Grassy Knoll. Deux jours plus tard, après avoir visionné son film, il raconte à nouveau l'attentat dans les mêmes termes. Mais si on compare ces propos à ceux qu'il tient devant la Commission, rien ne va plus. Oublié le coup de feu venant du Grassy Knoll, oublié le mouvement vers l'arrière du Président, oublié l'envol de matières cervicales par l'arrière du crâne de JFK. Sa mémoire change. En outre, aucune logique ne peut expliquer son geste. La caméra est chargée avec un film neuf et vierge, largement suffisant pour prendre la totalité du défilé. De plus, Zapruder admet mal connaître le fonctionnement de sa nouvelle caméra ; dans ce cas comment peut-il en deux secondes éteindre son appareil, le redémarrer, et régler la netteté ? Enfin, et surtout, Zapruder ignore l'ordre du défilé. Rien ne lui indique que la limousine de JFK se situe à dix mètres derrière le véhicule du chef Curry. Dès lors, peut-on l'imaginer prendre le risque de cesser de filmer tout en comprenant, grâce aux cris d'entousiasme de la foule, que Kennedy approche ? En fait, cette coupure, qui traduit le retrait de quelques images de son film original, supprime deux moment forts de la fusillade. Parce que, d'après de nombreux témoins, c'est au moment de l'entrée sur Dealey Plaza qu'un premier coup de feu éclate. Grâce à quelques coups de ciseaux bien placés, la version officielle s'épargne la peine d'expliquer l'origine d'un quatrième coup de feu, bien éloigné de la thèse Oswald. Les images manquantes de ce début de film montrent en tout cas la mainmise du Secret Service dans l'assassinat du président Kennedy. En effet, ce court laps de temps manquant correspond précisément à celui où, ne respectant aucune procédure de sécurité, la lourde Lincoln de JFK effectue le virage sur Elm. Un tournant difficile qui contraint le chauffeur Bill Greer à ralentir considérablement sa vitesse et à entamer la descente de Dealey Plaza à une allure n'excédant jamais les vingt-cinq kilomètres à l'heure. Si le Secret Service avait effectué correctement son travail de préparation, jamais un tel parcours n'aurait été approuvé. Il s'agit donc là, au minimum, d'une faute grave, d'une complicité involontaire. Mais la suite du film et ses modifications sont à charge contre l'agence.

Avant de démontrer les plus importants des trucages, ceux qui concernent la vision de la blessure à la tête, il faut dresser la liste des nombreuses incohérences du film qui attestent que celui-ci a été trafiqué. Entre les images 144 et 153, soit en un temps record d'une demi-seconde, Hugh Betzner, un spectateur, parvient à se déplacer de quelques mètres. Un peu plus loin, c'est Linda Willis qui, en un tiers de seconde, effectue un tour de cent quatre-vingts degrés. Un exploit sans précédent lorsque l'on sait que le réflexe humain le plus rapide, c'est-à-dire un clignement d'œil, prend quand même près d'un dixième de seconde. Mieux encore, entre les images 161 et 180, soit l'équivalent d'une seconde, la même Linda Willis fait plusieurs pas. De la même manière, au moment de la fusillade, Jackie Kennedy bouge son bras droit en un dix-huitième de seconde. Autant de gestes impossibles et invraisemblables qui montrent le retrait de certaines images du film de Zapruder. Conséquence : les mouvements sont subitement accélérés, certaines étapes du geste ayant disparu. Autre étrangeté, l'état du panneau Stemmons évolue. D'abord intact, il est soudain amputé d'un morceau à son extrémité gauche, puis réapparaît sans cette déformation ! Par ailleurs dans la photographie numéro cinq de Phil Willis, un groupe de cinq adultes et un enfant se tiennent sous le panneau Stemmons ; dans la version Zapruder, le groupe gagne deux adultes. Autre photographie à charge qui, *a contrario,* traduit le fait que le film a été amputé, le cliché de Mary Moorman où l'alignement de John Connally, de Jackie et de John Kennedy ne correspond pas aux images de Zapruder. Il faut noter d'ailleurs que lorsque Nellie et John Connally racontèrent la fusillade, leur version des faits et gestes à l'intérieur de la limousine, pourtant similaire, n'est pas en accord avec les images réalisées par le commerçant. À de nombreuses reprises, le gouverneur a déclaré s'être tourné vers la gauche puis vers la droite du Président. Bien que de nombreux témoins confirment ces mouvements, aucune image ne les présente. La suppression d'images est aussi la cause, y compris dans la nouvelle et récente version du film, de la disparition et de la réapparition subite de l'agent Clint Hill tentant de rattraper la voiture de Kennedy. Autre symptôme dû à la même cause, le net trop vite effectué sur la limousine. En effet, d'une image à une autre, la focale de Zapruder ne peut techniquement obtenir une netteté absolue. Alors que c'est ce que montre son film. Afin de comprendre les autres trucages réalisés, expliquer brièvement comment se fabrique une version fausse à partir d'un original n'est pas inutile. D'abord le film réalisé en 8 millimètres est « gonflé » en 16 ou 35 millimètres grâce à un reproducteur optique, formats facilitant les coupes et les trucages sur négatif. Le nouveau film est ensuite diffusé image par image afin de déterminer les morceaux à supprimer ou à maquiller. Plusieurs copies peuvent alors être fabriquées pour faciliter la manipulation. La version truquée passe alors à nouveau dans le reproducteur optique pour obtenir une copie semblable au format d'origine. En somme, en quelques heures, sans que son propriétaire s'en rende compte, la bande originale est remplacée par une bande d'apparence similaire mais modifiée. Dans le cas Zapruder, si l'essentiel de l'altération consistait à supprimer des images compromettantes, le film a aussi été recadré. En effet, une fois la limousine passée devant le panneau Stemmons et jusqu'à son départ en trombe vers le Triple Underpass, l'image donne l'illusion d'un zoom avant sur le véhicule. Or la caméra de Zapruder ne permettait pas une telle manœuvre sans que la progression passe à l'image. En outre, devinant sûrement la portée de ses propos, Zapruder a toujours déclaré, même lorsque personne ne le lui demandait, avoir filmé l'ensemble du défilé avec un objectif bloqué au maximum.

Une information qui implique obligatoirement un recadrage de l'image afin de dissimuler trois éléments. Premièrement, les motards d'escorte pourtant quasiment collés au véhicule disparaissent. Au moment de la fusillade, Bobby Hargis est sur sa deux-roues à la gauche du véhicule, au niveau de l'aile arrière. Pendant quelques instants, le policier est certain d'avoir été touché par un coup de feu, son visage et une partie de son torse étant éclaboussés par du sang et des matières humaines. En fait, il s'agit d'éclats provenant du crâne de JFK. L'incident Hargis prouve le tir de face. Si Kennedy avait été touché depuis le Depository, ses matières cervicales se seraient envolées vers l'avant[1]. Faire disparaître le motard du film de Zapruder, c'est essayer de détruire un fait. Autre raison de ce nouveau cadrage, gommer les spectateurs se trouvant sur l'aire gazonnée à gauche de la limousine. En les évinçant, les truqueurs n'ont plus à se préoccuper de leurs mouvements désynchronisés. Enfin, le nouveau cadrage, plus serré, élimine un point capital. À l'image, au moment du coup fatal, n'apparaissent plus les feux de stop. Ainsi, il devient difficile de prouver que la limousine s'est arrêtée quelques instants avant le dernier coup de feu, livrant ainsi JFK à ses assassins.

Car c'est là que réside la principale motivation de la tricherie. Ce n'est pas trop le nombre de coups de feu visibles qui intéresse les comploteurs mais plutôt les indices impliquant le Secret Service. La première coupe supprimait le virage sur Elm Street livrant JFK à une première série de tirs, la deuxième occultait le fait que, pendant quelques secondes,

---

1. Autre preuve d'un tir de face causant des dégâts à l'arrière du crâne, l'état de la robe de Jackie sur les photographies prises à Parkland. Sa robe porte quelques taches de sang mais est loin d'être complétement maculée. Si JFK avait été touché de l'arrière, il aurait recouvert son épouse de sang et de matières cervicales. Ce qui n'est pas le cas.

Bill Greer a arrêté la limousine sur Dealey Plaza, s'est retourné, attendant de voir la tête de Kennedy exploser, puis a redémarré. Or il ne s'agit pas d'un sordide scénario mais de faits. D'abord, l'arrêt ou presque du véhicule présidentiel en plein dans la ligne de feu, bien qu'il n'apparaisse pas dans le film de Zapruder, est mentionné par quarante-huit témoins. Parmi eux, le sénateur Ralph Yarborough qui se trouve dans la voiture du vice-président, à une trentaine de mètres de JFK : « Juste après avoir entendu le bruit du coup de feu, le défilé a ralenti jusqu'à faire un arrêt complet. » Bobby Hargis, le motard d'escorte éclaboussé par la blessure de JFK, se tient à moins d'un mètre de la limousine et raconte : « Lorsque le président Kennedy a été projeté vers l'arrière dans la voiture, c'est-à-dire au moment où la balle l'a touché à la tête, c'était comme si sa tête venait d'exploser et j'ai été éclaboussé par du sang, des morceaux de son cerveau et une sorte d'eau rosâtre qui n'était pas vraiment du sang. C'était au moment où la voiture présidentielle avait ralenti. » Marrion Baker, un autre motard du défilé, celui-là même qui va jaillir pour se rendre au Texas School Book Depository et y rencontrer Oswald, se souvient qu'au moment « suivant le premier coup de feu, le véhicule du Président s'est complétement arrêté ». Earle Brown, policier du DPD, est en poste sur le Triple Underpass et domine la scène. Interrogé par la Commission Warren, il déclare : « La première fois que j'ai remarqué la limousine, c'est lorsqu'elle a stoppé. » D. V. Harkness également membre des forces de l'ordre de Dallas, se tenant sur une des aires gazonnées de Dealey Plaza, a « vu le premier coup de feu et ensuite le véhicule du Président ralentir jusqu'à presque s'arrêter entièrement ». Enfin, Roy Truly, le responsable du Depository qui se tient sur les marches de l'immeuble, est persuadé que, quelques instants après le « virage à gauche sur Elm, la voiture du Président s'est arrêtée » sur Dealey Plaza. Il estime que cette séquence a « duré au moins deux secondes ». Si les images de Zapruder se contentent de montrer une vitesse de déplacement constante, c'est que certaines d'entre elles ont été supprimées.

Autre élément montrant le ralentissement de la limousine, la version restaurée du film d'Orvile Nix. Les premières images sur Dealey Plaza montrent clairement que les feux de stop du véhicule s'allument quelques secondes avant le coup de feu fatal. Mais c'est principalement l'étude des gestes du chauffeur Bill Greer qui permet d'affirmer avec certitude que des images du film de Zapruder ont été découpées à l'instant précis des coups de feu mortels. D'abord au début de la séquence, entre les images 302 et 303, Kennedy, déjà touché au cou, s'effondre sur Jackie. À ce moment-là, Greer se retourne. Information capitale qui donne au film de Zapruder, truqué ou pas, toute son importance, puisque l'agent du Secret Service a affirmé sous serment ne jamais avoir eu le temps de jeter un œil sur JFK. Le film montre que, durant la totalité de la dernière partie de la fusillade, Greer est complètement retourné. Et ne réagit pas alors que la première mesure de sécurité élémentaire est de protéger de son corps le chef de l'État. C'est seulement une fois le Président atteint qu'il décide de se replacer normalement et d'accélérer. Durant cette séquence, trois éléments permettent d'affirmer que la limousine est à l'arrêt. D'abord, on imagine mal Bill Greer continuer de conduire le véhicule alors qu'il est tourné pour assister à l'assassinat. Ensuite, comme l'ont découvert Noel Twyman et le professeur Ryan, les deux spectatrices qui se tiennent à moins de cinq mètres de la voiture passent du flou au clair en l'espace d'une image, exploit techniquement impossible. De plus, sur les deux images, la limousine est parfaitement nette. Si comme l'indiquent Greer, la Commission et le film de Zapruder, la limousine roule à vingt kilomètres à l'heure, elle aussi devrait être floue. Enfin, en l'espace de 0,0546 seconde, Bill Greer effectue une rotation à 105 degrés[1] pour regarder à l'arrière du véhicule. Une dextérité physiologiquement impossible. Mais cette loi physique ne semble pas impressionner les censurs puisque, à la fin de la

---

1. Ces chiffres sont ceux qui ont été calculés par Noel Twyman dans son livre *Bloody Treason*. D'autres chercheurs avancent un tour de 110 degrés. Une différence minime qui ne contredit en rien la censure du film de Zapruder.

fusillade, Greer effectue à nouveau la même rotation. Autant d'incohérences qui impliquent d'analyser avec un regard neuf la séquence du dernier coup de feu.

Puisque des images ont été retirées au début et à la fin de la scène, cela signifie que les réactions des occupants de la limousine pendant ces quelques secondes ne correspondent plus à la réalité. Ainsi, le violent bond en arrière du Président, qui a fait l'essentiel de la démonstration de Jim Garrison et de nombreux chercheurs depuis, n'a sûrement pas été d'une telle amplitude dans la réalité. C'est la suppression d'image qui donne cette impression. En fait, à étudier les différentes déclarations des témoins les plus proches, il est raisonnable d'avancer que les images manquantes montraient que JFK a été touché deux fois au crâne en l'espace d'une seconde. De fait, au moment précis de l'impact, un mélange de liquide, de sang, de matières cervicales et de calotte crânienne ayant jailli de la tête du Président, cet amas de matière devrait apparaître pendant plusieurs secondes ; or, il n'apparaît que sur une seule image.

La théorie de la double blessure explique l'importance de l'explosion de la tête du Président ainsi que la fragmentation de ses blessures. Des blessures qu'on ne retrouve pas sur le film de Zapruder alors qu'elles sont confirmées par l'ensemble des témoins de Dealey Plaza, le corps médical de Parkland et quelques intervenants de Bethesda. Ce point est important puisqu'il est à l'origine d'un des plus détestables mensonges du rapport Warren. En 1964, Jackie est entendue par la Commission. L'ex-Première Dame des États-Unis tient à raconter les pénibles instants de la fusillade. Son témoignage est précis et détaillé. L'épouse de JFK arrive alors au moment critique, la blessure à la tête. À ce moment-là, J. Lee Rankin intervient et explique à la veuve qu'elle n'est pas obligée de livrer de tels détails. Jackie insiste et parle. Pourtant, lorsque le rapport est publié, sa déposition est incomplète. La description du dernier impact est remplacée par une phrase lapidaire : « référence aux blessures supprimées ». Évidemment les propos de Jacqueline Kennedy, le témoin le plus proche du drame, dérangent la vérité officielle. Pour la première fois en France, les voici : «Au moment où je me suis retournée vers mon mari, j'ai pu voir un morceau de son crâne se décoller. Je me souviens qu'il était couleur chair [...]. J'ai alors crié : "Ils ont tué mon mari, j'ai son cerveau dans ma main !" Je me souviens m'être approchée de lui et lui avoir dit : "Oh non, non, non." Je pensais : "Oh, mon Dieu, ils ont tiré sur mon mari !" Et puis, je lui ai dit : "Je t'aime, Jack." Je pleurais. Je me suis laissée glisser dans le fond de la voiture, j'avais sa tête sur mes genoux. Et tout cela a duré une éternité. J'essayais de lui toucher les cheveux. Mais, depuis son front, il n'y avait plus rien. Je pense qu'il devait quand même rester une partie, mais pas à l'arrière de sa tête, il fallait maintenir son cuir chevelu et les os de son crâne. »

Au moment de l'explosion, un amas de sang semble jaillir de l'avant du crâne de JFK. Une étude minutieuse de cette tache montre qu'elle change de forme, de taille et de position, trace d'un effet peint sur le film. Interrogé par Noel Twyman, le professeur Ryan est catégorique. Il confirme ce que d'autres spécialistes ont déjà avancé : la tache rouge masquant tour à tour le visage de JFK et celui de Jackie n'est pas réelle. Avant de démontrer qui sont les responsables d'un tel maquillage, trois autres informations confirment le découpage du film de Zapruder. D'abord, un détail invisible à l'œil nu qui n'apparaît qu'après une étude minutieuse. Sur l'image où l'on voit la limousine du président Kennedy arrivant sur Dealey Plaza apparaît en bas à droite une minuscule croix, signe utilisé dans l'industrie cinématographique pour indiquer le début et la fin d'une séquence à couper. De leur côté, les chercheurs Mike Pincher et Roy Schaeffer, après plusieurs années de recherches, ont réussi à comparer la vitesse des clignotants du véhicule conduit par Greer entre le film de Bronson et celui de Zapruder. La fréquence n'est pas la même, le film du commerçant de Dallas présentant des intervalles plus courts, nouvelle preuve d'une suppression d'image. Enfin, Richard Bartholomew, gendre de Zapruder, a confié à de nombreux chercheurs qu'Abraham Zapruder avait été perturbé après la vision de son propre film. Le réalisateur amateur se souvenait avoir capturé des gestes de Kennedy et de Connally qui... n'apparaissent pas à l'image !

Autant d'éléments qui amènent à une question capitale. Pourquoi avoir conservé le film de Zapruder alors qu'il contenait des détails dangereux pour les conspirateurs ? Pourquoi avoir réalisé des trucages alors qu'il aurait été plus simple, comme pour Beverly Oliver, de ni plus ni moins faire disparaître le film ? La réponse réside dans le comportement d'Abraham Zapruder dans les heures qui ont suivi l'assassinat de Kennedy. Celui-ci, contrairement à Beverly Oliver se terrant chez elle et ne partageant son expérience avec personne, se répand. D'abord, presque immédiatement après la fusillade, il rencontre un journaliste du *Dallas Morning News*, lui raconte son histoire et lui montre sa caméra. Ensuite, après avoir demandé à son associé de l'accompagner, il se rend au siège du journal pensant pouvoir y faire développer son film, mais, comme cela est impossible, il va dans le bâtiment voisin, siège de la chaîne de télévision WFAA-TV. Bien qu'il n'ait pas le matériel nécessaire au développement, Jay Watson, présentateur des informations locales, décide d'interviewer Zapruder en direct. Des images reprises nationalement par CBS. Dès 14 heures, donc, l'Amérique apprend qu'il existe un film de l'assassinat. Impossible dès lors de revenir en arrière et de le faire disparaître. Mais les conspirateurs doivent s'emparer au plus tôt de cette bobine qui excite l'ensemble de la presse. Ce qui tombe bien puisque depuis 14 heures un homme ne quitte plus d'une semelle Abraham Zapruder et sa caméra : c'est Forrest Sorrels, responsable du Secret Service de Dallas. Officiellement, il a été prévenu de l'existence du film par le journaliste du *Dallas Morning News*[1]. Sa présence ne prouve pas, *a priori*, une implication supplémentaire de son agence dans le crime de Kennedy, le FBI et le DPD ne faisant que respecter la procédure en tentant de collecter sur Dealey Plaza témoignages, photographies et

---

1. Officiellement puisque bien que Sorrels ait toujours déclaré être resté au Parkland Memorial jusqu'à 14 heures, il apparaît sur de nombreux clichés pris sur le lieu du crime une demi-heure avant l'heure de son arrivée.

films de l'assassinat. De même, il est normal, connaissant l'importance capitale du film, que Forrest accompagne le commerçant de Dallas au laboratoire Eastman Kodak de Love Field pour le développement puis sur Bryan Street à la Jamieson Film Company afin d'effectuer trois copies de l'original. C'est d'ailleurs pendant cette opération que Sorrels abandonne Zapruder pour rejoindre le Département de la police de Dallas où Lee Harvey Oswald vient d'être conduit. Mais, avant de partir, Zapruder et lui se mettent d'accord. Une des copies sera livrée dans la soirée au siège du Secret Service. Effectivement, à 22 heures, Zapruder et son associé Erwin Schwartz remettent une version à l'agent de permanence et comprennent qu'elle va être expédiée immédiatement par avion au siège du FBI à Washington. Lorsque Zapruder rentre enfin chez lui, le téléphone sonne. Richard B. Stolley de *Life Magazine* sollicite un rendez-vous pour le lendemain afin de négocier les droits du film. Le samedi 23 novembre à 8 heures, une pièce du bureau de Zapruder est transformée en salle de projection. Stolley, des agents du Secret Service ainsi que d'autres journalistes [1] visionnent ses images. Deux heures plus tard, par l'intermédiaire de Stolley, *Life* acquiert les droits de reproduction pour cent cinquante mille dollars. Zapruder livre alors l'original et une copie, lot immédiatement envoyé à Chicago où, après une projection, dix images sont isolées, photographiées en noir et blanc pour être publiées dans le prochain numéro du 29 novembre. Le lendemain, dimanche 24 novembre, au siège du magazine à New York, les responsables de *Life* visionnent une copie expédiée par le bureau de Chicago. Parmi eux, C. D. Jackson, l'éditeur mais aussi ami personnel d'Allen Dulles, créateur de la CIA et contact de l'Agence au magazine, choqué par les images de Zapruder. Qui propose que *Life* achète l'ensemble des droits du film afin que celui-ci ne soit jamais montré au public [2].

Cette chronologie est importante pour déterminer à quel

---

1. Parmi eux Dan Rather, actuelle star de l'information US.
2. Noel Twyman, *Bloody Treason, op. cit.*

moment et par qui le film a été modifié. Le premier élément de réponse se trouve dans une information livrée par Rod Ryan à Noel Twyman. En 1963, seulement quatre laboratoires des États-Unis pouvaient travailler sur un film Kodachrome II. En effet, Kodak n'avait accordé que très peu de licences autorisant l'exploitation de ce style de film à la fois en raison d'un processus complexe de développement et afin de préserver ses découvertes technologiques. En plus du laboratoire de Love Field, cette concession avait été délivrée à un labo de Kansas City, à deux de Hollywood et à un de Chicago. Le premier indice amènerait donc à penser que le film a été truqué soit à Dallas soit à Chicago, où il est envoyé dans la journée de samedi. Mais ces deux pistes se révèlent des culs-de-sac. À Dallas, le temps manque pour une telle manipulation. À Chicago, une modification du film le 23 ou le 24 novembre s'avère impossible puisqu'elle implique une complicité de la part de Stolley, des techniciens de *Life* mais aussi des journalistes qui ont assisté à la série de projections dans les bureaux de Zapruder, sans oublier son associé et ses secrétaires. Le film n'a donc pu être truqué qu'à un seul moment, dans la nuit du 22 au 23 novembre 1963. Autrement dit, après son développement et avant la projection du lendemain matin, 8 heures.

Zapruder connaissait une partie de la réponse. En effet, il faut se souvenir des confidences de son gendre expliquant que le réalisateur avait été troublé par la vision de son film, pour découvrir la clé. Zapruder a seulement visionné à deux moments ses images. D'abord, rapidement, l'après-midi du 22 novembre au laboratoire Kodak de Love Field. Là, après les trois quarts d'heure de développement, il se fait projeter son film sur un mur afin de vérifier sa qualité. À ses côtés, comme nous l'avons vu, Forrest Sorrels du Secret Service. Il faut ensuite attendre le lendemain et la projection organisée à l'intention de *Life* pour qu'il revoie à nouveau et à plusieurs reprises sa bobine. Si son gendre dit vrai, c'est à ce moment-là qu'il voit que des images ont disparu. Une certitude d'autant plus forte qu'il a vu le film la veille, avant modification. Il ne s'agit pas d'une supposition mais d'une certitude. Car jamais plus, à part les reproductions dans *Life* et devant la Commission, Zapruder n'aura l'occasion d'être troublé. En effet, si l'on se souvient, dans la soirée du 22 novembre, il est en possession de quatre bobines : l'original plus trois copies. Un exemplaire est remis au Secret Service à l'intention du FBI. L'original et un second sont expédiés à *Life* Chicago. Reste donc, normalement, entre ses mains une dernière version. Ce qui impliquerait qu'il peut regarder ses images à volonté et être étonné par sa forme à n'importe quel moment. Mais ce que n'a jamais raconté Zapruder, c'est qu'il a vendu, sûrement à un très bon prix, sa dernière bobine pour usage privé dans la journée du samedi 23 novembre. L'acquéreur se nomme H. L. Hunt, un « pétrolier » texan figurant parmi les plus grosses fortunes du monde. Hunt est également le véritable maître de Dallas et un des opposants les plus farouches à la politique de JFK. L'achat du film de Zapruder par son homme de main, Paul Rothermel[1], est d'autant plus intéressant que Hunt est, comme nous le verrons, au cœur du complot. De sorte qu'à la fin de la journée du 23 novembre Zapruder ne possède plus de bobine. Le trouble de Zapruder, le nombre de témoins restreint incitent donc à penser que le film a été modifé dans la nuit du vendredi au samedi. En 1963, un seul laboratoire américain était capable d'agir aussi rapidement et dans la plus totale discrétion. Il s'agit du National Photo Interpretation Center (NPIC) de Suitland dans le Maryland, un bâtiment interdit au public géré par la CIA. Là sont regroupées toutes les technologies modernes et souvent non commercialisées permettant l'étude et la création de documents photographiques et cinématographiques. Depuis la présidence Eisenhower, la CIA a passé un contrat ultra-confidentiel avec le Secret Service[2]. C'est au NPIC que l'agence chargée de la protection du Président fait réaliser ses travaux photographiques et trouve l'assistance technique nécessaire à la préparation des voyages officiels. C'est là également que le film de Zapruder va être altéré.

1. Dick RUSSEL, *The Man who knew too much*, CARROL & CRAFF, 1992.
2. Philip MELANSON, *Third Decade*, novembre 1984.

En voici le scénario : à 16 heures, Zapruder, en possession de l'original et des trois copies, remet l'ensemble à Forrest Sorrels. Le marché entre les deux hommes doit être relativement simple : le Secret Service ne confisque pas les pièces à conviction et laisse le cinéaste libre de vendre ses droits, à condition d'un prêt de courte durée pour analyse. Pour ne pas dénaturer la valeur financière du produit, Sorrels promet même à Zapruder de ne pas révéler cet emprunt. Zapruder accepte, ignorant qu'il vient d'être piégé, l'argument de Sorrels se retournant désormais contre lui. Peu après 16 heures, un avion quitte Love Field pour Andrews, avec, à son bord, le film. À 21 h 30 au maximum, l'avion atterrit. Le NPIC se trouve à dix kilomètres d'Andrews. À 22 heures au plus tard, la totalité du film de l'assassinat de Kennedy est entre les mains de la CIA et du Secret Service. Durant cinq heures, les techniciens du NPIC travaillent sur l'original. Entre 3 heures et 3 h 15, le film modifié et trois copies s'envolent pour Dallas. À 6 h 45, l'avion atterrit à Love Field. Un quart d'heure plus tard, respectant sa parole, Sorrels restitue « son » film à Abraham Zapruder. À 7 h 45, avec près d'une heure quinze d'avance sur son rendez-vous, Stolley se présente spontanément aux bureaux de Zapruder. Le réalisateur amateur l'attend. Il n'est pas seul puisque des agents du Secret Service se trouvent déjà là.

Deux documents secrets prouvent la validité de ce scénario et la fabrication d'une nouvelle version du film du siècle. D'abord un mémorandum écrit à la main par l'agent Max Phillips. Le vendredi 22 novembre 1963, à 21 h 55, il mentionne la présence du film de Zapruder à Washington. Ensuite le dossier numéro 450 de la CIA contient une « bombe » : neuf pages consacrées à l'analyse du film de Zapruder par le NPIC, pages destinées au Secret Service, expertise réalisée dans la nuit du 22 novembre 1963. Il est clairement mentionné qu'à ce moment-là le NPIC possède un original et trois copies. De plus, le rapport note la réalisation pendant près de cinq heures de quatre nouvelles copies. Quatre, soit le nombre exact de bobines remises par le Secret Service le matin du 23 novembre à Abraham Zapruder.

Dernier élément, avant de s'intéresser au mystère Oswald, de l'implication du Secret Service dans la disparition de l'original et de sa substitution, un rapport de Charles Breneman, expert géomètre de Dallas. Lorsque le Secret Service organise une reconstitution sur Dealey Plaza, celui-ci est consulté pour, à partir de photographies, déterminer la position exacte du défilé présidentiel. Dans le dessein d'effectuer ce travail, le Secret Service lui confie des agrandissements couleur de toutes les images du film de Zapruder, vraisemblablement réalisées au NPIC. Breneman écrit : « Trois images après le tir de face, des éclats et du sang s'échappent depuis l'arrière du crâne du Président. » Cette blessure, correspondant à la réalité, n'existe pas dans la version connue du film de Zapruder. Ce qui prouve que le Secret Service en possède la version... originale.

CHAPITRE 10

Le Mystère Lee Harvey Oswald

« Nous n'avons pas dit la vérité sur Oswald. »

Sénateur Richard Russell, membre de la Commission Warren, 1970.

« Je crois que Lee travaillait pour le gouvernement américain. »

Marina Oswald.

« Je ne suis qu'un pigeon ! »

Lee Harvey Oswald,
23 novembre 1963.

Le rôle joué par Lee Harvey Oswald durant le mois de novembre 1963, sa personnalité, son passé et son histoire hantent depuis toujours la communauté des chercheurs enquêtant sur le crime du siècle. Dans des dizaines de milliers de pages, des auteurs, tels Norman Mailler et bientôt David Lifton, ont tenté de comprendre la place de l'assassin présumé du président Kennedy sur le complexe échiquier de Dallas. Aussi, il est évidemment impossible en un seul chapitre d'aborder l'ensemble des aspects se rapportant à Oswald. Quatre questions paraissent cependant primordiales. Y répondre, c'est forcément se rapprocher un peu plus de la solution de l'énigme.

La Commission Warren a toujours dépeint Lee Harvey Oswald comme un être solitaire et désaxé. Traitant des rumeurs entourant la personnalité de « son » assassin, le rapport nie la possibilité que l'ancien marine puisse avoir été membre d'une agence gouvernementale. Pour étayer cette information, les membres de la Commission se réfèrent uniquement aux réponses données par la CIA, le FBI et l'ONI mais, comme nous l'avons déjà vu, les témoignages des responsables de ces agences gouvernementales étaient préparés. En fait, pour éclaircir cet aspect de l'affaire, les enquêteurs de la Commission n'ont eu accès qu'à un nombre restreint de renseignements. Dès lors, une nouvelle fois la Commission Warren se trompe car de nombreux élements, des rapports secrets, des témoignages censurés rattachent bien Oswald au monde du renseignement.

Les premiers contacts de Lee avec une agence gouvernementale remontent à 1957[1] quand il effectue son service chez les marines. Cette année-là, Lee est envoyé sur la base d'Atsugi au Japon, qui n'est pas un simple casernement américain mais une des deux bases où se développe un programme ultra-secret d'espionnage de l'URSS et des avions U2[2]. Autre élément important, Atsugi abrite les bâtiments du Joint Technical Advisory Group, nom d'emprunt pour l'antenne de la CIA en charge du bassin asiatique. Officiellement, Oswald s'occupe de la surveillance radar. Un emploi de confiance

---

1. En fait, comme nous le verrons, il est légitime de penser qu'Oswald entre une première fois en contact avec des membres de la CIA à l'âge de quinze ans, alors qu'il effectue une préparation militaire sous les ordres d'un certain... David Ferrie.
2. Des avions volant à très haute altitude et non détectables au radar.

nécessitant de nombreux contrôles de sécurité, puisque permettant d'avoir accès au plan de vol des U2.

Cette remarque n'implique pas forcément son appartenance à la CIA mais ne cadre pas avec le portrait tracé de lui par la Commission. En effet, selon elle, durant son service, Oswald est déjà un communiste convaincu qui, surnommé Oswaldowitch par ses camarades de chambrée, ne cache pas ses opinions prosoviétiques. Si l'analyse du rapport est exacte, il faut d'emblée blâmer la hiérachie militaire d'Atsugi qui a permis à un « rouge » d'être en contact avec le programme le plus secret de la guerre froide. Oswald marxiste, les amis fidèles de Lee n'y croient pas. Ainsi, James Bothelo, actuel juge californien et ancien camarade d'Oswald, déclare : « Je suis extrêmement conservateur maintenant et j'étais au moins autant conservateur à l'époque. Oswald n'était ni un marxiste ni un communiste. Si c'était le cas, j'aurais fait preuve de violence contre lui et je n'aurais pas été le seul, la plupart des marines de notre groupe se seraient chargés de son cas. » Pareillement, Marguerite Oswald se souvient de l'impatience de son fils attendant ses dix-sept ans pour rejoindre l'armée. Une impatience si grande qu'il tente, quelques mois avant la date fatidique, de s'enrôler à l'aide de papiers vulgairement maquillés. Déjà à quinze ans, le jeune Lee qui, selon la Commission, était « marxiste depuis qu'une vieille dame lui avait remis un tract pour sauver le couple Rosenberg », s'engage dans le Civil Air Patrol de La Nouvelle-Orléans, une préparation para-militaire au statut de milice où de jeunes hommes sont initiés aux techniques militaires. On y exalte un certain esprit nationaliste : pour l'ensemble des compagnons de Lee, Oswald n'aurait pas été admis au CAP s'il avait été communiste.

Mieux encore, l'instructeur de Lee Harvey Oswald s'appelle David Ferrie, personnage central de la préparation du meurtre de Kennedy. Il connaît Ruby, travaille pour la CIA, soutient la lutte armée anticastriste et déteste JFK. Comment croire au hasard alors que le premier contact de Lee Harvey Oswald avec l'univers militaire se trouve être un acteur du crime dont on prétend qu'il est l'auteur ?

Mais ce n'est pas tout, extrémiste de droite, fasciste affirmé, dans une lettre envoyée à un de ses supérieurs, Ferrie définit lui-même sa mission au sein du CAP : « Je veux en faire des tueurs. Il n'y a rien au monde qui me ferait plus plaisir que d'envoyer en enfer chaque maudit Russe, communiste ou rouge. » Une profession de foi qui, définitivement, décrédibilise la thèse transformant Lee en militant communiste[1].

Après avoir quitté Atsugi, Oswald se retrouve en Californie à la base d'El Toro. Là, il livre quelques confidences à son meilleur ami d'alors, David Bucknell[2]. Interrogé par l'avocat Mark Lane, ce dernier raconte qu'en 1959 les deux hommes étaient attablés à un bar lorsqu'ils furent abordés par deux femmes. Lee confia alors à son ami qu'une histoire similaire lui était arrivée au Japon. Une Nippone l'avait rejoint et avait commencé à lui poser des questions sur son travail à Atsugi. Respectant la procédure, Oswald avait fait état de cette rencontre à son supérieur. Immédiatement, le militaire présenta Lee à un homme en civil qui lui expliqua que la femme était connue de ses services comme espionne du KGB et que, dans l'intérêt des Etats-Unis, il devait continuer à sortir avec elle pour lui livrer des informations erronées sur les activités de la base. Lee, obéissant, va donc devenir un habitué du Queen Bee, le bar à filles le plus cher de Tokyo exclusivement fréquenté par des officiers américains et par les pilotes des U2. La présence, incongrue, d'Oswald au Queen Bee confirme sa mission. Car une nuit avec une des filles de l'endroit coûte autant que sa solde mensuelle.

Par ailleurs, le dossier médical de Lee Harvey Oswald confirme son engagement. Le 16 septembre 1958, Lee est

---

1. Il est néanmoins évident que Lee a utilisé cette image de militant communiste à plusieurs reprises, notamment à La Nouvelle-Orléans, pour tenter d'infiltrer les milieux procastristes. Autre élément de la couverture communiste de Lee, cette anecdote racontée par son frère Robert : « Un de ses programmes de télévision préféré était " I led Three Lives ", l'histoire de Herbert Philbrick, un informateur du FBI qui se fait passer pour un espion communiste. Au début des années 50, Lee regardait la série sans jamais en rater un épisode. Lorsque j'ai quitté la maison pour partir à l'armée, Lee en regardait les rediffusions. »
2. Bucknell n'a jamais été entendu par la Commission Warren.

traité pour « une infection aiguë de l'urètre en raison d'une gonorrhée », maladie sexuellement transmissible. L'armée américaine étant intransigeante sur l'hygiène de ses troupes, chaque soldat porteur d'une telle infection est immédiatement puni. Mais, dans ce cas, le rapport médical conclut : « Origine : dans l'exercice de ses fonctions, pas due à un mauvais comportement. » Malheureusement, le dossier n'explique pas quelle fut cette curieuse fonction, sûrement pas la surveillance radar ! Gerry Patrick Hemming, créateur du groupe paramilitaire Interpen et utilisateur des bons services de Klein's Sporting Goods[1], a effectué son service en même temps que Lee[2]. C'est à Atsugi qu'il a été contacté par la CIA et a rejoint l'Agence. Selon lui, son contact était justement le civil rencontré par Lee. Lui aussi en mission au Queen Bee, il raconte y avoir croisé Oswald. Les deux hommes se connaissaient et Hemming, à la suite de quelques conversations, en a déduit que Lee participait à la même mission. En 1977, James Wilcott, l'ancien officier responsable des finances de la CIA de 1957 à 1966, témoigne à huis clos devant le groupe d'enquête du Congrès. Là, après avoir prêté serment, il assure avoir appris au sein de l'Agence qu'Oswald avait été recruté au Japon. Pour conclure avec ces années sous les drapeaux, deux autres informations. En janvier 1964, J. Lee Rankin explique aux membres de la Commission la direction prise par l'enquête sur le passé militaire de « l'assassin » : « Nous tentons de savoir ce qu'il a étudié comme langue à la Monterey School of the Army (MSA)[3]. » Aujourd'hui, l'école a été rebaptisée et il s'agit du Defense Language Institute. Depuis la fin de la Seconde Guerre mondiale, cet établissement militaire à l'accès réservé est spécialisé dans l'apprentissage rapide des langues étrangères. Le passage d'Oswald à la MSA n'a pu se dérouler que durant l'été 1959 lorsqu'il se trouve à quelques kilomètres de là, à la base d'El Toro. Le 11 septembre suivant, il quitte subitement l'armée

---

1. Voir chapitre « Les Omissions Warren ».
2. Et donc également au même moment que Roscoe White. Ce qui, après le « hasard » David Ferrie au CAP, devient réellement troublant.
3. Le rapport ne fait aucune référence aux suites de l'enquête.

prétextant la mauvaise santé de sa mère. Neuf jours plus tard, il embarque à La Nouvelle-Orléans, direction l'Union soviétique.

Le séjour russe de Lee Harvey Oswald du 16 octobre 1959 au 13 juin 1962, date de son retour sur le sol américain, prend une importance accrue depuis les récentes révélations de Victor Marchetti [1], ancien de la CIA, bras droit entre 1955 et 1969 des différents directeurs de l'Agence. En somme, un poste stratégique lui permettant l'accès à tous les secrets du pays. Son témoignage éclaire pour la première fois les raisons qui ont poussé Oswald à quitter les Etats-Unis et à s'installer en Union soviétique alors que la guerre froide fait rage. « En 1959 [2], les Etats-Unis avaient de réelles difficultés à obtenir des informations sur l'Union soviétique. Les technologies de l'époque ne permettaient pas une surveillance à distance comme c'est le cas aujourd'hui. Aussi, de nombreux programmes furent-ils mis sur pied. L'un était coordonné par l'ONI. Il concernait trois douzaines, peut-être même quarante jeunes Américains, qui venaient de milieux pauvres et difficiles, des candidats parfaits pour faire croire que, désenchantés, ils s'étaient tournés vers le communisme. Quelques-uns d'entre eux furent envoyés en Union soviétique et en Europe de l'Est avec l'intention spécifique d'être remarqués par les Russes qui ne résisteraient pas à l'envie de les recruter comme agents du KGB ou agents doubles. » L'itinéraire de Lee Harvey Oswald ressemble en tous points à la description de Marchetti.

Un autre témoignage, celui d'Otto Otepka, confirme le programme de fausse défection lancé par les agences de renseignents américains. Otepka, employé du département d'Etat, est chargé début 1963 d'éplucher les dossiers de l'ensemble des jeunes Américains ayant choisi de rejoindre l'Est.

---

1. Principalement dans son livre *The CIA and the Cult of Intelligence*. Ce livre est le seul ouvrage censuré avant publication. Les informations dévoilées par Marchetti sur le fonctionnement de l'Agence étaient si précises que le gouvernement américain a estimé qu'elles faisaient peser une menace sur la sécurité du pays.

2. A ce moment-là, Marchetti était en charge d'un projet d'analyse de l'armée soviétique.

Le but de ce travail est de déterminer ceux qui sont réellement motivés par le « paradis soviétique » et ceux qui ont été envoyés comme taupes. Fin juin 1963, Otepka reçoit l'ordre de cesser immédiatement ses recherches. Du jour au lendemain, ses dossiers et notes lui sont retirés sans aucune explication. En 1971, interrogé par un chercheur sur le cas Oswald, il précise : « Nous y arrivions, lorsque... nous avons été mis à la porte de notre bureau. »

Le voyage vers l'URSS révèle également les vrais projets d'Oswald. Il embarque à bord du *Marion Lykes* en direction du Havre le 20 septembre 1959. Le billet coûte deux cent vingt dollars. Quelques jours plus tôt, il a vidé son compte bancaire d'un solde qui n'excédait pas les deux cent trois dollars. Comment a-t-il fait pour payer le reste de son ticket ainsi que l'ensemble du trajet jusqu'à Moscou ? Dans tous les cas, ce ne sont ni son frère ni sa mère qui lui ont prêté l'argent. Marguerite ne savait d'ailleurs même pas que son fils avait demandé un passeport et voulait s'installer en Union Soviétique. Il lui avait juste dit qu'il partait travailler à La Nouvelle-Orléans pour une firme d'import-export. Avant d'embarquer, Oswald adresse une lettre à sa mère : « Je viens de réserver un billet pour l'Europe. J'aurais pu le faire plus tôt ou plus tard, mais je crois que le mieux, c'est d'y aller maintenant. Souviens-toi d'une chose, mes valeurs sont différentes de celles de Robert et des tiennes. C'est difficile de te dire ce que je ressens.Souviens-toi que c'est ce que je dois faire. » Le 8 octobre, le *Marion Lykes* arrive en France. Le lendemain, Oswald rejoint Southampton en Grande-Bretagne. Le même jour, il décolle pour Helsinki et descend en début de soirée au Torni Hotel.

Cet emploi du temps, validé par la Commission, ne fonctionne pas. D'abord, le passeport d'Oswald porte un tampon du service des douanes britanniques du 10 octobre et non du 9. Ensuite, le dernier avion en partance de Londres pour la Finlande ne permet pas de rejoindre en soirée l'hôtel Torni où Oswald a pourtant signé le registre. L'agent Oswald a-t-il utilisé un vol militaire pour se rendre à Helsinki ? De la même manière, la vitesse d'obtention de son visa pour l'Union soviétique est suspecte. En deux jours, alors que le temps minimal est d'ordinaire d'une semaine, Oswald décroche l'autorisation d'entrée sur le territoire.

En URSS, Oswald s'installe à Minsk. Son statut et son salaire sont celui d'un privilégié puisqu'il peut même voyager dans le pays. Il est ainsi photographié à Moscou en compagnie de touristes britanniques. Ce cliché, souvenir de vacances d'une rencontre fortuite, se trouve pourtant dans le dossier du département d'Etat dès novembre 1963. Ce qui tend à prouver qu'Oswald était sous surveillance américaine et que les deux touristes n'étaient pas là par hasard. Minsk, cité ouvrière, a une qualité importante aux yeux du renseignement américain. Depuis 1947, la CIA sait que la ville abrite un important centre de formation à l'espionnage. Le 14 mai 1964, Hoover passe un mémorandum à ce sujet aux membres de la Commission Warren : « Il y a deux jours, j'ai eu une information indiquant qu'il y a une école d'entraînement à l'espionnage près de Minsk. Et il semble qu'Oswald s'y soit rendu. » La thèse Marchetti est donc une nouvelle fois confirmée. Mieux encore, dans son controversé journal intime[1], Lee note : « J'étais à l'Institut des langues étrangères », puis corrige : « J'ai visité des amis à l'Institut des langues étrangères. » Le nom même du centre de formation soviétique n'est pas sans rappeler celui fréquenté par Oswald à Monterey juste avant son départ.

Enfin, il y a son mariage avec Marina. Marina Nikolaevna Prusakova n'est pas la première Soviétique venue. Elle est la nièce du colonel Ilya Vasilyevich Prusakov, un officier de haut rang de la police secrète soviétique. Vasilyevich est également un des responsables de l'Institut des langues étrangères de Minsk. Marina rencontre Lee le 17 mars 1961 lors d'un bal ouvrier. C'est la première sortie de la jeune fille qui arrive de Moscou pour s'installer chez son oncle, lequel la pousse à se

---

1. Controversé, puisque les différents experts qui se sont penchés sur le document précisent que ce journal de plus de deux ans de vie à Minsk où Oswald prône la supériorité de la vie en URSS a été écrit en plusieurs fois. Exactement comme si Lee s'était fabriqué un nouvel alibi communiste en vue d'une publication.

rendre à la fête du parti. Le 15 avril suivant, Marina et Lee se fiancent et s'épousent quinze jours plus tard. En six semaines, un ancien soldat américain a réussi à conquérir la nièce d'un des plus importants membres de la police soviétique sans que cette dernière s'oppose au mariage. Il est évident que les fonctions du colonel lui ont permis d'avoir accès au dossier KGB d'Oswald. Et il est impossible qu'il ait autorisé une telle union s'il n'avait pas des garanties sur lui. Comme l'explique Victor Marchetti, à Minsk, conformément aux instructions reçues aux Etats-Unis, Lee est bien devenu un agent double. La rapidité de l'union de Marina et de Lee est suspecte. Beaucoup de chercheurs sont persuadés que Marina travaillait pour le KGB et a épousé Lee afin d'entrer aux Etats-Unis. En décembre 1963, un mémorandum interne de la CIA résumait cette crainte : « Le nombre de femmes soviétiques épousant des ressortissants étrangers puis autorisées à quitter l'Union soviétique pour ensuite éventuellement divorcer tout en restant sur notre territoire est en augmentation. Nous avons identifié deux douzaines de cas similaires. » Marina fait-elle partie d'un projet de réseau dormant, malgré le fait qu'officiellement elle ne parle pas l'anglais ? Si rien ne permet de l'affirmer, quelques élements de son passé sont douteux. Ainsi, ses papiers pour entrer dans le pays sont selon toute vraisemblance faux. Bien qu'elle ait toujours nié avoir été membre du parti communiste, de nombreux documents prouvent qu'elle a adhéré au Komsomol, le mouvement de la jeunesse du PC soviétique. Un autre jeune Américain[1] candidat à l'exil, James Mintkenbaugh, a avoué lors de son retour sur le sol natal avoir suivi une formation d'espion soviétique

---

1. De 1945 à 1959, seulement deux anciens militaires américains ont décidé de rejoindre l'Union soviétique ou l'Europe de l'Est. Mais, en 1960, confirmant les propos de Victor Marchetti, au moins onze Américains avec un passé militaire sont passés à l'Est. Cinq soldats stationnés en Allemagne de l'Ouest, un ancien membre de l'OSS, l'ancêtre de la CIA, un major de l'armée de l'air, deux anciens marines dont Lee Harvey Oswald, et deux employés de la National Security Agency (NSA), le département ultra-secret de la défense américaine chargé de casser les codes secrets ennemis. Au bout de quelques années, tous, ou presque puisque les informations concernant les deux agents de la NSA sont encore classées top secret, sont rentrés aux Etats-Unis.

comprenant un mariage avec une agent russe. La suite du plan était simple. Une fois installée en Amérique, l'épouse serait devenue une taupe.

Mais ce sont les contacts de Marina avec Robert Webster qui se révèlent les plus étranges. Webster est un ancien marine qui, à quelques jours près, va vivre la même histoire que Lee Harvey Oswald. Lui aussi quitte les Etats-Unis pour l'Union soviétique, y trouve une femme, vraisemblablement membre du KGB, et devient père de famille avant de retourner au pays, déçu par le modèle communiste. Quelques années après le crime, Marina a reconnu qu'Oswald et Webster avaient été en contact. Mieux, sur le carnet d'adresses de Marina figure la mention « Lev Prizentsev, Leningrad ». Lorsque la CIA effectue une recherche croisée, un de ses analystes découvre qu'il s'agit de l'appartement de trois pièces qu'occupe Webster durant son séjour en Union soviétique. Encore une nouvelle coïncidence troublante. Alors que Webster et Marina nient de prime abord, des preuves existent de leur rencontre. De plus, Webster et Oswald, qui partagent le même profil, la même expérience et le même calendrier, semblent se connaître. Pourtant, l'un vivait à Leningrad quand l'autre était à Minsk. Il semble évident qu'ils se sont rencontrés sous les bons auspices du KGB. Si tout rapproche Webster d'Oswald, une différence de taille les éloigne. Dès son arrivée aux Etats-Unis, trois semaines avant Lee, Webster est interrogé pendant cinq jours par la CIA et des membres de l'US Air Force[1]. Puis il est transféré à Washington afin de subir deux semaines de questions.

---

1. Entre-temps, alors qu'Oswald et Webster sont en Union soviétique, un des U2 d'Atsugi est abattu au-dessus de la Russie. Le principal effet de cette prise est l'annulation du sommet de Paris entre Khrouchtchev et Eisenhower. Le traité, qui devait consacrer un plan de non-prolifération de l'arme nucléaire, devait également être le premier acte de rapprochement de la guerre froide. De nombreux historiens américains pensent aujourd'hui que l'incident du 1er mai 1960 a été préparé par certains hauts gradés américains afin d'empêcher la fin d'une période économiquement intéressante pour l'industrie militaire. Lors de son discours d'adieu, Eisenhower met justement en garde le peuple américain contre cette nouvelle forme insidieuse de pouvoir. Il faut absolument garder en tête cet épisode pour saisir certaines des motivations des assassins du président Kennedy.

A contrario, à son retour, Oswald est complètement négligé par les agences de renseignements américaines. Et ce alors qu'avant sa défection il s'est rendu à deux reprises à l'ambassade américaine de Moscou pour affirmer vouloir trahir son pays et livrer des informations sur Atsugi. Pourquoi cette négligence ? Et comment expliquer cette attitude relevant du Grand-Guignol ? En vérité, ses propos à l'ambassade ne sont pas destinés à ses compatriotes, mais aux agents soviétiques, la légation étant truffée de micros. De cette manière, il se rend intéressant aux yeux du KGB. Et effectivement avant de rejoindre Minsk et son Institut des langues étrangères, il disparaît pendant un mois. Officiellement, il est traité à l'hôpital après avoir tenté de se trancher les veines suite au refus des Russes de renouveler son visa. Soit. Mais pourquoi ce suicide raté ne laisse-t-il aucune cicatrice sur ses avant-bras ?

A son retour Oswald, espion américain infiltré chez l'ennemi, n'est pas « débriefé ». Ce qui n'est pas le cas de Marina puisque son passeport et celui de Lee montrent qu'ils ne sont pas rentrés par les mêmes moyens. En effet, les papiers de Marina portent le tampon du contrôle d'Helmstadt, passage frontière obligé de l'Allemagne de l'Est, mais cachet absent du passeport de Lee. Autre fait étrange, à leur arrivée à New York, les Oswald possèdent sept malles. Mais, le lendemain, le bordereau d'enregistrement de l'aéroport fait état de cinq bagages. Et, à Fort Worth, le couple ne possède plus que deux valises ! Entre-temps, au lieu de choisir un vol direct, Lee et Marina ont fait un crochet par Atlanta sans raison précise. Dernier détail, lors de ce retour, le couple est pris en charge par Spas Raikin, un représentant de l'association Traveler's Aid Society. En fait, Raikin s'occupe principalement du groupe extrémiste « American Friends of the Anti-Bolshevik Bloc of Nations » dont il est le secrétaire général. Et, à ce titre, se trouve en contact direct avec le FBI et la CIA. Son nom apparaît aussi à La Nouvelle-Orléans dans les groupes armés anticastristes et anticommunistes, des groupuscules violents bientôt fréquentés, comme nous le verrons, par Lee Harvey Oswald.

Les preuves de l'incorporation d'Oswald dans une ou plusieurs agences gouvernementales américaines sont nombreuses mais, avant de les citer, certains faits et déductions permettent déjà de le placer dans l'univers du renseignement. D'abord ce qui étonne le plus dans cette période difficile qu'est la guerre froide, c'est la facilité avec laquelle Oswald voyage. Lee entre en URSS en un temps record, et il en ressort sans problème, accompagné de la nièce d'un des dignitaires du parti communiste. Traître, il n'est pas inquiété à son retour des Etats-Unis et obtient même une aide du Département d'Etat. Dans l'année, il décroche sans difficulté un nouveau passeport ainsi que l'autorisation de se rendre au Mexique. Autres éléments étranges, les emplois de Lee.

Avant de rejoindre le Depository comme simple magasinier, son premier poste se trouve au laboratoire photographique de Dallas, Jaggars-Chiles-Stowall, Inc. En somme, l'ancien marine, qui a promis deux ans plus tôt d'offrir ses informations confidentielles aux Soviétiques, travaille sans souci pour une firme privée dont le principal client n'est autre que le gouvernement américain. Jaggars-Chiles-Stowall, Inc. traite une partie des relevés photographiques top secret effectués par avion. Une firme sensible qui demande toujours des garanties, comme la copie du dossier militaire, avant d'embaucher un employé. Celui d'Oswald n'a sans doute pas été vérifié – mais pourquoi ? – puisque, contenant l'ensemble des informations relatant sa défection et ses menaces, il aurait empêché son recrutement. Un heureux hasard ? Où Lee travaille-t-il ensuite ? Dans une manufacture de café, la William B. Reilly Coffee Company, de La Nouvelle-Orléans, entreprise dont le patron, Reily, est un des principaux financiers du groupe d'extrême droite, Crusade of Free Cuba Committee qui dépend directement du Cuban Revolutionary Council, un organisme financé en presque totalité par la CIA. Oswald fait partie des effectifs mais, comme quatre autres de ses collègues, ne travaille pas à la fabrique. Ce que de nombreux témoins attestent. Deux semaines après le départ de Lee, les quatre autres hommes, Emmet Barbee, John Branyon, Alfred Claude et Dante Marachini[1], quittent les lieux pour rejoindre un projet secret de la NASA. La William B. Reilly Coffee Company apparaît donc plus comme une couverture qu'un véritable emploi[2]. Autre fait étrange, le bon niveau de russe d'Oswald. Marina raconte que, durant leur première rencontre lors du bal ouvrier de Minsk, elle l'a pris pour un véritable Soviétique tant son accent et son vocabulaire étaient parfaits. Lors de son audition devant la Commission Warren, George de Mohrenschildt, un Russe blanc ami de Lee, précise : « Il parlait russe couramment. Il avait un léger accent et faisait quelques fautes de grammaire mais il avait une remarquable aisance à s'exprimer en russe. Il préférait parler russe qu'anglais. Il voulait tout le temps passer de l'anglais au russe. » Dans son manuscrit inédit, de Mohrenschildt écrit même que le russe de Lee était riche et classique et qu'il semblait avoir lu dans leur version originale les grands chefs-d'œuvre de la littérature russe. Mais d'où vient cette aisance dans une langue qu'il n'a pas apprise lors de son difficile et chaotique cursus scolaire ? Il ne peut y avoir que deux explications[3]. La première confirme l'appartenance d'Oswald à un service de renseignement américain et sa formation à l'institut militaire de Monterey. La seconde rejoint la thèse développée par le chercheur John Amstrong que nous reprendrons plus tard : Lee Harvey Oswald est en fait une « fabrication » mêlant deux personnages différents.

1. Marachini est un ami de David Ferrie.
2. Autre mystère, le dossier d'Oswald à la William Reilly Coffee Company mentionne que Lee était envoyé par le sergent Robert Hiddel. Remarque : pourquoi un membre de l'armée garantirait-il l'honnêteté d'un ancien marine convaincu de trahison ? Détail troublant, ce nom de famille est familier, puique c'est un des pseudonymes prêtés à Lee Harvey Oswald. Richard Case Nagell, membre de la CIA, informateur du FBI et vraisemblablement agent double à la solde du KGB, utilisait aussi parmi ses noms d'emprunt celui d'Alek Hiddel, voire d'Aleksei Hidell. Le cas Nagell, mis au courant de l'assassinat de JFK deux semaines avant son exécution, sera développé plus loin. Notons encore pour être complet que lors de sa première rencontre avec Marina, Lee fut présenté sous le prénom d'Alik.
3. La Commission, décidément prête à toutes les compromissions, justifie le niveau de russe d'Oswald par une sorte d'autoapprentissage à l'âge de quinze ans. Lee apprenant la langue en lisant la presse communiste.

Lors de la première lecture du rapport Warren, une question vient immédiatement à l'esprit. Si Lee Harvey Oswald est le désaxé décrit par la Commission, s'il commande de la propagande communiste et une arme par la poste, s'il est bien le traître à la nation offrant ses secrets aux Soviétiques, pourquoi son nom n'apparaît-il pas lorsque, préparant le voyage présidentiel, le FBI et le Secret Service mettent au jour un fichier de personnes potentiellement dangereuses sur la zone Fort Worth-Dallas ? Ces listes font pourtant systématiquement état des militants et sympathisants communistes. Si Lee, qui n'hésite pas à s'afficher comme président d'un groupuscule procastriste n'est pas mentionné, c'est sûrement parce qu'on considère son attachement communiste comme une simple couverture.

En effet, il faut se souvenir que dans les années 50 et 60, Hoover, obsédé par une menace de l'Est, investit massivement le parti communiste américain. Aujourd'hui à mesure que les documents sont rendus publics, la monomanie de Hoover se précise. En 1960, le parti communiste américain comptait huit mille membres dont plus de la moitié appartenait au FBI. Le carnet de Lee contient plusieurs noms d'agences gouvernementales, et même l'adresse et le numéro de téléphone personnel de James Hosty du FBI. Lorsque le FBI remet le 23 décembre 1963 son rapport sur ce document à la Commission, le nom de Hosty a été oublié, le Bureau voulant sûrement dissimuler les services rendus par Oswald. Car de nombreux éléments amènent à penser que Lee travaillait aussi pour le FBI. Le 10 août 1963, Lee est arrêté à La Nouvelle-Orléans après une distribution de tracts en faveur de Castro qui a tourné au pugilat. Là, Oswald demande à voir un membre du FBI. Bien qu'il s'agisse d'un samedi et que le « crime » d'Oswald soit sans importance, l'agent John Quigley se précipite à la prison et, durant une heure et demie, reste en tête à tête avec Lee. Quelques heures plus tard, celui-ci est relâché. Le FBI n'a jamais voulu indiquer pourquoi Oswald avait tenu à rencontrer un de ses hommes. Pareillement, le rapport de Quigley n'a jamais été complètement révélé à la Commission. En 1977, un document rendu public par le FBI donne toutefois un début de réponse : ce rapport secret indique que ce n'est pas Oswald qui a contacté le FBI mais plutôt un policier qui l'a prévenu, après avoir vérifié dans le fichier central qu'il était bien membre du Bureau. Toujours à La Nouvelle-Orléans, Orest Pena, un exilé Cubain, informateur pour la CIA et le FBI, a déclaré, en 1975, s'être trouvé plusieurs fois en compagnie d'Oswald et de l'agent fédéral Warren de Brueys, précisant même que dix jours avant de passer devant la Commission, de Brueys l'a menacé, lui interdisant de parler de son expérience. A Dallas, Will Hayden Griffin, également membre du FBI, a produit un mémorandum en janvier 1964 concluant que Lee travaillait bien comme informateur pour le FBI. William Walter, autre agent de La Nouvelle-Orléans, a témoigné sous serment en 1978 que le FBI possédait deux dossiers sur Oswald : l'un de surveillance, l'autre d'informateur. Mais l'ensemble des informations contenues dans ces fichiers ont été détruites au moment de son arrestation. L'élément le plus fort confirmant son emploi comme informateur du Bureau reste un coup de téléphone de Waggonner Carr à J. Lee Rankin. Le 22 janvier 1964, le procureur général du Texas joint le conseiller de la Commission pour lui apprendre qu'il vient d'avoir de source sûre la confirmation qu'Oswald était un informateur du Bureau, qu'il avait été recruté en septembre 1962 et touchait deux cents dollars par mois. Carr précise même que le dossier de l'ancien marine porte le numéro S-179. Depuis 1975, et la déclassification des minutes relatives aux discussions des membres de la Commission Warren, l'identité de la source de Carr est connue et tend à authentifier l'information puisqu'il s'agit du district attorney de Dallas, Henry Wade, lui-même ancien agent du FBI. En plus de dévoiler l'embarras des hommes de Warren qui n'osent pas impliquer Hoover, les transcriptions indiquent que Rankin a, de son côté, obtenu la confirmation de l'appartenance d'Oswald au FBI par le Secret Service de Dallas.

Si Oswald était un informateur du FBI, cela n'implique pas forcément ce service dans le meurtre du président Kennedy. Mais cela explique le vent de folie qui s'est emparé des bureaux de Dallas et de La Nouvelle-Orléans dès que l'identité du présumé assassin a été révélée. William Walter en Louisiane a, comme nous l'avons vu, témoigné de la destruction de deux dossiers concernant Oswald dans la soirée du 22 novembre. En 1975, après une révélation du *Dallas Times Herald,* James Hosty a été contraint d'avouer à son tour qu'il avait fait disparaître des informations concernant Lee. De fait, environ deux semaines avant le meurtre de Kennedy, Oswald s'est rendu au siège du FBI à Dallas, a demandé à rencontrer Hosty. L'agent étant absent, il a laissé un mot à son attention. Le 22 novembre, Hosty fait état du passage d'Oswald à son supérieur, J. Gordon Shanklin, qui ne cache ni ses craintes ni son agitation. Le dimanche, juste après l'assassinat d'Oswald, Shanklin convoque Hosty et lui dit : « Oswald est mort maintenant. Il n'y aura pas de procès. Allez, débarrassez-moi de ça ! » Comme Hosty froisse le mot de l'assassin présumé du Président, Shanklin s'emporte : « Non ! Je ne veux plus le voir ici. Je ne veux plus qu'il soit dans nos bureaux. Détruisez-le ! » Hosty se rend alors aux toilettes, déchire la pièce à conviction, la jette dans un des cabinets et tire la chasse d'eau. D'après lui, le contenu du mot d'Oswald n'avait pas de rapport avec le crime, Lee demandant simplement à l'agent d'arrêter de se rendre à son domicile pour des visites de routine. Mais un rapport interne du FBI de 1975 n'est pas aussi catégorique. « Il est impossible d'établir avec certitude le contenu du mot laissé par Oswald », dit-il. De fait, si le mot d'Oswald ne se référait ni à JFK ni à un travail d'informateur, pourquoi Shanklin a-t-il été pris de panique ? Pourquoi ordonner avec tant d'insistance la destruction d'un morceau de papier ne contenant rien de compromettant pour le FBI ?

En fait, il existe un seul moyen efficace pour savoir si Lee Harvey Oswald travaillait pour le FBI : sa déclaration de revenus. Et ce parce que tout argent touché comme informateur doit être déclaré au fisc, tandis que le FBI fait état de son côté des salaires versés. Malheureusement, trente-cinq ans après les faits, alors que des milliers de documents ont été rendus publics, les dossiers fiscaux d'Oswald, de son épouse et de sa mère sont encore classés « secret ». En 1978, l'enquête du Congrès avait le pouvoir d'y remédier si Marina donnait son accord mais, jusqu'en juillet 1998, la version officielle du rapport du groupe d'enquête affirmait que la veuve avait refusé. Or, c'est faux. Marina avait consenti à rendre public le dossier fiscal de son mari, accord bloqué à la tête du groupe d'enquête. Une preuve supplémentaire du manque d'indépendance de cette commission d'enquête.

Mais le FBI n'est pas la seule agence de renseignements à avoir été intéressée par Oswald. Ce qui n'est guère surprenant puisqu'un informateur du FBI l'était aussi souvent pour la CIA, l'ONI ou d'autre branches d'espionnage de l'armée. Comme nous l'avons vu, de nombreux témoignages indiquent qu'Oswald a été enrôlé par la CIA lors de son service chez les marines. Son envoi en Union soviétique s'est donc fait soit sous les ordres de l'Agence, soit sous ceux de l'ONI. Marchetti, ancien responsable de la CIA, n'écarte ni la possibilité que ses services aient développé un programme similaire à celui de la marine, ni que les deux aient travaillé ensemble sur un même projet. En fait, et contrairement aux déclarations des responsables de la CIA devant la Commission, des preuves relient Lee Harvey Oswald à l'Agence.

Premier élément, un mémorandum interne écrit trois jours après l'assassinat du président Kennedy[1]. Un responsable de la CIA note que les contacts avec Lee Harvey Oswald existent depuis son retour d'Union soviétique et que l'Agence « a montré un intérêt certain pour les renseignements fournis par Oswald ». Deuxième preuve encore plus forte, la décision judiciaire prononcée en 1977 obligeant la CIA à communiquer, en cas d'existence, le dossier Oswald. Surprise, non seulement un tel document dort dans les archives de la CIA, mais il est répertorié sous la catégorie 201. Une numérotation qui a la réputation d'englober les dossiers des hommes de l'Agence. Evidemment, interrogée par la commission d'enquête du Congrès, la CIA a nié cette classification, expliquant

_____

1. Voir cahier iconographique.

de manière un peu vague que les dossiers 201 « étaient ouverts lorsqu'une personne est considérée comme ayant un potentiel d'espionnage ou de contre-espionnage ». Ainsi, Fidel Castro serait le sujet d'un immense dossier 201. Les responsables de la CIA ajoutent que ses agents ne possèdent pas de dossiers propres. Ce démenti, en demi-teinte puisque si l'Agence refuse de confirmer l'appartenance d'Oswald à la CIA elle reconnaît, après quinze ans de négations, avoir un dossier sur lui, est contredit par certains de ses anciens membres. Ainsi, Philip Agee, démissionnaire de la CIA, expliquant son mode de fonctionnement, affirme que pour « chaque agent correspond un dossier. Ce dossier débute par le nombre 201 et est suivi d'un ensemble de cinq à huit chiffres. Le fichier 201 contient alors tous les renseignements se référant à l'activité de l'agent. Pour des raisons de sécurité, le dossier 201 est divisé en deux parties stockées indépendamment. La première part contient le vrai nom de l'agent, sa qualité et des renseignements personnels. L'autre renferme ses noms de code et le détail de ses missions[1] ». Victor Marchetti se souvient aussi d'avoir vu passer un mémorandum du FBI daté du 9 décembre 1963 sur le dossier Oswald : « Le dossier 201 vient à l'origine des services de l'armée. Quelques jours après le crime, le FBI a localisé un " Oswald 201 " au quartier général de la Marine. C'était un dossier classique d'embauche qui contenait les reçus de salaire, un dossier médical, ses différentes fonctions... Le dossier a été ensuite transféré à la CIA. » Interrogé au téléphone par Weberman, avant la confirmation de l'existence d'un tel dossier, Marchetti ajoute : « Si vous pouvez prouver qu'il existe, alors vous tenez quelque chose... Si vous pouvez prouver que c'est un 201, alors c'est qu'il était un agent, ou alors au minimum un contact, mais plus vraisemblablement un agent. » Patrick McGarvey, également ancien membre de l'état-major de la CIA, confirme : « C'est une bombe. Si un gars a un 201, cela signifie qu'il était un employé à plein temps de notre organisation. » Bradley Ayers, responsable dans l'Agence de

---

1. A. J. WEBERMAN, *Coup d'Etat in America*, op. cit.

la préparation militaire du débarquement de la baie des Cochons, est enthousiaste : « Le fait qu'Oswald ait un dossier 201 est absolument incroyable. Cela veut dire qu'il était un agent sous contrat, travaillant pour l'Agence à plein temps pendant au moins une période ou alors qu'il avait une sorte d'accord avec la CIA[1]. »

La différence entre la position officielle de la CIA et celle de ses anciens membres s'avère troublante. D'autant que le doute n'est plus permis sur le sens des dossiers 201. En effet, en 1974, lors de la Commission Rockfeller sur les activités illicites de l'Agence, une partie des secrets de la CIA a été révélée, dont l'Opération Chaos. Ce programme illégal de surveillance du territoire a concerné en 1972 près de trois cent mille Américains, chiffre établi après épluchage complet de l'ensemble des dossiers ouverts par l'Agence cette année-là. L'analyse des dossiers 201 est à ce propos impressionnante : seulement 11 % d'entre eux concernent la définition officielle de la CIA, autrement dit des personnes possédant un potentiel d'espionnage ; 19 % sont consacrés à des contacts pouvant devenir de futurs agents. Bien évidemment, les 70 % restants concernent les agents. Le fait que « seulement » neuf 201 sur dix soient réservés à des membres ou sympathisants de la CIA n'exclut pas le fait qu'Oswald soit un cas minoritaire. Mais alors pourquoi, si le dossier Oswald est simplement consacré à sa surveillance, la CIA a-t-elle nié son existence durant des années ? Et une nouvelle fois, si Oswald était sous surveillance, pourquoi n'a-t-il pas été répertorié lors des recherches préliminaires au voyage présidentiel ?

Le mensonge de la CIA est peut-être le plus bel aveu de l'utilisation des services d'Oswald. Si Oswald n'était pas un agent ou n'avait pas travaillé pour la CIA, pourquoi celle-ci a-t-elle accepté de se ridiculiser en expliquant n'avoir pas débriefé Oswald lors de son retour d'Union soviétique, alors que les récents documents rendus publics par l'ARRB tendent à prouver que la CIA a rencontré Lee à plusieurs reprises et que même des enregistrements audio ont été réalisés. Pour-

---

1. In *National Enquirer*, 26 avril 1977.

quoi, alors qu'elle a fait correctement son travail, la CIA préfère-t-elle avancer le contraire ? En fait, comme le FBI, la CIA veut empêcher qu'apparaissent des liens entre elle et l'assassin. La négation de l'évidence, cette volonté extraordinaire de rejeter Oswald, produisent à vrai dire l'effet contraire. Deux derniers éléments confirment le malaise de l'Agence quand le cas Oswald est abordé. D'abord, son dossier 201 débute le 9 décembre 1960 par un télégramme confidentiel du Département d'Etat relatant sa défection, télégramme arrivé à la CIA le 31 octobre 1959. Or c'est plutôt à cette date, Oswald quittant les Etats-Unis pour l'Union soviétique, que le dossier aurait dû être ouvert. Ce décalage s'explique de deux manières. Soit, une fois de plus, les informations transmises par la CIA en 1977 sont inexactes, soit, comme le racontent Agee et Marchetti, Oswald possédait déjà un dossier à cette date. Un fichier divisé en deux parties, dont la seconde, rendue publique, n'a été ouverte qu'en 1960. Quant au 201 établi au nom de Lee Henry (sic) Oswald déclassé en 1977, il n'a qu'une existence virtuelle puisqu'il était vide ! La CIA a expliqué que, les informations qu'il contenait ne présentant aucun intérêt, l'ensemble avait été détruit « par routine ». Ce geste, scandaleux quand il concerne l'assassin d'un Président, n'a peut-être jamais été effectué dans la mesure où il apparaît dorénavant certain que le 201 présenté par la CIA n'était pas celui de Lee, mais un faux. Un mémorandum interne de l'Agence déclassé en 1991 mentionne que l'ensemble du dossier d'Oswald « remplit deux rangements de quatre tiroirs », taille trop importante pour un modeste ancien soldat ayant choisi le modèle communiste, mais surtout une information en désaccord avec le document rendu public qui tient sur une page.

Le carnet d'adresses de Lee Harvey Oswald renferme, en plus des coordonnées d'agents du FBI, d'autres détails intéressants. Au niveau du nom de la firme Jaggars-Chiles-Stovall, il a noté le mot « *micro-point* ». Cette technique, développée par les services secrets allemands pendant la Seconde Guerre mondiale, permet l'envoi d'informations confidentielles en taille extrêmement réduite – un rapport peut être ainsi travaillé de façon à ne pas excéder les mensurations d'un timbre-poste –, technique utilisée par les services de renseignements du monde entier mais inconnue du public en 1963. Le témoignage de Dennis Oftein, employé de Jaggars-Chiles-Stovall, confirme qu'Oswald savait parfaitement le sens et la technique de reproduction utilisée pour la fabrication de ce type de documents.

Un autre élément, encore plus fort, dévoilé en 1978 par le *Dallas Morning News*, rattache Lee Harvey Oswald au monde de l'espionnage. L'après-midi du 22 novembre 1963, les détectives R. S. Stowall et Gus Rose du DPD fouillent le garage des Paine à Irving à la recherche de pièces à conviction. Dans le sac de marin de Lee, les deux policiers découvrent un Minox, appareil photo classique dans l'univers du renseignement. Ne mesurant que neuf centimètres, cette invention allemande a été utilisée par les Alliés et les nazis durant la Seconde Guerre mondiale. Le Minox d'Oswald apparaît bien, avec la référence 375, sur l'inventaire des objets envoyés au FBI le 26 novembre 1963 mais, lors de la publication du rapport, la description du 375 a changé. Il ne s'agit plus d'un appareil photographique de marque Minox mais d'un posemètre de la même firme. Interrogé par le quotidien de Dallas, Gus Rose explique : « Le FBI a appelé ça un posemètre, je le sais. Mais, je sais reconnaître un appareil photo lorsque je le vois. L'objet que nous avons récupéré à Irving dans le sac de marine d'Oswald était un appareil photo Minox. Il n'y a aucun doute à ce sujet. Les agents du FBI ont tenté de me faire changer mes rapports parce que je n'avais pas écrit qu'il s'agissait d'un posemètre. Je ne sais pas pourquoi ils voulaient que je change d'avis, mais ils avaient sûrement une bonne raison à cela. »
Le motif de cette énième manipulation est limpide. Le FBI sait que le Minox atteste de l'appartenance d'Oswald à un service de renseignement. Le journaliste Earl Golz a contacté la firme Minox à New York et communiqué le numéro de série de l'appareil retrouvé. Kurt Lohn, responsable de la distribution des objets Minox, est formel : le numéro 27259 au

dos de l'appareil ne correspond pas à une série fabriquée pour le commerce, les Minox distribués aux Etats-Unis débutant tous par le nombre 135, suivi de trois autres chiffres. Autre information provenant de la firme, en 1963 celle-ci ne vendait pas de posemètre sur le territoire américain. En 1979, le FBI a donc été obligé de reconnaître l'existence de l'appareil miniature. Ainsi, vingt-cinq photographies, provenant non pas du film chargé dans le Minox mais de deux négatifs retrouvés au même moment, ont été développées. Trois d'entre elles dévoilent l'intérieur d'un camp militaire. La scène semble avoir été prise en Amérique centrale ou en Asie. Une autre prise depuis un bateau montre une barge militaire accostée dans une crique montagneuse. Les dernières ont toutes été prises à Minsk. On trouve l'aéroport, différentes vues d'une caserne, le fameux Institut des langues et une usine de fabrication de radios et télévisions. Quant au film contenu dans le Minox, son développement a échoué suite à « un incident technique ». Dans son livre publié en 1969, le chef de la police de Dallas, Jesse Curry, présente un cliché pris dans l'après-midi du 22 novembre. Le Minox est bien là mais accompagné d'un lot de matériel photographique dont trois autres appareils, une paire de jumelles, un téléscope, un compas et un podomètre. Le tout pour une valeur de plusieurs centaines de dollars, bien plus que les faibles revenus officiels de Lee Harvey Oswald le permettent. Pour être complet sur l'aspect renseignement de la biographie secrète de Lee, il ne faut pas oublier de citer son amitié avec George de Mohrenschildt, un Russe blanc de Dallas, expert géomètre, ancien espion pour les nazis et contact précieux de la CIA en 1963.

Mais c'est un autre élément, un appel téléphonique passé par Lee Harvey Oswald depuis sa prison le 23 novembre 1963, qui est sûrement l'ultime preuve de son appartenance aux services de renseignements américains. A l'origine de cette information jamais publiée en France, Alveeta Treon, une employée du standard téléphonique du quartier général du DPD. En 1968, Treon livre ses souvenirs à l'avocat Bernard Fensterwald[1]. Le 23 novembre 1963, elle arrive à son poste entre 22 h 15 et 22 h 30. Là, sa collègue Louise Swinney l'informe que son supérieur l'attend. Le patron de Treon n'est pas seul. Deux hommes, probablement du Secret Service, sont assis près du bureau. On explique alors à la standardiste que Lee Harvey Oswald va bientôt passer un appel depuis la prison et qu'elle doit faire en sorte que les agents puissent entendre la conversation. A 22 h 45, la lumière rouge du standard à fiches s'éclaire. Comme prévu, Oswald tente de joindre l'extérieur. C'est Swinney qui décroche la première, note la demande de Lee, le prévient de patienter et glisse le morceau de papier aux deux agents. Un des deux lui dit alors comment agir. « Je n'arrivais pas à le croire. Swinney est revenue de la pièce voisine où se tenaient les deux agents, s'est assise et a dit à Oswald : " Je suis désolée, le numéro ne répond pas. " Et elle a immédiatement coupé sans lui laisser le temps de réagir. » Ensuite, Louise Swinney froisse la feuille qui lui a servi à noter le numéro et la jette dans la corbeille. Vingt minutes plus tard, lorsque Swinney quitte son poste, Treon récupère la note et, sur un bordereau de recherche, recopie la demande de Lee : « John Hurt, Raleigh, Caroline du Nord », pour, dit-elle, garder un « souvenir » de l'assassinat du Président. Le 6 avril 1970, Sherman Skolnick obtient par la loi que le bordereau de Treon soit rendu public. En plus du nom et de l'adresse demandés par Oswald figurent deux numéros de téléphone, le 919.834.7430 et le 919.833.1253. Sept ans plus tard, le groupe d'enquête du Congrès décide d'explorer la piste Raleigh qui s'avère vite être un cul-de-sac puisque la Southern Bell Telephone Company informe la Commission que ces numéros n'étaient pas en service en 1963. L'histoire de Treon est donc officiellement enterrée.

Pourtant, grâce au travail de Grover Proctor, les conclusions du groupe d'enquête et les informations de la compagnie de téléphone perdent toute crédibilité. En effet,

contrairement aux informations de la Southern Bell Telephone, figurent sur l'annuaire de la Caroline du Nord pour
l'année 1962 aux numéros demandés : John D. Hurt et John
W. Hurt. L'appel à Raleigh est donc confirmé, reste à découvrir sa raison. La piste de John W. Hurt n'a jamais abouti.
Robert Blakey, responsable du groupe d'enquête du Congrès,
a confié à l'auteur Anthony Summers que ses hommes
avaient réussi à le trouver mais qu'il niait connaître Lee Harvey Oswald. En revanche, John David Hurt a, lui, été identifié. C'est un enquêteur de compagnie d'assurance. Interrogé
à plusieurs reprises par des chercheurs, il nie lui aussi tout
contact avec Oswald. Mais Proctor a découvert que Hurt
avait été un agent du contre-espionnage durant la Seconde
Guerre mondiale. Un fait confirmé par Hurt lui-même.

Résumons : dans la soirée du 23 novembre, Oswald, dont
les communications téléphoniques sont limitées, décide
d'user de son droit pour contacter un ancien agent du contre-
espionnage qui semble ne pas le connaître ! L'appel est
important puisque le Secret Service préfère affirmer qu'il n'a
pas eu lieu et que le numéro de Hurt n'apparaît pas dans le
carnet d'adresses de Lee. Pourquoi alors Oswald connaît-il
par cœur les coordonnées d'un homme qui n'a jamais
entendu parler de lui ? Le premier réflexe est de penser à l'erreur : Treon aurait pu récupérer le mauvais papier dans la
corbeille. Pourtant lorsqu'on interroge sa collègue Louise
Swinney, celle qui a noté le numéro, elle refuse de commenter
le fait. Elle ne le confirme pas, mais refuse de le nier. « L'appel est vrai, a confié Robert Blakey au chercheur Anthony
Summers ; c'était un appel vers l'extérieur, et je le considère
comme vraiment troublant. Sa destination est profondément
dérangeante. C'est un mystère sans réponse. »

La solution existe pourtant et se trouve dans le mode opératoire des agents de renseignements. Déjà, Sherman Skolnick, lors de l'obtention des coordonnées notées par Treon,
avait déclaré que l'appel à Hurt « était la preuve permettant
de vérifier qu'Oswald était bien un agent de renseignement ».
Le rapport découvert par Skolnick le confirme. Le
23 novembre 1963, tard dans la soirée, Abraham Bolden,

agent de garde du Secret Service de Chicago, reçoit un appel depuis le bureau de Dallas. On lui demande d'effectuer une recherche dans les fichiers sur les noms Hurt et Heard. La communication vers Chicago est instructive puisque début novembre 1963 Bolden a permis de déjouer un complot visant à assassiner JFK où quatre Cubains anticastristes étaient impliqués. Quelques mois après le meurtre de Kennedy, Bolden, le premier agent noir du Secret Service nommé par le Président lui-même, critiquera publiquement le travail du Secret Service avant, pendant et après le voyage à Dallas. En août 1964, Bolden est condamné à six ans de silence après avoir tenté de vendre des documents. Il semble aujourd'hui qu'il ait été victime d'un coup monté pour faire cesser ses critiques.

C'est Victor Marchetti qui révèle un détail essentiel : le fait que la ville de Raleigh se trouve à quelques kilomètres de la base secrète de Nag's Head, là même où le programme d'envoi de jeunes Américains en Union soviétique a été créé et géré. Or il faut, pour comprendre cette donnée, connaître le mode de fonctionnement d'un agent en service. Lorsqu'il veut contacter son officier traitant, il passe d'abord par un intervenant « propre », un intermédiaire sans rapport avec l'opération en cours qui ne le connaît pas et ne pourra jamais être relié à lui en cas de problème. L'agent laisse un nom de code et un numéro à rappeler. Son correspondant sait alors qu'il doit prévenir une personne prédéterminée. Concrètement cela signifie que Lee Harvey Oswald, persuadé alors qu'il agit dans le cadre d'une mission officielle, n'appelle pas un avocat mais John Hurt à Raleigh. Son intention est de lui dire qu'Alek Hidell, son propre nom de code à la CIA, attend des instructions au numéro de téléphone correspondant à la prison de Dallas. Son appel étant sans réponse, alors que, d'après la procédure, cela ne doit jamais être le cas, Oswald comprend qu'il a été manipulé ou lâché par sa hiérarchie. Quelques instants plus tard, il lance un avertissement à ses complices. Tandis qu'il a toujours refusé de parler, semblant attendre une intervention permettant sa libération, il profite d'un transfert d'un bureau à un autre pour dire aux caméras :

« Je ne suis qu'un pigeon, je ne suis qu'un pigeon ! » Le lendemain matin, Jack Ruby l'assassine dans les sous-sols du DPD.

Jack Ruby est une pièce essentielle du mystère Lee Harvey Oswald, même si la Commission Warren a toujours refusé de lier les deux hommes. Le rapport officiel est clair : le geste de Ruby est un acte impulsif. Et, pour couper court à toute rumeur, le document précise : « La Commission croit qu'aucune preuve ne permet d'établir un lien significatif entre Jack Ruby et le crime organisé. » Or, dénoncer ce mensonge permet en toute légitimité d'avancer que Ruby et Oswald se connaissaient.

Les relations entre Jack Ruby et la Mafia sont si évidentes qu'on ne peut qu'être admiratif du travail de dénégation de la Commission Warren. De ses premières années à Chicago à l'assassinat d'Oswald en passant par la Louisiane, la Californie, sans oublier les casinos de La Havane et de Las Vegas, la vie de Ruby est vraiment celle d'un lieutenant de la Mafia. Une énumération alphabétique des associés de Jack ressemble à l'épluchage d'un Bottin mondain du crime organisé [1]. Barney Baker, homme de main du syndicaliste et mafieu Jimmy Hoffa, décrit par Robert Kennedy comme « ambassadeur de la violence » et ancien « porte-flingue » des parrains Jack Lansky et Bugsy Siegel, apparaît à deux reprises dans le relevé des appels téléphoniques passés par Ruby dans les semaines précédant le crime, ainsi que dans un agenda avec ses trois numéros. Joseph Campisi, un des amis les plus proches de Ruby, associé au parrain de Dallas, Joseph Civello, détient de nombreux commerces de la ville dont un restaurant fréquenté par le Milieu. Cet homme s'est installé à Dallas avec la bénédiction de Carlos Marcello, le redoutable parrain de la Louisiane. Lequel, interrogé par le FBI, reconnaît avoir rencontré Ruby la veille du meurtre d'Oswald. Frank Caracci, membre de la famille Marcello, responsable du secteur jeux d'argent pour la Louisiane et le Texas, a admis de son côté avoir croisé

---

1. Une liste détaillée peut être retrouvée dans plusieurs ouvrages dont *Crossfire* de Jim Marrs, *op. cit.*

Ruby en octobre 1963. Les deux hommes ont également échangé de nombreux appels téléphoniques. Frank Chavez, lui, est, comme Barney Baker, un membre des Teamster de Jimmy Hoffa. Après avoir été arrêté pour tentative de meurtre, Chavez avoue avoir vu Ruby en 1961 pour un transfert d'argent du syndicat vers la Mafia. Un mémorandum du département de la Justice lie aussi Chavez au mafieu Tony Provenzani, autre ami de Ruby. Joseph Civello, le parrain en charge du Texas, a été interrogé par le FBI quelques jours après la mort d'Oswald et admet connaître Jack Ruby « depuis au moins dix ans ». Mickey Cohen, mafieu pour la famille Marcello en charge du trafic de drogue, est lui aussi une relation de Ruby. Al Gruber, ancien colocataire de Jack à Chicago, arrêté six fois dans les années 60, est associé avec les Teamster et Mickey Cohen. Après dix ans de silence, il rend visite à Ruby deux semaines avant le crime. Le relevé des communications téléphoniques de Ruby montre ainsi que moins de trois heures après l'assassinat de JFK il appelle Gruber à Los Angeles. Russel Matthews, membre de la mafia de Floride dirigée par Santos Trafficante, est un ami de Joseph Campisi et de Jack Ruby. Le 3 octobre 1963, les deux hommes ont conversé au téléphone. Même chose pour Murray Miller, ancien trésorier des Teamster, associé avec différentes personnalités du crime organisé. Appel téléphonique également en novembre 1963 à Lenny Patrick, bras droit du parrain de Chicago, Sam Giacana. Autre proche d'un parrain, Nofio Pecora, membre de la famille Marcello, parle avec Ruby le 30 octobre 1963. Johnny Roselli, ancien membre de l'équipe d'Al Capone travaillant pour la CIA dans les tentatives de meurtre de Fidel Castro, connait aussi Ruby et le décrit comme l'un des siens. Selon différents rapports du FBI, Roselli et Ruby se sont rencontrés au moins deux fois dans un motel de Miami durant l'automne 1963. Le corps de Johnny Roselli, découpé en plusieurs morceaux, a été découvert en 1976 dans la baie de Key Biscane en Floride quelques jours avant d'être entendu par le groupe d'enquête du Congrès. Sam Giacana a également été assassiné la veille de son entrevue. Le calibre et le mode opératoire amènent à penser que le parrain a été liquidé non pas par la Mafia mais par une agence gouvernementale. Enfin, le 26 octobre 1963, Irwin Wiener, associé de Hoffa, de Giancana et de Trafficante, reçoit un appel téléphonique de Jack Ruby long de douze minutes.

Le cas Lewis McWillie est encore plus dérangeant pour la Commission puisque c'est Ruby lui-même qui l'évoque durant son audition, reconnaissant lui vouer une admiration sans faille et lui téléphoner fréquemment. McWillie est un des associés de Meyer Lanski, de Santos Trafficante et de Dino Cellini dans le contrôle des casinos de La Havane et de Las Vegas.

Sur les activités de Ruby, tenancier d'un club de strip-tease, les rapports lui attribuant des activités mafieuses sont multiples. Le 6 décembre 1963, le FBI interroge William Abadie, organisateur de paris clandestins, qui explique avoir mis sur pied pour Ruby différents jeux prohibés. Abadie précise même que de nombreux policiers du DPD participaient aux paris. Une information confirmée depuis par de nombreuses sources y compris un cahier de Ruby où celui-ci notait consciencieusement les noms et adresses des membres de son club. Les policiers de Dallas y sont inscrits massivement et, en particulier, ses responsables. On y trouve aussi des juges, des agents du FBI et les grosses fortunes de la ville. Harry Hall, ancien joueur professionnel repenti devenu informateur du FBI et du Trésor, confirme les déclarations d'Abadie. Selon lui, Ruby est en charge du jeu dans la zone Dallas-Fort Worth. A noter aussi l'arrestation à Oakland en 1959 de Harry Siedband, un joueur professionnel. Sur lui, la liste de ses employeurs : pour le Texas, un seul nom apparaît, encore celui de Ruby.

L'assassin d'Oswald semble avoir également des connections avec la drogue. Il aurait servi d'intermédiaire lors de la mise en place d'un important trafic entre le Texas et le Mexique. Dans son livre, le chef Curry avoue avoir été entendu par le FBI sur les rapports entre Ruby et James Breen, organisateur de ce cartel. Il est aussi désormais certain que Ruby a participé à un vaste trafic d'armes à destination de Cuba. En 1959, alors que l'île vient de tomber sous le contrôle de Castro, il se rend au moins deux fois à La Havane et entre en contact avec les trafiquants qui ont permis au Lider Maximo de s'armer pour combattre Batista. Il faut préciser en outre que, conformément à son habitude, la Mafia a joué la sécurité en aidant à la fois le révolutionnaire et le dictateur. Un comportement qui explique la fureur du Milieu lorsque Castro, ne respectant pas ses engagements, nettoie l'île et expulse les membres du crime organisé. Quelque temps avant sa mort, en attente d'un nouveau procès, Ruby craignait que ses séjours cubains fassent surface. Il se confie d'abord à ses médecins puis à ses avocats : « Ils vont découvrir mes voyages à Cuba, les armes et tout le reste. » Dans une lettre écrite en détention, il note aussi avoir confié à son garde qu'il avait expédié des armes sur l'île. Lorsqu'un de ses employés, Wally Weston, lui rend visite, Ruby lui dit : « Wally, tu sais ce qui va se passer maintenant ? Ils vont découvrir mes voyages à Cuba, mes voyages à La Nouvelle-Orléans, les armes et surtout tout le reste. » L'enquête du Congrès, de son côté, permet pour la première fois de découvrir les activités de Ruby vers l'île : « Nous avons établi sans l'ombre d'un doute que Jack Ruby a continuellement menti de manière volontaire au FBI et à la Commission Warren au sujet du nombre de ses séjours à Cuba et de leur durée. Il est désormais clair, par exemple, que le but de ces voyages n'était pas à caractère social comme prétendu mais dans l'intention de servir de courrier, probablement pour de grosses sommes d'argent importées ou exportées de Cuba. Un ensemble de preuves indique fortement une association entre Ruby et Santos Trafficante, et que les voyages de Ruby avaient un rapport avec la détention de Trafficante et la négociation de sa libération. Les voyages à Cuba de Jack Ruby étaient en fait des activités du crime organisé. »

Autre aspect de la vie de Ruby volontairement négligé par la Commission Warren, le fait qu'en 1959 il devienne informateur du FBI. Le 27 février 1964, Hoover écrit à Rankin pour lui demander de garder la révélation secrète : « Pour

votre information, Ruby a été contacté par un agent de notre
bureau de Dallas le 11 mars 1959 du fait de sa place comme
gérant de night-club qui pouvait avoir des informations sur
les éléments criminels de Dallas. Il a été informé des limites
juridiques du Bureau en termes de problème criminel et a
ensuite promis de donner des informations conformément à
ce cadre. Il a été contacté huit fois entre le 11 mars 1959 et
le 2 octobre 1959, mais n'a fourni aucune information intéressante et, de ce fait, les contacts n'ont pas été renouvelés.
Ruby n'a jamais été payé et n'a jamais été un informateur du
FBI. » La dernière phrase de Hoover est amusante. Alors qu'il
vient de décrire avec précision la nature des activités de Ruby,
il ose conclure qu'il n'a jamais été un informateur de ses services. Depuis 1975, de nouveaux documents déclassés et des
témoignages d'anciens du FBI ne cessent pourtant d'attester
une collaboration plus longue entre le Bureau et l'assassin
d'Oswald. L'enquête du Congrès a ainsi donné l'occasion à
Charles Flynn, l'agent traitant de Ruby, de préciser l'engagement du patron du Carousel Club. « D'abord, dit-il, ce n'est
pas lui qui a contacté Ruby, mais le contraire, Jack voulant
lui livrer des informations. C'est pour cela que, contrairement
aux allégations de Hoover, Flynn a ouvert un dossier PCI,
Potential Criminal Informant. » De plus, Ruby a pris très à
cœur sa nouvelle fonction. Le 27 avril 1959, il dépose dans
son coffre-fort de la Merchant State Bank de Dallas pour plus
de cinq cents dollars de matériel de surveillance électronique,
dont tout le nécessaire pour mettre un téléphone sur écoute.

Ces aspects du passé de Ruby dévoilés, il faut maintenant
s'intéresser à la deuxième contre-vérité du rapport : « Il
n'existe aucune preuve qu'Oswald et Ruby se connaissaient
ou avaient des relations avec des tiers. » Cette conclusion est
à nouveau répétée dans le rapport du groupe d'enquête du
Congrès avec toutefois, peut-être de manière involontaire,
quelques bémols : « Nous n'avons pas trouvé de preuves permettant de dire qu'Oswald et Ruby se connaissaient, bien que
nous sachions que les deux hommes vivaient dans le quartier
d'Oak Cliff, qu'ils avaient une boîte postale au Terminal

Annex et qu'il est possible de trouver des liens ténus rattachant des tiers. »

Pourtant les témoignages et les documents reliant Oswald à son assassin sont nombreux. Comme nous l'avons vu, les premiers éléments rapprochant les deux hommes viennent du club de Ruby. Beverly Oliver et son amie disparue, la danseuse Jada, ont témoigné de la présence d'Oswald à la table de Ruby. Karen Bennet Carlin, surnommée Little Lynn, également danseuse du club, est interrogée, le 24 novembre 1963, par le FBI. L'agent Roger Warner note son état de peur « proche de l'hystérie » : « Mademoiselle Carlin était extrêmement agitée et peu disposée à me donner son témoignage. Elle m'a déclaré qu'elle avait l'impression que Lee Oswald, Jack Ruby et d'autres personnes dont elle ne connaissait pas les noms étaient impliquées dans un complot pour assassiner le président Kennedy et qu'elle serait tuée à son tour si elle donnait la moindre information aux autorités. » Depuis cet entretien avec le FBI, Little Lynn a disparu. Pendant de nombreuses années, les chercheurs ont été convaincus de sa mort. Mais aujourd'hui il semblerait qu'elle vive loin de Dallas sous une autre identité. Il est fort probable également qu'elle soit restée en contact avec Beverly Oliver.

Madeleine Brown, qui fut la favorite de Lyndon Johnson pendant plus de vingt ans, connaissait également Jack Ruby. Responsable de certains budgets publicitaires dans la plus grosse agence de Dallas, elle avait l'habitude d'aller en compagnie de ses collègues boire un verre après le travail. Notamment au Carrousel Club. Elle se souvient qu'au cours du printemps 1963, alors que Ruby était à sa table, la conversation dévia sur la tentative d'assassinat du général Walker. Sûr de lui, Ruby annonça que c'était Oswald le responsable. Personne ne connaissait ce nom mais, devant sa détermination, Brown s'en souvint. En novembre 1963, lorsque Ruby assassina Oswald, Madeleine évoqua avec ses collègues l'incident. « Tout le monde savait qu'Oswald et Ruby se connaissaient. En fait, je l'ai cru moi-même très longtemps. Et j'ai été vraiment surprise lorsque, au milieu des années 80, j'ai appris qu'officiellement ils n'avaient pas de rapports[1]. »

Le magicien William Crowe signe en novembre 1963 un contrat avec le Carrousel Club. Le 25, lendemain de l'assassinat d'Oswald, il raconte à un ami journaliste de l'agence Associated Press que Lee était un client de la boîte. Et précise que neuf jours plus tôt Oswald a été choisi pour faire le spectateur victime de son tour. Interrogé à nouveau par le *Dallas Morning News* dans les années 70, Crowe confirme ses propos et ajoute avoir reçu la visite du FBI dans la semaine ayant suivi la publication de ses souvenirs, les agents lui demandant de quitter Dallas et de ne plus évoquer cette affaire.

Waster Weston était l'animateur du club de Ruby jusqu'au 15 novembre 1963. En 1976, après avoir reçu plusieurs menaces anonymes, il accepte de livrer ses souvenirs au *New York Daily News*. Il affirme avoir vu Oswald avec Ruby au moins à deux reprises et ajoute qu'un soir Oswald, particulièrement éméché, l'avait même traité de communiste. La scène s'était terminée en bagarre et Ruby, qui y avait participé, semblait connaître Oswald depuis un certain temps. Lorsque le journaliste new-yorkais demande à Weston pourquoi il n'a pas livré sa version plus tôt, celui-ci lui répond : « Billy Willis, le musicien du club, Kathy Kay, une danseuse et moi, avons discuté de l'incident le jour où Jack a tué Oswald. Willis m'a dit : " Walter, la meilleure chose à faire est de rester en dehors de tout ça. De garder nos bouches fermées. De ne rien dire à personne. " C'est ce que j'ai fait. » Pourtant en 1964, Weston rend visite à Ruby en prison. Sa curiosité étant trop forte, il demande si Oswald était bien un client du Club : « Il ne m'a rien dit, ni oui, ni non. Il m'a juste fixé. » Weston se souvient encore d'une réunion privée dans l'arrière-salle du club qui regroupait « six à huit gars de Chicago et Jack Ruby ».

Arrêté en 1976 et convaincu de meurtre, le membre de la Mafia Paul Buccili était un des hommes de Chicago. Il se souvient que le rendez-vous avait eu lieu à l'automne 1963 : « J'étais

---

1. Entretien avec Jim Marrs in *Crossfire*. Propos répétés à l'auteur en novembre 1997.

là, il y avait Jack Ruby, Lee Oswald, Sam Giancana, John Rosselli et un gars du FBI. Le sujet était la préparation de l'assassinat de John Kennedy. Je ne peux pas dire quel a été l'arrangement final puisque Sam et moi sommes partis. Sam m'a dit qu'il ne voulait pas être impliqué dans cette histoire. Putain, il avait aidé à mettre Kennedy à la Maison-Blanche ! Mais, trois semaines plus tard, JFK était tué et nous savions tous que ce n'était pas un homme seul qui avait pu faire le boulot. »

Ester Ann Mash, une serveuse du Carrousel Club, se souvient également de cette réunion. En 1986, elle a accepté de raconter ses souvenirs à Jim Marrs. « C'était une réunion importante et je devais suivre les ordres de Jack à la lettre. Il avait ordonné de ne pas être dérangé, sous aucun prétexte. J'étais la seule personne autorisée à entrer dans la pièce. Je devais apporter les boissons et immédiatement disparaître. Cinq hommes étaient habillés en costumes foncés [...] comme s'ils sortaient d'un film de gangsters. Il y avait un autre homme, habillé de façon plus détendue. En fait, il n'allait pas du tout avec le reste du groupe. Au total, en comptant Ruby, ils étaient sept. Ils ont parlé jusqu'à presque 1 heure du matin. Quand les " costumes " sont partis, l'autre est resté avec Jack. Cet homme, c'était Lee Harvey Oswald. Je me souviens vraiment bien de lui parce qu'il était vraiment différent des autres. Il ne commandait que de la bière tandis que les autres buvaient des cocktails. [...] Le dimanche matin, mes enfants regardaient la télé quand ils ont montré le transfert d'Oswald. Ruby lui a tiré dessus et j'ai hurlé : " Oh ! mon Dieu ! " Je ne pouvais pas en croire mes yeux. C'était le petit gars bizarre qui était à la réunion secrète de Jack et des gars de la Mafia. J'ai vu la grimace sur le visage d'Oswald au moment où Jack a foncé sur lui. C'était comme un sourire parce qu'il savait que Jack était son ami. Je ne voulais pas être impliquée dans cette affaire alors je n'ai rien dit. [...] Maintenant, il ne me reste plus longtemps à vivre, c'est la raison pour laquelle je vous raconte cela. Quelqu'un devait savoir ça avant que je meure [1]. »

_____

1. Jim MARRS, *Crossfire, op. cit.*

Il est intéressant de constater que le chef de la police, Jesse Curry, a une réflexion assez proche de celle de Mash sur l'attitude de Lee Oswald au moment de son assassinat : « On peut se demander si ce n'était pas un éclair de reconnaissance qui a allumé les yeux d'Oswald lorsqu'il s'est rapproché des journalistes et a vu Ruby. »

Mieux que des sentiments ou des témoignages, il existe trois preuves écrites liant Lee Harvey Oswald à Jack Ruby, éléments qui n'ont jamais été publiés en France dont deux confirment l'implication de Ruby dans le crime de JFK.

La première de ces révélations vient du travail de Jim Marrs et de Jack White. En 1992, les deux chercheurs texans découvrent dans le fonds Marguerite Oswald déposé à la Texas Christian University une mauvaise photocopie d'un rapport de police. Ce General Offense Report[1] du DPD est une bombe. Le 10 octobre 1963, soit quarante-quatre jours avant l'assassinat du Président, à 23 h 30, le central téléphonique de la police de Dallas reçoit un appel de Mary Bledsoe habitant au 621 North Marsalis. Bledsoe, qui loue des chambres de sa grande maison, signale que « deux hommes dont un de ses locataires sont en train de se battre violemment » dans un des meublés. Une voiture de patrouille est envoyée. A son bord, les officiers White et Hargis. A leur arrivée, les dégâts sont importants : bris de chaises, téléviseur explosé, lit défoncé. En apercevant la police, les deux hommes cessent immédiatement de s'étriper. Le premier, le locataire de Bledsoe, se nomme O. H. Lee ; l'autre, J. R. Rubenstein, réside au 1203 1/2 Commerce Street. Un témoin, H. H. Grant, trente-deux ans, vivant à Dallas, est également sur les lieux. Le rapport s'achève en pleine confusion. Lorsque le dénommé O. H. Lee doit justifier son identité, il présente « des papiers et une adresse postale au nom d'Alek Hidel ». Les deux hommes acceptant immédiatement de régler la somme de cinquante dollars pour la casse, Mary Bledsoe ne dépose pas plainte et aucune arrestation n'est effectuée.

Ce rapport mérite quelques explications puisqu'il est une

---

1. L'équivalent de nos rapports pour voie de fait

preuve écrite des relations entre Ruby et Lee. D'abord, l'identité des deux contrevenants. O. H. Lee est le nom donné par Lee Harvey Oswald au début du mois de novembre 1963 lorsqu'il loue une chambre à Earlene Roberts. Comme nous l'avons vu, Lee utilise également le pseudonyme d'Alek Hidel ou Hiddel au même titre que d'autres membres de la CIA. En ce qui concerne Rubenstein, c'est le vrai nom de Jack Ruby. Mais problème, son second prénom ne débute pas par un R puisqu'il s'agit de Léon. Pareillement, son adresse n'est pas le 1203 1/2 Commerce Street, mais le 1312 1/2 de la même rue. Une différence qui peut avoir plusieurs origines. Soit il s'agit d'un mensonge de Ruby afin d'éviter une énième plainte pour bagarre et tapage nocturne, thèse d'autant plus plausible qu'il est poursuivi par le fisc et risque la prison. Pense-t-il brouiller les pistes en livrant un nom et une adresse incorrects ? En fait, si c'est le cas, en donnant des informations proches de la réalité au lieu de n'importe quelle autre invention, il fait preuve d'intelligence. Il sait qu'en cas d'arrestation il sera conduit au siège du DPD, où il connaît des dizaines de policiers par leurs prénoms. Un pseudonyme serait immédiatement dévoilé, alors que donner un nom et une adresse relativement proches de la vérité lui permet de plaider l'erreur de bonne foi due, par exemple, à une trop grande consommation d'alcool, et non d'être accusé de mensonge. Autre possibilité, les agents White et Hargis ont reconnu Jack Ruby, se souvenant des tournées offertes dans son club, des sandwichs gratuits les soirs de veille et de ses filles accommodantes. Aussi, pour éviter une nouvelle plainte, notent-ils volontairement des renseignements erronés. Dernière éventualité, les erreurs, concernant des détails, sont le fait de deux personnes voulant impliquer Ruby et Lee, créant ainsi sous de fausses identités un incident. Cette dernière thèse, à vrai dire, ne tient pas. Déjà, le premier homme se serait présenté sous l'identité de Lee Harvey Oswald afin de faciliter la connection entre l'incident et le crime de JFK. Même remarque pour le second : il aurait été plus simple de donner le nom de Jack Ruby pour l'impliquer.

En fait, plusieurs éléments permettent d'affirmer que l'incident du 10 octobre est réel et que ses acteurs sont bien Oswald et Ruby. En commençant par la date. Du 7 au 11 octobre, Lee Harvey Oswald habitait bien au 621 North Marsalis et louait une chambre à Mary Bledsoe. L'adresse, il faut le préciser, est toute proche de l'appartement de Ruby et guère éloignée du lieu où le policier Tippit sera assassiné dans l'après midi du 22 novembre. Enfin, l'appartement loué par Lee au moment de l'assassinat de JFK se trouve à quelques rues. Le 11 octobre, le lendemain de la bagarre, Mary Bledsoe résilie la location d'Oswald. Aucune raison n'est donnée lors de son audition devant la Commission. Car la loueuse est entendue par les hommes de Warren. Non pour raconter l'incident opposant Lee à Ruby, mais en tant que témoin vedette. Souvenons-nous que quelques minutes après le crime, elle a voyagé en bus en compagnie d'Oswald[1]. Et, d'un coup, à la lumière du rapport de police du 10 octobre, c'est l'ensemble du comportement incohérent de Bledsoe qui devient limpide. Si elle a de façon soudaine annulé la location de Lee, c'est à cause de la bagarre de la veille. Un élément qu'elle ne peut citer devant la Commission puisque officiellement Lee et Ruby ne se connaissaient pas. Ou mieux, une anecdote censurée par une des fameuses conversations hors enregistrement du groupe d'enquête. Si Mary Bledsoe invente l'incident du bus et le fait qu'Oswald avait souri à l'annonce de l'attentat, c'est par vengeance. Non pas pour les cinquante dollars de dégâts mais parce que cette nuit-là Oswald avait osé la faire passer pour folle devant les policiers de Dallas. Alors qu'elle affirmait que son locataire s'appelait O. H. Lee, Oswald avait répondu, preuves à l'appui, se nommer Alek Hidel. Et c'est ainsi que, trente-cinq ans après les faits, non seulement les liens unissant Oswald et Ruby sont clarifiés, mais un des mystères entourant le comportement d'un témoin est éclairci.

Deux documents inédits révèlent la présence de Jack Ruby près du Texas School Book Depository, son implication dans

---

1. Voir chapitre « Les Omissions Warren ».

le crime et le piège tendu à Oswald. Le premier document en date du 1er décembre 1963 est un rapport du FBI rédigé par l'agent Alan Manning à Tyler, Texas[1]. Le 30 novembre, huit jours après l'assassinat du président Kennedy, Evelyn Harris vient livrer une information capitale. Une amie, Lucy Lopez, de retour de Dallas, lui a raconté une histoire formidable. La sœur de Lopez « travaille comme petite main dans un atelier de couture en face du Texas School Book Depository[2]. Elle connaissait, ainsi que d'autres collègues, Lee Harvey Oswald qui apparemment parlait bien espagnol et déjeunait parfois en leur compagnie dans un restaurant proche. Elles auraient connu Jack Ruby. Le 22 novembre 1963, les filles, toutes d'origine espagnole, regardaient le défilé présidentiel depuis une fenêtre de l'atelier. Elles auraient observé Jack Ruby faire les cent pas dans la rue près de l'immeuble du Texas School Book Depository. Mieux, lorsque Oswald est sorti du bâtiment, elles auraient vu Ruby lui donner une arme. Mrs. Lopez a affirmé qu'après l'assassinat d'Oswald les filles étaient trop effrayées pour contacter le DPD et, autant qu'elle sache, « jamais personne ne les a interrogées sur l'assassinat du président Kennedy ni sur celui d'Oswald. »

Ce témoignage gardé secret pendant des décennies est sûrement authentique. En tout cas, plusieurs éléments permettent de le penser. D'abord, la proximité entre la déposition et la date du crime. Puis le fait que l'information ne soit ni marchandée, ni volontaire, ni livrée dans un but publicitaire. Ensuite, l'accumulation de détails vérifiables comme l'atelier de couture, le nom de la sœur de Lucy Lopez, la vue depuis la fenêtre, le restaurant fréquenté par Lee, son aisance en espagnol. Enfin, ce rapport permet d'assembler différentes pièces du puzzle. A commencer par la photographie de Phil Willis censurée par la Commission Warren parce que montrant Ruby à quelques mètres du Depository[3]. Sans oublier le témoignage de Julia Ann Mercer reconnaissant Jack Ruby

---

1. Document découvert par John Amstrong. Merci également à Michael Parks.
2. Il s'agit probablement de la firme appartenant à Abraham Zapruder.
3. Voir chapitre « Images d'un assassinat ».

au volant d'une camionnette verte mal garée près du Grassy Knoll et abritant un fusil. Il ne faut pas oublier non plus que cela complète l'emploi du temps de Ruby. Sa présence au siège du *Dallas Morning News* de manière épisodique avant et après le crime, mais aussi pendant, se trouve enfin justifiée [1]. Mais, bien sûr, le point essentiel du témoignage, c'est que Ruby ait remis une arme à Oswald. Cette information permet de résoudre le mystère de l'arme de Lee et de comprendre comment celui-ci a été piégé.

Lors de son arrestation dans le Texas Theatre, Lee Harvey Oswald porte un revolver. Une arme, raconte-t-il, qu'il a récupérée dans sa chambre vers 13 heures. Lorsque, au tout début de sa garde à vue, Curry lui demande plus d'informations sur le lieu et la date d'achat, Oswald s'emporte et bafouille l'avoir achetée sur une impulsion à Fort Worth. A ce moment-là, il ignore que ses complices l'ont lâché et qu'une accumulation de preuves fabriquées va le condamner. Aussi protège-t-il Ruby. Car c'est bien Jack qui lui a donné l'arme, comme le racontent les filles de l'atelier. D'ailleurs, sur ce point, Earlene Roberts, sa logeuse, est formelle : il n'y avait pas d'arme cachée dans la chambre de Lee. Et on imagine mal Oswald travaillant une demi-journée avec un revolver glissé sous sa chemise. Si Ruby donne cette arme à Lee, c'est, comme nous le verrons, pour l'impliquer dans le meurtre de l'agent Tippit et compléter le portrait de l'assassin idéal.

Le deuxième document provient également du FBI et date du mois d'avril 1977. Son contenu est le suivant :

« Le 2 mars 1977, Robert J. Potrykus, chef de la division renseignement du service des impôts de Dallas, a délivré en mains propres une lettre à l'agent du bureau du FBI de Dallas. La lettre est une note interne du service du fisc et révèle les informations suivantes :

" [...] nous avons reçu récemment une information qui devrait être utilisée dans l'enquête sur l'assassinat Kennedy. Notre informateur nous a déclaré que le matin de l'assassinat Jack Ruby l'a contacté et lui a demandé s'il aimerait venir

---

1. Voir chapitre « Les Omissions Warren ».

voir " les feux d'artifice ". Il était avec Jack Ruby et se tenait au coin du Postal Annex Building, face au Texas School Book Depository. Immédiatement après la fusillade, Ruby a quitté notre informateur et est parti en direction du *Dallas Morning News*.

Si vous le désirez nous nous tenons à votre disposition pour discuter de ce problème avec votre agence. " »

Ce rapport recoupe l'information livrée par Lucy Lopez. De plus, l'informateur du service des impôts précise l'endroit exact où Ruby et lui se tenaient. Ce qui permet de constater que c'est pile face à la fenêtre de l'atelier de couture.

Autre détail intéressant, le fait que Ruby invite un ami « à voir le feu d'artifice ». Comme nous le verrons, Joseph Milteer, responsable de l'extrême droite américaine mis sur écoute par le FBI, était plus de deux semaines avant le meurtre averti du projet d'assassinat du Président. Il propose lui aussi à un ami de se rendre avec lui à Dallas. Ses termes sont les mêmes que ceux de Ruby. De plus, comme Ruby, Milteer était à quelques mètres de Dealey Plaza pour assister au « spectacle[1] ». Dernière remarque quant à la valeur du témoignage de cet informateur : on imagine mal le chef du service renseignement des impôts se déplacer pour remettre ce style d'information au FBI s'il n'a pas vérifié d'abord la valeur, soit de l'information, soit de l'informateur. D'ailleurs, son offre de collaboration va dans ce sens.

De plus, il faut s'interroger sur le fait que ce sont les services des impôts qui recueillent l'information et non le DPD ou le FBI. En effet, elle n'a pas de caractère fiscal. En revanche, elle devient intéressante comme monnaie d'échange de la part d'un contribuable en difficulté. George Senator pourrait être l'informateur du service des impôts. Senator partageait l'appartement de Ruby mais également sa vie. En toute logique, si Jack devait proposer à quelqu'un de l'accompagner pour son grand jour, c'est vers lui qu'il devait se tourner. Devant la Commission, Senator n'hésitera pas à fournir de faux alibis à Jack sur son emploi du temps dans les

---

1. Voir cahier iconographique.

heures ayant suivi le crime. Plus intéressant encore, Senator préviendra Tom Howard, l'avocat de Ruby, du meurtre d'Oswald quelques minutes avant que le coup de feu ait été tiré ! Et ainsi, sans que cela choque quiconque, Howard rejoindra son client dans les sous-sols du DPD alors qu'il vient juste d'être interpellé. Comme Ruby, Senator avait de lourds arriérés d'impôts. Quoi qu'il en soit, pour la première fois, deux témoignages écrits et indépendants l'un de l'autre confirment la présence de Ruby à proximité de Dealey Plaza, donc sa participation au meurtre de JFK.

Lee impliqué dans le monde du renseignement, Oswald et Ruby complices, il faut maintenant aborder un autre mystère de la courte vie de l'assassin présumé de John Kennedy : le fait que dans les mois précédant le meurtre plusieurs personnes se soient faites passer pour lui, mais aussi celui encore plus étrange qui pousse certains chercheurs à penser que la personne connue sous le nom de Lee Harvey Oswald est en fait l'union de deux personnages bien distincts.

Les problèmes liés à l'identité d'Oswald sont antérieurs à l'assassinat de JFK. Depuis 1960, et à plusieurs reprises, Lee est aperçu dans deux lieux en même temps ou dans des endroits où, officiellement, il ne s'est pas rendu. Cette situation est à l'origine d'un mémorandum longtemps resté secret rédigé par Edgar J. Hoover le 3 juin 1960[1]. En décembre 1959, le FBI, apprenant le départ d'Oswald pour l'Union soviétique, passe son dossier en mode « flash ». C'est-à-dire que chaque fois que Lee Harvey Oswald se manifestera aux Etats-Unis, le bureau sera averti de ses moindres gestes et vérifiera s'il s'agit bien de lui. Durant le printemps 1960, alors que Lee séjourne en Union soviétique, le filet du Bureau fonctionne puisque, début juin, Hoover écrit au service sécurité du Département d'Etat : « Depuis qu'une possibilité existe qu'un imposteur utilise le certificat de naissance d'Oswald, chaque information du Département d'Etat pouvant

_____

1. *Ibid.*

concerner ce sujet est la bienvenue. » L'information du FBI
est confirmée quelques mois plus tard dans les environs de
La Nouvelle-Orléans. Le 20 janvier 1961, alors que Lee est
toujours à l'Est, le concessionnaire Bolton Ford de North
Clayborne Avenue reçoit la visite de deux hommes voulant
acheter dix camionnettes. Le premier, de type hispanique, se
présente sous le nom de Joseph Moore. Le second, un jeune
Américain, affirme s'appeler Oswald. La vente se fait quand,
au moment de remplir le bon de commande, Moore précise
que celui-ci doit être établi au nom d'Oswald et d'une association « patriotique », Friends of Democratic Cuba (FDC).
Un second vendeur assiste à la scène. Lorsque le
22 novembre 1963, ces deux employés apprennent la mort
de Kennedy et l'arrestation de Lee, ils préviennent le FBI et
retrouvent dans les archives de leur société le bon de
commande[1]. Pour beaucoup de chercheurs, l'incident de
Bolton prouve une nouvelle fois l'existence de la toile d'araignée tissée autour de Lee par certains services. Histoire, par
avance, de le compromettre définitivement le moment venu.

En fait, l'explication est peut-être plus simple. L'incident
de Bolton pourrait n'être qu'une coïncidence, le nom Oswald
n'étant pas suffisamment rare pour penser qu'il s'agit chaque
fois de l'assassin présumé du président Kennedy. Mais l'épisode devient révélateur lorsqu'on rapproche ce nom et celui
de l'association, le FDC étant une des nombreuses organisations anticastristes de Louisiane. Comme beaucoup d'autres,
elle existe grâce au soutien de la CIA et poursuit comme
objectif la libération de Cuba. Son autre particularité, c'est
d'avoir parmi ses fondateurs un Américain, Guy Banister,
ancien du FBI qui « pige » toujours pour l'ONI et la CIA. De
fait, en 1961, l'immeuble où se trouve son bureau de détective privé abrite deux autres associations violemment anticastristes proches de l'Agence, la Crusade to Free Cuba et le
Cuban Revolutionnary Council. Pour parfaire le portrait, il
faut savoir que Banister est membre de plusieurs groupes
d'extrême droite, publie, vraisemblablement avec l'argent de

1. *Ibid.*

la CIA, le *Louisiana Intelligence Digest*, une revue ouvertement raciste, et est associé à David Ferrie, l'instructeur de Lee durant sa préparation militaire dans la Civil Air Patrol. Ferrie est, comme nous l'avons vu, le premier contact de Lee avec le monde du renseignement. Il n'est donc pas improbable qu'Oswald soit passé rendre une visite à Ferrie avant son départ pour l'Union soviétique. Le sachant à plusieurs milliers de kilomètres, celui-ci a pu glisser à Banister l'idée d'utiliser ce nom pour l'achat de matériel. Car il faut savoir que si la CIA contrôle en sous-main la plupart des groupes armés anticubains, leurs activités militaires ainsi que leurs nombreux camps d'entraînement, leurs essais de tirs à balles réelles, leurs préparatifs d'un débarquement et leur mise sur pied d'opérations ponctuelles de sabotage anti Cuba sont interdites... mais tolérées par bon nombre d'autorités locales. Dès lors, par sécurité, les achats de matériel lourd se pratiquent de manière clandestine ou, comme c'est le cas ici, par le biais de prête-noms.

Le cas Banister ne doit pourtant pas être rayé d'un trait de plume car, durant l'été 1963, Lee Harvey Oswald, de retour à La Nouvelle-Orléans, se met à travailler pour lui et Ferrie. Sa mission consiste à introduire le milieu procastriste de la Louisiane. Pour ce faire, Oswald ouvre une antenne du Fair Play for Cuba Committee (FPCC), une minuscule association proche du parti communiste américain. Lee en est le seul membre, tandis que le président se nomme... Alek Hiddel. La première stratégie mise en place par Lee consiste à distribuer des tracts de soutien à Cuba tout en incitant à adhérer à son association. Par deux fois, il travaille sous les fenêtres du 544 Camp Street, là où se trouvent les bureaux de Banister. Si bien que lorsqu'on lui rapporte ce type de provocation Banister sourit. Delphine Roberts, sa secrétaire, a confié à Jim Garrison que Banister répondait alors : « Ne vous inquiétez pas à son sujet, il est avec nous. Il travaille pour nous. » D'autres témoins ont même aperçu Oswald dans les bureaux. Delphine Roberts se souvient ainsi de discussions confidentielles entre Banister et Oswald, précisant même que Lee disposait d'une petite pièce au rez-de-chaussée afin d'entreposer son matériel de propagande. La sœur de Roberts, qui tenait un magasin de photos dans le même immeuble, ajoute : « Je savais qu'il avait ses tracts et ses bouquins dans la pièce voisine de celle où nous entreposions notre matériel. Il était calme et rarement accompagné. Il nous disait juste " bonjour " ou " au revoir " lorsqu'il nous croisait. Je ne l'ai jamais vu discuter avec Banister mais je savais qu'il travaillait dans son bureau. Je savais qu'ils travaillaient ensemble. J'ai vu d'autres hommes qui ressemblaient à des Américains se rendre dans la pièce d'Oswald. J'avais l'impression qu'Oswald voulait faire croire qu'il faisait quelque chose, alors qu'il faisait autre chose. Je suis certaine que Guy Banister était la réponse. »

Pendant des années, Jack Martin a été le partenaire privilégié de Banister. Le 22 novembre 1963, les deux hommes sont attablés dans un café de la ville lorsqu'ils apprennent la mort de JFK. Banister, violent opposant de Kennedy et buveur invétéré, propose de fêter la bonne nouvelle. Dans la soirée, passablement éméchés, tous deux rentrent au 544 Camp Street. Là, Banister frappe violemment son associé. A sa sortie d'hôpital, c'est Jim Garrison qui l'attend de pied ferme. Quelques jours plus tôt, un informateur fiable a indiqué au bureau du procureur que David Ferrie était au Texas le jour de l'assassinat. Et l'enquête sur ce dernier a conduit Garrison jusqu'à Banister parce qu'il trouve curieux que, le jour même du crime, cet homme se soit battu avec son associé. Martin fait alors des déclarations capitales : « Il a commencé à me frapper lorsque je lui ai dit que nous avions vu de drôles de choses cet été. Il n'y avait jamais eu autant de monde dans les bureaux. Il y avait des Cubains, ils se ressemblaient tous. Il y avait aussi David Ferrie. Il vivait pratiquement là. Oswald était là aussi. Parfois, il avait des réunions avec Banister, d'autres fois il partait tirer avec Ferrie. Banister était celui qui faisait tourner tout le cirque. » Autant d'éléments à ne pas négliger dans le contexte de la mort d'un chef d'Etat. Mais Banister meurt – officiellement – d'une crise cardiaque dix jours avant les conclusions du rapport Warren. Impossible d'en savoir plus. Sa veuve, elle, déclare à Garrison avoir découvert des boîtes entières de tracts du FPCC dans les affaires de son mari et se souvient, comme Delphine Roberts, que le jour de son décès des agents du Secret Service ou du FBI sont venus récupérer ses dossiers. Un inventaire de ceux-ci rendu public au début des années 80 met au jour de curieux intitulés pour un modeste détective privé : « Central Intelligence Army », « Ammunition and Arms », « Civil Right Programm of JFK » et « Fair Play for Cuba Committee ». Et cet homme aux activités sulfureuses connaissait bien Oswald et travaillait avec lui !

Un dernier élément lie Banister à Lee[1] : l'adresse tamponnée au dos de la première série de tracts distribuée par Oswald n'est autre que le 544 Camp Street ! En fait Lee servait d'agent provocateur. La distribution de tracts ne drainant pas suffisamment d'adhésions, donc de fiches relatives aux sympathisants communistes, Oswald organise un incident lors d'une diffusion dans les rues de La Nouvelle-Orléans[2]. Le 9 août 1963, il s'accroche violemment avec des Cubains anticastristes. Mais les policiers qui interviennent et l'arrêtent ont l'impression, comme les passants témoins, que l'altercation semblait fabriquée. L'incident donne en tout cas à Oswald l'occasion de passer dans la presse et de défendre la cause castriste et communiste. Il est même invité sur une chaîne de télévision régionale afin de défendre ses idées, tremplin qui lui permet d'être connu et reconnu comme communiste et d'attirer à lui les sympathisants de Louisiane.

Mais Lee ne récoltera pas les fruits de son travail : ses supérieurs lui attribuent une autre mission, bien plus prestigieuse : participer au meurtre de John Kennedy. C'est vraiment à partir de ce moment-là que les faux Oswald se multiplient. Les conspirateurs ont distribué les rôles et Lee a été choisi, sans le savoir, comme bouc émissaire. En effet, comme nous le verrons, depuis son retour à Dallas, le 3 octobre 1963, des

1. La découverte récente de photographies prouve aussi les contacts entre Ferrie et Lee durant l'été 1963.
2. C'est cet incident qui, comme nous l'avons vu, amène l'intervention de l'agent Quigley.

incidents de plus en plus précis se multiplient. Qui impliquent des hommes se faisant passer pour lui et qui, chaque fois, se rapportent à Kennedy. L'accumulation de témoignages de personnes persuadées l'avoir vu alors que ce n'est pas possible, les souvenirs contradictoires de proches interrogés par la Commission, ont lancé des chercheurs sur la piste d'un second Oswald. Certains, comme Jack White [1], se consacrent depuis des années à une recherche photographique démontrant l'existence de deux Lee. Les découvertes de ce Texan s'avèrent étonnantes [2]. Il a, par exemple, démontré que les mensurations de Lee variaient selon les photos et que la forme de son visage n'était pas toujours la même.

Parallèlement John Amstrong, un chercheur de la nouvelle génération, a brillamment réussi à prouver l'impossible. Son travail, sobrement intitulé « Harvey and Lee [3] », emporte l'adhésion des plus sceptiques. Ses conclusions audacieuses sont nées après l'arrestation en 1961 de l'espion Gordon Londsale, qui avait émigré du Canada en Grande-Bretagne. Installé comme homme d'affaires à Londres, il avait mis sur pied un réseau d'espionnage officiant pour les Soviétiques. En 1961, son arrestation plonge le monde du renseignement dans une autre dimension : on découvre que Londsale n'était pas un canadien mais un Russe parlant parfaitement l'anglais. Et pour cause, à neuf ans, Konan Molodi – son vrai nom – a été volontairement envoyé aux Etats-Unis pour être « ré-activé » à l'âge adulte après avoir suivi, à sa majorité, un stage de formation en Union soviétique. A son retour, il a « hérité » du nom de Londsale, un Canadien décédé. La remarque d'Amstrong est simple : puisque les services soviétiques ont été capables d'inventer un réseau d'espions « en herbe », pourquoi les Américains n'auraient-ils pas établi un plan similaire ? Fort de cette réflexion et de documents, le chercheur avance qu'au « début des années 50 une opération des services américains était en cours. Elle impliquait deux adoles-

---

1. *The many faces of Lee Harvey Oswald,* JFK video, 1991.
2. Voir cahier iconographique.
3. Conférence du 22 novembre 1997, Grand Hotel, Dallas.

cents. Lee Oswald de Fort Worth et un enfant parlant russe nommé " Harvey Oswald " de New York. Au début de l'année 1952, les deux garçons vivaient des vies parallèles mais séparées, souvent dans la même ville. Le but ultime du programme était d'échanger leur identité et d'envoyer Harvey Oswald en Russie, ce qui se produira sept ans plus tard. Lee et Harvey allaient à différentes écoles, travaillaient pour différentes compagnies. Lorsque la Commission Warren assemblera les épisodes de la vie de Lee Harvey Oswald, elle découvrira souvent des preuves plaçant Oswald à deux endroits différents au même moment. Incapable d'expliquer ces différences, elle préférera les ignorer et les supprimer de son rapport ».

Grâce à une somme considérable de travail, de recherches et d'interviews, Amstrong parvient à étayer de preuves sa théorie. S'il est impossible de les citer toutes, on peut en donner quelques exemples. Le premier aspect concerne la scolarité d'Oswald. La Commission Warren avance que Lee se rendait chaque jour à plusieurs kilomètres de son domicile à la Trinity Evangical School dans le Bronx. Le problème, c'est que John Pic, le demi-frère d'Oswald, possède d'autres souvenirs, assurant que Lee restait à Manhattan, à quelques mètres de son domicile. En 1952, Lee subit une visite médicale effectuée par le docteur Kurian, dont les notes, instructives, n'apparaissent pas dans les travaux de la Commission. Et pour cause : Kurian décrit Lee comme un enfant mal nourri, petit pour son âge, dont la taille n'excède pas 1,37 m. Or, quelques mois plus tôt, à son départ de Fort Worth, c'est une toute autre description qui a été faite de Lee. Richard Garret, un ami d'enfance, se souvient en effet d'un garçon grand pour son âge, impression que les photographies de l'époque confirment. Lee est même le plus grand du groupe et sûrement le garçon le mieux développé. Cinq mois après la visite chez Kurian, Lee est à nouveau mesuré par un médecin. Cette fois-ci, il atteint 1,62 m ! En 1953, Lee est à l'école à New York mais, en même temps, les enfants et les instituteurs de Stanley dans le Dakota du Nord se souviennent d'un Harvey Oswald lui ressemblant assez. Plus tard, Lee Oswald est inscrit dans un établissement – les preuves fourmillent – alors qu'au même moment Harvey Oswald est, lui, présent dans d'autres cours. Amstrong a par ailleurs constaté une évolution parallèle dans la vie professionnelle et militaire d'Oswald. Exactement comme si deux Lee cohabitaient sans le savoir. Il a également découvert que deux passeports au nom d'Oswald avaient été établis à quelques jours de différence. Un à La Nouvelle-Orléans, l'autre à Los Angeles, les deux n'arborant pas la même signature. Enfin durant l'enquête de la Commission, le sénateur Richard Russell a été fort perplexe en se trouvant devant deux certificats de naissance différents !

Le cas Oswald devient encore plus troublant lorrsqu'on s'intéresse à son cadavre. En effet, si durant son temps sous les drapeaux il mesure 1,80 m, il perd six centimètres lors de son autopsie. En 1977, Michael Eddowes, auteur et avocat britannique, publie *The Oswald File*. Sa thèse, confirmée par des sources anonymes des renseignements britanniques, est la suivante : « Lee Harvey Oswald a été capturé par les Soviétiques en 1959 et un agent lui ressemblant a été envoyé aux Etats-Unis à sa place. » Pour prouver cette hypothèse, Eddowes avance plusieurs faits. D'abord la taille d'Oswald avant son départ et à son retour n'est pas la même dans une dizaine de documents. Ensuite, différentes cicatrices apparaissant sur son dossier militaire ne sont pas relevées durant l'autopsie. Et puis surtout, dit-il, lorsque Marina rencontre Lee, elle pense qu'il s'agit d'un Soviétique à l'accent baltique. Fort de ces conclusions, Eddowes demande en 1979 l'exhumation du corps.

En fait, ce qu'Eddowes ignore, c'est qu'il n'est pas le premier à être intrigué par le cadavre enterré au cimetière de Rose Hill. Le 13 mars 1964, un des enquêteurs de la Commission Warren, David Slawson, rédige un mémorandum interne suite à une lettre d'Edgar Hoover envoyée quelques jours plus tôt. Citant les propos de Hoover, Slawson écrit : « La CIA est intéressée par une cicatrice sur le poignet gauche d'Oswald. Le FBI est opposé à une exhumation du corps comme demandé par la CIA. » Paul Groody, le directeur des pompes funèbres qui s'est occupé de la dépouille de

Lee, a livré à Jim Marrs une autre anecdote intéressante. Il prétend que trois semaines après l'enterrement, des agents du Secret Service sont venus lui poser des questions sur d'éventuelles cicatrices remarquées sur le corps : « Ils m'ont dit : " Nous ne savons pas qui nous avons dans cette tombe. " »

Le 20 août 1981, soutenu par Marina Oswald, Eddowes obtient l'exhumation, qui se déroule le 4 octobre. Le corps est transporté au Baylor Medical Center de Dallas afin d'être étudié par quatre médecins légistes. Après quatre heures de travail et de comparaison entre les ossements et le dossier médical de Lee quand celui-ci était soldat, le docteur Norton, responsable de l'autopsie, déclare : « Sans l'ombre d'un doute, l'individu enterré sous le nom de Lee Harvey Oswald est bien Lee Harvey Oswald. » L'action de Marina s'arrête là, le cercueil est remis en terre et le dossier fermé.

Mais, en fait, à mesure que les informations et les photographies de cette seconde autopsie sont rendues publiques, la certitude du docteur Norton fond comme neige au soleil. Les premiers doutes sont exprimés par Paul Groody et Alan Baumgartner, les deux responsables de l'enterrement d'Oswald en 1963 à qui Marina a demandé d'assister à l'opération de 1981. Or, ce qu'ils ont vu alors ne correspond en rien à leurs souvenirs. La principale différence entre les deux corps se situe au niveau du crâne. Les restes exhumés montrent un crâne presque complet, alors que, respectant la procédure d'une autopsie criminelle, le docteur Rose avait pratiqué en 1963 une craniotomie. Autrement dit, une ouverture en forme de V en haut du crâne à l'aide d'une scie à os pour examiner le cerveau. Groody se souvient parfaitement qu'Oswald avait subi cette opération : « J'ai replacé moi-même le haut de son crâne et j'ai cousu par-dessus son cuir chevelu. » Autre information essentielle, lors de son inhumation, Oswald avait été embaumé afin de préserver le plus longtemps possible son apparence. Son corps avait même été placé dans un cercueil hermétique, puis déposé dans un caveau en ciment également hermétique. Or, lors de l'exhumation du 4 octobre 1981, les employés des pompes funèbres constatent que le caveau a été brisé ainsi que les scellés placés sur le cercueil.

Un dernier élément, inédit, permet de prouver que le corps inhumé en 1981 ne peut être celui de Lee Harvey Oswald. Le 21 février 1964, *Life Magazine* présente différents clichés de jeunesse de l'assassin présumé du président Kennedy. Sur la page 70, Oswald est en classe, a quinze ans et sourit. Cet instantané de la vie d'un adolescent permet de confirmer ce que racontent les camarades d'Oswald. Après une bagarre, Lee avait perdu une de ses incisives supérieures. Or le cadavre examiné en 1981 possédait toutes ses dents.

De telles révélations impliquent des éclaircissements. D'abord, concernant les analyses de l'équipe du docteur Norton. Les médecins légistes ont effectué un travail correct. Leurs conclusions sont scientifiquement exactes, mais fondées sur une erreur : le dossier médical qui leur a été transmis ne peut être celui d'Oswald. Et ce, parce qu'il a été effectué à la base d'El Toro en Californie, quand Lee Harvey Oswald se trouvait au Japon à Atsugi. Deuxième point : Lee Harvey Oswald a bien été tué à Dallas le 24 novembre 1963 par Jack Ruby. C'est aussi lui qui a été inhumé le lendemain au cimetière de Rose Hill. Mais, durant les vacances de Pâques 1964, Marina Oswald reçoit un membre d'une agence gouvernementale, qui lui explique qu'il est question d'installer une alarme électronique sur la tombe de son époux. A cet effet, l'agent fait approuver à la veuve un grand nombre de documents. « J'ai signé beaucoup de papiers et ils ne m'ont jamais été ni traduits ni expliqués. Je ne parlais pas encore anglais, j'ai juste fait ce que l'on me disait de faire », raconte-t-elle. Or aucune alarme, aucun dispositif de sécurité n'a été installé sur la tombe de Lee Harvey Oswald.

En fait Oswald s'est fait manipuler de A à Z dans toute l'histoire Kennedy. Mais afin d'éviter que des chercheurs et des enquêteurs honnêtes puissent remonter jusqu'à lui, et surtout jusqu'aux hommes, voire aux services, qui l'ont téléguidé, on a tout fait pour brouiller les pistes, effacer les traces, éliminer tant les gêneurs que les éléments compromettants.

Car l'existence de deux Oswald attestée, si incroyable que cela puisse paraître, par des indices probants, montre bien qu'il fallait une organisation d'envergure pour élaborer cette opération. Une opération façonnée comme une machine infernale où, alors qu'il faisait partie de services de renseignements, Oswald devait jouer un rôle majeur. Un rôle dont il n'imaginait sans doute pas qu'il serait pour lui le dernier.

En somme, des omissions du rapport Warren en passant par l'autopsie trafiquée de JFK, les manipulations du film de Zapruder et la mise à jour des véritables rapports entre Oswald et des organismes aux méthodes étranges, sans oublier les liens unissant l'assassin du trente-cinquième président des Etats-Unis à Jack Ruby, celui-là même qui le fit taire, ce sont des centaines de pièces et de preuves qui démontrent que les explications officielles de l'assassinat de John Kennedy, le 22 novembre 1963 à Dallas, ne tiennent pas. Reste toutefois à raconter et à comprendre, peut-être pour la première fois, comment fut préparée et réalisée l'exécution du chef de l'Etat ? Comment, dans ce théâtre de mort, Oswald a joué à qui perd gagne ? Comment aussi une piste française est envisageable ? Et surtout, enfin, qui a commandité ce qui apparaît aujourd'hui encore comme le crime du siècle ?

CHAPITRE 11

Autopsie d'un crime d'Etat

« Après demain, ces maudits Kennedy ne me gêneront plus jamais ! Ce n'est pas une menace, c'est une promesse. »

Lyndon Johnson, 21 novembre 1963.

« Je ne me suis jamais senti aussi bien de toute ma vie. »

Lyndon Johnson,
conversation téléphonique
27 novembre 1963.

L'assassinat du président Kennedy s'est déroulé en deux étapes où la mince poignée de secondes sur Dealey Plaza, le vendredi 22 novembre 1963 à 12 h 30, s'avère la partie la plus spectaculaire. Mais c'est cinq mois plus tôt, le 5 juin 1963, que, sans le savoir, John F. Kennedy a signé son arrêt de mort. Ce jour-là, à l'hôtel El Cortez d'El Paso, deux hommes réussissent à le convaincre de se rendre prochainement à Dallas. Parmi eux, le futur président des Etats-Unis : Lyndon Johnson.

Depuis trente-cinq ans, l'ensemble du mystère entourant le meurtre du siècle tourne autour de trois questions. D'abord, quel fut le rôle réel de Lee Harvey Oswald ? Ensuite, comment s'est déroulé l'attentat de Dealey Plaza ? Enfin, qui sont les commanditaires de ce crime d'Etat ?

Comme nous l'avons vu au chapitre précédent, la vie de Lee Harvey Oswald ressemble à un puzzle complexe où règnent la manipulation et l'information suspecte. C'est pourtant par lui, par la description de son action, que passe nécessairement toute investigation sur cette affaire. Assez paradoxalement, le flou entretenu autour de Lee s'estompe lorsque l'on s'intéresse aux instants qui ont suivi la fusillade sur Dealey Plaza. Vers 12 h 32, deux minutes après les coups de feu contre JFK, Oswald se retrouve face à l'agent de police Baker au Depository. Comme nous l'avons vu[1], sa présence à ce premier étage, bouteille de Coca-Cola à la main, le dédouane de l'accusation principale portée contre lui : avoir tiré depuis une des fenêtres de l'immeuble.

Mais ce n'est pas parce qu'il n'était pas dissimulé par l'empilement de cartons du cinquième étage que Lee n'a pas participé au meurtre de Kennedy. Deux minutes plus tard, il sort du Depository. A la fenêtre de l'immeuble voisin, Lopez et ses collègues de l'atelier de couture assistent à une scène capitale : en une fraction de seconde, Ruby glisse à Oswald un revolver. A cet instant, le patron du Carrousel Club vient de mettre la dernière main au piège qui va transformer Oswald en assassin parfait. Trente secondes après l'échange, Phil Willis, un ancien militaire, photographie la foule se pressant devant le Texas School Book Depository. A l'extrême droite, on voit Jack Ruby quittant les lieux pour rejoindre le siège du *Dallas Morning News*, trajet qui ne lui prend pas plus de deux minutes. Oswald, lui, le revolver plaqué sous la chemise,

---

1. Voir chapitre « Les Omissions Warren ».

attrape le bus pour rentrer à son domicile. Il sait, comme le reste de l'équipe, que le secret de toute bonne fuite réside dans le naturel, les courses poursuites des films noirs n'étant que des inventions de Hollywood. Le plus calmement du monde, il profite donc de l'agitation qui règne sur Dealey Plaza pour se fondre dans la foule et arriver à l'autocar. Dans un peu plus d'une heure, il quittera les Etats-Unis à bord d'un petit avion privé piloté par David Ferrie. Sa destination ? Vraisemblablement le Mexique ou le Canada.

La veille, Oswald était allé à Irving. Il savait qu'il ne reverrait plus ses deux filles et sa femme, avec qui, de toute manière, plus rien ne marche. Mais avant de partir, il désirait passer une dernière soirée avec elles. Le jeudi 21 novembre, comme le racontent Marina Oswald et Ruth Paine, Lee arriva à Irving. Pour la première fois, Oswald venait en semaine. Il passa la soirée à jouer avec ses deux enfants et à tenter, en vain, de se réconcilier avec son épouse. C'était son jeune voisin, Frazier, qui l'avait conduit chez les Paine. Surpris, Frazier lui avait demandé les raisons de ce retour inhabituel. Oswald lui avait répondu qu'il venait récupérer des tringles à rideau pour son meublé. Le lendemain, Oswald se leva de bonne heure. Dans un verre, il déposa à l'intention de Marina son alliance et cent quatre-vingt-sept dollars en liquide. Bien plus que son modeste salaire de manutentionnaire au Depository.

Vers 12 h 40, il prit le bus. Mais moins de cinq minutes plus tard, le shérif Roger Craig, en faction sur Dealey Plaza, entendit un sifflement aigü et vit un véhicule où semblait se trouver quelqu'un ressemblant à Lee : « Je me suis retourné et j'ai vu un homme blanc courir vers le Texas School Book Depository et j'ai vu ce que je crois être un break clair de marque Rambler avec une galerie sur le toit. L'homme est entré dans la voiture. Le chauffeur était de type hispanique. J'ai essayé de traverser Elm Street pour arrêter le véhicule et interroger les occupants, mais le trafic était si dense que je n'ai pas réussi. J'ai alors raconté l'incident à un agent du Secret Service dont je ne connais pas le nom[1]. »

Le rapport du policier est une pièce maîtresse du dossier. Surtout depuis que ses propos concernant la Rambler ont été confirmés par différentes photographies prises sur les lieux. Dans son manuscrit inédit comme devant la Commission Warren, Craig a détaillé le portrait des deux hommes installés dans le véhicule. Sa description du chauffeur de type hispanique concorde avec celle d'autres personnes comme Arnold Rowlands qui a remarqué deux hommes au cinquième étage du Depository. Quant à l'autre fuyard, le policier est persuadé qu'il s'agit bien de Lee Harvey Oswald. Lorsque, vers 14 heures, Craig se rend au quartier général du DPD, il se retrouve face à Oswald alors questionné par le capitaine Fritz. L'intervention de Craig dans l'interrogatoire de Lee est peut-être le seul moment où l'ancien soldat perd son self-control. En effet, malgré lui, Oswald confirme son implication dans le meurtre de JFK et les propos de Craig. Alors que le policier lui demande ce qu'il a déclaré à propos de la voiture, sans en préciser le modèle, Lee répond : « Le break appartient à Mrs. Paine. N'essayez pas de la mêler à ça. Elle n'a rien à voir avec tout ça ! » Immédiatement, conscient de son erreur, Oswald se referme et refuse de développer le sujet. Cet aveu implicite signifie-t-il qu'il était bien dans la voiture ? Non, car à cette heure ci, Oswald faisait un crochet par son meublé, à quelques centaines de mètres de son lieu de rendez-vous. En fait, Craig, qui se trouvait quand même à une cinquantaine de mètres du Depository, venait de rencontrer un homme ressemblant à Oswald. Comme d'autres témoins avant lui.

Ainsi, le 28 septembre 1963, Malcom Price, un tireur amateur, faisait quelques cartons au stand de tir Sports Dome Rifle Range quand un homme lui a demandé de l'aider à régler la lunette de visée de son fusil. Malcom Price est certain qu'il s'agissait de Lee Harvey Oswald, notamment parce qu'il a pu le revoir « à quatre ou cinq autres occasions ». Pour-

1. Rapport du Dallas County Deputy Sheriff, Roger Dean Craig, 23 novembre 1963.

tant si sa description est proche, cela ne peut pas être Lee. Celui-ci, le 27 septembre au soir, arrive en effet au Mexique. Son passeport indique même un départ le 3 octobre. Le docteur Homer Wood et son fils Sterling ont eux aussi rencontré ce mystérieux « sosie », échangeant même quelques mots avec lui début novembre. Ils sont persuadés avoir parlé à Lee alors que ce jour-là Oswald pointe au Depository. Garland Slack, autre amateur de tir, se souvient de deux rencontres avec Lee Harvey Oswald, dont une assez animée le 10 novembre. Ce jour-là, « Oswald » avait volontairement tiré sur la cible de Slack et, sous forme de boutade, avait lancé : « Excusez-moi, je l'ai pris pour cet enfoiré de Kennedy. » Problème, le 10 novembre, le vrai Oswald se trouvait en famille à Irving. Un mémorandum de la Commission Warren note également, sans plus de précision, que « deux autres personnes ont vu un homme ressemblant à Oswald tirer avec une carabine ressemblant à celle du crime dans un autre stand de tir près d'Irving deux jours avant l'assassinat ». Bizarre quand on sait que le 20 novembre Lee était à Dallas et travaillait au Depository.

Le 9 novembre, Albert Bogard, un vendeur de voitures du concessionnaire Lincoln Mercury de Dallas, situé à quelques dizaines de mètres de l'immeuble où travaille Lee, reçoit la visite d'un client voulant essayer la nouvelle Continental. Un essai sur les chapeaux de roue puisque le futur acheteur à la conduite ultra-sportive dépasse en permanence la limitation de vitesse. Avant de quitter le concessionnaire, l'homme explique que dans quelques semaines il aura l'argent nécessaire pour acheter la voiture au comptant. Et prend soin de préciser qu'il se nomme Oswald. Suivant ses habitudes, Bogard note le nom de cet acquéreur potentiel. A son sujet, la Commission écrit : « Le témoignage de Bogard est confirmé. Le manager, responsable des ventes, Frank Pizzo et un second vendeur, Eugene Wilson, ont certifié se souvenir du client décrit par Bogard. Un autre vendeur, Oran Brown, se souvient que Bogard lui avait demandé s'il pouvait se charger de ce client s'il revenait au garage, à un moment où Bogard était en démonstration à l'extérieur. Brown a également noté le nom de ce client et lui et sa femme se souviennent que le nom " Oswald " était écrit sur un des papiers en leur possession avant l'assassinat. » Fait intéressant, l'équipe du concessionnaire Lincoln-Mercury, à qui des photographies de l'assassin de JFK ont été présentées, a reconnu Lee Harvey Oswald mais en émettant des nuances : la taille et l'implantation des cheveux ne correspondent pas à leurs souvenirs. Nouvelle impossibilité géographique : le 9 novembre 1963, Lee Harvey Oswald se trouvait chez les Paine à Irving et, de plus, n'a jamais décroché son permis de conduire. Or, assez étrangement, John Amstrong, en poursuivant sa recherche concernant Lee Oswald et Harvey Oswald, a retrouvé trente et une personnes assurant avoir vu Oswald conduire. Mieux, certains employés du Texas Departement of Public Safety, l'organisme chargé de l'attribution des permis de conduire, ont certifié avoir vu un permis à son nom.

Durant la dernière semaine de septembre 1963, Sylvia Odio, une réfugiée cubaine vivant à Dallas, reçoit la visite de trois hommes. Lesquels prétendent démarcher la communauté cubaine afin d'obtenir des fonds pour mettre au point des opérations anti-Castro. Les deux premiers, cubains ou mexicains, disent s'appeler Angel et Leopoldo, des pseudonymes selon Odio. Le troisième, qui ne parle pas, est présenté comme étant Leon Oswald. Le lendemain, Leopoldo téléphone à Sylvia pour s'excuser de leur visite tardive, puis se met à parler d'Oswald : « Il n'a peur de rien. C'est un fou. Il a servi chez les marines et c'est un excellent tireur. Il dit que les Cubains n'ont pas de couilles parce que Kennedy aurait dû être assassiné après la baie des Cochons et que des Cubains auraient dû le faire, parce qu'en fait la libération de Cuba dépendait de ça[1]. » Interrogée par le FBI, Sylvia Odio et sa sœur présente dans l'appartement lors de la visite sont persuadées avoir rencontré Lee Harvey Oswald. Pourtant, fin septembre 1963, si l'on en croit la Commission Warren Lee se trouvait à Mexico. Aspect intéressant des souvenirs de Sylvia Odio, le fait qu'elle ait envoyé une lettre à son père et discuté de cette venue étrange avec son médecin avant l'assas-

---

1. *Rapport de la Commission Warren sur l'assassinat du président Kennedy, op. cit.*

sinat de Kennedy et l'arrestation d'Oswald. La Commission, qui ne veut pas admettre l'accumulation de faux Oswald, explique : « Puisque le FBI n'a pas terminé son enquête dans les délais nécessaires à la publication du rapport, la Commission conclut que Lee Harvey Oswald n'était pas dans l'appartement de Miss Odio en septembre 1963. »

Cette série d'incidents impliquant un imposteur, qui est peut-être le Harvey Oswald d'Amstrong, fait partie du plan des conspirateurs. Il s'agit de mouiller le plus possible Lee afin que l'enquête qui suivra l'assassinat du Président aboutisse rapidement à sa seule culpabilité.

En fait, aux alentours de 12 h 40, le 22 novembre 1963, Roger Craig a vraisemblablement aperçu les deux tireurs du Depository[1]. A 13 heures, une demi-heure après le meurtre, Oswald passe par son appartement. Il y reste deux minutes, juste le temps d'enfiler, selon le rapport Warren, une chemise propre et un blouson. Puis, il se rend au lieu de rendez-vous habituel, à égale distance entre son domicile et le club de Jack Ruby, au discret et souvent désert Texas Theatre. C'est là qu'on est censé venir le récupérer avant de le conduire à l'aéroport privé de Redbird à une dizaine de kilomètres de la ville. A 13 h 15, Oswald s'installe dans le cinéma. Dans une demi-heure, il en ressortira menottes aux poignets, suspecté d'avoir commis deux meurtres, celui du président Kennedy et celui de l'officier de police Tippit.

Mais Oswald n'est pas le seul pigeon de l'affaire Kennedy : J. D. Tippit en est aussi un. Son meurtre sur Patton Street, à proximité du Texas Theatre, n'est pas le fait du hasard parce que Tippit pensait jouer un rôle précis dans le scénario du crime du siècle. Il croyait être celui qui devait récupérer Oswald au cinéma et l'emmener à l'aéroport. Depuis vingt minutes, naviguant dans une zone où il n'aurait pas dû se trouver, il reste le seul agent motorisé à ne pas accourir sur Dealey Plaza. Sur

_____

1. Il faut noter que Garland Slack a décrit l'homme accompagnant « Lee Harvey Oswald » comme étant de type hispanique et de petite taille. Exactement comme celui qui était au volant de la Rambler.

le siège passager de sa voiture est déposé un second uniforme de police afin qu'Oswald puisse se changer dans les vastes toilettes du cinéma. Personne ne pensera à contrôler un véhicule officiel de sorte que le trajet jusqu'à Redbird sera une simple formalité. Mais ce plan parfait possède un énorme défaut aux yeux des organisateurs : il laisse le crime de JFK sans coupable. Ce qui implique une enquête avec des moyens sans précédents puisqu'il s'agit du meurtre d'un Président. Les comploteurs n'ignorent pas qu'il sera impossible de contrôler une telle investigation. Ils doivent donc livrer aux limiers un coupable parfait, histoire de boucler le dossier au plus vite. D'autant que le meurtre d'un chef d'Etat n'étant pas, en 1963, considéré comme un crime fédéral, le FBI se retrouve exclu de l'enquête au profit de la seule police de Dallas. Le Bureau fédéral ne pourra intervenir que sur ordre précis du nouveau Président, autrement dit pas avant 14 heures. Or le DPD, contrairement au FBI, regorge de complices potentiels, d'hommes prêts à fermer les yeux ou à ouvrir des pistes contre un peu d'argent. De plus, les hommes du DPD, habitués du club de Ruby, haïssent Kennedy. Roger Craig et d'autres racontent volontiers que la plupart des policiers de Dallas étaient membres d'associations d'extrême droite, telles que la John Birch Society, les Minutemen ou le Ku Klux Klan. C'est donc grâce à la collaboration de membres de cette police que le piège peut se refermer sur Oswald et Tippit.

Parce qu'il fallait un coupable, Tippit est abattu par ses complices. Un peu avant 13 heures, comme convenu et comme l'ont raconté des témoins, l'agent avait passé un coup de téléphone. Peut-être avait-il composé le numéro du club de Jack Ruby, qui semble être le contact de l'équipe de Dallas. Tippit devait vérifier s'il devait toujours se rendre au Texas Theatre ou basculer sur le plan B, autrement dit récupérer Oswald dans la rue tranquille de Patton. Voilà dix minutes que, conformément aux instructions, l'agent patiente. Mais au lieu de voir arriver Oswald, le policier reconnaît deux des comploteurs. On lui fait signe de sortir. « Sûrement un changement de dernière minute », pense-t-il.

En toute confiance, son arme dans son holster bouclé[1], il s'extrait de son véhicule, mais ses complices ne lui laisseront pas le temps de comprendre ce qui se passe. Le meurtre de Tippit a deux significations. La première, la plus évidente, est de tendre encore un peu plus fort les liens enserrant Oswald. A cet effet, comme le révèle un rapport des agents fédéraux Hosty et Barrett, les assassins du policier laissent hostensiblement à proximité du cadavre un portefeuille contenant les papiers d'Oswald, symbole d'un contrôle qui aurait mal tourné, mais aussi des douilles provenant du revolver porté par Lee. Si, comme nous l'avons vu, elles viennent bien de l'arme retrouvée sur celui-ci, les balles extraites du corps du policier sont tirées par deux armes différentes. Il est alors évident qu'elles ont été laissées sur place après l'exécution de Tippit afin d'accuser Oswald. La mort de Tippit, autre mystère inexpliqué depuis 1963, est en fait le morceau de bravoure du plan des conspirateurs. Le « coupable » du meurtre de JFK doit être retrouvé le plus vite possible, mais mort, les comploteurs évitant ainsi le risque de voir « le pigeon » se retourner contre ses maîtres. La mort d'Oswald ne peut être qu'officielle. Retrouver le cadavre de Lee abattu d'une balle dans la tête impliquerait une enquête destinée à retrouver son assassin. En revanche, si Lee est tué durant son arrestation, le dossier est clos et les véritables responsables en paix. Et que faire pour rendre un tel incident possible ? D'abord armer Lee, ensuite conditionner les policiers à le tuer. Jack Ruby se charge de la première étape. Le meurtre d'un camarade, l'agent Tippit, permet la réalisation de la seconde exigence.

Peu après 13 heures, Butch Burroughs, employé du Texas Theatre, entend un spectateur entrer dans le cinéma et monter au balcon. C'est Lee Harvey Oswald. Un quart d'heure plus tard, il se rend au comptoir et achète un paquet de pop-corn à Burroughs. George Applin, le directeur du cinéma, est

---

1. Ce point, qui n'a jamais été relevé en trente-cinq ans d'enquêtes, est pourtant capital. Si Tippit avait dû contrôler Oswald ou n'importe quel autre suspect, il serait sorti au mieux arme au poing, au pire prêt à dégainer.

également présent. Au lieu de remonter s'installer à l'étage, Oswald entre dans la salle du bas et s'installe à côté de Jack Davis, lequel se souvient que le générique de début du film vient de débuter. Il est 13 h 20. Quelques minutes plus tard, Lee change de place et s'assied près d'une femme enceinte. A 13 h 35, la future mère se lève et monte au balcon. Voilà près d'une demi-heure que Lee attend Tippit ou n'importe quelle information de l'extérieur. Pendant ce temps, l'agent de police est abattu. Une nouvelle fois, la description de ses agresseurs faite par Acquilla Clemmons ou Domingo Benavides est similaire à celle de Roger Craig et du patron du stand de tir. Un des deux hommes ressemble bien à Oswald mais les descriptions sont formelles : ce n'est pas lui. A 13 h 30, alors que Lee est dans le cinéma, le commerçant Johnny Brewer aperçoit un homme au comportement suspect entrer sans payer dans le Texas Theatre. Persuadé qu'il s'agit du responsable du récent meurtre de l'agent de police, Brewer prévient la police qui arrive massivement : « Les policiers n'étaient pas de bonne humeur. Tous avaient entendu sur le canal 1 que l'agent 78 avait été tué. Ils avaient également entendu le quartier général demander à un sergent de passer chez Tippit afin d'annoncer la nouvelle à sa femme avant qu'elle ne l'apprenne par la radio[1]. » Deux minutes plus tard, maîtrisé par le sergent McDonald, Lee est placé dans une voiture de police et transféré vers la prison. En vérité, le plan des conspirateurs vient de dérailler : Oswald est arrêté alors qu'il aurait dû être abattu.

La vie de Lee n'a tenu qu'à un fil : des dix-huit agents de police venus l'interpeller, McDonald, une montagne de muscles, est sans doute le seul qui préfère se servir de ses poings plutôt que de son arme. Pourtant, comme l'avaient anticipé les comploteurs, Oswald s'est mis de lui-même en situation d'être éliminé. En effet, lorsque McDonald s'est jeté sur lui, Lee a dégainé le revolver confié par Ruby, a essayé de

---

1. Jim BISHOP, *The Day Kennedy was Shot*, Gramercy Books, 1968.

faire feu mais l'arme n'a pas fonctionné[1]. Ce raté est sûrement intentionnel. En fait, le revolver a été trafiqué à l'avance pour épargner le policier chargé de tuer Oswald. L'intervention au Texas Theatre nécessite la présence de nombreux complices dans les forces de l'ordre. Un détail, capital, permet d'avancer cette théorie. Oswald, lors de son arrestation, a sur lui un portefeuille. Puisque les conspirateurs en ont déposé un près du corps de Tippit, celui du cinéma se trouve donc en trop[2]. Après l'avoir réduit au silence, le policier complice devait s'emparer des papiers. De la sorte, le chef Curry, avant 14 heures et l'entrée en scène du FBI, aurait eu d'emblée une enquête bouclée avec un employé du Depository connu pour ses positions communistes abattu par un policier en légitime défense. En outre, comme cette même personne portait sur elle un revolver dont les douilles avaient été retrouvées près du corps de l'agent Tippit ainsi que ses papiers, qu'au cinquième étage de son lieu de travail, près d'une fenêtre donnant sur Dealey Plaza, un fusil Carcano avait été découvert et qu'au même moment des photographies le représentant brandissant l'arme du Depository étaient dénichées dans ses affaires à Irving, tous les éléments s'assemblaient aisément pour l'accuser. De surcroît, dans la journée et les jours suivants, Sylvia Odio, Garland Slack et Al Bogard n'auraient pas manqué de venir raconter leur rencontre avec Lee et rapporter ses propos hostiles à Kennedy.

---

1. C'est pour cette raison que lors des tests à la paraffine permettant de déterminer si Oswald s'était servi d'une arme dans la journée, on a trouvé des traces de poudre dans sa main droite, mais aucune sur sa joue. Pourtant s'il avait tiré depuis le Depository, cela aurait dû être le cas.

2. En fait ce n'est pas deux portefeuilles qui sont retrouvés mais trois ! A Irving, Lee en a laissé un autre, celui qui contenait la totalité de ses papiers au nom de Lee Harvey Oswald, nouvelle preuve de son intention de partir. En effet, ce geste ne peut pas être interprété, ainsi que le prétendent les défenseurs de la Commission Warren, comme le signe d'un homme qui, sachant qu'il va abattre le Président, abandonne ses affaires à sa femme. Si tel était l'état d'esprit de Lee, il aurait revendiqué le crime. Il ne l'a jamais fait. Autre élément, le deuxième portefeuille, celui qu'il portait sur lui au moment de son arrestation, est typiquement un accessoire de fuite puisqu'il ne contient que des papiers au nom d'Alek Hiddel. La présence des papiers chez Marina et au côté du corps de Tippit est une nouvelle preuve du piège tendu contre Lee.

Le crime du siècle devenait naturellement l'enquête du siècle. Curry était décoré par Lyndon Johnson et le mystère Kennedy mort-né.

Pour compléter cet enchaînement d'événements, reste toutefois à répondre à une autre question : qui était l'homme vu par Johnny Brewer entrant illégalement au Texas Theatre et qu'est-il devenu ? Comme nous l'avons vu, lorsque après 13 h 30 Brewer prévient la police, Oswald attend dans le cinéma depuis près d'une demi-heure. Mais l'homme qui vient de se glisser par effraction dans le Texas Theatre en espérant attirer l'attention[1] des spectateurs est en fait celui qui se fait passer pour Lee depuis quelques mois. Un jeune homme, non nommé dans le rapport de police, le voit du reste grimper au balcon. Alors qu'Oswald, lui, se trouve dans la salle du bas. Quelques minutes plus tard, deux policiers précédant le groupe de McDonald pénètrent dans le cinéma, armes en mains. Le jeune témoin leur indique l'étage. Or un des deux agents, peut-être même les deux, a pour mission de tuer Oswald. Mais leur méprise et les indications de McDonald les retardent et offrent un sursis à Lee. L'erreur des deux hommes se trompant de lieu s'éclaire à la lumière de deux hypothèses. Primo, Lee devait se trouver au balcon et non au parterre, ce que confirme son premier réflexe en arrivant au Texas Theatre, à savoir s'installer à l'étage durant quinze minutes. Secundo, il paraît vraisemblable que quelqu'un soit chargé de le désigner à ses futurs exécuteurs. Mais lorsque ceux-ci arrivent dans le cinéma, ils ne se trouvent pas face à la bonne personne. De fait, quand le groupe mené par McDonald apparaît à son tour, Johnny Brewer, le marchand de chaussures qui a insisté pour accompagner les agents, leur montre immédiatement Oswald, alors que Lee ne correspond ni vestimentairement ni physiquement à l'homme entré aupa-

---

1. La double séance coûtait un dollar. Au moment de son arrestation, Lee portait quinze dollars et dix cents. Si c'était vraiment lui que Brewer avait aperçu, quel intérêt aurait-il eu, alors qu'il est en cavale, à entrer sans payer dans le Texas Theatre ?

ravant. Le geste de Brewer[1], déterminé et soudain, se révèle fortement suspect.

Et ce parce qu'à 13 h 35, quand les deux agents pénètrent dans le Texas Theatre, ils ne tombent pas sur Brewer, mais sur le jeune inconnu qui leur explique que le suspect se trouve à l'étage. Brewer, lui, se charge de l'orientation du mauvais groupe. La présence des deux policiers au balcon en compagnie de l'imposteur, qui a dû être très surpris de voir débarquer ses complices, est confirmée par Bernard Haire, propriétaire d'une petite affaire située dans l'arrière-cour du Texas Theatre qui a assisté à leur fuite. Dans une déposition datée du 22 novembre, il raconte qu'il a vu deux agents sortir de l'arrière du cinéma, escortant un jeune homme vêtu d'un pantalon foncé et d'un T-shirt clair[2]. Les trois hommes sont rentrés dans la voiture comme s'ils venaient de procéder à une arrestation. S'est-il mépris ? Impossible. D'abord parce qu'il connaît bien les lieux, ensuite, parce qu'il ne voit que deux policiers encadrer le prisonnier alors que Lee sera entouré, lui, par quinze agents. A l'extérieur, comme le montrent les images du moment, c'est le chaos : près de dix véhicules du DPD sont garés n'importe comment, une centaine de badauds s'est agglutinée là, conspuant Oswald. Impossible donc de confondre les deux scènes. Quelques journalistes, jouant des coudes pour obtenir le meilleur cliché, sont d'ailleurs sur place. Oswald se débat, hurle à l'intention des centaines de témoins qu'il se rend sans opposer de résistance, évitant ainsi de devenir la victime d'une « bavure ». Dernier élément authentifiant les propos de Haire, sa description vestimentaire. Lee ne porte pas un T-shirt blanc au moment de

---

1. D'autant plus suspect que Brewer déclare avoir appris la mort de Tippit par la radio. Alors qu'aucune station ne détenait l'information.

2. L'homme ressemblant à Oswald aperçu tirant sur l'agent Tippit portait, d'après l'ensemble des témoins, un blouson, un T-shirt blanc et un pantalon noir. Le blouson a été retrouvé sur les lieux du crime. Il s'agit d'une nouvelle pièce destinée à mouiller Lee qui a quitté son meublé après avoir seulement changé de chemise. Plus tard, non sans une certaine logique, la Commission prétendra qu'il avait également enfilé un blouson. Mais, au moment de son arrestation, Lee ne porte qu'une chemise. Les papiers et les douilles découverts près de Tippit étant « à lui », il est normal de penser qu'il en va de même pour le vêtement.

son interpellation mais une chemise marron foncé[1]. La scène à laquelle a assisté Bernard Haire se trouve donc être la fuite du faux Oswald et des deux policiers complices[2]. Sinon comment expliquer l'absence de rapport de police relatant cet incident ?

A 14 heures, alors que Lee Harvey Oswald est présenté au chef Curry, T. F. White, un mécanicien, se trouve sur le parking du restaurant El Chico de Davis Street dans le quartier d'Oak Cliff, là où viennent d'avoir lieu l'interpellation d'Oswald et la fuite de son sosie. Lorsque White passe à hauteur d'une Ford Falcon rouge qui vient de stationner, celle-ci redémarre immédiatement. Trouvant ce comportement étrange, il note la plaque d'immatriculation : « TEXAS PP 4537 ». Plus tard, alors que la télévision diffuse en direct du DPD des images de Lee Harvey Oswald, White est frappé par sa ressemblance avec le chauffeur de la Ford. Tout comme Bernard Haire et d'autres, il vient d'être confronté à l'homme qui se fait passer pour Lee. Deux preuves à cela.

D'abord, White, mécanicien, est catégorique sur le modèle du véhicule. Forcément, il ignore que Domingo Benavides[3], dépanneur de voitures et témoin de l'assassinat de Tippit, a déclaré avoir remarqué un homme assis semblant attendre dans une Ford Falcon rouge 1961, stationnée à cinquante mètres du véhicule du policier. Autre élément, White se trouve en possession d'un morceau de papier où est inscrit le numéro de la Ford. Le 4 décembre 1963, le FBI reçoit une

---

1. La couleur de sa chemise est également la preuve de sa non-culpabilité dans le crime de Tippit.

2. John Amstrong a identifié trois autres témoins ayant assisté à la même scène que Bernard Haire.

3. La police de Dallas, sans en donner la raison, a refusé de demander à Benavides, pourtant un des deux témoins les plus proches du lieu du crime, de reconnaître Oswald dans un *line-up*. Dès le lendemain du meurtre, alors que son nom n'était pas encore connu du public, il a commencé à recevoir des menaces de mort « s'il ne tenait pas sa langue ». En février 1964, quelques jours avant d'être entendu par la Commission, son frère Edward, garçon sans histoire qui lui ressemblait de manière troublante, a été assassiné d'une balle dans la tête. Son meurtrier n'a jamais été retrouvé.

lettre de Wes Wise[1], un journaliste de KRLD-TV, qui résume l'histoire de T. F. White. Le Bureau tente alors de faire parler le numéro et obtient des résultats étonnants. D'abord, la plaque ne correspond pas à une Ford mais à une Plymouth bleue de 1957. Son propriétaire, Carl Mather, explique que le 22 novembre il n'est pas sorti de chez lui et ne comprend pas pourquoi son numéro a été relevé sur un autre véhicule. Wise, persuadé qu'il tient une piste, organise une rencontre dans un restaurant avec White et Mather. Ce dernier est si nerveux qu'il est incapable de prononcer une phrase cohérente et ne touche pas à son repas. En 1977, le groupe d'enquête du Congrès décide d'entendre à nouveau Mather. Il accepte mais à la condition qu'on lui garantisse l'immunité ! Le Congrès refusant, Mather garde ses secrets.

Aujourd'hui, il est pourtant possible d'en dévoiler deux. D'abord, contrairement à ce qu'il a prétendu, Mather n'est pas resté chez lui toute la journée. Sa femme a ainsi déclaré au FBI qu'il était rentré de son travail en voiture après 14 heures. Timing parfait pour « louer » ses plaques. Le fait même que Mather mente sur son emploi du temps apparaît en somme plutôt suspect. Autre élément important, Carl Mather et sa famille sont de bons amis de J. D. Tippit, même si, après le meurtre de ce dernier, Mather a tenté de minorer leurs relations. Néanmoins, les Mather furent les premiers à se rendre auprès de la veuve de l'agent à 14 heures. Or, à ce moment-là, l'identité de l'agent tué sur Patton Street n'avait pas encore été dévoilée au public.

Le reste de l'après-midi est délicat pour les comploteurs. Oswald est interrogé et le FBI s'est joint à l'enquête. Si Lee parle, les enquêteurs pourront remonter sans problème à la tête de l'organisation. Dès lors, c'est la panique, deux des principaux comploteurs préfèrent quitter le pays, tandis que le troisième, fort de son nouveau pouvoir, s'assure que ni le FBI ni la police n'iront chercher du côté d'Oswald et de ses amis. Quelques minutes après l'arrestation de ce dernier,

---

1. Wise est ensuite devenu maire de Dallas.

l'idée de le tuer tant qu'il est dans le DPD devient la seule solution, le laisser en vie étant trop dangereux. En attendant de trouver le moment le plus propice, il convient de lui faire passer un message. Ruby est chargé de cette mission, parce que l'échec de l'opération au Texas Theatre est de son fait. C'est lui qui, fort de ses contacts avec nombre d'agents, a payé, grâce à l'argent de ses commanditaires, les deux hommes chargés d'abattre Oswald. On lui demande donc de se rendre au DPD où personne ne lui posera de questions et d'entrer en contact avec Lee. Oswald, lui, attend. Comme le racontent les agents du FBI et certains policiers présents au moment de l'interrogatoire, il ne réagit pas comme un homme qui vient de tuer deux hommes, il est posé, froid et sûr de lui. En fait, Oswald n'a pas saisi l'ampleur du rôle que lui ont imposé ses complices. Mais à mesure que les pièces à conviction l'impliquant dans les deux crimes qu'il n'a pas commis lui sont présentés, il commence à comprendre.

Le 23 novembre est une journée déterminante. Dans la nuit, Ruby est parvenu à contacter Oswald. Plusieurs fois, profitant de la panique qui règne au DPD, Jack a failli réussir. Une fois même, il ouvre la porte du bureau où Lee se trouve seul quand deux policiers le reconnaissent. Dépité, il invente une excuse à la va-vite, prétextant servir de traducteur à la presse israélienne. C'est lors de la brève conférence de presse de la nuit que Ruby trouve enfin une opportunité : pendant quelques minutes, Oswald sera présenté aux caméras et aux reporters. Lorsque le chef Curry avance que Lee est membre du Free Cuba Committee, Ruby intervient et corrige : « Il s'agit en fait du Fair Play for Cuba Committee[1]. » A cet instant, Lee comprend qu'il est toujours sous le pouvoir de ses complices. A mesure que les preuves, telles les photographies de l'arrière-cour, le fusil Carcano, les douilles retrouvées près de Tippit ou la propagande communiste découverte dans son meublé, lui sont présentées, le bouc émissaire voit le piège se refermer sur lui. Il lui reste donc une seule chose à faire, der-

─────────

1. Comme nous l'avons vu, le fait que Ruby connaisse le nom exact de l'association de Lee est extrêmement suspect.

nier recours d'un agent en difficulté : contacter son officier traitant. A 22 h 45, il obtient enfin de passer un coup de fil. Il n'appelle pas un avocat, mais un numéro à Raleigh en Caroline du Nord. Or le Secret Service interdit la communication. Oswald, lâché, décide, en homme blessé, de tout dire. Lors de son transfert vers sa cellule, des micros se tendent et, à son tour, il fait passer un message. C'est le fameux : « Je ne suis qu'un pigeon, je ne suis qu'un pigeon. » Un message fort clair pour ses commanditaires : il y a péril en la demeure, il est temps de le faire taire.

Fin de la première étape. JFK a été abattu, Oswald arrêté, et présenté comme l'assassin unique. L'opinion s'émeut. Le monde entier est sous le choc. Pour beaucoup de monde, dont la presse, l'enquête est bouclée et la vérité éclate. Mais, ceux qui savent regarder au-delà des propos officiels devinent des zones d'ombres. Des pans entiers qu'il convient aujourd'hui de mettre à jour. Et ce, en revenant en arrière pour déterminer, pièces et documents à l'appui, le véritable rôle d'Oswald, les origines de ses complices et l'identité des commanditaires. Soyons clairs : le 22 novembre 1963, Lee n'était en mission ni pour le FBI, ni pour la CIA ou le KGB. Pourtant, il est désormais avéré qu'il a fait partie de certains de ces organismes. Les preuves ? Elles sont nombreuses, nous les avons vues. Mais d'autres encore renforcent cette certitude qui éclairent le véritable rôle de Lee dans ces organismes secrets, et permettent de mieux comprendre son action le jour du meurtre.

Lors de son service à Atsugi, Lee a bien été contacté par la CIA et a rendu quelques services en intoxiquant les agents soviétiques du Queen Bee club, ce qui le rendait fort heureux, lui qui, enfant solitaire sans père, rêvait depuis toujours d'intégrer un service de renseignement. Déjà, adolescent, voulant imiter ses deux frères, John Pic et Robert, n'envisageait-il pas de rejoindre le corps des Marines ? Trop jeune, ne falsifie-t-il pas alors, en vain, ses papiers avant de rejoindre la Civil Air Patrol de Louisiane, où David Ferrie, son instructeur, comme le rappellent ses camarades, passait son temps à faire « rêver les gamins », à leur raconter des aventures, le plus souvent imaginaires, de chasse aux communistes et d'amitiés viriles ? Quand, comme le révèle Victor Marchetti, l'ONI met en place son programme d'envois de jeunes Américains, Oswald est effectivement contacté, sa candidature soutenue par son expérience avec la CIA lui permet même d'être choisi. L'étude de son dossier militaire et les témoignages de ses compagnons de chambrée expliquent que pendant quarante-huit jours il disparaîsse de la base. Officiellement, il est soit dans une prison militaire pour avoir participé à des bagarres, soit à l'hôpital après une tentative de suicide qui d'après deux marines n'en était pas vraiment une.

En réalité, durant ces périodes d'absence, il suit une formation. Ce que confirme dans un mémorandum inédit du FBI et sous le couvert d'anonymat, un soldat d'Atsugi. Oswald est envoyé à Monterey pour être initié au russe puis se rend à Nag's Head en Caroline du Nord où l'organisme prépare ses jeunes recrues à des missions. Là, on lui présente son officier traitant, son unique contact avec l'Agence, on lui demande, comme la procédure l'impose, d'apprendre par cœur un numéro de téléphone qu'il ne doit jamais noter et n'appeler qu'en cas d'urgence absolue. Ce sont les coordonnées de John Hurt à Raleigh, celui qui sera un fusible entre Lee et sa hiérarchie dans l'attentat contre Kennedy. En somme, c'est donc pour les services de renseignements de la marine qu'Oswald travaille ! Les preuves se trouvent dans divers documents déclassés en 1996 et en 1997. Ainsi, au détour d'un mémorandum du FBI daté du 23 octobre 1961, on apprend que le Bureau a pu consulter auprès du 8th Naval District Records, United States Naval Station, Algiers, Louisiana, le dossier ONI de Lee Harvey Oswald. Donc que celui-ci en fait partie. Autre information contenue dans ce mémorandum, la confirmation que Webster, l'autre marine ayant rejoint l'Union soviétique dont Lee et Marina possèdent les coordonnées, a également un dossier ONI (control number 1178). Une lettre du commandant Larson à son autorité navale de Washington donne par ailleurs une nouvelle preuve de l'appartenance d'Oswald à l'ONI. Le gradé y confirme la remise du dossier de Lee au FBI. Et précise : « Lee Harvey Oswald, numéro 1653230. » Ce chiffre n'étant pas celui de son dossier militaire, il correspond forcément à un dossier secret le concernant.

Lee part donc pour Moscou en mission. Une affirmation attestée dans un autre rapport inédit du bureau de Dallas du FBI. Le 27 novembre 1963, l'agent Lorffler interroge Harold Stafford, responsable régional du département de la Santé, de l'Education et des Affaires sociales, dont les services se sont chargés de faciliter l'installation au Texas de Lee, Marina et de leur fille. Stafford explique que le préalable à cette aide a été une vérification auprès de sa hiérarchie de la situation d'Oswald : « Stafford a été prévenu par écrit depuis les bureaux de New York qu'Oswald servait pour l'US Marines Corps et est allé en Russie avec l'accord du State Department pour accepter un emploi comme spécialiste des radars. » Le rapport Stafford confirme donc la mission de Lee. C'est bien l'ONI qui règle les frais de voyage et la CIA qui lui permet d'entrer rapidement en Union soviétique.

Trois autres éléments insistent sur l'implication de l'ONI dans le passé de l'assassin présumé de Kennedy. D'abord, au retour d'Oswald, la présence d'un membre de la marine lors de son « débriefing [1] ». Ensuite, le fait que la marine ait menti sur le degré de confidentialité qu'impliquait le poste d'Oswald à Atsugi et à El Toro en Californie. En effet, lors de son audition devant la Commission Warren, l'officier en chef de la base californienne a assuré qu'Oswald n'avait pas d'autorisation spéciale. Et ce alors que son dossier militaire indique que le 3 mai 1957 il a obtenu une autorisation de niveau « confidentiel » et un laissez-passer lui permettant de travailler sur le programme ultra-secret des U2. En outre, les services rendus par Lee à l'ONI expliquent une de ses obsessions à son retour aux Etats-Unis. Alors que, en quittant l'armée, Lee obtient son certificat d'aptitude, il apprend en revenant

---

1. Bien que la CIA ait toujours nié avoir interrogé Oswald, de nouveaux documents permettent d'affirmer que ce dernier a été entendu au moins à deux reprises. De plus, fait étrange, un officier de l'ONI assistait à ces entrevues.

que celui-ci lui a été retiré et que son dossier porte la mention « dépourvu d'honneur ». En fait, l'administration de l'USMC, ignorant le programme secret de l'ONI, a suivi la procédure classique réservée à ses membres trahissant le pays. Cette décision s'avère incompréhensible pour Oswald qui vient de passer, sur ordres de ses supérieurs, deux années et demie en URSS. Aussi tente-t-il par tous les moyens de faire modifier son dossier et de retrouver son niveau de 1959. Ce geste dévoile sa mission. S'il avait réellement trahi, comme le suggère son intervention auprès de l'ambassade américaine de Moscou, il n'aurait ni la prétention ni l'idée de demander une modification de son dossier militaire.

Une fois en Union soviétique, Lee, conformément à la procédure apprise à Nag's Head, donne des preuves de sa volonté de servir son pays d'accueil. Il participe ainsi à l'interrogatoire de Francis Gary Powers, le pilote américain de l'avion secret U2 capturé par les Russes le 1er mai 1960[1]. Et intègre, comme prévu, le KGB. Il est envoyé à Minsk, où armé de son Minox, il photographie les installations soviétiques. La mission d'Oswald n'est guère compliquée du reste. L'ONI manquant juste d'informations, les jeunes Américains devaient lui en fournir. Des documents rendus publics par les archives russes donnent un élément nouveau sur sa vie à Minsk. Durant son séjour et avant sa rencontre avec Marina et leur mariage express, Lee n'avait des rendez-vous galants qu'avec des femmes du KGB. Après plus de deux ans en URSS, il doit rentrer aux Etats-Unis. D'abord parce que, comme les autres membres de l'opération, son séjour est d'une durée limitée. L'ONI craint peut-être, comme avec James Mintkenbaugh, qu'une immersion trop longue permette aux Soviétiques de retourner les jeunes candidats à l'exil. Ensuite, le KGB a des exigences. Lee étant formé au prestigieux Insitut des langues de Minsk, il doit retourner aux Etats-Unis et devenir un agent dormant. Son départ suivra le même cheminement que celui de James Mintkenbaugh : il

---

1. En effet, Oswald note dans une lettre à son frère que « Powers semblait être un bon gars de chez nous lorsque je l'ai vu à Moscou ».

rejoindra le sol américain en compagnie d'un autre agent, son épouse Marina, nièce d'un colonel de la police soviétique. Une appartenance qui explique les réticences de la CIA et du département d'Etat à la voir entrer aux Etats-Unis. Ainsi, comme nous l'avons vu, la future arrivée de Marina déclenche une intense activité au sein de la CIA et du département d'Etat. Une importante correspondance existe d'ailleurs entre l'ambassade à Moscou et les services de l'immigration. Où l'on apprend que le 9 mars le département d'Etat est revenu sur sa décision de refuser le visa d'entrée de Marina. Car la recaler, c'est aussi se priver de Lee. Une longue lettre du département d'Etat aux services de l'immigration justifie en ces termes cet étrange revirement : « Je crois que les Etats-Unis ont le plus grand intérêt à permettre le départ de Mr. Oswald d'Union soviétique aussi rapidement que possible. » Marina et Lee débarquent donc à New York mais le couple hérite immédiatement d'un « baby-sitter » : d'abord Spas Raikin[1], puis les Mohrenschildt à Dallas[2].

Son retour aux Etats-Unis ne ressemble pas à ce que Lee avait imaginé. Après avoir remis ses rapports, il apprend que, l'opération étant terminée, il est mis en attente. Une manière polie de se séparer d'un agent. Parce que l'ONI se méfie de lui comme des autres participants de l'opération, les aveux de Mintkenbaugh ayant permis d'apprécier les méthodes soviétiques. En fait, pour plusieurs des « défecteurs », le plan initial de l'ONI, à savoir infiltrer le KGB, a trop bien fonctionné. Le risque de voir revenir des agents retournés apparaît trop grave.

L'appartenance à la CIA puis à l'ONI d'Oswald est à l'origine d'un mensonge ridicule proféré par les deux agences quand elles ont certifié pendant des années ne pas avoir de dossier sur lui. Sans même s'interroger sur l'authenticité du travail d'Oswald pour le monde du renseignement, comment

---

1. Voir chapitre « Le Mystère Lee Harvey Oswald ».
2. Et peut-être ensuite les Paine, puisque certains chercheurs affirment qu'ils travaillent à la CIA. Mis sur écoute dès l'arrestation de Lee, le FBI a surpris une conversation entre Ruth et Michael, le mari, le 23 novembre 1963, où, abordant le geste de Lee, Michael déclare : « Nous savons tous les deux qui est responsable. »

imaginer que les services américains ne l'aient pas, en pleine guerre froide, surveillé ? Or il existe trois traces de cette surveillance militaire. D'abord, le fait qu'une copie du dossier ONI soit versé à la base Air Force de Carswell à Fort Worth, Texas. Ensuite un détail inédit, digne d'une aventure de Sherlock Holmes. Pour faciliter l'enquête de la Commission Warren, l'ONI confie le dossier militaire de Lee. Une des pièces à conviction se trouve être une photographie d'identification d'Oswald réalisée lors de son intégration dans le corps des Marines. Le cliché est légendé au dos : « Lee Harvey Oswald, photographie prise le 28 décembre 1956. » Mais, tout en bas du cliché, apparaît, imprimé par une machine, une série de chiffres et de lettres suivie d'une date. Le premier élément NISG-F5 139 est la preuve de l'existence d'un dossier de surveillance de l'ONI, le code correspondant dans la nomenclature de la marine à un dossier criminel. Quant à la date du tirage, elle se révèle des plus troublantes. Il s'agit du 14 novembre 1963, soit huit jours avant l'assassinat de John Kennedy. Ce formidable élément atteste que les activités d'Oswald étaient surveillées par l'ONI.

L'armée américaine n'est pas le seul organisme à surveiller Oswald depuis son retour sur le sol américain. Le KGB ne néglige pas son « agent », « fausse » adhésion largement corroborée par ses fréquentations, ses activités et son niveau de vie. Détail à noter en passant, l'étrange attitude de Marina lors de l'arrestation de son époux remarquée par Jones Harris[1], un des plus anciens et respectés chercheurs indépendants. Comment expliquer que cette citoyenne soviétique, en ces heures graves, ne cherche jamais à contacter son ambassade ? Comment en retour justifier que cette dernière n'essaye pas de lui apporter son aide ? Sinon en soulignant que ces silences éloquents traduisent le réflexe de tout agent dormant : ne pas impliquer son pays. De même le KGB s'acharnerait-il à expliquer qu'il n'a jamais été intéressé par le jeune Américain si ce dernier n'était pas parvenu à l'infiltrer ? Enfin, imaginer

1. Entretien avec l'auteur, août 1998. De plus, selon différentes sources, l'ignorance de la langue anglaise de Marina serait feinte.

qu'en pleine guerre froide le KGB n'ait pas surveillé un Américain resté deux ans et demi sur son territoire relève de la méconnaissance du climat d'alors. Mais qu'a-t-il bien pu livrer – pour montrer sa bonne foi – comme information ?

A l'étude du dossier militaire d'Oswald et des travaux effectués à Atsugi et à El Toro en tant qu'opérateur radar, Lee connaît la fréquence et les codes pour entrer dans ADIZ, un système reliant entre eux les radars américains. Il a pu les donner, ainsi que le nombre de bases et leur localisation sur la côte ouest, le nom des officiers supérieurs, les fréquences radio des bataillons et les codes tactiques utilisés pour la transmission de données. Vu l'ensemble de ces révélations potentielles, imaginer que le KGB n'ait jamais tenté de rentrer en contact avec Oswald relève de l'impossible.

De fait, espion en attente, il a bien continué à faire croire qu'il travaillait pour les renseignements russes. Lee était surveillé et son courrier intercepté. De plus les services américains ont su qu'il entretenait des rapports avec Valeri Vladimirovich Kostikov, responsable du KGB à l'ambassade soviétique de Mexico. Dans une lettre évoquée par Ruth Paine devant la Commission Warren où il essaie « d'intoxiquer » son officier traitant, Oswald rapporte ses « problèmes » avec le FBI. Une attitude cocasse lorsque l'on se souvient que vraisemblablement grâce à l'aide de Banister il est devenu informateur occasionnel du Bureau ! Comment en être certain ? Grâce à deux rapports instructifs. D'abord, l'audition de l'agent William Walthers par Jim Garrison. C'est l'homme qui a reçu le 9 août 1963 un appel de la police de La Nouvelle-Orléans l'informant qu'un dénommé Lee Harvey Oswald venait d'être interpellé en distribuant des tracts et demandait à rencontrer un membre du FBI. Garrison note : « Walthers a vérifié les dossiers et a vu qu'il y en avait un montrant qu'Oswald était un des informateurs du FBI et il a envoyé Quigley. » La seconde pièce n'est autre que l'interrogatoire sous serment de l'agent Joe Pearce durant l'enquête du Congrès le 31 octobre 1975. Pearce travaille alors au FBI de Dallas, dans le même bureau que Hosty, l'agent dont on retrouve les coordonnées complètes dans le carnet d'adresses de Lee. Sa déclaration est brève mais essentielle : « Oswald était un informateur ou une source de l'agent Hosty et il n'était pas inhabituel que nos sources viennent à notre bureau pour apporter des informations à leur agent de contact. » Oswald, informateur du FBI, cela explique son comportement pendant les interrogatoires des 22 et 23 novembre 1963 où, chaque fois qu'il se trouve en présence de James Hosty, il s'emporte, tape sur la table et menace de frapper l'agent. Lorsque l'on connait le rôle joué par le DPD, dont certains éléments sont complices des conspirateurs, on comprend ce geste : il sait que son unique chance de survie, c'est que l'enquête soit récupérée par le FBI de Dallas et qu'on l'évacue des locaux du DPD. Il espère que son comportement étrange incitera Hosty à agir.

Toujours est-il qu'Oswald « travaille » bien à la fois pour le FBI et les Russes. Ses rapports envoyés à Kostikov sonnent d'ailleurs creux. Et les Soviétiques s'interrogent rapidement sur sa probité. Surtout depuis qu'un homme se faisant passer pour lui s'est rendu aux ambassades cubaine et soviétique de Mexico, comme Fidel Castro le souligne lui-même dans un mémorandum top secret où Hoover rend compte de l'incident : « Grâce à une source confidentielle qui nous a fourni par le passé des informations fiables, nous sommes au courant des déclarations faites par Fidel Castro au sujet de l'assassinat du président Kennedy, écrit Hoover. [...] Selon notre source, Castro a récemment déclaré : " Nos agents à Mexico nous ont fait parvenir dans un rapport complet tous les détails permettant de savoir comment il [Oswald] a agi lorsqu'il s'est rendu à Mexico à leur ambassade [impossible de savoir s'il s'agit de la cubaine ou de la russe]. " Castro a ensuite raconté : " D'abord, personne n'agit de la sorte pour obtenir un visa. Ensuite, cela coûte de l'argent pour effectuer un tel voyage. Il [Oswald] a jailli dans notre ambassade, demandé un visa et, lorsque cela lui a été refusé, s'est scandalisé en hurlant : " Je tuerais Kennedy pour cela. " Castro a soi-disant continué en demandant : " Qu'est-ce que votre gouvernement fait pour capturer les autres assassins ? " et a spéculé " qu'il fallait au moins trois tireurs ". La source nous a informés que les spéculations de Castro sont fondées sur des tests réalisés par Castro et ses hommes dans les mêmes conditions avec un fusil similaire et une lunette de visée[1]. Castro a dit alors avoir tiré les conclusions qu'Oswald ne pouvait pas avoir tiré trois fois de suite et touché la cible avec le matériel en sa possession, qu'il fallait deux autres hommes pour que les trois coups de feu aient été tirés dans l'intervalle de la fusillade. »

Mais bien avant l'incident de Mexico, le KGB a compris que quelque chose n'allait plus avec l'agent Oswald. Le KGB décide de placer un agent permanent sur Lee, Richard Case Nagell[2]. C'est une nouvelle fois grâce à l'investigation lancée par Jim Garrison que le nom de Nagell apparaît dans la liste des acteurs du crime du siècle. Garrison a retrouvé le document 197 de la Commission Warren. Laconique, le rapport indique simplement qu'il est préférable de « dire que l'association de Nagell avec Oswald était purement sociable et qu'il l'a rencontré à Mexico et au Texas ». En fait, la Commission étouffe une histoire extraordinaire, celle d'un agent double qui savait que Kennedy allait être tué à Dallas. En 1962, en effet, Nagell, sous contrat avec la CIA, a pour objectif d'infiltrer le réseau des agents KGB qui, depuis l'ambassade de Mexico, infiltre le sud des Etats-Unis. A l'automne, il devient agent double et se voit chargé de surveiller un groupe de militants extrémistes anticastristes évoluant au Texas, militants qui veulent exécuter Kennedy tout en laissant croire qu'il s'agit d'un acte téléguidé par Castro. L'ambassade lui demande également de surveiller un certain Lee Harvey Oswald de retour d'Union soviétique. Nagell affirme en conclusion qu'Oswald se retouve malgré lui dans la conspira-

---

1. Selon différentes informations, les forces spéciales américaines ont aussi recréé les conditions de l'assassinat de Kennedy. D'après une source personnelle, elles auraient conclu à l'impossibilité d'un seul tireur. De son côté, au milieu des années 70, le Mossad aurait aussi « rejoué » le drame de Dallas afin de prévenir d'éventuels risques d'attentat contre des personnalités israéliennes.

2. Les informations sur le cas Nagell viennent du brillant travail de Dick Russel. Ses conclusions ont été publiées dans *The Man Who Knew Too Much*, Carroll & Graff, 1992.

tion amenant à la mort de JFK, et ce, dès juillet 1963. Nagell prévient alors le KGB et la CIA de la menace qui plane sur le Président lors d'un futur séjour dans le Sud. Les Soviétiques, les seuls à réagir, demandent à Nagell d'empêcher qu'Oswald prenne part à l'assassinat. Le KGB donne donc carte blanche à son agent : enlèvement ou élimination, une réaction qui confirme que Lee était bien un de ses hommes. Plus que le meurtre de JFK, avec qui Khrouchtchev, depuis la crise des missiles, semble avoir pris langue, c'est la participation d'Oswald que craignent les Soviétiques, redoutant de se retrouver impliqués.

Nagell, au lieu d'accepter la mission – n'oublions pas qu'il travaille en priorité pour les Américains –, contacte à nouveau l'Agence. Comme bon nombre d'hommes de la CIA, il partage parfois des informations avec le FBI. Aussi, confronté à une fin de non recevoir de l'Agence, poste-t-il une lettre recommandée à Edgar Hoover[1]. Nous sommes début septembre 1963 et la note de Nagell contient les noms de trois conspirateurs : Lee Harvey Oswald et deux exilés cubains. Le silence du FBI combiné à l'absence de réaction de la CIA inquiète Nagell. Craignant à son tour de devenir un pigeon, il décide de se mettre en sécurité. Le 20 septembre 1963, Nagell pénètre dans la State National Bank d'El Paso, Texas. Là, il dégaine son arme et tire deux balles dans un mur de l'établissement. Arrêté, il est immédiatement incarcéré. De la sorte, a-t-il toujours expliqué, il ne risquait pas d'être impliqué dans l'assassinat de JFK. Des propos confirmés à Dick Russel par le policier Jim Bundren, auteur de son arrestation : « Je lui ai dit : " Vous ne vouliez pas réellement cambrioler cette banque, n'est-ce pas ? " Il m'a fixé pendant une minute. Il avait ce regard inhabituel, ses yeux me pénétraient. [...] Et il m'a répondu : " Qu'est-ce qui vous fait dire ça ? " Je lui ai dit : " J'ai vu les impacts que vous avez tirés dans la banque. Avec votre formation militaire et tout le reste, j'ai le

---

1. Le Bureau, on le comprend, a toujours prétendu n'avoir jamais reçu de lettre. Pourtant Nagell a donné à Dick Russel les preuves de sa sincérité : une copie de la lettre et l'avis de recommandé.

sentiment qu'il s'agit d'une sorte de tactique de diversion. "
Nagell a simplement souri et a dit : " Bien, je suis heureux
que vous m'ayez capturé. Je ne voulais vraiment pas être à
Dallas. " Je lui ai dit : " Qu'est-ce que vous voulez dire par
là ? " Et il a répondu : " Vous le verrez bien assez tôt[1]. " »
Deux mois plus tard, Kennedy est assassiné sur Dealey Plaza.

L'histoire de Richard Case Nagell est authentique. Les
preuves et les éléments pour comprendre qui se cache derrière le meurtre de JFK sont de plus en plus nombreux.
D'abord, son enquête sur Oswald est une réalité. Son dossier
militaire, établi le 2 mai 1969 et retrouvé par Russel, avance
que Nagell, « durant les mois de juillet, d'août, de septembre
(1963) et une fois avant cette date, a conduit une enquête sur
les activités de Lee Harvey Oswald et l'allégation disant qu'il
avait établi une antenne du Fair Play for Cuba Committee à
La Nouvelle-Orléans, Louisiane ». Ensuite, lors de son arrestation, le FBI retrouve dans les affaires de Nagell des papiers
d'identité appartenant à Oswald mais portant le nom
A. J. Hidell. Ainsi qu'un carnet d'adresses dont le listing est
quasiment similaire à celui qui a été trouvé sur Lee. En outre,
avant d'être jugé, Nagell reste neuf mois en prison à El Paso,
où, après l'assassinat de Kennedy, il reçoit plusieurs fois la
visite du FBI et du Secret Service. Marina, durant son isolement forcé, sera même interrogée pendant près de deux
heures par le Secret Service sur son cas. Par ailleurs, la copie
de sa lettre à Hoover mentionne deux données majeures : les
noms des deux Cubains extrémistes travaillant avec Oswald,
à savoir Leopoldo et Angel. Or, fin septembre 1963, comme
nous l'avons vu, Sylvia Odio a reçu à Dallas la visite de deux
Cubains, Leopold et Angel, et d'un Américain, Leon
Oswald[2]. Les dates fournies par la Commission Warren ten-
daient à prouver qu'il s'agissait d'un imposteur se faisant passer pour Lee, mais, en découvrant les informations livrées par
Nagell, la réaction de Castro et les témoignages des employés
des ambassades soviétique et cubaine, il semble que Lee ait

1. Dick RUSSEL, *The Man Who Knew Too Much*, op. cit.
2. Voir chapitre « Le Mystère Lee Harvey Oswald ».

bien été à Mexico durant une période plus courte, précédé
sur place par une doublure l'impliquant en même temps que
Cuba et l'Est. Mais il n'est pas pour autant allé faire des
esclandres dans les ambassades. En effet, si Oswald s'y était
rendu, comment expliquer que la CIA soit incapable de présenter les photographies le représentant durant cette visite
alors que l'Agence exerce une surveillance continue des deux
représentations. Même sommée par la Commission Warren,
la CIA, qui prétendit détenir un jeu de photographies et un
enregistrement, fut incapable de les présenter. Quant aux clichés[1] rendus publics en 1976 et censés représenter Oswald
dans les ambassades, ils montrent deux, voire trois hommes,
lesquels ne lui ressemblent en rien. Même si, comme nous le
verrons plus tard, ils ont effectivement participé à l'assassinat
du chef de l'Etat.

De plus les propos de Nagell sont confirmés par l'histoire
de Sylvia Odio. En effet, après la visite des trois hommes et
l'étrange appel téléphonique de Leopold expliquant qu'Oswald était capable de tuer Kennedy, Sylvia a écrit à son père
détenu à Cuba. Et ce parce que les pseudo-Cubains se sont
présentés comme des membres de l'association anticastriste
de gauche, Junta Revolucionaria en Exilio (JURE), défendant
un projet pour Cuba : la politique de Castro sans Castro.
Amador Odio, le père de Sylvia, lui demande de prendre
garde : les deux hommes ne seraient pas membres du JURE
mais d'Alpha 66, un groupe violent formant des tueurs afin
d'assassiner Castro dans le cadre du programme ZR/Rifle[2].
Or, des documents appartenant à Nagell, ainsi que des informations contenues dans son dossier militaire, mentionnent
Alpha 66, nom du groupe que Nagell surveillait pour le KGB.
Mieux encore, d'après lui, Leopoldo et Angel, les deux

---

1. Voir cahier iconographique.
2. C'est un programme créé par la CIA dont le but est l'assassinat de leaders
politiques comme Castro. Comme on le sait désormais grâce à de nombreux travaux d'historiens, une partie de l'opération scelle même l'alliance entre la Mafia
et la CIA. La CIA fournit des informations et conformément au principe de « possible dénégation », c'est la Mafia qui met à disposition ses tueurs. Ainsi en cas de
capture l'Agence, et par extension les Etats-Unis, ne sont pas impliqués.

compagnons d'Oswald, étaient membres d'Alpha 66, section Bravo. Ainsi, ce soir de septembre 1963, Sylvia Odio a rencontré deux des assassins du président Kennedy.

L'implication du groupe Alpha 66 dans le meurtre de JFK s'avère capitale, car elle permet d'affirmer que certains éléments de la CIA ont participé à l'opération. Nagell avance aussi qu'en Louisiane Lee Harvey Oswald a été associé avec Guy Banister, David Ferrie et un certain Clay Shaw, personnage central de l'instruction de Jim Garrison popularisée par le film d'Oliver Stone, Garrison ayant instruit une action judiciaire contre Shaw pour participation au crime. Sa théorie : l'opération de Dallas est un coup de la CIA, Shaw est un de leurs agents, connaît Lee Harvey Oswald, donc devient le premier élément de la chaîne menant aux conspirateurs. Mais Garrison a échoué. Non pas à démontrer qu'au moins deux tireurs étaient sur Dealey Plaza, mais à impliquer le respectable directeur du Trade Mart[1] de La Nouvelle-Orléans qu'est Clay Shaw. Pourtant, sur presque la totalité des points, Garrison a raison. Explication : en 1979, devant le Congrès, Richard Helms, responsable des opérations de la CIA et intermédiaire entre l'Agence et la Commission Warren, revient sur plus de dix ans de négations, confirmant ce qu'avait toujours affirmé le procureur de La Nouvelle-Orléans, l'appartenance de Shaw à la CIA. Des aveux complétés par le témoignage de Victor Marchetti qui affirme que, durant l'enquête de Garrison sur Shaw, Helms a exprimé plusieurs fois ses craintes et sa volonté de trouver en urgence une « couverture » à Shaw. Un mémorandum interne de la CIA, déclassé en 1996, explique même que Shaw « était associé de près à l'Agence de 1948 à 1956 ».

Deuxième affirmation exacte de Garrison, Clay Shaw et Lee Harvey Oswald se connaissaient. Lors du procès de La Nouvelle-Orléans, Garrison avait présenté deux personnes confirmant cette affirmation, mais leurs auditions apparurent catastrophiques, le défenseur de Shaw jouant sur le casier judiciaire de ces deux hommes. Vernon Bundy, l'un de ces

---

1. L'équivalent de nos chambres de commerce.

témoins, déclare avoir vu Oswald et Shaw discuter pendant quinze minutes à Lake Pontchartrain en juillet 1963, mais le jury ne lui accorde aucune crédibilité parce qu'il reconnut qu'il était en train de se piquer à l'héroïne à ce moment-là. Pourtant Bundy disait vrai. Le lieu d'abord, comme nous le verrons, suffit à conférer de la crédibilité à son témoignage. Ensuite, il dit se souvenir particulièrement de Shaw à cause de sa chevelure blanche et d'une démarche claudicante. Or, devant la cour, Shaw avoue boiter depuis une blessure au dos faite à l'armée.

Le deuxième homme à venir témoigner se nomme Perry Russo. Homosexuel comme Shaw dont il est l'amant durant l'été 1963, il se prostitue occasionnellement. Et se rappelle notamment d'une soirée arrosée de septembre 1963 où le cas Kennedy a été évoqué avec virulence par David Ferrie. Autour de la table se trouvent Shaw, des Cubains et Oswald. Ce soir-là, dixit Russo, Ferrie explique comment assassiner le Président en mettant sur pied un tir croisé. Si elle est vraie, cette histoire est évidemment à charge contre Shaw, Ferrie et Oswald. Or, plusieurs éléments incitent à penser qu'il dit la vérité. D'abord sa motivation l'amenant à témoigner : il est en effet persuadé que le meurtre de Kennedy est une bonne chose et trouve anormal que la Commission Warren ne donne pas les bonnes et glorieuses raisons qui ont amené à cet assassinat. Ensuite, il livre suffisamment de détails sur la somptueuse maison de Shaw pour y attester sa présence en 1963. De plus, il a toujours déclaré que des photographies avaient été prises lors de ces soirées. Or deux clichés existent qui montrent David Ferrie en compagnie de Clay Shaw, et ce alors que celui-ci avait affirmé sous serment ne pas connaître David Ferrie. Dernier point authentifiant ses révélations, Russo se souvient qu'un des Cubains se nommait Angel. Comme celui qui accompagnait Oswald chez Sylvia Odio et que Nagell déclarait être membre d'Alpha 66.

Toutes ces informations, ces personnages multiples, ces affaires imbriquées, pourraient paraître compliquées à certains. Mais le complot contre JFK, et contre Oswald, devait pour aboutir être complexe. Le décortiquer en entrant dans le détail, c'est prouver que de nombreuses personnes savaient, avaient eu vent qu'il allait arriver quelque chose au premier magistrat des Etats-Unis, mais que beaucoup, soit par aveuglement, négligence ou pire par intérêt ou complicité, ont préféré ne pas bouger. En outre, démonter ainsi le mécanisme qui a conduit au meurtre, c'est encore prouver que toute l'opération nécessitait des complicités au plus haut niveau. Si nous avions volontairement laissé, avant de montrer ses activités d'espionnage, Lee Harvey Oswald au moment où il prévenait ses complices qu'il allait parler si on le lâchait, c'est aussi pour expliquer l'ampleur de la machination mise au point pour faire tomber JFK. En outre, l'ensemble de ces informations ajoutées à d'autres permet d'établir le réel emploi du temps de Lee Harvey Oswald depuis son retour d'Union soviétique et son installation à Dallas en octobre 1962, ainsi que le moment où le crime de Kennedy a été décidé et comment Oswald a été transformé en bouc émissaire. Autant d'informations essentielles qui donnent les circonstances précises de la préparation de ce meurtre d'envergure, qui révèlent les noms des protagonistes et expliquent l'enchaînement des faits, des actes, des propos et des répétitions qui a conduit au fatal jour de novembre.

Flashback. En octobre 1962 donc, Lee et Marina s'installent à Dallas, surveillés par les Mohrenschildt. Grâce à eux, ils sont introduits dans la communauté des Russes blancs de Big D. Dès lors, sans que cela intrigue la Commission Warren, Lee, le soi-disant militant communiste, devient l'ami de personnes fortement anti-soviétiques dont ni les idées, ni les niveaux de vie ne cadrent avec ceux d'Oswald. C'est également à cette période que Lee commence sa mission d'informateur pour le FBI, lui-même reconnaissant avoir rencontré Hosty à deux reprises entre octobre et janvier. Son salaire d'informateur et sa prime versée par l'ONI laissent à Lee la liberté de vivre huit mois sans travailler, détail jamais relevé par la Commission. Pendant cette période, il parvient même à rembourser en une seule fois les deux cents dollars que son frère Robert lui avait prêtés à son retour au pays. En janvier

1963, il trouve un emploi au laboratoire photographique Jag-gar-Chiles-Stowall, poste de confiance sans doute décroché grâce à l'aide du FBI ou de l'ONI, le laboratoire travaillant pour cet organisme. En février, Mohrenshildt lui présente Michael et Ruth Paine, considérés comme des libéraux. Si Michael travaille depuis 1958 sous les ordres de Walter Dornberger, un ancien général nazi, sur un projet militaire secret de la compagnie Bell Helicopter, il est également un membre actif de l'ACLU, une association de défense des minorités. Un militantisme vraisemblablement hérité de son père, un des responsables du Parti trotskiste américain d'avant-guerre. Il faut noter, même si cela ne constitue pas une preuve de l'appartenance des Paine à la CIA, qu'il est vraiment étrange que ce soit un Russe blanc, ancien espion nazi aux idées d'extrême droite, qui présente Lee à une famille politiquement à l'opposée. Le 12 mars, Lee passe commande du Carcano à Klein's Sporting Goods à Chicago, achat qui peut avoir différentes explications. Soit il n'a jamais eu lieu, et le bon se révèle une nouvelle invention afin de le compromettre, hypothèse qui n'est pas forcément fausse étant donné les liens entre l'armurier et la CIA[1]. Soit Oswald a réellement commandé cette carabine, mais à coup sûr pas pour son usage personnel. D'abord parce qu'il ne s'en sert jamais, ensuite parce que les lois texanes lui permettent d'acheter sans délai et sans papier l'arme de son choix, enfin parce que deux armuriers, l'un de Dallas, l'autre d'Irving, proposent le même produit.

L'achat du Carcano a une autre explication. En 1963, le FBI surveillait un trafic d'armes depuis le Canada, où se trouvait un stock de Carcano. Un document de la Commission Warren retrace même l'itinéraire de ces armes venues d'Italie *via* le Canada avant d'être revendues à des armuriers autour de Chicago, combine contrôlée par la Mafia. A partir de 1962, des membres du crime organisé de la ville sont même envoyés dans le sud des Etats-Unis pour ouvrir des débouchés à ce juteux trafic. Il est alors évident que les

---

1. Voir chapitre « Les Omissions Warren ».

antennes du FBI du Texas et de La Nouvelle-Orléans mettent le réseau sous surveillance, puis procèdent à des arrestations. Or James Hosty a travaillé sur ce trafic. A-t-il demandé à un de ses informateurs de commander le Carcano à la source, histoire de le comparer à ceux qui avaient été saisis à la frontière mexicaine ? En tout cas, un document secret de la Commission Warren révèle que le numéro gravé sur l'arme retrouvée au Depository n'est pas un numéro unique, comme le veut l'usage pour d'autres armes, mais celui d'une série complète. James Cuimet, propriétaire de Century Arms dans le Vermont, explique en effet au FBI que sa compagnie a revendu sept cents Carcano à l'armurier Carbine Rifles to Aldens de Chicago, le 5 juin 1962. Parmi eux, au moins un porte le même numéro que celui de l'arme d'Oswald. De plus, Cuimet précise que son stock provenait d'Empire Sporting Goods à Montréal, Canada. Aussi, le FBI de Dallas, en possession d'un stock d'armes, a-t-il voulu vérifier si la source était bien le trafic canadien et non l'installation d'un nouveau réseau. Il suffisait dès lors d'en choisir un, de faire commander une arme et de comparer s'il s'agissait du même produit.

Le 23 avril 1963, la presse dévoile une rumeur parlant d'une prochaine visite de JFK au Texas. Le lendemain, Lee quitte Dallas pour La Nouvelle-Orléans. Un départ clé pour connaître l'identité des assassins du Président. Car, quelques jours plus tôt, Lee est contacté par David Ferrie qui, à son habitude, est excité. Il lui apprend qu'à trente minutes du Quartier français de La Nouvelle-Orléans, à Lake Pontchartrain, s'est implanté depuis quelques mois un camp d'entraînement clandestin[1]. Là, les Brigades anticommunistes et Interpen ainsi que quelques membres de l'OAS préparent, sous la direction de Gerry Patrick Hemming et de Franck Sturgis, des opérations commandos destinées à envahir Cuba.

---

1. Les sources concernant les activités de Lake Pontchartrain et le plan JM/Wave sont nombreuses aux Archives nationales américaines, mais également au Cuban State Security Department. Le livre de Claudia Furiati, *ZR-Rifle, The Plot to Kill Kennedy and Castro*, Ocean Press, 1994, permet d'avoir un regard exhaustif sur les activités secrètes de la CIA contre Cuba.

Lake Pontchartrain est un des « bébés » du plan JM/Wave
activé par le gouvernement américain après l'échec de la baie
des Cochons. Une invasion massive de l'île ne semblant pas
possible, la CIA, avec l'accord du Président, avait concocté
un programme de formation de groupe d'exilés et de volon-
taires prêts à harceler Cuba. Mais ce qu'ignore Kennedy,
c'est que JM/Wave est divisé en deux parties : Opération
Mangoose d'un côté, ZR/Rifle de l'autre. Or, JFK n'a donné
son accord, le 30 novembre 1961, qu'à la première partie. Un
accord d'autant plus facile que Mangoose est la continuation
naturelle de l'Opération 40, créée par le vice-président Nixon
et approuvée par Eisenhower en 1959 [1]. Le feu vert de Kennedy permet l'ouverture de camps d'entraînement en Floride
et en Louisiane. S'ils sont approuvés par le gouvernement
américain, ceux-ci sont indépendants de ce dernier afin de ne
pas perturber la politique étrangère du pays. La CIA, la Mafia
et des groupes d'extrême droite se chargent à la fois du financement et de l'approvisionnement en hommes. En avril 1963,
Ferrie demande donc à Oswald d'intégrer Pontchartrain. La
couverture est parfaite et la compagnie William Reilly Coffee
accepte de fournir de faux certificats d'embauche et de verser
le solde. C'est pour cette raison que jamais aucun employé
de la manufacture de café ne verra Lee. Oswald s'entraîne à
Pontchartrain dans l'attente du grand jour. Là, il perfectionne
son apprentissage du tir à la carabine, du close-combat et
participe peut-être à une attaque nocturne des raffineries de
pétrole de La Havane. On lui demande aussi, à l'étude de ses
compétences et de son passé, de commencer à infiltrer les
groupes procastristes de Louisiane. Le 16 juin, Lee distribue
ses premiers tracts dans les rues de La Nouvelle-Orléans sous
les fenêtres de Guy Banister. Le privé a ouvert son bureau
et son réseau à ceux de Pontchartrain. Delphine Roberts, sa
secrétaire, et Jack Martin, son associé, ont ainsi témoigné de
l'activité mercenaire qui animait le 544 Camp Street durant
l'été 1963. En juillet, alors qu'il est censé, entre deux distri-

---

1. Opération 40 a permis la formation et l'entraînement de la brigade 2506,
celle qui a été décimée lors du débarquement à Cuba.

butions de tracts et un meeting politique, travailler à la manufacture de café, Oswald se trouve de nouveau à Pontchartrain.
Là, Vernon Bundy le voit en pleine discussion avec Clay
Shaw. C'est alors que Lee devient l'acteur du futur crime du
siècle.

Pendant que Ferrie, Lee mais aussi l'ensemble des
membres des groupes les plus extrémistes, tel Alpha 66, se
préparent au combat, deux événements viennent bousculer
ce schéma. D'abord, dès la fin de l'année 1962, un changement se produit à Washington. Jusqu'à la crise des missiles
de 1962, le bilan du président Kennedy n'était guère brillant,
voire chaotique. JFK s'était même fait forcer la main par la
CIA en autorisant le débarquement de la baie des Cochons
sans être convaincu de son utilité. La crise des missiles lui
avait permis pour la première fois de sentir la charge de son
rôle. L'avenir du monde était entre ses mains, révélation qui
allait bouleverser sa politique[1]. Kennedy décide donc de
jouer son prochain mandat, les sondages lui donnant raison,
non pas sur la guerre mais sur la paix. Il charge alors
McGeorge Bundy, un de ses conseillers, de reprendre langue
avec Castro. La « mission » de Jean Daniel entre également
dans ce schéma. En 1993, Carlos Lechuga, ancien ambassadeur cubain en poste aux Nations unies, a confirmé les
démarches entreprises par Bundy. Il a même expliqué qu'avec
son homologue américain, William Attwood, il avait
commencé à établir un programme de discussions sur les relations bilatérales. La prochaine étape de la reprise des relations
entre Cuba et les Etats-Unis devait donc se dérouler au retour
du voyage texan du Président. La volonté diplomatique de
Kennedy signe par ailleurs l'arrêt de mort du plan JM/Wave
et la fermeture du camp de Lake Pontchartrain. Dès le mois
de mai, celui de No Name Key, en Floride, avait déjà été
évacué avant que le FBI ne saisisse les armes et les munitions
des commandos. Le second événement qui bouleverse la vie

---

1. Fin 1997, les Archives nationales américaines ont rendu publique la totalité
des enregistrements des conversations qui ont agité la Maison-Blanche à cette
période. JFK y fait preuve de fermeté et de détermination face aux « faucons » de
son gouvernement déterminés à utiliser l'arme nucléaire avant les Soviétiques.

d'Oswald s'est déroulé le 5 juin. A El Paso, John Connally et Lyndon Johnson ont réussi à obtenir la parole de Kennedy. Malgré le peu d'empressement de ses conseillers, il se rendra à Dallas avant la fin de l'année.

Aussi, début juillet, quelques hommes de Lake Pontchartrain acceptent-ils de participer à l'opération de Clay Shaw, l'élimination de Kennedy. Parmi eux, comme l'indique Richard Case Nagell, Lee Harvey Oswald. Le reste du mois, comme le raconte Hemming au chercheur Noel Twyman, est consacré à la préparation d'une opération armée contre JFK. Fin juillet, les autorités locales qui couvrent les activités de Pontchartrain expliquent à leurs responsables qu'ils ne pourront plus tenir face à la pression du FBI et de la Maison-Blanche. Le 28 juillet, les fédéraux investissent Pontchartrain, saisissent plus d'une tonne de dynamite, des armes en quantité, du napalm et même des bombes de quatre-vingt-dix centimètres. Le FBI fait une conférence de presse et précise que « l'enquête a amené le démantèlement d'une opération militaire contre un pays avec lequel les Etats-Unis maintiennent des relations de paix[1] ». Un demi-mensonge, puisque, s'il s'agit de stopper le plan Mangoose, le gouvernement américain ne risque pas d'avouer sa mise en place. En revanche, le FBI oublie de préciser qu'il a interpellé onze hommes. Or, quelques jours plus tôt, avant le « tuyau », deux cents « soldats » s'entraînaient encore. Les onze prisonniers, malgré le stock impressionnant d'armes en leur possession, sont relâchés presque immédiatement. Il s'agit de neuf Cubains et de deux Américains, Sam Benton et Rich Lauchli. Benton est un ancien responsable de la sécurité de casinos appartenant à la Mafia à La Havane. Lauchli, lui, est un trafiquant d'armes, raciste, qui a fondé le groupe paramilitaire d'extrême droite, les Minutemen[2]. Lee Harvey Oswald quitte Pontchartrain le 19 juillet, date à laquelle son contrat, ainsi que celui de cinq « camarades » avec la compagnie de torréfaction Reilly,

---

1. *Times Picayune*, 1ᵉʳ août 1963.
2. Dont David Ferrie et Guy Banister sont membres.

s'achève. Si, jusqu'à présent, Lee avait agi dans une certaine légalité, les camps étant tolérés et financés par la CIA, il devient désormais un renégat qui s'apprête à participer au meurtre du Président. Selon Nagell et John Martino, ancien agent de contact de la CIA, Oswald ignore toutefois que l'opération n'est pas couverte par l'Agence. Et effectivement, même si cela n'a que peu d'importance, il semble qu'Oswald croie agir pour le compte d'une agence gouvernementale. Par exemple, jusqu'à début novembre, il continue son infiltration des groupuscules communistes et accepte de se rendre à Mexico pour tenter, piteusement, d'intégrer une association procastriste d'étudiants. En effet, il est plus facile pour les conspirateurs, qui l'ont choisi dès le départ comme bouc émissaire, de lui laisser croire que Mangoose perdure. Cela évite les questions gênantes et autorise tous les excès. De plus, l'ombre de la CIA plane sur l'opération. N'est-elle pas dirigée par Ferrie et Banister et proposée par Clay Shaw, tous anciens membres de l'Agence, mais aussi composée d'anciens de Pontchartrain ? En somme, la CIA n'est pas derrière l'assassinat de JFK, mais certains de ses membres en rupture d'autorité, eux, sont impliqués.

Le 17 avril 1961, JFK vit les heures les plus difficiles de son mandat et doit assumer publiquement l'échec de la baie des Cochons. En fait, le nouveau Président a l'impression d'avoir été manipulé par l'Agence. L'opération, mise sur pied par Richard Nixon, devait se dérouler avant l'élection de novembre 1960. Les républicains pensaient même que cela permettrait à leur camp de l'emporter. Mais la météo avait été capricieuse et le candidat Nixon n'avait pu sortir ce joker de sa manche. Lorsque, le 20 janvier 1962, Kennedy rentre à la Maison-Blanche, le débarquement n'attend plus que son feu vert. Inexpérimenté, le Président approuve sans même étudier les détails du plan. Une légèreté à l'origine d'un malentendu. Où JFK autorise simplement un débarquement d'une brigade cubaine entraînée par des conseillers techniques américains, la CIA voit un accord pour une couverture massive de l'armée américaine en cas de difficulté. L'opération est un échec et Kennedy maintient sa décision : il n'a jamais promis une implication du pays. Certains membres de la CIA et la majeure partie de la communauté des exilés cubains ne lui pardonneront jamais cet abandon qui n'en était pas un.

Deux jours plus tard, Kennedy demande à son frère de se charger des opérations clandestines. Un poste sans caractère officiel mais crucial. Bobby, convaincu comme John que l'avenir est au combat de guérilla, lance JM/Wave et l'Opération Mangoose. En quelques jours, la CIA vient de perdre une partie de son pouvoir. Début mai, Kennedy convoque dans le Bureau ovale Allen Dulles, le directeur et créateur de la CIA, ainsi que Richard Bissel, père du programme U2 mais aussi responsable des opérations contre Cuba. Kennedy solde les comptes de la baie des Cochons et informe les deux hommes de leur renvoi. Dulles obtient un délai de six mois pour donner sa démission et permettre l'intégration d'un homme proche de Kennedy, John McCone. Le 30 novembre 1961, l'Opération Mangoose est lancée. Un mois plus tard, le général Charles Cabell, frère du maire de Dallas, est renvoyé à son tour. En un an, Kennedy parvient à se séparer des trois responsables du désastre de la baie des Cochons mais aussi à se forger de solides inimitiés. Le 19 février 1962, Richard Helms, de la CIA, autorise William Harvey, responsable au sein de l'Agence du groupe assassinat, à réactiver ZR/Rifle. En mai, Robert Kennedy est tenu informé pour la première fois d'une tentative de meurtre sur Castro. JM/Wave vient de dérailler et les Kennedy vont changer, comme nous l'avons vu, de stratégie envers Cuba. En novembre 1962, JFK exprime sa volonté de voir Mangoose cesser et, en janvier suivant, Robert Kennedy ordonne la mutation de William Harvey à Rome. En deux décisions, John et Bobby ont à nouveau agrandi le cercle de leurs ennemis. Comme nous l'avons vu, le reste de l'année 1963 confirme l'intention des Kennedy d'abandonner la lutte armée au profit du dialogue.

Le 22 novembre 1963, alors que Kennedy était assassiné à Dallas, un agent de la CIA remettait à Paris à un proche de Castro travaillant pour les Etats-Unis un stylo contenant du poison. Malgré les ordres du Président, un an plus tôt, certains hommes de la CIA avaient continué leur sale guerre. Parmi eux, le brillant David Atlee Phillips, stratège du contre-espionnage, cerveau de l'action psychologique. En 1952, il dirigeait les opérations clandestines de l'Agence au Chili, deux ans plus tard il était au Guatemala et, de 1958 à 1960, à La Havane. A partir de 1960 et pendant presque trois ans, il coordonne les opérations de contre-espionnage contre Cuba. Parmi ses créations, la propagation de rumeurs racontant que Castro vendait les enfants aux Soviétiques pour travailler dans les mines de Sibérie. En 1963, Atlee Phillips devient chef de l'antenne de la CIA à Mexico. Or, comme nous le verrons, c'est lui qui a créé la piste Oswald.

Lors de son séjour à La Havane, dès 1958, Phillips utilise le pseudonyme de Maurice Bishop, fait qu'il a toujours nié parce qu'il le rattache au crime du président Kennedy. De nombreux éléments permettent pourtant d'assurer que Phillips et Bishop ne font qu'un. D'abord, c'est la conclusion du Cuban State Security Department, se fondant sur les nombreux dossiers créés à partir de 1958. Mais c'est aussi l'étude du parcours d'Antonio Veciana, un des agents de Bishop, qui permet d'y voir plus clair. Veciana, ancien comptable employé dans la plus grande banque de La Havane, est recruté en 1960 par la CIA. Or son supérieur est un Américain qui se fait appeler Maurice Bishop. Un an plus tard, Veciana monte une opération commando contre Castro. C'est un échec, et l'ancien comptable devenu espion doit s'exiler aux Etats-Unis. Là, grâce à Bishop, il crée Alpha 66, groupe violent spécialisé dans les opérations terroristes anti-cubaines. Veciana se charge du recrutement et de la vitrine politique d'Alpha 66, Bishop, des coups militaires. L'association entre les deux hommes va se poursuivre jusqu'en 1971, date à laquelle Bishop remet deux cent cinquante mille dollars à Veciana pour le récompenser de douze ans d'opérations clandestines. Veciana est peut-être le seul homme pouvant confondre David Phillips puisqu'il déclare en 1978 devant le Congrès avoir rencontré Bishop au moins cent fois. Des éléments de son cursus permettent également de le faire. Durant

son année de formation à La Havane, Veciana suit des cours
d'anglais au 106 Humboldt Street qui est également l'adresse
de David Phillips pendant ses trois années à Cuba. Or sa description de Bishop correspond parfaitement à Phillips. Mais
c'est grâce au travail de Gaeton Fonzi, un chercheur travaillant pour le groupe d'enquête du Congrès, que l'on peut affirmer qu'il s'agit du même homme. Fonzi a réussi à confronter
Phillips et Veciana. Phillips a déclaré n'avoir jamais vu
Veciana, et ce dernier a préféré se taire tout en continuant
de livrer des informations compromettant Phillips. Quelques
jours après la rencontre précipitée par Fonzi, deux inconnus
ont tenté d'assassiner Veciana. Atteint d'une balle à la tête,
l'ancien comptable a survécu mais a cessé depuis de commenter son passé d'agent de la CIA. Fonzi est persuadé que Phillips est Bishop. Il n'a pu l'écrire dans les conclusions de son
rapport mais ne se gêne pas pour le répéter depuis. Le 27 avril
1996, interviewé par Steve Bochman, pour la première fois,
Fonzi décrit les dessous de leur rencontre : « [Lors de la
confrontation à Reston], Veciana ne voulait pas identifier
Phillips comme étant Bishop. [...] J'étais assis là et, pendant
un long moment, je l'ai regardé, lui, puis tremblant, réellement tremblant et essayant d'éviter le regard de Veciana.
Phillips allumait cigarette sur cigarette, faisait les cent pas
dans le couloir. La seule chose qu'il a pu dire lorsque nous
avons demandé s'il se souvenait de Veciana, c'est " Non ".
[...] Alors Veciana, lui a demandé : " Vous ne me connaissez
pas ? ", et Phillips a répondu une nouvelle fois : " Non. " [...]
Comment le responsable CIA des opérations cubaines peut-
il ne pas connaître le nom de la plus grande association anti-
Castro ? Comment ne pouvait-il pas connaître le nom de son
dirigeant ? [...] Quand nous avons terminé, j'ai fait quelques
pas avec Veciana, et je lui ai demandé : " Ce n'était pas
Bishop ? " Veciana n'a pas répondu tout de suite, il n'a pas
dit non, juste : " Il sait. " Je lui ai demandé ce qu'il voulait
dire et il m'a répété la même chose. Alors je lui ai dit : " Il
sait quoi ? Vous voulez dire qu'il sait qui est Bishop ? " Et il
a répondu : " C'est ça. " » Une autre fois, Fonzi montre une
photographie de Phillips à Veciania : « Il l'a regardée et a juste

dit : " C'est proche. " Il aurait pu simplement dire non et nous serions passés à autre chose. Mais, là, il n'a pas lâché des yeux le cliché pendant un moment. » Fonzi a également trouvé un membre de JM/Wave qui lui a confirmé que Bishop était bien Phillips.

S'il est aussi important de prouver que Phillips et Bishop ne font qu'un, c'est parce que début septembre Veciana avait rendez-vous à Dallas avec Maurice Bishop et que ce dernier était en compagnie de Lee Harvey Oswald. En effet, fin août ou début septembre 1963, Veciana doit retrouver son officier traitant au rez-de-chaussé du Southland Center, un building de Dallas qui héberge un grand groupe d'assurance. Ce jour-là, Veciana arrive en avance et surprend Bishop/Phillips en pleine discussion avec « un jeune homme qui donnait l'impression d'être très calme, un petit peu étrange et préoccupé[1] ». Les trois hommes se rendent ensemble dans une cafétéria du sous-sol. « Il est resté avec nous dix, peut-être quinze minutes, jusqu'à ce que Maurice Bishop lui dise quelque chose comme : " C'est bon, on se voit plus tard[2]. " » Après l'assassinat de Kennedy, lorsque Veciana reconnaît Oswald à la télévision, il est formel : c'est bien lui qui était au rendez-vous de Dallas. S'il ne se trompe pas, et tout semble indiquer qu'il ne ment pas, David Atlee Phillips, ancien responsable des opérations cubaines de la CIA et directeur de l'antenne de Mexico, connaît l'assassin de Kennedy. Mieux encore, quelques jours après l'assassinat de JFK, Bishop demande un étrange service à Veciana. Ce dernier a un cousin, Guillermo Ruiz, qui travaille à l'ambassade cubaine de Mexico. Bishop propose donc à son agent de contacter ce membre de sa famille et de lui offrir une grosse somme d'argent pour affirmer qu'Oswald s'est rendu à l'ambassade en septembre 1963 et y a proféré des menaces contre JFK. Veciana accepte mais ne réussit pas à joindre son cousin. Quoi qu'il en soit, il cst révélateur que la presque totalité des pièces fabriquées impliquant Oswald et Castro provienne de

1. Anthony SUMMERS, *Conspiracy*, Parangon House, 1992.
2. *Ibid.*

Mexico. Une ville dont le chef de station CIA se nomme David Atlee Phillips.

La rencontre entre Lee et Phillips confirme l'impression de Nagell et de Martino : Oswald ne savait pas pour qui il travaillait. Phillips étant un homme froid et de talent, il est évident que la rencontre entre Veciana, Lee et lui a été volontaire. Un homme qui s'est caché toute sa vie derrière un pseudonyme ne peut décemment pas organiser un rendez-vous à Dallas avec le futur « assassin » du Président sans aucune raison valable. Depuis le mois de juillet, Lee a été choisi par Phillips pour devenir le bouc émissaire de l'affaire. Lee croit travailler dans le cadre de l'Opération Mangoose ou tout autre projet impliquant la CIA.

Début septembre, il faut convaincre Oswald de se rendre à Mexico. Ce voyage est le coup de génie de Phillips, celui qui doit permettre d'atteindre le but principal de l'opération : envahir Cuba et montrer aux Soviétiques que les Etats-Unis sont de retour. Le séjour à Mexico place Lee au centre de la manipulation. Il permet d'agir, malgré lui, en son nom à Dallas, et facilite grandement la création de preuves impliquant Castro dans le crime de JFK. La demande de visa d'Oswald pour Cuba devient alors un point à charge contre le Lider Maximo. Mais ce n'est pas tout, la station de Mexico fabrique aussi une série de lettres adressées à Oswald. Cinq d'entre elles ont été interceptées par le FBI, une par Cuba. La première série, datée d'une dizaine de jours et postée à La Havane, confirme le « travail » demandé à Oswald, c'est-à-dire abattre Kennedy. Malheureusement pour les faussaires, les experts du FBI ont déterminé qu'il s'agissait de faux. La deuxième série, également falsifiée, était écrite par de soi-disant dissidents dénonçant Lee comme un agent de la sécurité cubaine. En fait la rencontre avec Phillips permet cette manipulation, lui-même étant l'autorité absolue à laquelle Oswald ne peut rien refuser Et si Lee est préoccupé, ce n'est pas parce qu'il se doute de quelque chose, mais parce que ce détour par le Mexique lui fait rater une partie de l'entraînement que l'équipe suit depuis plusieurs jours.

La Commission Warren ne s'est jamais penchée sur un fait

essentiel. Du 19 juillet au 3 octobre, Lee ne travaille pas. Mieux encore, de la date de son « renvoi » de la Reilly Coffee Company jusqu'au 17 septembre, personne, à l'exception de Veciana et de Perry Russo lors d'une soirée où est discuté l'assassinat de Kennedy, ne voit Lee. Pendant presque deux mois, Oswald disparaît de la circulation. En fait, pendant ce laps de temps, Lee, Ferrie, Angel, Leopoldo et les autres ne sont plus aux Etats-Unis. Grâce au Cessna de Ferrie, ils ont gagné le Mexique. Et c'est là la difficulté de Phillips : expliquer à Oswald qu'il doit se rendre à Mexico de manière légale alors qu'il se trouve déjà de l'autre côté de la frontière. Phillips est le seul qui puisse trouver les arguments pour contraindre Lee à demander le 17 septembre une carte de touriste voyageant vers le Mexique et à faire tamponner son passeport à la frontière. Autant de pièces à conviction qui seront utilisées ensuite contre Oswald.

Le séjour et l'entraînement au Mexique du groupe de tueurs sont confirmés par plusieurs points. D'abord, il est évident que le meurtre d'un Président se prépare, surtout lorsque le délai, environ quatre mois, est très court. De plus, les experts militaires, tireurs d'élite et anciens mercenaires que nous avons rencontrés sont formels : une telle opération nécessite obligatoirement la fabrication d'un lieu reprenant les caractéristiques physiques de Dealey Plaza. Les assassins se retrouvent avec des éléments incontournables comme le temps de tir, la taille de la zone mortelle et la possibilité d'un deuxième, voire troisième rideau, en cas d'échec. Le Mexique, loin du FBI, permet d'avoir la tranquillité suffisante aux répétitions nécessaires. Et c'est ainsi que l'on revient à Richard Case Nagell, l'homme qui en savait trop mais n'en a jamais dit assez.

Nagell a toujours éludé les moyens de sa filature. Comment est-il si bien informé des gestes d'Oswald, de Ferrie, de Banister, de Leopoldo et d'Angel ? Son dossier militaire nous apprend deux choses. D'abord, qu'il a connu Lee au Queen Bee près de la base d'Atsugi alors qu'il espionnait pour la CIA. Cela fait avec Gerry Hemming et Roscoe White le troisième personnage de l'affaire au passé trouble connaissant

Oswald depuis 1959. Ensuite, son dossier précise que sa mission de surveillance de Lee l'a conduit au Mexique. Nagell a été arrêté à El Paso le 20 septembre. Dans l'hypothèse la plus favorable, celle de la Commission Warren, Lee passe la frontière le 27, soit une semaine après l'interpellation de Nagell. Ce qui veut dire deux choses. Premièrement que Lee se trouvait au Mexique durant le mois de septembre et que Nagell faisait partie de l'équipe. Dès lors, tout s'éclaire, il est à Pontchartrain avec ses anciens camarades du Japon, il est là en juillet lorsque Clay Shaw propose le contrat, ce qui lui permet d'affirmer après coup qu'Oswald était au courant. Ensuite, il fait partie du groupe au Mexique et, quand il en sait assez, décroche. Son arrestation à El Paso, d'étrange devient plus claire. D'abord, El Paso se trouve à la frontière mexicaine, la ville américaine la plus proche du camp des assassins. Ensuite, les raisons de son geste sont évidentes, car son prétexte, la peur à son tour de devenir un bouc émissaire, ne tient pas. En fait Nagell sait que la seule manière de fuir le camp mexicain et de rester en vie est de se retrouver entre les quatre murs d'une prison. Jusqu'à aujourd'hui, le cas Nagell, qui comme Veciana ne peut tout dire mais donne suffisamment d'éléments pour tenter de saisir son rôle, était incompris. Détenteur d'un secret beaucoup trop lourd pour lui, il livre un autre élément de taille dans ses déclarations : s'il évoque la lettre sans réponse au FBI, il insiste à chaque fois sur le silence de son supérieur de la CIA. Contrairement à la missive envoyée à Hoover dont il détient l'accusé de réception, Nagell ne peut fournir de preuves quant à son appel vers l'Agence. Et pourtant, chaque fois qu'un chercheur a réussi à lui parler, Nagell a martelé cette absence de réaction de la CIA. En impliquant ainsi l'Agence, il donne la clé de l'assassinat aux chercheurs. En effet, son supérieur n'était autre que David Atlee Phillips.

Le 25 septembre 1963, Oswald quitte le Mexique pour passer par Dallas. Si la visite chez Sylvia Odio reste encore en partie inexpliquée, elle apporte néanmoins quelques éléments importants, confirmant que l'homme qui se fait passer pour Oswald à Mexico, probablement à Dallas avant le crime et lors de l'assassinat de Tippit, fait partie de l'équipe installée au Mexique. Car cette rencontre permet aux conspirateurs de s'assurer qu'Oswald n'est pas étonné par le départ d'un de ses complices à Mexico. Pendant que Lee est à Dallas accompagné de Leopoldo et d'Angel, un de ses complices se déplace en effet à Mexico et l'implique dans différents incidents. Il s'agit probablement, comme nous le verrons, de Roscoe White. Et s'il n'existe aucune photographie de la visite de Lee ou de White aux représentations cubaines et soviétiques, ce n'est pas parce que la CIA les cache, mais parce qu'elles ont disparu. La CIA ayant maintenu une surveillance constante des légations grâce à une dizaine d'appareils de surveillance, même si, théorie absurde, Lee avait échappé une fois à l'œil des caméras, comment aurait-il pu y parvenir à plusieurs reprises, l'ambassade cubaine et soviétique étant surveillées ? Mieux, débouté par les Soviétiques, il retourne à la représentation cubaine. En tout, voilà donc au moins six occasions de le photographier, lui ou son imposteur. Il n'a donc pas pu échapper à la CIA. Dès le soir du 27 septembre 1963, un dossier contenant une vingtaine de clichés d'un jeune Américain faisant la navette entre deux ambassades ennemies a atterri sur le bureau du chef de station de l'agence à Mexico, David Atlee Phillips. Les photographies ne représentant pas Oswald sont détruites, seuls restent les témoignages des fonctionnaires [1] des ambassades se souvenant qu'un mois avant le crime ils avaient eu la visite d'un Américain se présentant sous le nom d'Oswald et proférant des menaces contre Kennedy. Lee Harvey Oswald est désormais complètement piégé, l'opération homicide peut débuter.

Le passage chez Sylvia Odio, sa description détaillée d'Angel et de Leopoldo ont permis aux services cubains d'identi-

---

1. Notons que l'enquête menée par le Congrès a révélé que Sylvia Duran, la secrétaire chargée de l'accueil de l'ambassade cubaine à Mexico, a été arrêtée le lendemain du meurtre de Kennedy par la police mexicaine et soumise pendant trois jours à un interrogatoire musclé mené par... la station mexicaine de la CIA. On lui a demandé de témoigner que c'était bien Lee qui s'était présenté à sa représentation et d'ajouter qu'il était un des agents de Castro aux Etats-Unis.

fier les deux complices de Lee[1]. Deux hommes qui se
déplacent, fait insignifiant du témoignage d'Odio et jamais
relevé, dans une Ford rouge. Un véhicule présent, comme
nous l'avons vu, lors du meurtre de Tippit et quelques
minutes après l'interpellation de Lee dans le Texas Theatre.
Angel et Leopoldo sont en réalité deux frères, Ignacio et Guillermo Novo Sampol. Comme le raconte Odio, l'un est petit
et gros, ses cheveux noirs sont plaqués en arrière et il ressemble à un Mexicain. L'autre apparaît plus grand et plus
athlétique. Les Sampol sont des membres du Movimiento
Nacionalisto Cubano, le parti nationaliste cubain violemment
anticommuniste et anti-Kennedy.

Le 3 octobre 1963, Lee est de retour à Dallas. Treize jours
plus tard, il obtient une place au Texas School Book Depository, endroit stratégique sur le passage du Président. Pendant
toute cette période, il n'habite pas chez les Paine mais dans
de petits meublés situés dans Oak Cliff. Systématiquement
il loue ses chambres sous le pseudonyme d'O. H. Lee. La
Commission Warren ne s'est jamais vraiment interrogée sur
la volonté de Lee de ne pas être à Irving. Pourtant, le voisin
des Paine, Frazier, fait tous les jours le parcours jusqu'au
Depository et a proposé à Oswald de partager son véhicule.
De plus, la paie misérable d'Oswald explique difficilement cet
entêtement à vivre à Dallas. Si son salaire couvre le loyer, il
ne lui reste pas grand-chose après. Comment fait-il alors pour
laisser près de deux cents dollars à Marina le 22 novembre,
pour se nourrir au restaurant proche de son bureau et s'offrir
chaque jour le bus et le taxi ? Et pourquoi toujours choisir un
domicile situé à près d'une demi-heure du Depository, temps
de transport supérieur à celui nécessaire pour se rendre à
Irving ?

Le 1er novembre, Lee passe la journée chez les Paine.
Marina n'a pas eu de nouvelles de son époux depuis son
embauche au Depository. Pendant quinze jours, il disparaît

---

1. Interview du général Fabian Escalante, chef des services de renseignements
cubains par Claudia Furiati, 1994.

donc de la vie de sa femme et de ses filles sans que cela choque quiconque. Le 8 novembre, il est de retour à Irving. Parallèlement, l'équipe est prête, logée dans une planque habituellement utilisée par la CIA dans la banlieue de Dallas, comme le signalent de nombreux rapports du FBI de Big D. L'opération étant prévue dans quatorze jours, le commando fait relâche. Une nouvelle fois, sur ce point, la Commission Warren a laissé passer un fait troublant. Du vendredi 8 au lundi 11 novembre, Lee est en famille. Comment un nouvel employé parvient-il à se libérer aussi longtemps ? Et, dès lors, de s'interroger sur le rôle joué dans l'affaire par le Texas School Book Depository.

Que Lee trouve un job situé sur le parcours du crime a toujours intrigué la communauté des chercheurs. La version officielle explique que c'est Ruth Paine, grâce au bouche à oreille, qui a obtenu cette place à Oswald. Posons le problème différemment : Ruth n'a pas trouvé le poste par hasard, mais une amie l'a informée qu'un emploi était vacant. Autrement expliqué : voilà comment on fabrique un fusible. Paine, qui ne fait pas partie de la conspiration, devient l'alibi idéal pour « blanchir » le Depository. Comme c'est Ruth qui a trouvé l'emploi, Lee est bien un tueur solitaire. CQFD. Mais lorsque les données sont analysées autrement, le rôle de ce lieu change. La préparation de l'opération nécessitait bien un complice au Depository et un autre au Dal-Tex Building. Deux hommes chargés la veille du meurtre de faire entrer leurs complices et de les installer sous les toits. Ainsi le sixième étage du Depository étant un grenier abandonné, la première équipe va y attendre le moment propice pour rejoindre le cinquième étage. D'ailleurs, dans les années 70, des travaux de réfection de la climatisation du Dal-Tex Building ont mis au jour dans les combles de l'immeuble une cartouche non utilisée !

La pause entre le 8 et le 11 novembre est importante parce qu'elle signale que les préparatifs sont totalement terminés. Le groupe de tueurs a obtenu la garantie que Kennedy passerait bien sur Elm Street et emprunterait le virage en épingle sur Dealey Plaza, virage qui conditionne la réussite du meurtre. Le cerveau de l'opération, l'inventeur du tir croisé sur Dealey Plaza, connaît ses classiques. Le 29 mai 1942, Reinhard Heydrich, responsable des SS, a été assassiné à Prague dans des conditions similaires. Il conduisait sa Mercedes décapotable dans les rues de la ville et, chaque jour, empruntait un virage en épingle à un angle presque identique à celui de Dealey Plaza, quand deux hommes, membres de la résistance tchécoslovaque parachutés quelques jours auparavant par la RAF, profitèrent du ralentissement pour lancer une bombe contre sa voiture. Sordide clin d'œil de l'histoire, c'est un commando composé de fascistes qui, le 22 novembre 1963, réutilise cette stratégie.

Durant ces quatre jours de « permission », alors qu'Oswald se trouve à Irving, deux événements importants se produisent.

Le 9 novembre 1963, William Somersett, informateur de la police chargé d'introduire les milieux d'extrême droite américains, enregistre une conversation téléphonique avec Joseph Adam Milteer. Aisé, Milteer dirige le groupe ultra-conservateur National States Right Party (NSRP) et appartient à de nombreuses associations racistes. En 1963, la police de Miami le place sous surveillance parce qu'elle le soupçonne de vouloir mettre sur pied une union de l'ensemble des groupuscules d'extrême droite des Etats-Unis. Son dossier a longtemps été gardé secret par le FBI et, encore aujourd'hui, il est impossible d'en obtenir la totalité. Il est vrai qu'à la retranscription de la conversation téléphonique entre Milteer et Somersett, on comprend la prudence du Bureau. En effet, après avoir discuté pendant quelques minutes du NSRP, Milteer évoque le cas Kennedy qui doit prochainement se rendre à Miami :

« Plus il aura de gardes du corps, plus ce sera facile de le descendre... depuis un immeuble avec un fusil puissant. De toute manière, il sait qu'il est marqué.

— Ils vont vraiment tenter de le tuer[1] ?

---

1. Le « ils » utilisé par les deux hommes semble se référer aux Cubains anticastristes.

— Bien sûr, c'est en route... Et puis l'enquête ne pourra pas remonter les traces. Ils vont capturer quelqu'un juste quelques heures après le crime. Ils vont balancer un gars juste pour calmer le public. »

A peine la conversation achevée, Somersett se précipite au bureau du capitaine Charles Sapp, le patron de la police de Miami. Les deux hommes n'ignorent pas que Milteer est un « candidat » sérieux, sa totale confiance en Somersett lui fait perdre toute règle élémentaire de prudence. Chaque fois que la police a dû vérifier une de ses allégations, elle s'est révélée exacte. Cette fois-ci, il s'agit de l'assassinat du Président et Sapp décide de confier le dossier au FBI. Le 10 novembre, l'agent Peterson écoute l'enregistrement de la conversation et met Milteer sous surveillance. Suivant la procédure, il expédie une copie de la transcription directement à Edgar Hoover et une seconde au Secret Service, seul organisme en charge de la sécurité présidentielle.

Le 22 novembre 1963, Somersett reçoit un appel de Milteer. Surpris, il n'a pas le temps de brancher son magnétophone mais raconte ensuite au FBI que l'informateur était à Dallas « pour assister au spectacle et que plus jamais Kennedy n'aurait l'occasion de revoir Miami ». Le lendemain, Milteer est de retour de voyage quand Somersett vient l'attendre à la gare de Jacksonville en Floride. L'agent Peterson est également présent et note dans son rapport : « Milteer était extrêmement heureux de la mort du président Kennedy. Il a déclaré à Somersett : " Tout s'est exactement passé comme prévu. Je suis sûr que tu croyais que je plaisantais lorsque je t'ai dit qu'il allait se faire tuer depuis une fenêtre avec un fusil de gros calibre. " Quand Somersett lui a dit qu'il avait juste fait une supposition lorsqu'il lui avait raconté le tout, Milteer a répondu : " Ce n'était pas une supposition. " [...] Plus tard dans l'après-midi, Milteer a dit qu'il s'était rendu à Houston, à Fort Worth, à Dallas et ensuite à La Nouvelle-Orléans. » Le lendemain, lorsque Milteer et Somersett arrivent en Caroline du Sud pour une réunion avec des responsables locaux du Ku Klux Klan, l'informateur de la police de Miami réussit à l'aiguiller à nouveau sur l'assassinat de Kennedy : « Milteer a déclaré qu'il ne fallait absolument pas s'inquiéter au sujet de Lee Harvey Oswald, qu'il a été capturé parce qu'il ne savait rien et qu'aussi l'extrême droite était tranquille. Plus tard Milteer a ajouté : " Les patriotes ont possédé les communistes et ont infiltré un groupe communiste afin qu'ils supportent, eux, le coup sans que l'extrême droite soit impliquée. " » En conclusion de son rapport, Peterson note que « l'informateur ne peut pas définitivement affirmer que Milteer connaissait Oswald ou Ruby ».

Le 27 novembre, le FBI se décide à convoquer Milteer, qui nie avoir tenu de tels propos, pourtant enregistrés par Somersett. Le Bureau se satisfait de cette réponse et classe l'affaire avec toutefois la mention : « Certaines pages de ce dossier ne doivent pas être rendues publiques. » Evidemment, la Commission Warren n'évoque nulle part la piste Milteer. Pourtant de nombreux points autorisent à affirmer que, début novembre 1963, Milteer savait que Kennedy allait être assassiné. Le 24 novembre, il déclare à Somersett s'être rendu à Houston, à Fort Worth et à Dallas, soit les trois dernières étapes du Président. Le rapport du FBI informe que Milteer a quitté la Floride le 21 au matin à un horaire lui permettant d'être à Houston en même temps que le défilé de JFK. Le fait que Milteer ait suivi l'itinéraire de Kennedy signifie une chose : il est au courant du projet d'assassinat et des grosses lignes du scénario, mais ne fait pas partie de la conspiration. C'est pour cela que, s'il sait que le voyage texan du Président sera son dernier, il ignore où et quand celui-ci se fera exécuter. Son appel à Somersett est logique : Dallas est la dernière chance pour abattre Kennedy. Si son coup de fil n'est pas enregistré, une preuve confirme sa présence à Dallas quelques secondes avant le début de la fusillade. Jack White, le chercheur texan qui a analysé des centaines de documents photographiques pris le 22 novembre 1963, a trouvé un cliché où on le voit nettement sur Houston Street, à quelques dizaines de mètres de Dealey Plaza[1]. Milteer, l'homme qui avait annoncé la mort de Kennedy, la capture de Lee Harvey

---

1. Voir cahier iconographique.

Oswald et se trouvait à Dallas, est décédé le 9 février 1974 dans des circonstances troubles, quelques mois avant la création du Comité Church chargé d'enquêter sur les actions illégales commises par la CIA. Au moment où le cas Kennedy allait bientôt être abordé.

L'histoire étonnante de Joseph Milteer est riche en enseignements. Lors de ses conversations, il implique clairement l'extrême droite américaine. Or, les membres que nous avons identifiés font tous partie de cette mouvance. Pareillement, le fait que Milteer soit averti de l'assassinat prouve que la CIA, ou plus généralement l'armée, ne se cache pas derrière l'opération. Son témoignage confirme aussi l'implication du Secret Service et d'Edgar Hoover dans la préparation de l'assassinat. Premièrement, Milteer se vante que « plus Kennedy aura de gardes du corps, plus cela sera facile », une affirmation qui implique certaines complicités au cœur du dispositif de protection du Président. Autre élément, la conclusion du rapport du FBI de Miami, le 10 novembre 1963 : « Le Secret Service a été prévenu de la teneur de cette information. » Mais n'a rien fait, et ce alors que la source était sérieuse. Chose étrange, il n'existe aucune trace de l'arrivée, du traitement et de l'archivage du rapport de Miami. Idem au siège du FBI. Ce qui donne toute sa valeur aux informations de Somersett et place Hoover ainsi que le Secret Service au rang des suspects.

La conversation Milteer-Somersett n'est pas la seule, ce week-end-là, à aborder l'assassinat de Kennedy. Le 10 novembre 1963, Robert Morrow, qui a livré ces éléments à la presse à plusieurs reprises, reçoit un appel d'Eladio del Valle, dit Yito. Depuis 1958, Morrow, ancien ingénieur en électronique, travaille pour la CIA sur des opérations spéciales. En 1961, avant l'opération de la baie des Cochons, il effectue un vol au-dessus de Cuba pour détecter la présence ou non de missiles. Et c'est David Ferrie qui le pilote. Le 1er juillet 1963, il reçoit un ordre de son officier traitant, Tracy Barnes. Jusqu'au 31 janvier 1962, date du renvoi du général Cabell, Barnes travaillait directement sous les ordres du frère du maire de Dallas. Le 1ᵉʳ juillet donc, il demande à Morrow de lui trouver rapidement quatre Mannlicher-Carcano, calibre 7,35. Barnes indique même à Morrow qu'il trouvera cet armement dans un surplus du Maryland. Le lendemain, Morrow reçoit un appel de Yito del Valle, ancien membre de la police secrète de Batista, qui a intégré la CIA et qui, en avril 1962, dans le cadre d'Opération Mangoose, se trouve à Lake Pontchartrain. Yito, qui sera un des tireurs de Dallas, lui demande quatre émetteurs-récepteurs non détectables. Début août, Morrow remplit sa mission, les trois Carcano[1] et le matériel radio étant prêts. A la fin de la première semaine du mois, Morrow a rendez-vous sur un aéroport privé près de Baltimore pour livrer la marchandise. C'est David Ferrie qui récupère le tout puis s'envole pour La Nouvelle-Orléans. Le 10 novembre, douze jours avant le meurtre, Morrow reçoit à nouveau un appel de Yito. Del Valle lui explique que le matériel va être utilisé « pour le grand chef, à Dallas. Kennedy va y avoir droit à Dallas ». Le jour même, Morrow relaie l'information à son officier traitant. Le 23 novembre, il contacte Barnes à la CIA et lui rappelle la conversation avec Yito. L'agent le rassure et lui dit que la CIA tient la situation bien en main. Un mensonge, puisque Morrow raconte que d'autres agents lui ont expliqué que, juste après le meurtre de JFK, une panique sans pareille s'était emparée de l'Agence. Les sonnettes d'alarme avaient été tirées depuis longtemps, le commando de tueurs était issu d'une opération créée par la CIA et composé d'hommes travaillant tous, plus ou moins, pour l'Agence. Marshall Diggs, le bras droit de Barnes, a même raconté à Morrow que l'organisation d'une gigantesque manipulation destinée à étouffer les fautes de l'Agence fut décidée presque immédiatement. Cette thèse n'est pas forcément inexacte. Il est certain que la CIA a rapidement su qui se cachait derrière le meurtre du Président. En quelque sorte, c'est même elle qui avait permis la coalition des assassins. Les détails de l'Opération Mangoose, le plan ZR/Rifle, l'utilisation de tueurs de la Mafia sont

---

1. Le quatrième, que Morrow possède toujours, était défectueux.

restés secrets jusqu'au début des années 80. Ce qui signifie que la CIA ne pouvait pas, en 1963, expliquer comment des hommes formés et armés par ses soins avaient pu échapper à tout contrôle et tuer le chef de l'Etat. La seule chose à faire était de nier, même et y compris jusqu'à l'absurde.

Mais si une partie de la manipulation de la Commission Warren en particulier et de l'enquête en général est née de la panique de la CIA, une autre s'avère une part essentielle du plan. L'histoire de Robert Morrow permet de confirmer la présence de David Ferrie, d'Eladio del Valle et d'un autre Cubain, ami de Yito, sur place lors de la commande, Manuel Rodriguez Quesada. Elle implique aussi son officier traitant, Tracy Barnes, qui commande les Carcano récupérés ensuite par Ferrie. C'est lui également qui ne transmet pas les avertissements de Morrow à sa hiérarchie, et qui sert de lien vers le général Cabell. Viré par Kennedy à cause du désastre de la baie des Cochons, il est surtout le frère du maire de Dallas. Sa collaboration, à la fois dans l'assassinat de JFK mais aussi dans celui d'Oswald, était nécessaire au succès de l'opération. Bien sûr, Morrow pourrait également mentir. Mais cela ne semble pas être le cas. Un témoin retrouvé par le chercheur Lou Kireger a assisté à l'échange entre Morrow et David Ferrie début août, ce dernier, il est vrai, ne passant pas inaperçu. Boule de nerf montée sur ressort, accent sudiste à couper au couteau, Ferrie est atteint d'une maladie qui lui a fait perdre son système pileux. Aussi porte-t-il un toupet roux souvent mal ajusté et deux énormes faux sourcils bruns. Les armes récupérées par Ferrie vont servir bien évidemment à piéger Lee. L'une d'entre elles sert aux photographies prises dans l'arrière-cour. De fait une étude précise de l'arme retrouvée au Depository et de celle qui figure sur le cliché fabriqué permet de noter des différences. Les deux autres sont utilisées pour les incidents des stands de tirs. Détail important, les armes commandées par Barnes sont de calibre 7,35, le Carcano de Lee un 6,5. A l'origine, les Carcano sont de calibre 7,35, mais les importateurs américains ont préféré les recalibrer en 6,5 pour fournir plus facilement des munitions.

Quant aux émetteurs-récepteurs de Morrow, ils ont bel et

bien été utilisés le 22 novembre. Pour l'affirmer, il faut se
souvenir du témoignage de Lee Bowers, l'employé des chemins de fer qui, de sa tour de contrôle, observe les va-et-
vient de voitures derrière la barrière du Grassy Knoll et qui a
toujours soutenu que les passagers parlaient dans des micros.
Morrow, de son côté, a également raconté qu'après l'assassinat il avait étudié les clichés pris sur Dealey Plaza et y avait
vu un homme sur Elm Street dissimulant dans sa poche une
de ses « inventions ». De fait, différentes photographies,
retrouvées par le chercheur Jack White, montrent que le personnage situé à côté d'Umbrella Man, devant le panneau
Stemmons, cache sous son pull-over un système de transmission. L'homme, jeune et athlétique, de type latin, voire
cubain, porte une paire de lunettes et une casquette. White
est même parvenu à reconstituer ses faits et gestes après la
fusillade, grâce à la masse des documents pris sur Dealey
Plaza. Alors que la foule se précipite vers le Grassy Knoll, le
« Cubain » et l'homme au parapluie s'assoient sur le trottoir
durant une minute, discutent, puis se lèvent et quittent calmement Dealey Plaza à contre-courant de la foule ; enfin,
profitant de la panique, ils se « perdent » parmi les spectateurs. Or, en trente-cinq ans de recherches, l'ensemble des
témoins sur Dealey Plaza ont été identifiés, sauf ces deux
hommes. Qui font évidemment partie de l'équipe des assassins et dont nous développerons le rôle plus loin.

Morrow, Milteer, Nagell, voilà en tout cas trois personnes
informées du crime de Kennedy avant le 22 novembre.
Marita Lorenz est la quatrième. Recrutée en 1959 par la
CIA afin d'infiltrer l'entourage de Castro, de tenter de devenir sa maîtresse et d'en profiter pour l'empoisonner, elle a
comme agent de contact Frank Sturgis qui, en 1963, est un
des dirigeants de Lake Pontchartrain. Par deux fois, sous serment et contre protection, Lorentz a relaté son histoire et
avoué connaître Oswald qu'elle a vu à trois reprises. La première dans une planque utilisée par l'équipe homicide de
l'Opération 40, programme mis au point sous Nixon qui pré-
céda Mangoose. La deuxième, en septembre 1963, à Miami

dans l'appartement d'Orlando Bosch, « pigiste » de la CIA et membre d'Alpha 66 où sont également présents Frank Sturgis – devenu le compagnon de Marita – et le Cubain Pedro Luis Diaz Lanz. Ancien chef de l'armée de l'air cubaine, celui-ci a rejoint les Etats-Unis pour combattre le communisme. Au printemps 1963, il s'entraîne à Lake Pontchartrain. Alexander Rorke, un agent de la CIA, membre de la station de Mexico directement sous les ordres de David Atlee Phillips, est également sur place. A noter que cet homme a disparu le 30 septembre 1963, son avion privé explosant alors qu'il survolait le Yucàtan, que son corps n'a jamais été retrouvé et que les causes de l'accident n'ont pas été éclaircies.

Le but du rendez-vous est de fixer les modalités d'un « voyage » à Dallas en novembre prochain. Le 15 novembre, une semaine avant l'assassinat, deux véhicules quittent Miami pour la cité texane, périple long de deux jours. En plus de Marita, six hommes sont de l'aventure. Lee Harvey Oswald, les deux frères Sampol, Diaz Lanz, Gerry Hemming et Frank Sturgis. Les coffres des voitures sont remplis d'armes et de matériel d'observation. Le 17, le groupe s'installe dans les chambres d'un motel de Dallas et, le jour même, reçoit la visite de Jack Ruby, lequel vient vérifier le matériel et donner à Sturgis une enveloppe contenant un importante liasse de billets. Pour la première fois, Marita comprend qu'il ne s'agit pas d'un simple trafic d'armes mais que ses compagnons vont séjourner à Dallas pour éliminer Kennedy. Le 20 novembre, elle quitte l'hôtel avec l'accord de Sturgis et va à Miami en avion. Le 23, elle joint son contact au FBI pour lequel elle rend menus services, expose son histoire et livre les noms des membres de l'expédition contre, certainement, la garantie de ne pas être poursuivie. Lors de son audition devant le Congrès, elle explique même : « Le FBI ne voulait pas mettre son nez dans ça. C'étaient des activités qui touchaient la CIA. » Le 24, Sturgis est de retour à Miami, satisfait de la tournure des événements. Il regrette même que Marita n'ait pas « assisté au spectacle, parce que c'était vraiment un gros truc ».

Le lundi 18 novembre, une partie de l'équipe des tueurs est donc à Dallas avec le matériel. Jack Ruby, responsable du déroulement de l'opération sur place, est venu rembourser à Sturgis l'achat des armes. Les jours suivants sont consacrés au repérage. Séparément, les hommes arpentent Dealey Plaza et les alentours. Le mercredi 20, Rose Cheramie, une prostituée accro à l'héroïne, est retrouvée inconsciente au bord d'une route de Louisiane, couverte de contusions, apparemment sous l'effet d'une dose massive de drogue. Transportée au Louisiana State Hospital de Jackson, elle reprend ses esprits, mais dans un état d'hystérie. Là, elle hurle au docteur Weiss qui la soigne que Kennedy ne doit pas aller à Dallas, que des hommes l'y attendent pour le tuer. Lou Ivon, un des enquêteurs du procureur Jim Garrison, est allé interroger Weiss en 1967. Son rapport, récemment déclassé, contient des détails importants. D'abord, que Weiss a informé le lieutenant Fruge des délires de sa patiente. Ce qui permet à Ivon de posséder deux sources confirmant les propos de Cheramie. Ensuite, que Rose a été admise le 20 novembre et placée en isolement jusqu'au 26. Ce qui signifie que, jusqu'au 27 novembre, elle n'a aucun moyen de connaître les événements survenus à Dallas. Interrogée alors par le lieutenant Frudge, complètement consciente, elle répète son histoire. Ce qu'il faut savoir surtout, c'est que Cheramie travaille occasionnellement pour Jack Ruby au Carrousel Club. Et que ce sont deux Cubains, relations de Ruby, qui l'ont tabassée et droguée dans l'espoir d'une overdose. Cheramie ajoute que Lee Harvey Oswald et Jack Ruby ont participé au meurtre, que les deux hommes se connaissent et qu'Oswald était souvent au Club. Un secret beaucoup trop lourd pour elle. Le 4 septembre 1965, on la retrouve morte au Texas : en pleine nuit, couchée sur la chaussée, un automobiliste n'a pu l'éviter et lui a écrasé la tête. Le rapport d'autopsie, longtemps tenu secret, explique que Rose Cheramie était décédée au moment de la collision, les médecins légistes ayant retrouvé un impact d'entrée de balle dans le corps de cette ancienne employée du Carrousel Club.

Une autre personne liée à Ruby annonce le crime de Kennedy avant qu'il ne se produise. Un mémorandum inédit de Lou Ivon, daté du 17 mars 1967, raconte l'histoire vérifiée de Mrs. Palmer. Cette ancienne employée de Jack Ruby est arrivée à Jackson, Louisiane, pour suivre un traitement contre l'alcoolisme deux semaines avant l'assassinat. Le 22 novembre, alors qu'avec d'autres malades elle assiste à la retransmission de l'arrivée de John et de Jackie à Love Field, elle déclare : « C'est aujourd'hui que le Président va être assassiné. » Mais l'équipe de Jim Garrison n'est jamais parvenue à la retrouver.

Le 21 novembre, Lee a une mission : permettre l'installation de ses complices au sixième étage du Depository. Mais sa visite à Irving n'était pas prévue. Car Oswald n'y est pas allé pour se réconcilier avec sa femme, mais pour réparer une erreur qui aurait pu permettre à la police de remonter jusqu'à lui.

En effet, quelques jours plus tôt, inquiète du silence de son mari, Marina a transgressé une règle essentielle imposée par Oswald : ne jamais l'appeler dans un des meublés qu'il occupe. D'habitude, c'est lui qui téléphone, d'une cabine extérieure à la résidence. Mais le 20, Marina désobéit. Elle demande à Ruth Paine de l'aider à joindre Earlene Roberts, la logeuse de Lee, pour parler à ce dernier. Roberts répond que seul un O. H. Lee loge chez elle. Ruth insiste, mais en vain. Lorsque Lee est de retour, Earlene Roberts l'interroge pour savoir s'il se nomme Lee Harvey Oswald ou O. H. Lee et que, si c'est le cas, il doit rappeler sa femme. Oswald nie, mais est furieux. Plus tard, il se rend à la cabine téléphonique et contacte Marina. La conversation est agitée. Lee reproche à Marina d'avoir violé les règles, et elle lui réplique qu'elle n'en peut plus de ses secrets et de ses absences inexpliquées. Le lendemain, il décide d'aller voir Marina et de lui raconter une histoire capable de la calmer. Car son appel inopportun permet de relier O. H. Lee à Lee Harvey Oswald, donc de faciliter une traque éventuelle. Cette information est importante puisqu'elle implique de nouveau des membres de la police de Dallas. Pour comprendre la clé, il faut se glisser un instant dans la peau de Lee. Depuis sa majorité, Oswald est un habitué des opérations clandestines ; il a réussi à vivre deux ans et demi en territoire ennemi sans faire la moindre erreur ; il n'ignore pas non plus que retourner à Irving la veille de l'opération pourrait avoir des conséquences catastrophiques sur l'ensemble du plan. En effet, sans songer à l'accident de la circulation fortuit, Lee pourrait être en retard le lendemain matin. Pourtant, après une journée de réflexion, il choisit de courir le risque... sans prévenir ses complices. Ce qui signifie qu'il estime dangereux de laisser Marina et Ruth Paine croire qu'il loue sa chambre sous le nom d'O. H. Lee, danger d'autant plus grand qu'Oswald s'est fait embaucher sous ce pseudonyme au Texas School Book Depository. Suivant le plan, après l'assassinat de Kennedy, alors que l'ancien marine sera en partance vers le Mexique, la police de Dallas découvrira qu'un employé du cinquième étage, O. H. Lee, a disparu, lancera un appel à témoin qui n'aboutira jamais. Et pour cause. Depuis le mois d'octobre, Oswald avait agi avec précaution afin de n'être jamais rattaché à son pseudonyme, mais voilà qu'à deux jours du meurtre Earlene Roberts, Ruth Paine et Marina savent que Lee Harvey Oswald et O. H. Lee ne font qu'un.

Le 21 au soir, enfreignant toutes les consignes de sécurité du commando, Oswald demande à Frazier de le ramener à Irving. Son excuse est vite inventée : il vient chercher des tringles à rideau pour sa chambre. Le lendemain, le vendredi 22 novembre, Frazier le reconduit au Depository. Frazier et sa sœur n'ont pas menti. Ce matin-là, Lee portait bien un sac en papier. A l'intérieur, il n'y avait ni tringles ni arme démontée, mais plus vraisemblablement des journaux donnant l'impression d'un sac plein. En effet, Frazier raconte que dès qu'il est arrivé sur le parking du Depository Lee est sorti rapidement de la voiture et, sans l'attendre comme il le fait d'habitude, s'est précipité vers l'immeuble, son sac sous le bras. Quelques minutes plus tard, un témoin l'aperçoit juste après qu'il a pointé. Et Oswald n'a plus le sac. Sa précipitation s'explique parce qu'il ne doit pas en être en retard pour intégrer l'équipe de manutentionnaires qui monte travailler au cinquième étage et parce que, en distançant Frazier de quelques mètres, il peut discrètement jeter le sac dans la poubelle métallique haute de soixante centimètres située devant l'entrée réservée aux employés. C'est pour cela qu'un témoin le croise les mains vides quelques secondes après son arrivée dans le bâtiment. Cet enchaînement logique est confirmé, involontairement, par les premières déclarations de Marrion Baker et de Roy Truly.

Dans son premier rapport, Baker note qu'au moment de sa rencontre avec Oswald près de la cafétéria, Truly lui signale qu'il s'agit d'un employé du Depository et qu'il s'appelle « Lee ». Plus tard, devant la Commission Warren, le simple « Lee » se transforme en Lee Harvey Oswald. Ce sont les premières déclarations et interviews de Truly qui achèvent d'impliquer à la fois la police et le Depository dans toute cette affaire. Lorsque, dès le 22 novembre, Truly livre ses impressions, il parle toujours de Lee. Pendant trente-cinq ans, les enquêteurs et les chercheurs n'ont jamais cessé de penser que Truly désignait Oswald par son prénom. Ce qui est erroné puisque, dans ses entretiens, il évoque d'autres employés de l'immeuble par leur nom de famille. C'est pour cette unique raison que la fiche d'embauche d'O. H. Lee/Lee Harvey Oswald est encore aujourd'hui introuvable. Du coup, cette révélation dévoile un autre mensonge du DPD et confirme le piège tendu à Oswald. Le DPD a toujours dit s'être immédiatement intéressé à Lee parce qu'il manquait lors de l'appel effectué par Truly. Or, c'est faux. D'abord, Oswald n'est pas le seul employé manquant, certains n'étant pas encore rentrés de leur pause-déjeuner, tandis que d'autres, estimant à juste titre que personne ne pourrait travailler cet après-midi-là, préfèrent retourner chez eux, absences confirmées par le rapport Warren. Ensuite, si Roy Truly a effectivement constaté l'absence de Lee, il s'agit pour lui, selon son listing, d'O. H. Lee. Il ne peut donc pas avoir indiqué au DPD que Lee Harvey Oswald était absent puisqu'il ne connaît personne de ce nom-là ! La révélation du pseudonyme utilisé par Oswald au moment de son embauche signifie que, dans les heures qui ont suivi le crime, Roy Truly s'est rendu compte que l'homme arrêté et présenté par la télévision comme le principal suspect dans le meurtre de JFK est bien O. H. Lee mais qu'il se fait appeler différemment. Le manager du Depository, qui ne fait pas partie de la conspiration, prend alors la seule décision possible : il décroche son téléphone et compose le numéro de son supérieur, le propriétaire de l'immeuble D. H. Byrd. Le Texas School Book Depository n'est pas un immeuble public, le service de gestions des livres scolaires du Texas étant géré par un groupe privé dirigé par le millionnaire D. H. Byrd. C'est lui qui a permis à Oswald d'avoir un emploi sur le virage d'Elm Street et c'est lui qui va ordonner à Truly, pour le bien du Depository, d'oublier O. H. Lee et de se concentrer sur Lee Harvey Oswald. Byrd est l'un des millionnaires texans producteurs de pétrole à avoir financé l'opération !

Lorsque *Air Force One* se pose à 11 h 40 sur Love Field, les différentes équipes sont donc presque prêtes. La veille, Jack Ruby s'était rendu à Houston où trois témoins l'ont reconnu. Là il a assisté au défilé de Kennedy afin de vérifier si tout s'annonce comme prévu.

Depuis le 22 novembre 1963, l'assassinat de John Kennedy est devenu un classique étudié par les forces spéciales de nombreux pays. En France, le SDECE possédait dès la fin des années 60 une version non censurée du film de Zapruder. Le film a été visionné à de très nombreuses reprises pour déterminer les circonstances du meurtre. En 1968, deux agents français, après avoir analysé les images et épluché le dossier français de l'affaire, ont publié en Belgique, en Allemagne et aux Etats-Unis un ouvrage intitulé *Farewell America* sous le pseudonyme de James Hepburn. En 1970, Gilbert Lecavelier, un des responsables de l'ETEC, une officine spécialisée dans l'infiltration de la gauche française où se côtoyaient anciens de l'OAS, membres du SAC et du SDECE, a également profité de séances de « perfectionnement » pour étudier la version complète du film de Zapruder. Les souvenirs de « James Hepburn », de Gilbert Lecavelier, d'un officier américain des forces spéciales et d'un autre ancien de l'ETEC aujourd'hui à la DST, permettent pour la première fois de raconter comment John Kennedy a été assassiné le 22 novembre 1963. Si une petite centaine de personnes a participé de près ou de loin au meurtre, beaucoup d'entre elles ignoraient l'objet final de leur action.

En fait, on peut diviser cette opération en sous-groupes. D'abord, le groupe Action, qui comprend les tueurs, les responsables des armes, des moyens d'évasions et de la sécurité, des coordinateurs et des membres du Secret Service. Ensuite, le groupe Réflexion qui a pensé le crime et piégé Oswald. Enfin, le groupe Argent qui comprend les financiers. A ces intervenants directs s'ajoute une poignée hétéroclite de complices, membres du DPD ou anciens de la CIA, personnes qui ne savent pas qu'elles travaillent à l'assassinat du Président. N'oublions pas le groupe Camouflage, chargé d'étouffer la vérité, et enfin les conspirateurs eux-mêmes, ceux qui ont voulu la mort de Kennedy et vont profiter de sa disparition. Or, pour parvenir à identifier ces derniers personnages, il faut en priorité s'intéresser au groupe Action.

Aucun doute : les assassins de Kennedy sont des professionnels agissant suivant un schéma qu'ils ont toujours pratiqué. Ainsi les forces spéciales, les commandos et les groupes de mercenaires se déplacent-ils sur le terrain systématiquement par trois et, plus rarement, à cinq. La triade, combinaison magique la plus fréquemment utilisée sur Dealey Plaza, permet d'avoir un homme qui fait le guet et garantit la fuite, un autre en charge de l'arme avant et après l'opération, et un dernier qui se révèle le maillon le plus important mais aussi le plus fragile de la chaîne, le tireur. Le tireur est toujours celui qui prend le plus de risques. Il peut rarement se dissimuler, doit faire abstraction de l'environnement extérieur, peut aisément être repéré par des traces de poudre ou des empreintes, puisque, contrairement aux idées véhiculées par le cinéma, un tireur d'élite vise rarement avec des gants, ayant trop besoin de faire corps avec son arme et de sentir la détente sous son doigt. Le 22 novembre 1963, il y avait donc cinq triades Action sur Dealey Plaza. Dont l'une n'a jamais servi. En effet, le groupe Réflexion avait choisi Dealey Plaza parce que cette place offrait non pas une mais deux zones de tirs ainsi qu'une autre option à laquelle il n'a pas été nécessaire de recourir. A la sortie du Triple Underpass avait en effet été installée une voiture piégée qui, si les plans A et B avaient échoué, aurait explosée au passage de la limousine. La réussite de l'ensemble du dispositif passait obligatoirement par la mort de Kennedy. Du reste, il faut reconnaître que les conspirateurs avaient pris un risque certain : si JFK en réchappait, la troisième partie de l'opération, celle qui venait après la préparation et l'exécution, autrement dit la manipulation, n'était plus envisageable. D'après différentes sources, c'est une triade composée d'un Américain et de deux « Français », spécialistes en explosifs, qui étaient en charge du plan C. Nous verrons plus tard qui étaient ces Français et comment ils se sont retrouvés à Dallas.

La deuxième équipe Action est celle du Texas School Book Depository, composée de Lee Harvey Oswald et des deux Cubains anticastristes, Yito del Valle et Hermino Diaz Garcia. De nombreux éléments permettent d'avancer leurs noms avec certitude. Pour commencer, nous avons vu, grâce au témoignage de Robert Morrow, que Yito fait partie de l'équipe puisqu'il annonce le crime dès le 10 novembre. Garcia, dont le nom de guerre est Rogelio, est de son côté membre d'Alpha 66. Jim Garrison a prouvé, lui, que Diaz a assisté en mai 1963 à une réunion dans les bureaux de Banister. Sont également sur place les frères Sampol, Carlos Prio, Orlando Bosch, Jorge Mas Canosa et Yito. Autant d'extrémistes qui se retrouvent dans le Free Democratic Cuba, une association écran dissoute le 1er décembre 1963. De plus, les deux hommes, aux casiers judiciaires lourds en meurtres, ont été identifiés avec certitude par les services cubains. Fabian Escalante, le chef de ces services secrets, explique : « Yito del Valle et Hermino Diaz étaient des tireurs d'élite. Si vous vérifiez avec attention les descriptions données par les témoins du crime de Dallas, rassemblées aussi bien par Garrison que par la Commission Warren, vous trouverez quatre témoins qui ont vu à la fenêtre du Depository " deux hommes de type latin ou cubain, l'un des deux était presque noir et les deux avaient un début de calvitie prononcé ". Ces descriptions correspondent à Hermino qui était mulâtre et à Yito del Valle qui était blanc mais avec un teint foncé. Les deux avaient un début de calvitie prononcé [1]. »

Le physique d'Hermino Diaz correspond aussi à l'homme vu par le shérif Roger Craig quittant le Depository pour s'engouffrer dans le break Nash Rambler. Son rapport du 22 novembre 1963 le décrit comme étant de type latin mais pas « comme un homme blanc à la peau foncée, plutôt comme pourrait l'être un Noir, mais sans que cela soit tout à fait ça ». Roger Craig écrit aussi que quelques minutes avant l'épisode de la voiture il a aperçu le même homme sortir du Depository. Avant de traverser la route, un agent l'interroge. Quelques minutes après, Craig se trouve au niveau de ce policier qui lui explique que l'homme ne savait pas parler anglais. Autre élément permettant de savoir que c'est Yito qui a tiré, la photographie prise par Tom Dillard de la façade du Depository environ quinze secondes après le dernier coup de feu [2]. Le travail d'agrandissement effectué par Robert Groden dévoile la tête d'un homme à la fenêtre opposée de l'immeuble. Or le 18 mai 1957, une photographie d'Hermino Diaz est reproduite à la une du journal costaricain *La Republica*, cliché qui ne laisse planer aucun doute : c'est bien lui qui se trouvait au cinquième étage du Texas School Book Depository.

Il est même possible d'expliquer ce qu'Hermino Diaz faisait du côté opposé au nid du tireur : il dissimulait l'arme du crime entre deux cartons. Plaçons-nous un instant dans sa logique. C'est un homme entraîné, spécialiste de ce genre d'opérations, qui, durant des mois, a répété chaque geste de ce vendredi 22 novembre jusqu'à les connaître par cœur. Une telle opération ne laisse aucune place à l'improvisation. Pour commencer, Diaz se débarrasse de l'arme afin d'assurer sa fuite et celle de Yito. Le plan est banal mais efficace : profiter

---

1. Claudia FURIATI, *ZR/Rifle, The Plot to Kill Kennedy and Castro*, op. cit.
2. Voir chapitre « Images d'un assassinat ».

de la cohue pour quitter l'immeuble le plus naturellement du monde. C'est la scène dont Roger Craig est témoin. Ce premier point éclairci, revenons un instant sur la règle d'or de la triade : protéger le tireur qui est le plus facilement traçable à cause de son arme. Dès lors, laisser l'arme du crime sur place s'avère insensé. Pourtant c'est ce que fait Diaz. Mieux, les policiers découvrent une arme à l'autre bout de la pièce dissimulée entre deux cartons. Et ce à l'endroit exact où Dillard photographie le visage de Diaz. Il faut se demander alors pourquoi il a caché sur place l'arme du crime ? Non pour respecter les lois de la triade et protéger son tireur, Diaz n'étant pas fou, il sait que le Depository va être passé au peigne fin dans les minutes qui vont suivre sa fuite. S'il abandonne l'arme au Depository, c'est parce que quelqu'un doit la récupérer à cet endroit et lui substituer le Carcano d'Oswald.

Le scénario de l'équipe Action installée au Depository est le suivant. A 12 heures, Oswald refuse de descendre du cinquième étage avec ses collègues qui vont déjeuner et regarder le défilé, il bloque l'ascenseur ouest, laissant ainsi une seule issue plus facile à surveiller, l'escalier est. Puis il signale à ses deux complices dissimulés à l'étage supérieur que la voie est libre. Tandis que Diaz et Yito préparent le nid du tireur, Oswald surveille l'escalier. Ce qui explique qu'on ne retrouve pas ses empreintes sur les cartons. Une fois la position de tir prête, pendant que Yito juge la situation depuis la fenêtre et remarque que les répétitions au camp mexicain n'ont pas tenu compte des feuilles des arbres qui masquent partiellement sa vue, Diaz prépare l'arme. Il ne s'agit pas d'un Carcano, une des pires armes au monde pour ce type d'assassinat mais d'un fusil d'une précision et d'une puissance redoutables, le Mauser Gewehr 43[1]. De calibre 7,92, longue d'un mètre onze, pesant tout juste quatre kilos quatre cents, c'est l'arme absolue pour un tireur d'élite. Ses balles se déplacent à 776 mètres à la seconde. Ses munitions et sa lunette de visée incorporées per-

---

1. Il ne faut pas confondre avec les Mauser 98 et 98k qui équipaient l'infanterie allemande pendant les deux guerres mondiales. Là, il s'agit d'une arme beaucoup plus petite, rare, puissante et évoluée.

mettent le tir de précision même dans des conditions difficiles. Inventé pour l'armée allemande, le Gewehr 43 est en 1963 encore utilisé par l'armée tchèque pour ses performances exceptionnelles de précision. Une fois la fusillade achevée, c'est cette arme que cache Diaz. Il sait qu'un complice appartenant au DPD doit la récupérer et la remplacer par le Carcano.

Mais un grain de sable grippe la machine. Comme au Texas Theatre, les premiers policiers arrivant au cinquième étage du Depository ne sont pas ceux qui étaient prévus. En effet, ce sont Roger Craig, Eugene Boone et Seymour Weitzman qui découvrent l'arme, des hommes qui ne sont pas membres du DPD, mais des shérifs fédéraux. Craig écrit en effet dans son manuscrit inédit qu'ils ont mis la main sur une arme allemande, un Mauser identifié par Weitzman, lequel a tenu une armurerie pendant presque vingt ans et connaît bien le sujet. Le 22 novembre, il rédige son rapport où il précise avec maints détails que l'arme découverte au Depository est un Mauser. Eugene Boone fait de même. Lors de cette découverte, les trois hommes, rejoints par le capitaine Fritz et le lieutenant Day, font part de l'identification de Weitzman. Après avoir à son tour observé le fusil, Fritz confirme tandis que Day se tait. De fait, dans l'après-midi, durant deux conférences de presse, Fritz précise que l'arme est un Mauser allemand. A 13 h 06, un membre du DPD le prévient de l'assassinat de Tippit. Boone, Craig, Fritz et Weitzman sortent du Depository, où ils ont laissé le lieutenant Day de l'Identité judiciaire avec le Mauser. Une demi-heure plus tard, cette arme se transforme en Carcano. Sur ce point, il existe trois photographies intéressantes prises vers 13 h 30. La première montre le lieutenant Day sortant du Depository en portant négligemment un Carcano qui frotte contre son pantalon, alors qu'il n'a pas encore effectué les relevés d'empreintes. La seconde montre deux inspecteurs du DPD sur le pas de l'immeuble, l'un des deux tenant un sac en papier d'environ un mètre quinze qu'il ne porte pas comme s'il était vide mais comme s'il contenait un lourd objet. Or ce sac n'est pas celui qui, soi-disant, est retrouvé au Depository et accuse Oswald : les deux inspecteurs transportent en fait l'arme de Yito. Pour preuves, quelques mètres plus loin, alors qu'ils s'engouffrent dans leur voiture, ils se débarrassent de l'emballage. Au moment même où un photographe déclenche son appareil pour avoir une vue d'ensemble du cordon de sécurité mis en place par le DPD. Le cliché agrandi permet de voir qu'il ne s'agit pas d'un Carcano mais bel et bien d'un Mauser Gewehr 43[1]. Ce qui confirme que des hommes du DPD ont bel et bien collaboré à l'assassinat. Le lieutenant Day est d'autant plus suspect qu'il est responsable de l'Identité judiciaire de la ville et que c'est lui qui va trouver les empreintes d'Oswald là où le FBI a échoué ! Enfin, si Craig, Weitzman et Boone ont confirmé leurs rapports devant la Commission Warren, Day s'est toujours entêté à dire qu'une seule arme avait été retrouvée au Depository : le Carcano d'Oswald[2].

Dès 12 h 15, les hommes du Depository sont en alerte. Dans son oreillette conçue par Morrow, Hernandez vient d'apprendre que le défilé a pris du retard et que les trois autres équipes sont en position. Une installation sans doute facilitée par un incident monté de toutes pièces. Vers 12 h 15, sur Elm Street, un homme est victime d'une crise d'épilepsie. L'épisode, qui n'a pas dépassé deux minutes, s'avère suspect car l'homme évacué n'est jamais arrivé au Parkland Memorial ! Et parce que les incidents de dispersion sont classiques dans toute opération militaire.

---

1. Jusqu'à aujourd'hui, ce cliché était resté un mystère. Si l'embout ressemblait à un Carcano, il était clair que cela n'en était pas un. Les chercheurs connaissant le rapport Weitzman avaient comparé le cliché avec un Mauser et là non plus cela ne fonctionnait pas. Et pour cause, la comparaison avait été effectuée avec le plus courant des Mauser, le 98, qui ne ressemble pas au très rare Gewehr 43.

2. Un autre membre du DPD peut avoir collaboré, c'est J. C. White. C'est lui, rappelons-le, l'auteur du rapport Bledsoe sur l'incident opposant Oswald et J. R. Rubinstein. Le 22 novembre 1963 sur le Triple Underpass, il interdit l'accès aux curieux. Or le Triple Underpass permet d'avoir une vue d'ensemble du Grassy Knoll. Non seulement White déclare n'avoir rien remarqué de particulier mais ajoute que la fumée perçue par Bowers et d'autres témoins est due à un train qui passait au moment du crime. L'ensemble des films et clichés pris partout à cet instant montrent qu'il n'y avait pas de train sur le Triple Underpass.

Le deuxième groupe s'est installé au Dal-Tex Building, d'où sera tirée la balle qui, indirectement, entraînera la blessure du spectateur James Tague. La triade est composée d'un homme de couleur qui pourrait être soit cubain, soit noir. Noel Twyman écrit dans son livre *Bloody Treason* que David Sanchez Morales a vraisemblablement participé au crime. Morales, un mulâtre, était le porte-flingue de David Atlee Phillips. Présent dans le projet Mangoose, il est lui aussi passé par Lake Pontchartrain. En 1973, lors d'une soirée arrosée avec deux amis, il déclare en parlant de Kennedy : « Eh bien, nous ne l'avons pas raté ce fils de pute, n'est-ce pas ? » Morales était également à Los Angeles en juin 1968 lorsque Bobby Kennedy a été assassiné. Si le deuxième membre de l'équipe reste inconnu, le troisième s'appelle Jim Braden. Quelques minutes après les coups de feu, un témoin, l'homme assis sur l'échelle de secours en façade du Dal-Tex Building[1], raconte à un agent de police qu'il a l'impression qu'un coup de feu a été tiré depuis l'immeuble. De fait, les agents du DPD interpellent un homme, Jim Braden, qui semble n'avoir aucune raison d'être dans l'immeuble. Braden explique qu'il est à Dallas pour un rendez-vous d'affaires avec un producteur de pétrole et qu'il est entré dans le Dal-Tex afin de passer un coup de fil. Officiellement, le policier accepte son alibi mais on peut raisonnablement se demander si ce n'est pas plutôt un supérieur de l'agent qui lui a conseillé de laisser Braden libre. Et ce parce que des dizaines de témoignages confirment la présence à maints lieux et reprises de civils se prétendant agents du Secret Service. Les premiers policiers arrivant sur le Grassy Knoll seront d'ailleurs confrontés à ces « agents » présentant de fausses cartes. Ainsi Roger Craig, après avoir remarqué la Nash Rambler, rencontre un « agent » qui lui dit qu'il s'occupe de donner l'alerte pour arrêter la voiture, alors qu'aucun message ne sera envoyé en ce sens et que le Secret Service a toujours affirmé ne pas avoir placé d'hommes sur Dealey Plaza. Ces faux membres du Secret Service font en fait partie des groupes de

---

1. Voir chapitre « Images d'un assassinat ».

dispersion présents pour faciliter à la fois le tir – c'est ainsi que Gordon Arnold est prié énergiquement de s'installer de l'autre côté de la barrière du Grassy Knoll par un agent du Secret Service « aux mains sales » – et la fuite des équipes Action.

Une fois libre, Braden disparaît. Or, les élements disponibles sur son histoire permettent de savoir qu'il a menti au policier. D'abord, le Dal-Tex Building n'est équipé d'aucun téléphone public. Ensuite, Braden déclare être entré dans l'immeuble après la fusillade, alors que plusieurs personnes assurent qu'il était à l'intérieur avant les coups de feu. Par ailleurs, dans la nuit du 21 au 22, Braden était logé à l'hôtel Cabana de Dallas, où Jack Ruby s'est rendu le même soir. En outre Braden possède un bureau au 1701 Pere Marquette Building à La Nouvelle-Orléans, à trois pas de David Ferrie, lui-même au 1707. Enfin Jim Braden n'est pas son véritable nom, c'est un pseudonyme utilisé depuis septembre 1963 par Eugène Brading, un prisonnier lié à la Mafia libéré sur parole, virulent anticommuniste proche des milieux armés anticastristes. La preuve : son permis de conduire établi en 1963 atteste de sa manipulation. Notons, pour finir, qu'un rapport de police de Los Angeles daté de 1968 le remarque à proximité du lieu où Bobby Kennedy sera lui-même exécuté.

A Dallas, Braden joue le même rôle que Lee Harvey Oswald. Lee, comme lui, est membre d'une triade. Mais ni l'un ni l'autre ne sont le tireur ou l'homme chargé de préparer l'arme, celui qui doit rester en contact radio et récupérer les douilles : ils doivent assurer la sécurité de l'ensemble du groupe. Dès 12 h 15, Lee n'est plus au cinquième étage, mais dans la salle de repos où au moins deux personnes l'aperçoivent, et surveille la seule issue permettant de monter au cinquième. L'ascenseur est bloqué, obligeant ses « collègues » de travail à emprunter l'escalier qui passe devant cette salle. Lee doit les intercepter et inventer une excuse pour les retenir. Sa mission est importante, mais facile puisqu'il s'agit d'un étage en reconstruction dont la grande salle est occupée par des centaines de cartons de livres. Dès lors, seules les personnes qui travaillent à la manutention, les « collègues » de Lee, montent au cinquième. Ce qui éclaire la rencontre avec l'agent Marrion Baker. Au moment où le policier a entamé sa montée de l'escalier, il passe devant la salle où Lee se tient derrière la porte vitrée, bouteille de Coca-Cola décapsulée à la main. Baker entre, met en joue Oswald et demande à Truly de l'identifier. L'incident dure entre trente secondes et une minute. Lee, confiant, sait que ce laps de temps est suffisant, la fusillade ayant pris fin depuis presque deux minutes, pour que Yito et Hernandez débloquent l'ascenseur ouest et descendent du côté opposé à l'escalier que Baker gravit. De fait, la Commission Warren n'arrivera jamais à déterminer qui a emprunté l'ascenseur à ce moment-là !

Les troisième et quatrième équipes n'en forment qu'une et siègent sur le Grassy Knoll. Cette fois, il ne s'agit pas d'une triade mais d'un groupe de cinq : un coordinateur radio, deux tireurs et deux « surveillants ». Le choix du Grassy Knoll s'avère avant tout une décision balistique parce qu'un tir sur un véhicule en mouvement n'est jamais aisé, même pour des tireurs d'élite. Plusieurs éléments entrent en ligne de compte. La vitesse de la voiture est capitale, mais le virage à cent vingt degrés sur Elm Street permet de ralentir le plus possible l'allure. Toutefois, même à vingt kilomètres à l'heure, le tireur doit en permanence anticiper les mouvements, sachant que le temps, infime, où il « bloque » sa cible dans le viseur, presse la détente et touche son but, la situation aura changé. Si globalement la voiture n'aura guère bougé, sa visée initiale assurément puisque le tueur ne vise pas la limousine mais la tête de Kennedy, une zone d'à peine quelques centimètres et en mouvement. Les tirs du Dal-Tex et du Depository sont les plus compliqués. A la distance, aux obstacles naturels s'ajoutent le rempart humain des gardes du corps debout sur les marchepieds du véhicule suivant la Lincoln. Or il n'est pas possible que ces hommes entraînés et habitués au son d'une arme n'aient pas entendu siffler les balles au-dessus de leur tête. Un manque de réflexe qui paraît vraiment étrange. Surtout lorsque l'on sait que John Ready, l'un des agents de la voiture, a, lui, réagi au premier coup de feu : il s'apprêtait à jaillir du véhicule quand son supérieur, Emory Roberts, lui a ordonné de rester à sa place[1]. Finalement, seul Clint Hill a bougé, mais trop tard. Il est vrai qu'il ne devait pas faire partie du groupe de Dallas et que c'est Jackie, habituée à voyager avec lui, qui l'a imposé au dernier moment. Comme nous le verrons, la réussite de l'opération repose bien sur la collaboration de certains membres du Secret Service.

La deuxième difficulté d'un tir depuis les deux immeubles est le délicat mariage entre l'angle de tir, la vitesse du projectile et le mouvement de la cible. Ces handicaps connus, deux tireurs ont été placés sur le Grassy Knoll, dans des endroits qui leur permettent d'être à la fois en appui et peu visibles. La distance est idéale, l'angle de tir aisé et la cible ne s'éloigne pas, mais se rapproche. En outre, la zone située dans leur dos a été nettoyée par l'équipe de surveillance puisque, depuis 10 heures, le parking du Knoll est interdit à la circulation, le périmètre se trouvant sous contrôle des assassins. Le premier tireur est posté à l'extrême gauche de la barrière de bois, au point le plus éloigné du Triple Underpass, presque dans le dos d'Abraham Zapruder, disposant de la meilleure zone de tir. Face à lui, la sortie du virage d'Elm Street. Dans sa ligne de mire, la tête du Président au moment où sa voiture roulera lentement. Qui est-il ? Un Français, ancien légionnaire parachutiste spécialiste du tir au fusil à lunette. « Max », tel est son nom de guerre, a servi dans le 1er REP, ce corps de la Légion qui a soutenu le putsch des généraux composé d'anciens nazis et de futurs membres des Brigades anticommunistes, corps qui constituera aussi le gros des troupes de l'OAS[2]. Le 22 novembre 1963, Max n'est pas là au nom de l'OAS. Devenu mercenaire, il remplit un contrat.

---

1. William MANCHESTER, *Mort d'un Président*, op. cit.
2. « L'OAS n'a pas été une formation fasciste. L'OAS fut une organisation terroriste. Dans ses rangs, elle compta [aussi] des fascistes. On y trouvera [aussi] un esprit, des tendances et des expressions fascistes. Elle servit [aussi] de tremplin et de levier pour faire avancer le néo-fascisme. Elle fut [aussi] la chance et l'espoir des néo-fascistes. L'OAS fut le cauchemar de tous ceux qui redoutaient le retour d'un danger fasciste. » In *La Tentation néo-fasciste en France (1944-1965)*, Joseph Algazi, Fayard, 1984.

Le terme OAS est restrictif, car cette organisation a existé en tant que telle de février 1961 à avril 1962. C'est une tentative de fédération de divers groupes armés et politiques inscrits dans la lutte pour l'Algérie française. Une fois l'indépendance acquise, certains membres de cet ensemble hétéroclite ont tenu à continuer le combat, non plus contre le FLN mais contre de Gaulle et les communistes. Les plus extrémistes ont même rejoint à sa création les WACL, brigades internationales anticommunistes. On les retrouve dans des organisations terroristes comme Aginter Presse au Portugal[1]. La zone Caraïbes, l'Amérique du Sud, l'Afrique du Sud et l'Amérique du Nord vont aussi rapidement devenir les nouveaux terrains de conquête de ces hommes souvent condamnés par contumace en France. Ainsi, certains anciens de l'OAS tentent d'établir des têtes de pont en Martinique, en Guadeloupe et à Québec avec la création du Front de libération québecois. L'histoire des rapports entre l'OAS et les Etats-Unis, encore en partie secrète et totalement inconnue en France, est, de façon indirecte, une des raisons de la présence à Dallas de " Max " et de quelques autres compagnons de lutte. En fait, depuis 1961, des rapports ont été établis entre les autorités américaines et l'Organisation de l'armée secrète. Le 12 décembre 1961 à Madrid, l'état-major de l'OAS – dont le général Salan – rencontre le chef de station de la CIA à Paris, connu sous le cryptogramme de Brown, et demande que l'agence fournisse du matériel pour équiper une armée de cinquante mille hommes. En retour, la CIA obtient l'exclusivité du commerce du pétrole et du gaz avec la future « Nouvelle Algérie » ainsi que l'installation de bases américaines dans le Sahara. Une proposition d'accord est même expédiée à Washington. Mais Kennedy et son ambassadeur en France, le général Gavin, prennent très mal cette initiative

---

1. Aginter Presse était un réservoir de mercenaires et d'assassins professionnels. Une de ses actions les plus connues fut le plan Kilirils de novembre 1966, troisième tentative de restauration de la dictature au Congo. Aginter Presse était soutenue par le PIDE, le service de renseignement portugais. Dans ses rangs se trouvaient une cinquantaine de mercenaires français, de Français d'origine hongroise et de Belges.

de la CIA. Brown est immédiatement muté et JFK, qui depuis les années 50 soutient la fin de la colonisation, considère l'accord secret entre l'OAS et la CIA comme nul et non avenu. Le 22 décembre 1961, le *New York Times* note toutefois, malgré les consignes de Kennedy, qu'une « nouvelle organisation secrète créée dans l'armée française, encore plus secrète que l'OAS, tente actuellement d'obtenir l'aide du gouvernement américain ». Toujours est-il que cet épisode OAS rappelle beaucoup les difficultés entre Kennedy et la CIA à propos du dossier cubain.

Moins connue, mais très importante dans l'affaire Kennedy, la tentative de la branche extérieure de l'OAS de mai 1963 qui essaye de persuader la CIA que « soutenir l'OAS est le seul moyen possible pour combattre le communisme en France et en Europe ». Deux hommes représentent le camp français, Pierre Sergent et Jean Souêtre[1]. Le capitaine Souêtre, un des tout premiers officiers à avoir quitté l'armée française afin de rejoindre la lutte en faveur de l'Algérie française, est sans conteste un des personnages les plus importants et les plus secrets de l'OAS. Un homme au centre d'un des mystères de l'assassinat de Kennedy. Mais avant de résoudre l'énigme Souêtre, accusé à tort par certains d'avoir été à Dallas le 22 novembre 1963, il faut expliquer les rapports particuliers unissant l'OAS aux Etats-Unis et, plus particulièrement, à certains membres de la conspiration.

Un des aspects méconnus de l'histoire de l'OAS reste son financement. Les dossiers secrets de la CIA et du département d'Etat américain dévoilent que certains milliardaires texans, animés d'une farouche haine anticommuniste, ont largement alimenté en argent l'armée secrète. Parmi eux, H. L. Hunt, Sid Murchinson, H. D. Byrd et le général Walker. Deux sociétés écran ont même été constituées en Europe pour le transport des fonds. Il s'agit de Permindex en Suisse et du Centro mondiale commerciale (CMC) en Italie. Le pré-

---

1. L'épisode a été évoqué partiellement par la presse américaine dont le *New York Times*. Aujourd'hui, de nombreux documents sur les relations entre la CIA et l'OAS sont disponibles.

sident de ces deux sociétés s'appelle Ferenc Nagy, ancien Premier ministre hongrois, leader du parti anticommuniste et ministre durant la Seconde Guerre mondiale sous le régime pronazi. Il y a aussi Giuseppe Zigiotti, fondateur de l'Organisation fasciste pour une milice armée, et Guttiriez di Spadafaro, ancien membre du cabinet Mussolini et ami d'Hjalmar Schacht, lui-même ex-ministre des Finances de Hitler, condamné à Nuremberg. Egalement inscrit dans l'organigramme de la société, le major Bloomfield, ancien de l'OSS, ancêtre de la CIA et tête de pont de l'extrême droite canadienne installée à Montréal.

Lors de son investigation, le procureur Garrison a révélé que Ferrie et Bloomfield se connaissaient. Mais aussi que c'est un certain Maurice Gatlin qui servait de navette financière entre l'Europe et les Etats-Unis, passant par certains pays peu regardants des Caraïbes. Un rapport du département d'Etat avance ainsi que Gatlin a livré, *via* Permindex, cent mille dollars afin d'essayer d'assassiner le général de Gaulle. Or, Gatlin est un personnage important dans le crime de JFK. En 1959, il organise un trafic de vente de Jeep des surplus de l'armée américaine vers Cuba. Son client n'est pas Batista, mais Castro, et son associé... Jack Ruby. Gatlin, par ailleurs membre de la Ligue anticommuniste des Caraïbes responsable de la chute du gouvernement Arbenz au Guatemala, entretient aussi d'étroits contacts avec Guy Banister, celui-là même qui demandera à Oswald d'infiltrer des groupes communistes durant l'été 1963. Gatlin est, vraisemblablement, le porteur d'enveloppes de l'opération Kennedy, et c'est, comme nous le verrons, dans son réseau financier que se trouvent les hommes qui ont payé l'opération. Gatlin meurt au début de l'année 1964 à Porto Rico. Officiellement, d'un suicide. Mais le médecin légiste qui a pratiqué son autopsie a déclaré que c'était la première fois qu'il voyait un homme se jeter du quatrième étage d'un hôtel sans penser au préalable à ouvrir la fenêtre.

Permindex et le CMC abritent un autre acteur du meurtre de Kennedy, Clay Shaw.

En fait, Gatlin et Clay Shaw sont la paire qui, par l'inter-

médiaire de Guy Banister, recrute l'équipe que David Ferrie
entraîne à Lake Pontchartrain. Si Gatlin transporte l'argent,
Shaw représente les commanditaires de l'assassinat de JFK,
les financiers habituels de Permindex et du CMC. Pour en
conclure avec ces deux sociétés qui financent les activités
anticommunistes hors des Etats-Unis, il faut préciser que, en
1962, l'Italie mais également, et c'est un fait rarissime, la
Suisse expulsent le CMC et Permindex de leur territoire. Les
deux filiales s'installent alors à Johannesburg, en Afrique du
Sud. Si le motif officiel de ce renvoi tient dans le refus des
deux sociétés de justifier l'origine et l'utilisation des millions
de dollars qu'elles brassent, les gouvernements suisse et italien ont aussi reçu des Etats-Unis et de la France des pièces
prouvant qu'il s'agissait d'entreprises écran responsables de
tentatives d'assassinat contre le général de Gaulle. En 1967,
le quotidien italien *Le Centro* notait même : « Le CMC est le
point de contact d'extrémistes anticommunistes prêts à éliminer quiconque se bat pour des relations décentes entre l'Est et
l'Ouest, y compris Kennedy. » Un commentaire qui résonne
étrangement à la lecture de la lettre que Jackie Kennedy a
adressée à Khrouchtchev le 1er décembre 1963 pour le remercier des condoléances du peuple soviétique : « Je sais combien
la paix était le grand souci de mon mari et combien il estimait
que les rapports avec vous et lui étaient à cet égard d'une
importance primordiale. Il citait parfois dans les discours vos
paroles : " Dans la prochaine guerre, les survivants enverront
les morts. " Vous et lui étiez adversaires ; mais vous partagiez
tous deux la détermination que le monde ne devait pas être
réduit en cendres. Vous vous respectiez mutuellement et vous
pouviez vous entendre. [...] Le danger qui inquiétait mon
mari était que la guerre pût venir non tant des grands que des
petits. Les grands sont parfaitement conscients de la nécessité
de garder son calme et son sang-froid. Les petits sont parfois
plus sensibles à la peur et à l'orgueil. Si seulement dans l'avenir les grands pouvaient continuer à aider les petits à s'asseoir
autour d'une table de conférence avant d'engager la lutte [1]. »

---

1. William MANCHESTER, *Mort d'un Président*, op. cit.

Avant de revenir à Souêtre, à l'OAS et à " Max ", il convient de s'attarder un instant sur le personnage pivot qu'est Guy Banister. Officiellement Banister est un ancien du FBI, le responsable de l'arrestation de John Dillinger, l'un des associés d'Al Capone, un ancien de l'ONI et un agent contractuel de la CIA. Il est également ex-chef de la police de La Nouvelle-Orléans, limogé pour abus de boissons. En fait, une des raisons de son renvoi fut surtout l'extrémisme radical qu'il n'hésitait jamais à afficher. Fasciste, raciste, antisémite, Banister est avant tout anticommuniste. Le rôle qu'il joue dans la lutte anticastriste et anticommuniste est essentiel. C'est lui qui, par l'intermédiaire de son agence, fédère l'ensemble des groupes d'extrême droite du sud des Etats-Unis. Son magazine, le *Louisiana Intelligence Digest*, sert d'organe de liaison entre l'ensemble de ces groupuscules où se mêlent anticastristes, néo-nazis et défenseurs de la race blanche. Tous se retrouvent dans un seul combat, la lutte à mort contre l'ennemi communiste. Membre des Brigades anticommunistes et de la Ligue anticommuniste, coordinateur du groupe paramilitaire des Minutemen, Banister réussit, grâce à l'éphémère Friends Democratic Cuba, l'union des différents dirigeants des groupes armés anticastristes et anti-Kennedy. De fait, il est un des patrons de Lake Pontchartrain et l'intermédiaire incontournable pour qui souhaite entrer en contact avec les extrémistes cubains.

Parler de Banister, c'est aussi évoquer William Gaudet, agent contractuel de la CIA, spécialiste de l'Amérique latine, lui aussi anticommuniste et même antigaulliste. Gaudet, proche de Banister et de Clay Shaw dont le bureau est voisin du sien, intervient à deux reprises dans l'affaire Kennedy. D'abord, son nom apparaît sur la liste des demandes de visas touristiques pour le Mexique juste au-dessus de celui d'Oswald. Quelques minutes séparant les deux validations, il est évident que Gaudet et Oswald se sont trouvés au même moment dans l'ambassade mexicaine de La Nouvelle-Orléans. Un hasard troublant. Autre élément, le 25 novembre 1963, Gaudet communique au FBI des renseignements sur un trafic d'objets d'art dont Ruby fait partie. Si l'information n'apporte rien à l'enquête, elle atteste que Gaudet connaissait Ruby, puisqu'il a livré des détails précis sur certaines des toiles retrouvées chez ce dernier, plus tard dans la journée.

D'un côté donc Banister, Ferrie, les extrémistes cubains, tous unis par la haine du communisme. De l'autre Permindex avec Clay Shaw, Maurice Gatlin et les milliardaires texans, regroupés eux aussi par le même anticommunisme virulent. Ce rapprochement et ce point commun sont déterminants parce qu'ils sont le motif même de l'assassinat de JFK. Car, bien qu'on ait tendance à parler souvent d'internationale communiste, une internationale extrémiste opposée a existé et a employé des méthodes radicales. Il est instructif de noter comment une cause commune peut parvenir à fédérer des personnages aussi différents. Un rapport du FBI explique que le siège mondial de la Permindex se trouve à Montréal, dans les bureaux légaux du major Mortimer Bloomfield[1]. Le rapport précise même que Permindex rassemble des membres de l'establishment de la côte est, dont John McCloy, des banquiers israélites, des Russes blancs dont George de Mohrenschildt, ainsi que Paul Raigorodsky, patron de la communauté russe de Dallas et ami d'Oswald. On y trouve également des Cubains anticastristes, des parrains de la Mafia, de hauts responsables du renseignement américain comme Allen Dulles ou Charles Cabell, et sans doute David Atlee Phillips[2], ainsi que des représentants « du complexe militaro-industriel américain » comme le général Walker. Enfin, des milliardaires texans, tel H. L. Hunt. Dans le film à succès d'Oliver Stone, le procureur Garrison obtient l'aide d'un mystérieux gradé américain en rupture d'autorité, M. X. De qui s'agit-il ? Longtemps le mystère a été savamment entretenu. X est en réalité le colonel Fletcher Prouty, ancien des Black Ops, qui se bat depuis des années pour que l'on comprenne que derrière le meurtre de Kennedy se cache une

---

1. Le rapport original du FBI a supprimé le grade du militaire. Peut-être que le Bureau avait mauvaise conscience de voir un haut gradé américain à la tête d'un « gouvernement » fasciste.

2. Le rapport ne précise pas si Hoover faisait partie du groupe. Anticommuniste virulent, il en a, en tout cas, le profil.

cabale hétéroclite d'hommes qui détiennent les vrais pouvoirs, qui font et défont l'économie et la politique d'un pays. Une cabale qui ne supporte pas qu'un individu, Kennedy selon la thèse de Prouty, s'élève contre elle. Toutefois, une des faiblesses de la démonstration de Prouty réside dans le fait qu'il ne peut nommer aucun membre de ce groupe ni aucune structure l'accueillant. En fait, Permanent Industrial Exposition, alias Permindex, répond aux deux questions.

Avec Permindex, l'OAS a obtenu partiellement ce que la CIA ne pouvait pas lui offrir : des moyens. Evoquer l'OAS dans l'affaire Kennedy, c'est inévitablement revenir à Jean-René Souêtre.

En effet, en 1977, l'avocat américain Bernard Fensterwald obtient la levée du secret sur mille cinq cents documents de la CIA. Parmi eux se trouve l'extrait d'un mémorandum partiellement censuré se référant à la présence d'un Français à Dallas le 22 novembre 1963. Ce n'est pas la première fois qu'une piste hexagonale est évoquée pour tenter d'élucider l'assassinat de John F. Kennedy. Au milieu des années 80, le chercheur Steve Rivele a présenté le témoignage d'un Français emprisonné aux Etats-Unis, Christian David, arrêté au Brésil en 1972 pour trafic de drogue. Les autorités américaines sont persuadées qu'il fait partie d'un réseau ayant introduit clandestinement aux Etats-Unis plus de mille kilos d'héroïne depuis la fin des années 60. Extradé vers les Etats-Unis, il est condamné à vingt ans de prison. En 1985, interrogé par Rivele, il explique que, membre de la French Connection dirigeant un réseau corse en Amérique du Sud et ancien du SAC, il a travaillé pour le crime organisé et parfois la CIA après la guerre d'Algérie. Au moment où David rencontre Rivele, le Français est sous le coup d'une menace d'extradition vers Paris où il est impliqué dans une affaire de meurtre relative à la disparition de Ben Barka. David propose alors un *deal* : si les autorités américaines empêchent cette extradition, il révélera des informations capitales sur l'assassinat de JFK. Le gouvernement américain refuse le marché. David est condamné puis incarcéré à la prison de la Santé.

Ce qui ne l'a pas empêché de livrer quelques scoops à Rivele. En mai ou en juin 1963, dit-il, Antoine Guerini, le parrain du milieu marseillais, lui propose un contrat : tuer John Kennedy sur le territoire américain. David refuse mais prétend que Lucien Sarti et deux autres Marseillais, dont il ne veut pas livrer les noms, ont accepté l'offre. L'histoire de David, même si elle contient des détails troublants, est fausse. Lors d'une émission de télévision britannique, Rivele a en effet livré les noms des pseudo-complices de Sarti. Si Sarti, devenu trafiquant de drogue, a été tué par la police mexicaine en 1972, les deux autres hommes sont toujours en vie. Or, le 22 novembre 1963, l'un d'entre eux était hospitalisé à la suite d'une opération où il perdit un œil, tandis que le second effectuait son service militaire. Donc, ni l'un ni l'autre ne pouvaient séjourner à Dallas. David, profitant comme nous le verrons d'informations réelles sur le déroulement de l'assassinat, a donc tenté en vain de négocier sa libération contre une histoire inventée.

Intéressant aussi, un document rendu public par les Archives nationales le 25 avril 1995[1]. Il s'agit des notes manuscrites datant apparemment de 1962 rédigées par William Harvey, responsable de la section homicide de la CIA et père du programme ZR/Rifle. Sur neuf pages – les trente-quatre autres ayant été détruites –, il détaille, en seize points, le fonctionnement de ZR/Rifle. Le commandement numéro cinq affirme que « la planification (d'une opération) doit inclure du matériel pour blâmer les Soviétiques ou les Tchèques[2] ». Le point numéro neuf avance, lui, qu'il faut « avoir un faux dossier 201... avec des faux et antidaté ». Deux éléments qui rappellent la préparation du piège où est tombé Lee Harvey Oswald et qui tendraient à prouver que les « cerveaux » de l'opération Kennedy avaient l'habitude de travailler pour ZR/Rifle. Le dernier point révélateur porte le numéro dix. Evoquant la nationalité des tueurs engagés par ZR/Rifle,

1. Voir cahier iconographique.
2. Les services tchèques sont le bras armé de l'Union soviétique pour les actions en Europe de l'Ouest. Voir du même auteur *Dominici non coupable, les assassins retrouvés*, Flammarion, 1997.

qui ne doivent surtout pas être américains afin de ne pas remonter jusqu'à l'Agence, Harvey écrit : « Corses recommandés. Siciliens peuvent parler à la Mafia. » Si, effectivement, un tueur corse installé à Haïti a été utilisé par la CIA dans la zone Caraïbes pendant des années, les Français présents n'étaient eux ni corses, ni marseillais, ni membres du crime organisé, mais des anciens de l'OAS.

Avant même Dallas et l'épisode Souêtre, il est donc possible de lier certains ex-membres de l'OAS à Lee Harvey Oswald. En effet, comme nous l'avons vu, au Canada, dès la fin de 1962, quelques exilés de cette armée secrète ont lancé le Front de libération du Québec (FLQ). En avril et en mai 1963, cette organisation d'extrême droite a même perpétré une série d'attentats à la bombe à Montréal. Un mémorandum du FBI de Detroit daté du 26 novembre 1963 et gardé secret pendant plus de trente ans, citant l'avocat canadien Roger Desrosiers, informe d'ailleurs Hoover que Lee Harvey Oswald aurait été vu par plusieurs témoins durant cette vague d'attentats. Plus étrange, le lendemain, le mémorandum est annulé par un autre expliquant qu'Oswald a en fait été aperçu participant à une manifestation contre l'arme nucléaire, intitulée Ban The Bomb. Ce changement est une nouvelle preuve que le FBI essaie obstinément de dépeindre Lee comme un militant communiste, cette manifestation pacifique ayant été organisée par diverses associations de gauche. Mais ce maquillage possède une autre signification. La manifestation s'est déroulée en août 1963, à un moment où l'emploi du temps de Lee lui permettait d'être à Montréal. Problème toutefois : la date des attentats du FLQ ne coïncide pas puisque Lee est alors à La Nouvelle-Orléans et se fait embaucher par la Reilly Coffee Company. Mais, comme nous l'avons vu, la manufacture de café n'est rien d'autre qu'une couverture lui permettant de s'entraîner à Lake Pontchartrain. Pontchartrain où une trentaine d'anciens de l'OAS s'exercent au tir et au combat de guérilla. Parmi ces « soldats perdus », quelques experts en explosifs. Il est donc fort probable, pour ne pas dire certain, qu'un commando de Pontchartrain a participé aux opérations du « parti frère », le FLQ.

Reste que la présence de Lee Harvey Oswald à Montréal semble un sujet complètement tabou pour Edgar Hoover. En effet, d'autres documents rendus publics en 1984 et en 1995 montrent que Lee s'est à nouveau rendu à Montréal en août 1963. Un rapport tenu secret et censuré par Hoover lui-même, rédigé par Aurélie Chassé, officier des douanes américaines à Montréal, explique en effet que Lee a effectué une distribution de tracts procastristes dans les rues Saint-Jacques et McGill, information confirmée par plusieurs témoins fiables dont Jean-Paul Trembley, enquêteur des douanes canadiennes. Trembley est certain que Lee était à Montréal parce qu'il a lui-même pris le tract qu'il lui tendait. L'enseignement principal de cette révélation réside dans la manière dont Hoover lui-même a trafiqué le rapport Chassé afin de le rendre complètement incompréhensible. Pourtant, à première vue, le FBI aurait eu tout intérêt à confirmer la distribution de tracts, laquelle correspondait au « portrait de l'assassin » présenté dans la Commission Warren. Mais une explication surgit immédiatement pour comprendre la manipulation de Hoover : c'est à Montréal que se trouve le siège de Permindex !

Les traces de l'OAS, et plus généralement d'une piste française, apparaissent bien en filigrane tout au long de l'enquête sur l'assassinat de Kennedy. Mais, avec le mémorandum de la CIA concernant Jean Souètre, la piste française est propulsée sur le devant de la scène.

Le 1er avril 1964, la CIA diffuse le mémorandum suivant[1] :

« Jean Souètre alias Michel Roux alias Michel Mertz. Le 5 mars, [un responsable] du FBI a rapporté que les services français [DST ou SDECE] avaient [demandé à] l'attaché légal de Paris [membre du FBI] ainsi [qu'à l'officier de renseignement français] en poste à l'ONU à New York, des renseignements sur ledit Souètre au FBI à New York, déclarant qu'il avait été expulsé des Etats-Unis depuis Fort Worth ou

---

1. Les indications entre parenthèses sont de l'auteur afin de rendre totalement compréhensible ce document partiellement censuré.

Dallas, quarante-huit heures après l'assassinat [du président Kennedy]. Il était à Fort Worth le matin du 22 novembre [1963] et à Dallas l'après-midi. En janvier, il a reçu du courrier d'un dentiste nommé Alderson demeurant 5803 Birmingham, Houston, Texas. Ledit Souêtre est censé être un capitaine, déserteur de l'armée française et membre de l'OAS. Les Français s'intéressent à lui à cause de la future visite du président de Gaulle à Mexico. Ils voudraient savoir les raisons de son expulsion des Etats-Unis et sa destination. Les archives [centrales] du FBI n'offrent aucun renseignement et une recherche a été entreprise à Dallas ainsi que dans d'autres agences. Les Français veulent une vérification des archives [de la CIA] et que [la CIA] leur indique les informations que [l'Agence] peut communiquer. Le FBI [?] a reçu une copie du [document CIA] CSCI-3776,742 que le [FBI] avait déjà ainsi que le CSD3-/655,207 plus une photographie du capitaine Souêtre [1]. »

Ce document, qui demande confirmation, est la preuve qu'au moins un Français était à Dallas le 22 novembre 1963 et qu'il en a été expulsé quelques jours après. Bernard Fensterwald et ses enquêteurs ont travaillé sur cette piste et retrouvé à Dallas l'inspecteur Virgin Bailey de l'Immigration and Naturalization Service (INS). Lequel se rappelle avoir arrêté un Français dans un appartement ou peut-être sur Gaston Street ou Ross Street. Il se souvient de l'expulsion pour trois raisons. D'abord, la nationalité du « suspect ». En effet, d'ordinaire, Bailey enquêtait plutôt sur les filières mexicaines. Ensuite, l'expulsion a eu lieu un dimanche, le 24 novembre 1963. Enfin, l'ensemble de l'opération était classé prioritaire. Il déclare, en revanche, ne pas se souvenir du nom du Français. Hal Norwood, un autre inspecteur de l'INS de Dallas, se souvient pour sa part d'avoir reçu deux appels classés « urgents » du bureau central de l'INS à Washington. Les ordres étaient formels, il fallait capturer et expulser un étranger toutes affaires cessantes. Le plus surprenant, c'est que l'étranger en question était déjà à l'INS de Dallas. Norwood se sou-

---

1. Document CIA 632-796, 01.04.1964.

vient qu'il avait été interpellé le 22 ou le 23, à la suite d'un appel du DPD qui l'avait capturé. Nous verrons plus tard la signification de l'ensemble des déclarations de ces deux inspecteurs. Dans tous les cas, leurs témoignages confirment la présence d'au moins un Français à Dallas. En fait, il n'est pas surprenant de penser que des anciens de l'OAS aient été sur Dealey Plaza le 22 novembre. D'abord, comme nous l'avons vu, l'OAS a toujours eu des conflits avec Kennedy, JFK ayant apporté son soutien à la cause algérienne et plus largement aux peuples aspirant à l'indépendance. Durant son mandat, il s'est opposé à la CIA et au Pentagone qui souhaitaient discuter avec l'Organisation. En outre, les défenseurs de l'Algérie française suspectaient les Américains d'avoir joué un double jeu en Algérie, ayant partiellement soutenu l'effort de l'OAS mais aussi parallèlement et plus largement le FLN. En somme, une large frange de l'OAS déteste Kennedy. Ainsi, le journal *Europe-Action*, qui soutient la politique raciste des Etats du Sud, se félicitera à plusieurs reprises de son assassinat[1]. Enfin, des membres de l'OAS avaient une raison presque impérieuse de se retrouver à Dallas : après la fin de la guerre d'Algérie, des centaines de ses hommes, réfugiés en Italie, en Espagne, au Portugal et en Amérique du Sud s'étaient transformés en soldats à louer pour des opérations illégales. Ils n'agissaient plus alors au nom de l'OAS mais, en quelque sorte, grâce à elle.

Le document de la CIA a la particularité de débuter sur trois noms présentés comme les pseudonymes d'une même et seule personne. Ce n'est pourtant pas le cas. En effet, le travail de Fensterwald a permis de savoir qu'un dénommé Michel Roux était à Fort Worth le 22 novembre. Son passage au Texas a suscité un mémorandum du FBI et divers rapports du SDECE. Roux, né en 1940, après trois années dans l'ar-

---

1. « *Europe-Action* entendait rassembler en son sein et dans sa sphère d'influence le maximum d'éléments de l'extrême droite fascisante à la suite de l'échec de " l'Algérie française " et de l'OAS. [...] Le premier numéro d'*Europe-Action* est paru le 5 janvier 1963. » *La Tentation néo-fasciste en France*, 1944-1965, *ibid*.

mée française en Algérie, a été démobilisé[1]. Les services français ne savent pas s'il a rejoint l'OAS. En octobre 1963, alors qu'il travaille comme réceptionniste dans un hôtel parisien, il profite de ses aptitudes en anglais pour faire connaissance avec deux touristes américains. Ancien élève de l'école hôtelière, il leur explique son projet : ouvrir un restaurant aux Etats-Unis. Les deux touristes l'invitent alors à leur rendre visite s'il passe un jour par Fort Worth. Le 20 novembre 1963, Roux est à Houston et téléphone à ces deux personnes qui acceptent de le recevoir. Le lendemain soir et jusqu'au 23 ou 24 novembre, il loge chez elles, puis part pour le Mexique y attendre un visa de travail aux Etats-Unis. Le FBI n'a donné aucune suite à l'affaire Michel Roux. Et ce, à juste titre, parce que cet homme, contrairement à ce qu'ont dit certains, n'est lié ni à l'OAS ni à un groupe extrémiste. Reste qu'il est étrange que le FBI possède des documents relatifs à cet épisode, mais n'ait jamais voulu les présenter. Pourquoi, aujourd'hui encore, après plusieurs demandes de chercheurs, le Bureau refuse-t-il de donner les noms des deux cautions de Roux et de publier le rapport non censuré ? Et ce alors que ces deux Américains n'ont rien à voir avec le meurtre de Kennedy ? Peut-être est-ce leur personnalité qui pose problème quand on découvre qu'il s'agit de Leon Gachman et de son fils Arnold, le premier étant alors président d'une compagnie de retraitement des métaux installée à Fort Worth ? Car si, le 22 novembre, « Michel Roux passe la matinée avec Arnold Gachman et assiste à ses cours à la Texas Christian University[2] », son homme d'affaires de père est depuis des années l'un des soutiens financiers du vice-président, Lyndon B. Jonhson, et du gouverneur du Texas, John Connally. Mêler ces noms, même involontairement, au crime du siècle aurait été trop explosif.

La piste Roux écartée, il reste la double identité Souêtre-

1. Et ne s'est pas rendu coupable de désertion comme le prétendent certains chercheurs américains.
2. Rapport original du FBI.

Mertz. Le cas Souêtre, relié à l'OAS, est *a priori* le plus intéressant.

Jean-René Souêtre a trente-trois ans en 1963[1]. C'est un
brillant officier[2], un ancien parachutiste commando qui a
découvert l'Algérie en 1955, un des tout premiers gradés à,
dès le début de 1961, déserter l'armée française pour
rejoindre le combat clandestin en faveur de l'Algérie française. Le 22 février 1961, il est arrêté dans la région de Mos-
taganem avec, à ses côtés, cinq civils et quatre militaires dont
" Max ", le tireur de Dealey Plaza. Le 15 avril, tous sont
transférés à la prison de la Santé puis, courant
décembre 1961, vers le camp de Saint-Maurice-l'Ardoise où
sont incarcérés les partisans de l'Algérie française. En février,
il s'évade avec dix-sept autres prisonniers.

En juillet 1962, après l'indépendance de l'Algérie, une partie de l'OAS en exil décide de poursuivre la lutte. Se forme
alors une nouvelle organisation ultra-secrète, celle dont le
journaliste du *Chicago Tribune* évoque l'existence et les discussions avec la CIA et le Pentagone : l'Armée nationale
secrète (ANS). L'ANS, qui possède alors des représentants
en Espagne, au Portugal, en Italie, au Canada, en Afrique du
Sud, en Amérique latine, dans la zone Caraïbes et à La Nouvelle-Orléans, vise un double objectif : continuer à combattre
de Gaulle par tous les moyens, y compris hors de France et,
de manière plus générale, lutter contre le communisme.

En août 1962, réfugié en Espagne, Souêtre fait la une de
la presse qui raconte son passé après la tentative d'attentat du
Petit-Clamart. Avant l'arrestation du réseau de Bastien-
Thiry, la police française est convaincue que Souêtre en est le
commanditaire. En effet, quatre des membres du commando

---

1. Les renseignements sur Souêtre proviennent du rapport remis à Bernard
Fensterwald par Gilbert Lecavelier. Autre source, son livre *Aux ordres du SAC*
(Albin Michel, 1982) et des entretiens avec l'auteur, juin-juillet 1998.

2. Un mémorandum de la station CIA d'Alger daté du 28 février 1961 précise
qu'il est chevalier de la Légion d'honneur et décoré de la croix de la valeur Militaire. Deux distinctions retirées après son départ de l'armée.

s'avèrent être de ses proches[1]. Comme nous l'avons vu, courant 1963, se présentant lui-même comme « coordinateur des affaires extérieures de l'OAS », Souêtre entre en contact avec la CIA. Mais l'échec des négociations avec l'Agence explique ses déplacements aux Etats-Unis durant les mois de mai et de juin 1963. Début avril, il tente une dernière rencontre avec la CIA et d'autres dirigeants de l'ex-OAS en exil. La CIA est alors représentée par Howard Hunt, qui sera impliqué plus tard dans l'affaire du Watergate. En avril, Souêtre rejoint la zone Caraïbes pour entamer sa tournée des diverses organisations d'extrême droite afin d'obtenir des fonds pour l'OAS. Trois hommes l'accompagnent afin de rejoindre Lake Pontchartrain. Or, deux d'entre eux, anciens du 1er REP, vont participer à l'assassinat de Kennedy.

Le 1er régiment étranger de parachutistes fait partie des heures sombres de la Légion et de l'OAS. Dans son livre, Joseph Algazy note : « Il est évident que des anciens nazis et SS qui s'étaient enrôlés après la chute du IIIe Reich dans la Légion étrangère pour fuir tout châtiment et parfois y perpétuer leur sadisme servirent à cette époque dans l'armée. Pierre Sergent, dans ses *Mémoires*, signale leur existence dans les unités de la Légion étrangère. Dès 1957 était dénoncé un certain état d'esprit " fasciste " qui sévissait au 1er REP. » Le commissaire de police Ceccaldi-Reynaud exprimait ses craintes au président du Conseil, Guy Mollet, en ces termes : « Tous ceux qui ont eu le malheur d'être appréhendés par les soldats du régiment de parachutistes étrangers ont connu les douleurs et la honte de la torture. Le 1er REP, composé le plus souvent d'anciens SS allemands, est installé à Alger à la villa Susini, dans les locaux de l'ancien consulat d'Allemagne, ce qui constitue déjà tout un symbole et tout un programme[2]. » Mais ce régiment abrite aussi une petite communauté de Hongrois, partisans du gouvernement fasciste de Ferenc

---

1. Mémorandum CIA, 25 juin 1963 et divers journaux français au moment du procès.
2. *La Tentation fasciste en France*, op. cit.

Nagy, qui ont quitté la Hongrie à l'arrivée au pouvoir des communistes en 1947.

Fin avril 1963, deux de ces Hongrois, ex de l'OAS, membres de l'ANS et des Brigades anticommunistes, rejoignent Lake Pontchartrain avec l'aide de Souêtre. L'un d'entre eux, le plus jeune, est un spécialiste des armes. Au 1er REP, « Ladislas » avait même la qualification de maître-armurier. L'autre, « Etienne », est un spécialiste de l'explosif. Les deux hommes ont déjà participé à des attentats contre de Gaulle et se jettent immédiatement dans le bain. De fait, le 3 mai 1963, le général de Gaulle, en voyage à La Nouvelle-Orléans, échappe de justesse à un attentat. L'affaire est étouffée parce qu'une telle opération implique des complicités dans l'entourage du Général[1]. A Pontchartrain, « Ladislas » et « Etienne » retrouvent « Max », ancien des groupes Delta qui a, lui, essayé d'assassiner le Président français en mai 1962, lors d'un de ses voyages dans le centre de la France. Balancé, « Max » a fui en Espagne où le réseau Souêtre l'a aidé à rejoindre l'Argentine. Mais, apprenant par le lieutenant de vaisseau « Xavier », représentant de l'ANS à La Nouvelle-Orléans, l'existence de Lake Pontchartrain, il décide de se mettre à la disposition des troupes anticastristes. Avant même l'arrivée de « Stanislas » et d'« Etienne », il y retrouve une dizaine de compatriotes recrutés par « Xavier », anciens légionnaires et mercenaires du Yémen, qui forment l'Armée du Christ-Roi (ACR). L'ACR n'est autre que la nouvelle appellation du Mouvement français de combat contre-révolutionnaire (MFCCR), un groupe créé en septembre 1962 par deux hauts gradés de l'armée française. Selon certains de ses membres, le MFCCR se situe « à l'extrême droite de l'extrême droite ».

A La Nouvelle-Orléans, Souêtre rencontre, par l'entremise de Guy Banister, quelques responsables de groupes anticastristes, comme Carlos Bringuier[2], délégué du DRE, une organisation anticastriste radicale soutenue par la CIA qui a

---

1. Jean-Raymond TOURNOUX, *La Tragédie du Général*, 1967.
2. Voir chapitre « Le Mystère Lee Harvey Oswald ».

participé aux préparatifs de l'invasion de la baie des Cochons. C'est également Bringuier qui s'est « battu » avec Oswald lors d'une distribution de tracts permettant à ce dernier d'obtenir une certaine autorité auprès des milieux de gauche qu'il avait à noyauter.

Profitant de son passage à La Nouvelle-Orléans, Souêtre assiste à l'entraînement et à la formation des troupes de Lake Pontchartrain. Poursuivant sa quête de fonds et d'appuis dans les milieux d'extrême droite, il se retrouve à Dallas au début de juin 1963. Là, il est reçu par le général Walker qui le présente à des milliardaires texans. Selon Noel Twyman, assiste notamment à cette réunion le général Charles Whilloughby, responsable des services de renseignements auprès du général MacArthur et conseiller stratégique de H. L. Hunt. Ensuite, en juillet, après un détour par Montréal puis l'Argentine, Souêtre revient en Espagne.

L'accumulation de ces faits ainsi que ses diverses rencontres au cours du printemps 1963 ont conduit certains à penser que Souêtre était à Dallas le 22 novembre et que l'OAS avait pris une part directe à l'assassinat. Or, ce n'est pas le cas puisque Jean Souêtre était à Barcelone avec d'autres dirigeants de l'OAS le jour du meurtre.

Le 15 janvier 1981, John Cummings, qui travaille pour Bernard Fensterwald, rencontre Souêtre afin de parler du mémorandum de la CIA. Deux ans plus tard, Souêtre reçoit un « journaliste » américain[1] et accepte de lui livrer ses impressions inédites : « Il affirme qu'il n'était pas aux Etats-Unis le 22 novembre 1963, écrit celui-ci dans un brouillon. [...] Depuis l'assassinat, il y a vingt ans, il n'a jamais été contacté par des agents du FBI, de la CIA ou d'une autre section du gouvernement américain. Jusqu'à une visite de deux hommes se faisant passer pour des journalistes et qui, d'après lui, étaient des agents du FBI. » Allusion directe à l'envoyé de Fensterwald. Au passage, on peut déplorer la

---

1. Il est impossible de dire si Paul L. est effectivement un journaliste, un agent de la CIA ou du FBI. Le compte rendu de la rencontre en possession de l'auteur ressemble plus à un brouillon de rapport qu'à une ébauche d'article. La CIA et le FBI ont l'habitude d'utiliser le titre de journaliste pour rencontrer des suspects.

méthode employée par John Cummings. De fait, l'enquête menée par l'avocat Fensterwald et ses hommes est peu appréciée des chercheurs américains qui ne goûtent guère ses rapports avec la CIA, Fensterwald étant le défenseur de certains agents impliqués dans le Watergate. Pour en revenir à l'intuition[1] de Souêtre, elle n'est pas erronée. L'homme qui accompagnait Cummings et lui servait de traducteur n'est autre qu'un gradé américain, ex-membre des Forces spéciales et agent contractuel de la CIA[2]. Pour en revenir à l'entretien de 1983, il se poursuit par cette révélation : « Avec l'aide " d'amis " dans les renseignements français, qu'il cite sous le terme de Services spéciaux, il a découvert qu'un autre officier qui lui ressemble d'allure et de visage était à Dallas le jour de l'assassinat. Cet homme, prétend Souêtre, voyage sous son identité. [De plus] Souêtre connaît cet homme, croit qu'il est toujours en vie, mais ne l'a pas vu depuis plus de vingt-deux ans. [...] Cet homme se nomme Michel Mertz et est né en Alsace en 1915. » Revenant sur la manière dont il a su qu'il se retrouvait impliqué, Souêtre poursuit : « J'ai reçu un coup de téléphone des Etats-Unis, d'un ami vous pouvez dire, qui m'a dit que j'étais suspecté d'avoir participé à l'assassinat de Kennedy. Il m'a dit qu'il avait un document qui allait sûrement m'intéresser et qui venait du FBI. »

Cette phrase est importante à plus d'un titre. Elle confirme la qualité du réseau de Souêtre aux Etats-Unis, puisqu'il place cette conversation téléphonique avant la publication du rapport le mettant en cause. Enfin, Souêtre est certain que le rapport qui lui a été confié provient du FBI, et ce parce qu'il tient des informations qui ne sont pas dans le document de la CIA, comme le nom d'un dentiste du Texas, le docteur

---

1. Qui n'en est pas vraiment une puisque Souêtre raconte : « Comme j'étais suspicieux, j'ai demandé aux deux " journalistes " de revenir me voir deux jours plus tard. Le temps de téléphoner à des amis à Paris qui sont dans les services spéciaux – vous pouvez dire membres des renseignements français – et ils m'ont envoyé une femme agent pour se faire passer comme ma secrétaire durant l'entretien. [...] Plus tard, avec mes amis des services spéciaux, nous sommes arrivés à la conclusion, ou devrais-je dire, nous sommes à 85-90 % sûrs qu'il s'agit d'agents du FBI. »
2. Entretien avec Gilbert Lecavelier, juin-juillet 1998.

Alderson, suspecté d'avoir hébergé Mertz/Souêtre la veille de l'assassinat, homme mis sous surveillance par le Bureau fédéral et non par l'Agence. Evoquant à nouveau Mertz, il déclare : « C'est un homme très dangereux. Je l'ai connu dans les années 50, lorsqu'il était officier dans l'armée française en Algérie avant l'indépendance. Là, après la formation de l'OAS, je l'ai rencontré lorsqu'il essayait d'infiltrer notre organisation. [...] La dernière fois que j'ai entendu parler de lui, c'était environ en 1960. Quoi qu'il en soit, aujourd'hui j'aimerais vraiment beaucoup pouvoir lui demander ce qu'il faisait à Dallas le 22 novembre 1963 et éventuellement pourquoi il voyageait sous mon nom. Les rapports du FBI[1] disaient que Michel Mertz était mon pseudonyme, mais c'est exactement le contraire : il utilisait mon identité pour voyager aux Etats-Unis. Pour un officier de l'armée impliqué dans le monde du renseignement, il n'est pas difficile d'obtenir de vrais-faux passeports. Lorsqu'il a été rejeté de l'OAS, je n'ai aucune idée de ce qu'il a fait, mais il est possible qu'il soit entré dans une autre organisation qui, parmi ses cibles, aurait pu avoir aussi bien l'OAS que Kennedy. Ce type de confusion était commun à l'époque. On sait que parmi les nombreuses tentatives d'assassinat contre le président de Gaulle plusieurs étaient organisées par les services secrets français, pas seulement pour compromettre l'OAS, mais aussi pour faire du général de Gaulle un miracle vivant, un être supérieur. Ce n'est pas un secret que l'OAS voulait assassiner de Gaulle mais nous n'avons jamais réussi. [...] J'ai utilisé des faux noms comme officier de l'OAS, et durant ma participation à certaines opérations de mercenaires en Afrique. Mais jamais Michel Mertz. C'était lui qui utilisait mon identité. [...] Il est possible qu'il y ait une autre organisation, qui existe toujours aujourd'hui, qui soit contre de Gaulle et Kennedy. Il est possible que Mertz soit un des membres de cette organisation mais, s'il était à Dallas, je suis certain qu'il n'y était pas tout seul. [...] Les documents du FBI disent que je parle anglais et allemand couramment, mais ce n'est pas vrai. [...] Par contre,

---

1. Notons que Souêtre évoque une nouvelle fois le FBI.

Mertz est né près de la frontière allemande et il est possible qu'il ait grandi en parlant à la fois allemand et français. [...] A propos de Mertz et de son dossier, sa réponse à la question de savoir s'il a tué ou non le président Kennedy sera : pas de commentaires. Pour ma part, je crois qu'il existe bel et bien une piste française dans l'assassinat de John Kennedy et que Mertz peut bien y être impliqué. Et, si c'est le cas, je suis certain qu'il n'a pas agi seul. »

Mais qui est ce Michel Victor Mertz, dont l'importance se confond avec celle du renseignement français de l'après-guerre ? Né en Moselle en 1915, ou en 1920 selon certains papiers d'identité, il part pour l'Allemagne en 1941 dans le cadre du STO. Mobilisé d'office dans l'armée allemande le 15 janvier 1943, il déserte trois mois plus tard et rejoint la Résistance. Sous le pseudonyme de « commandant Baptiste », il devient chef de réseau dans la région de Limoges. C'est alors qu'il est encore en Allemagne, qu'il a ses premiers contacts avec le monde de l'espionnage. Du 1er décembre 1942 au 15 novembre 1943, il est membre des FFC « en qualité d'agent P2 au réseau d'action R5 ». En 1946, il fait partie du Service de documentation extérieure et de contre-espionnage (SDECE). Le SDECE, dirigé par l'ancien chef du service secret de la France libre et placé sous le contrôle du président du Conseil [1], est divisé en trois composantes, le service Action, le service de Renseignement et les Travaux ruraux, alias le contre-espionnage. Mertz y multiplie les missions en Turquie, en Allemagne et au Maroc. A la fin des années 50, son mariage avec la fille d'un caïd du milieu parisien lui permet d'être introduit dans l'univers du crime organisé. De 1960 à 1961, il participe activement au trafic d'héroïne entre l'Amérique du Nord et la France. Son exploit le plus célèbre reste, le 11 mars 1961, la traversée Le Havre-New York sur le paquebot *La Liberté*. En cale se trouvait sa

---

1. A sa création, le SDECE, c'est 880 civils, 600 militaires et 750 agents contractuels.

traction Citroën avec cent kilos d'héroïne dissimulés à l'intérieur[1].

En avril 1961, Mertz est rappelé par le SDECE qui lui demande d'infiltrer l'OAS. Ainsi le 1er juin 1961, il est « arrêté » après une distribution de tracts pro-OAS, et la police trouve chez lui du matériel de propagande. Le 2 juin, il est interné au camp de Beaujon et se mêle aux prisonniers OAS. Sa mission avance. Le 20 juillet, le colonel Fourcaud, numéro 2 du SDECE, ordonne sa libération. Son travail a payé, il a obtenu des informations confidentielles sur le prochain attentat contre de Gaulle à Pont-sur-Seine. Le 23 août 1961, après la nuit bleue de la veille, Mertz est replacé à Beaujon toujours en vue d'infiltrer l'Organisation de l'armée secrète. Jusqu'en octobre, sa mission se déroule bien quand, soudain, il sent le vent tourner. Le 21 octobre, sorti de Beaujon parce qu'il a reçu des menaces de l'OAS ayant deviné le coup fourré, il est pris en charge par la 3e section des Renseignements généraux de la Préfecture de Police qui assure sa protection. Le 4 décembre, alors que s'ouvre le procès des hommes ayant participé à l'attentat, Mertz et sa famille sont évacués vers le Canada. Selon les informations découvertes par Fensterwald et réputées exactes, Mertz reprend alors ses trafics de drogue, et ce jusqu'en 1969 : « A plusieurs reprises pendant les années 60, le gouvernement américain a demandé à la France de faire quelque chose contre Mertz, mais les Français ont refusé à cause de ses connexions avec le SDECE et les Gaullistes. C'était vraiment un " intouchable ". » En fait depuis avril 1962, Mertz partage son temps entre la France et l'Amérique du Nord, entre le trafic de stupéfiant et le contre-espionnage. Car il n'a jamais coupé le cordon qui le relie au SDECE. Une proximité qui l'amène à engager dans son réseau des barbouzes ayant travaillé sous les ordres de l'avocat Pierre Lemarchand et pour les services de contre-espionnage.

---

1. Cet épisode est un des points forts de la French Connection. Les ouvrages relatant l'exploit de Mertz sont nombreux dont *Heroin Trail, Newday, 1979* et *The Marseilles Mafia*, Pierre Galant, 1979.

C'est Michel Mertz qui était à Dallas le 22 novembre 1963. Première preuve de sa présence, le témoignage de Christian David. Si, comme nous l'avons étudié, l'histoire de David est une invention, certains éléments infimes sur le déroulement de l'opération ainsi que sa connaissance des lieux sont parvenus à troubler les chercheurs et les avocats qui l'ont rencontré. Lorsqu'on s'intéresse aux différents personnages ayant entendu parler en direct de l'assassinat, comme Richard Nagell, on remarque que, systématiquement, les éléments véridiques ne sont pas livrés d'un bloc, mais mêlés à une somme de détails et d'informations sans rapport avec l'affaire, voire totalement inventés. Un peu comme si les secrets qu'ils détenaient étaient trop lourds pour rendre l'expression de la vérité aisée. Cela dit, il faut se placer un instant à la place de Christian David, qui ne veut pas rentrer en France. D'après Steve Rivele, qui l'a rencontré à huit reprises aux Etats-Unis, la peur de l'extradition est telle chez lui que l'on se demande si c'est seulement la perspective d'un procès dans un pays où la peine de mort est abolie qui l'effraie ou plutôt le risque d'être exécuté à l'aveuglette. Quoi qu'il en soit, David décide de jouer sa dernière carte, un joker qu'il estime suffisamment efficace pour faire reculer les Etats-Unis qui ont déjà passé un accord avec la France à son sujet. Autrement dit évoquer l'assassinat de Kennedy. David n'ignore pas que ses déclarations vont être passées au peigne fin par les autorités américaines et que, s'il veut gagner la partie, il doit se montrer convaincant. Maintenant, imaginons que David possède seulement quelques informations qu'il sait fiables sur le déroulement du crime, mais estime que le tout se révèle insuffisant pour construire une histoire. Afin de l'étoffer, son seul recours est d'enjoliver l'ensemble, d'y greffer des éléments qu'il pense invérifiables comme la présence de Lucien Sarti décédé, ou l'implication de la Mafia, impossible à prouver. Et c'est vraisemblablement ce qui s'est passé dans sa tête. Ainsi lorsque l'on évacue les points relatifs à la fausse piste marseillaise surnagent quand même des informations vraiment liées au crime. Comme le fait que l'équipe de tueurs soit restée au moins un mois au Mexique pour se préparer, que le passage de la frontière se soit fait illégalement, qu'il y a eu un « tireur derrière la barrière de bois, pas trop loin du pont sur le petit monticule » et que cet homme portait un uniforme de policier. Enfin, ce qu'il souligne après coup, que les tueurs ont ensuite rejoint clandestinement Montréal. Ces informations inédites et vraies, il les tient de deux sources. D'abord, l'ETEC, où, en 1970, David a pu visionner et étudier la version complète du film de Zapruder[1]. Ensuite, et surtout, les détails qu'il connaît proviennent vraisemblablement de Michel Mertz lui-même, David ayant fait partie des barbouzes recrutés pour animer le réseau de trafic de drogue de l'ancien du SDECE.

La présence de Mertz à Dallas et l'utilisation du nom de Souêtre comme pseudonyme sont encore attestées par l'affaire Alderson. A la suite du mémorandum de la CIA de 1964 mentionnant une présence française sur les lieux, le FBI a contacté le docteur Lawrence Alderson, dentiste de Houston, qui connaît un dénommé Souêtre depuis le début des années 50 et semble l'avoir reçu la veille de l'assassinat. Un épisode qui met à nouveau en lumière le rôle ambigu du FBI, celui-ci expliquant avoir entendu parler d'Alderson après l'interception par le SDECE d'une carte postale de décembre 1963 expédiée à Souêtre. Pourtant, Alderson affirme, de son côté, que ses « contacts avec le FBI » ont débuté plus tôt, à peine quelques jours après le crime, quand le Bureau l'a placé sous surveillance, puis en janvier 1964 quand il a été interrogé par l'agent Frank Rooks. Alderson précise aussi : « Le FBI avait tracé " Souêtre " à Dallas la veille de l'assassinat et l'avait perdu. Le FBI supposait que " Souêtre " avait, soit assassiné JFK, soit savait qui en était responsable. Et surtout il voulait savoir qui, à Washington, l'avait fait « sortir » de Dallas ! »

Si Alderson dit vrai, et il est d'ordinaire considéré comme un témoin fiable, cela signifie que le FBI a une nouvelle fois menti sur la piste française. Comme lors de l'épisode plaçant Oswald à Montréal, le Bureau supprime tous les points trou-

---

1. La présence de Christian David à l'ETEC est confirmée dans *Aux ordres du SAC*, *op. cit.*

blants de ce témoignage d'Alderson pour en faire une histoire banale sans rapport avec la mort de JFK. En outre, et cela confirme les informations de Souêtre, si Alderson a été en contact avec le FBI avant le mémorandum de la CIA, cela signifie que le Bureau possédait des dossiers sur la présence française à Dallas. Des dossiers suffisamment importants pour placer sous surveillance durant plus de deux mois un homme comme Alderson.

Entendu par Bernard Fensterwald à la fin des années 70, ce dernier a accepté de livrer des souvenirs sur " Souêtre ", portrait qui, en fait, dévoile peu à peu le véritable personnage qui se cache derrière ce pseudonyme : Michel Mertz.

D'abord le médecin précise les conditions de sa rencontre avec celui qui se fait appeler Souêtre. En 1952-1953, présent en France comme membre à la fois des forces américaines installées en Europe de l'Ouest et de la toute jeune CIA, il fait la connaissance de " Souêtre ", lui-même capitaine et membre du SDECE. Et de préciser que son interlocuteur sert alors dans un régiment commençant par le chiffre 4 et ayant un rapport avec l'armée de l'air. Or le dossier militaire de Mertz explique que « breveté parachutiste, il est muté au 4e RTM ». Parti pour le Maroc avec son unité, il se fait remarquer par ses propos d'extrême droite. Le commandant général supérieur du Maroc note même à son sujet : « Tient des propos politiques qui rendent sa présence indésirable au Maroc. » De retour dans l'Hexagone, Mertz multiplie les contacts avec les milieux extrémistes, et pas sous pseudonyme, preuve qu'il ne s'agit plus d'infiltration. Ainsi les RG notent-ils que son « nom figure sur un carnet d'adresses de *Patrie et Progrès* en janvier 1961. Un intérêt politique confirmé par Alderson. »

Par ailleurs, Alderson rencontre la femme de « Souêtre »-Mertz, alors que le vrai Souêtre n'est pas encore marié ! Autre point qui renforce la conviction de deux personnages différents, le docteur de Houston s'avoue étonné du haut niveau d'allemand sans accent pratiqué par « Souêtre ». Lequel ne possède pas de tels talents linguistiques, tandis que Mertz, lui, a été élevé près de la frontière allemande, a travaillé en Allemagne et a été incorporé dans l'armée allemande. Enfin,

Alderson explique qu'il a écrit à « Souêtre » pendant long-temps afin de lui souhaiter une bonne année à l'adresse qui fut celle de Mertz jusqu'en 1961 ! Mais il ignore qu'il a démé-nagé pour rejoindre le Canada. Mertz, de son côté, ne peut imaginer qu'une fois par an, son « ami » Lawrence Alderson lui envoie ses vœux. On ne peut penser à tout. En tout cas, pas au grain de sable qui vient enrayer une mystification réus-sie. Car cette simple carte confond Michel Mertz. Elle prouve que c'est bien lui qui connaissait Alderson, mais aussi que le SDECE a délibérément voulu faire croire que l'OAS avait participé au crime du siècle, les services de renseignements français présentant la carte d'Alderson comme la preuve de la présence de Souêtre, figure et « activiste de l'OAS », à Dal-las. Une manipulation vraiment grossière.

Reste à comprendre le rôle joué par Mertz dans l'assassinat de JFK. Le 24 novembre, « Souêtre » est expulsé par l'INS vers... le Canada ! Ce qui paraît pour le moins étrange au lende-main de la mort du trente-cinquième président des Etats-Unis, alors que des anciens de l'OAS y sont peut-être mêlés. L'INS, suivant la procédure, avait dû effectuer des recherches et se rendre compte que, depuis juin, son futur expulsé est pisté par la CIA, qu'il appartient à l'OAS et est impliqué éventuellement dans des attentats contre de Gaulle, chef d'Etat d'un pays ami. Pis, l'INS « oublie » d'établir un dossier et de photographier l'extradé ! Cela fait trop, beaucoup trop d'invraisemblances. En vérité, la présence de Souêtre à Dallas n'est rien d'autre qu'une invention du SDECE. Si Souêtre a été expulsé vers le Canada, ni l'INS, ni la CIA, ni le FBI ne détiennent un dossier sur cette extradition, comment le SDECE, lui, l'a-t-il apprise ? Parce qu'il s'agit, en fait, de Mertz qui continue à travailler pour les renseignements français.

Vraisemblablement intrigué par les échanges entre Mon-tréal et La Nouvelle-Orléans, Mertz, comme l'indique sa fiche de renseignements, multiplie les allers-retours entre le Canada et les Etats-Unis durant le printemps 1963. Or le camp du Lake Pontchartrain n'est pas un secret pour les

Français, ni même le fait que des ex-OAS y soient actifs[1]. C'est ainsi que, en octobre 1963, Mertz apprend qu'une « opération chamois » – nom donné par l'OAS aux attentats avec fusil à lunette – est lancée contre Kennedy. Mertz, qui détient suffisamment d'éléments, contacte ses supérieurs durant la première semaine de novembre, utilisant pour y parvenir le canal habituel, à savoir le Centre des écoutes téléphoniques en liaison avec l'OAS. Une fiche de renseignements de la Sûreté nationale d'octobre 1963 explique ainsi que, lors de « son séjour à Paris, Mertz prend contact avec deux employés » de ce centre. Mais, ce qu'ignorent Mertz et les Français, c'est que depuis la base américaine de Metz, qui abrite l'Agence de sécurité sationale (NSA[2]), le Centre des écoutes téléphoniques est lui-même écouté. Et c'est ainsi que, le 2 novembre, le soldat Eugene Dinkin capte la conversation entre Mertz et son contact.

Pendant de nombreuses années, Dinkin était une banale mention d'un dossier CIA classé secret, au titre évocateur : « Allégations du soldat Eugene B. Dinkin au sujet d'un complot. » En 1992, la CIA a autorisé l'ouverture partielle de ce dossier. Ces documents, conjugués à d'autres issus du FBI et à quelques informations confidentielles, permettent de découvrir une des plus étranges histoires de l'affaire Kennedy. Âgé de vingt-cinq ans en 1963, le soldat Dinkin[3], après des études brillantes de psychologie et de sémantique, est affecté

---

1. Le commissaire Jacques Delarue note dans *L'OAS contre de Gaulle* (Fayard, 1994) que les services français avaient réussi à infiltrer l'OAS au plus haut niveau, y compris en Espagne où se trouve Souêtre, et que ce travail d'espionnage est à l'origine de l'échec de la trentaine d'attentats commis contre de Gaulle. Toujours dans son ouvrage, Delarue explique que son informateur lui a raconté que la réussite de l'opération contre Kennedy avait « regonflé » les « Espagnols » de l'OAS. L'autre raison de l'échec de l'OAS est, à la différence de l'assassinat de JFK, l'absence de complicités au sein de l'appareil d'Etat et du service de protection du général.

2. La NSA est chargée des interceptions électromagnétiques. Durant la guerre froide et depuis, son travail est devenu capital, faisant de la NSA l'agence numéro un au détriment de la CIA.

3. Certaines des informations concernant Dinkin proviennent de *Bloody Treason* et *The Man Who Knew Too Much*, *op. cit.*, ainsi que du NARA, document ID n° 1993.06.30.08.39.33.10700 et du NARA 104-10015-10231.

à la base militaire de Metz, au service de la NSA. Là, titulaire du laissez-passer « crypto », il écoute, décode et analyse les télégrammes, appels téléphoniques et autres émissions radio produits en Europe de l'Ouest. Le 2 novembre, il intercepte un message qui en confirme un précédent, réceptionné mi-octobre. Dès lors, les événements qui s'enchaînent sont classés « top secret » et la vie de ce simple soldat perturbée à jamais. Car les messages décryptés annoncent ni plus ni moins l'assassinat de JFK. La première communication date d'octobre. Dinkin, sachant que son poste l'empêche de communiquer avec l'extérieur sans l'autorisation de ses supérieurs, profite de la permission d'un de ses amis soldats pour expédier une lettre à Robert Kennedy où il l'avertit. Il est impossible de savoir si la missive est arrivée jusqu'sur le bureau du frère du Président, ou si elle a été au préalable détournée par l'armée. Toujours est-il qu'une copie se trouve aujourd'hui aux archives. Or son contenu est troublant, puisque Dinkin y assure détenir des informations annonçant le futur assassinat du président Kennedy « autour du 28 novembre 1963 ». Mieux, il ajoute qu'un communiste sera blâmé pour le crime !

Le 2 décembre, un autre message intercepté se montre plus précis : le meurtre aura lieu au Texas et le complot sera organisé par de hauts gradés associés à des financiers d'extrême droite. Une collaboration, soit dit en passant, qui n'est pas sans rappeler la structure de Permindex. Ses supérieurs ne se sentant pas concernés par de telles découvertes, Dinkin décide de déserter et se rend au Luxembourg afin de livrer ses informations aux ambassades alliées. Seul le représentant d'Israël le reçoit et promet d'intervenir auprès de son homologue américain. Les 6 et 7 novembre, Dinkin, à Genève, rencontre dans la salle de presse de l'ONU les correspondants de *Newsweek* et de *Time-Life* et leur explique « qu'il va se passer quelque chose de grave au Texas ». Son périple le conduit ensuite à Francfort, au siège d'*Overseas Weekly*. Là, on lui conseille de regagner sa base afin d'éviter les poursuites nées de son acte de désertion. Le 11, il est effectivement mis aux arrêts. Il explique les motifs de sa « tournée » européenne à deux colonels, lesquels ordonnent son internement immédiat en milieu isolé, du 13 au 23 novembre 1963... lendemain de l'assassinat de JFK. Début décembre, interrogé par un agent du Secret Service, Dinkin renouvelle une nouvelle fois ses accusations sur la collusion extrême droite-armée. Le 4, il quitte la France puis est interné à l'hôpital militaire de Walter Reed pour schizophrénie. A l'agent du FBI qui l'interroge Dinkin explique que, en tant qu'ancien étudiant diplômé de psychologie, il connaissait les bonnes réponses des tests pratiqués, mais que son internement sert à cacher la complicité de certains militaires. Pendant quatre mois, il va subir un terrible traitement d'électrochocs et d'injections de narcotiques. Quelques années plus tard, libre, il n'évoquera plus jamais l'assassinat du Président.

L'histoire Dinkin est importante à plusieurs titres. D'abord, il est évident que les informations livrées par le militaire, ainsi que sa fonction, ne laissent planer aucun doute sur la véracité de ses propos. Ensuite, il implique les financiers de l'extrême droite et de hauts gradés, schéma qui correspond à Permindex, une « société » dont certains des « actionnaires » ont joué un rôle important dans la préparation de l'assassinat de JFK. Autre élément, dévoilé par l'envoi d'un agent du Secret Service et non de la CIA, et depuis confirmé par des documents déclassés : l'intervention directe de la Maison-Blanche dans cette affaire. En effet, dès le 29 novembre, sans que l'on sache pourquoi, Lyndon Johnson se trouve en possession du dossier Dinkin. C'est d'ailleurs la Maison-Blanche qui décide des suites à donner à cette histoire. Comme c'est la Maison-Blanche qui envoie un agent du Secret Service, visite après laquelle Dinkin a été transféré à Walter Reed, l'hôpital militaire dont on sait déjà le rôle ambigu durant l'autopsie de Kennedy[1]. Enfin, dernier enseignement en rapport avec la piste française : à Metz, Dinkin écoutait en direct les conversations du Centre d'écoutes téléphoniques relié à l'OAS, là même où se trouve le contact de Mertz.

Ce qui signifie que, au début de novembre 1963, le

---

1. *Ibid.*

SDECE connaissait les réelles menaces d'attentats qui pesaient sur le voyage texan de JFK. Il est impossible de savoir à l'heure actuelle si les autorités françaises ont passé l'information aux Américains. Si tel est le cas, cela signifie que soit les Etats-Unis ont sous-estimé ces informations, soit l'agence récipiendaire est impliquée dans l'assassinat de JFK. A titre indicatif, la procédure réserve la sécurité du Président au seul Secret Service. Autre possibilité, le SDECE a pensé qu'il n'était pas dans ses fonctions ou dans l'intérêt du pays de partager l'information avec les Etats-Unis. Certaines archives de la Piscine renferment peut-être la réponse.

Quoi qu'il en soit, le SDECE profite du futur assassinat de Kennedy pour monter une classique opération d'intoxication. Mertz est envoyé au Texas : sa consigne est simple, laisser des traces censées être signées Souêtre, donc de l'OAS, où passe JFK. Comme Mertz ignore exactement où celui-ci va être assassiné, le 21 novembre il se trouve à Houston, chez Alderson, qui ne le connaît que sous sa fausse identité. Le 22 au matin, d'après une information publiée dans la presse canadienne, un « Français en fuite de l'OAS est à Fort Worth ». La source de l'indiscrétion est vraisemblablement Mertz lui-même. A 12 h 30, Michel Mertz, agent du SDECE, se trouve à Dallas où il assiste à la mise à mort du Président. Son expulsion sans problème de la ville, dernière étape de l'opération, se déroule le 24 novembre, temps nécessaire pour le SDECE de passer par le canal officiel afin de demander l'expulsion discrète et urgente d'un ressortissant français vers le Canada. C'est ainsi que, si l'INS ne garde aucune trace du passage de « Souêtre », le SDECE est la seule agence à pouvoir l'affirmer.

La raison de toute cette manipulation ? La crainte de nouveaux attentats contre de Gaulle durant ses voyages sur le continent américain, la tentative ratée de la Louisiane ayant prouvé la détermination de l'OAS à ne pas pardonner au président français. Sachant, grâce à Mertz, que d'anciens membres de l'OAS formés à Lake Pontchartrain allaient vraisemblablement participer à la mise à mort de Kennedy, le SDECE a monté de toutes pièces la présence de Souêtre à

Dallas, détenant ainsi un moyen de pression sur l'OAS. La meilleure preuve de l'utilisation du plan Souêtre est la date d'émission du mémorandum de la CIA. Le 15 mars 1964, de Gaulle est en voyage officiel au Mexique. Les services français jugent ce périple à haut risque. Trois semaines auparavant[1], le SDECE, convaincu de la préparation d'un attentat[2], contacte le FBI à New York[3]. Pendant un mois, la piste française va ainsi entraîner une activité intense dans les agences américaines ainsi qu'une surveillance poussée, et donc gênante, des groupuscules proches de l'OAS. Permettant de limiter les risques de voir à Mexico se reproduire les scènes d'horreur de Dallas.

Le 22 novembre 1963, Michel Mertz a dû être traversé par une étrange impression. Celle d'avoir raison alors qu'il aurait peut-être préféré avoir tort. Comme il l'a annoncé, un commando s'est mis en place. Parmi eux se trouvent « Max » et « Ladislas ». Si le Hongrois est là, forcément « Etienne » ne doit pas être bien loin, les deux étant depuis quelques années inséparables. « Max », le tireur d'élite, s'est posté à l'extrémité gauche de la barrière de bois, presque au niveau de la pergola en béton, tandis que « Ladislas » doit lui passer l'arme prête à tirer puis récupérer les douilles. Un troisième homme, un Américain cette fois, sert de couverture et joue en même temps le rôle de poisson pilote. Les deux étrangers ne parlant pas un mot d'anglais, c'est à lui d'intervenir en cas d'ennui.

1. Autre preuve de l'operation montée par le SDECE et de l'utilisation à son bénéfice de la piste française : il ne communique pas ses informations à la Commission Warren, comme le font même partiellement les Soviétiques, mais attend mars pour se manifester.
2. Ainsi, deux sources réputées pour la justesse de leurs informations et indépendantes l'une de l'autre ont informé l'auteur que les photographies de surveillance réalisées à Mexico et injustement présentées comme étant des vues de Lee Harvey Oswald (voir cahier iconographique) sont en fait des clichés réalisés à cause de la présence prochaine du général de Gaulle et représentent un ancien du 1er REP et un membre du commando Delta, les deux réservoirs en bras armés de l'OAS.
3. Pour une raison inconnue, le SDECE n'a pas respecté la procédure habituelle, c'est-à-dire contacter non pas le FBI mais la CIA, et le faire non pas à New York mais à Paris.

Une autre équipe Action, en plus de celles du Dal-Tex, du Depository et de celle qui est dirigée par « Max », complète le dispositif. Placé à dix mètres à la droite de « Max », en partie protégé par les arbres, un quatrième tireur attend. C'est en effet de cet endroit que des personnes comme Lee Bowers apercevront un éclair et de la fumée. Ce nouveau groupe est composé de deux hommes portant des uniformes de police et d'un troisième habillé en civil mais arborant, d'après de nombreux témoins, une carte du Secret Service. Une information jamais explorée par la Commission Warren, qui montre l'ampleur des moyens mis en œuvre pour la réussite de l'attentat et qui confirme à nouveau la complicité du Secret Service. Certains de ces faux agents ne possèdent-ils pas un insigne de couleur au revers de leurs vestes, procédure codée employée depuis la fin de la guerre par le Secret Service pour éviter qu'un intrus se mêle à ses troupes ? Un insigne dont la couleur, qui change à chaque opération, est gardée secrète jusqu'au moment de la distribution... c'est-à-dire, dans ce cas précis, dans la matinée du 22.

La présence, derrière le Grassy Knoll, d'un homme en uniforme de police est attestée par diverses sources, dont le témoignage de Gordon Arnold, le soldat en permission qui évoquera des balles sifflant au-dessus de sa tête. Christian David lui-même, tenant ses informations de Michel Mertz, indique au chercheur Steve Rivele la zone exacte où Jack White et Gary Mack ont aperçu une silhouette vêtue d'un uniforme de police en train de tirer[1]. Les spectateurs qui se sont rués sur le Knoll dans la minute ayant suivi la fusillade sont, de leur côté, formels : sur le parking derrière la barrière de bois, des policiers de la ville de Dallas et des membres du Secret Service étaient en faction. Mais, comme aucun agent du Secret Service ne se trouvait sur Dealey Plaza à l'instant de la fusillade, il devient évident que de faux policiers et

---

1. Voir chapitre « Images d'un assassinat ».

agents avaient investi les lieux, comptant, par leur ruse, éviter les contrôles et faciliter la fuite [1].

Autre témoignage confirmant que certains membres de la quatrième équipe Action possédaient des tenues de policier, celui de Lee Bowers qui, de sa tour de contrôle, dominait l'arrière du Grassy Knoll [2], et qui sera victime, quelques mois plus tard, d'un étrange accident de voiture. Or, ce qu'il a vu le 22 novembre est sans doute la raison de son décès. « Il est évident que Lee Bowers a vu plus que ce qu'il a toujours accepté de dire », explique aujourd'hui encore Jones Harris [3]. Ses déclarations tentent de raconter la vérité tout en évitant certains mots. En permanence, Bowers cherchait à guider ses interlocuteurs pour que ce soient eux qui parviennent aux bonnes conclusions, et ce parce que c'était un homme réellement effrayé par ce qu'il avait vu le 22 novembre 1963. Ses actes, cet après-midi-là, traduisent la crise de conscience d'un individu partagé entre l'intérêt de son pays et sa survie. Trouver ce qui a terrorisé Bowers, c'est progresser dans la recherche de la vérité sur le meurtre de JFK. Mais que voit cet employé des chemins de fer du haut de sa tour de contrôle ? D'abord, durant les deux heures ayant précédé le crime, un étrange va-et-vient de trois véhicules dans une zone interdite à la circulation, à l'instant précis de l'attentat. Ensuite, un éclair qui surgit au niveau des buissons près de la barrière de bois du Grassy Knoll. Pourquoi Bowers, en découvrant les voitures, n'a-t-il pas donné l'alerte ? Parce que, une heure avant le crime, voyant des hommes, dont certains armés,

---

1. N'oublions pas non plus que c'est le moyen qui devait permettre à Lee Harvey Oswald de rejoindre discrètement l'aéroport de Redbird.

2. Merci à Jones Harris qui, en 1963, a rencontré à plusieurs reprises Lee Bowers et a accepté, pour la première fois, de livrer ses souvenirs.

3. Jones Harris a rencontré le médecin des premiers secours qui a constaté la mort de Bowers : « Il n'avait jamais vu ça. Le visage de Bowers était figé comme s'il portait un masque de peur. Le médecin m'a dit : " Je ne sais pas ce que c'est ! Ce n'est pas un accident, ce n'est pas une crise cardiaque ! Pour la première fois, je ne sais pas de quoi quelqu'un est mort ! " Autres éléments jamais révélés : la vitesse de Bowers était normale, il n'a pas heurté un autre véhicule, il n'existe pas de témoin de l'accident, la route était en bon état, les pneus de la voiture n'étaient pas crevés et la police a retrouvé les papiers et le portefeuille de Bowers posés à côté de lui. » (Entretien avec l'auteur, août 1998.)

investir cet espace, il pense qu'il s'agit de membres de l'équipe de sécurité. Du reste, ne portent-ils pas des uniformes ? Pendant plus d'une heure, il les regarde donc prendre le contrôle des lieux et en interdire l'accès aux spectateurs. Et quand, à 12 h 30, son attention est attirée par un éclair et un nuage de fumée, à gauche dans les buissons, il n'a pas le temps de saisir ce qui se passe que déjà certains des « agents » partent en courant. Bowers ne peut voir le tireur caché dans les buissons, mais il assiste à la fuite. Et s'il refusera de raconter cet épisode [1], c'est qu'il a compris que ce sont des hommes portant l'uniforme du DPD qui ont visé le Président, donc que lui, simple témoin, ne sera plus jamais en sécurité.

Le tireur de la quatrième équipe vêtu d'un uniforme du DPD n'est autre que Roscoe White. De nombreux détails, dévoilés par son propre fils voilà quelques années, amènent en effet à certifier que Roscoe a participé au crime [2]. Le parcours de White, agent contractuel de la CIA, ancien partenaire d'Oswald à Atsugi et tireur d'élite, est fortement suspect [3] dans la mesure où il rejoint le DPD à la fin septembre 1963 lorsque l'entraînement mexicain est terminé, avant de démissionner au début de mars 1964, sans motif. Son dossier est alors tellement toiletté qu'il s'avère toujours impossible de savoir s'il travaillait le 22 novembre et, dans l'affirmative, quels furent ses mouvements [4]. C'est également à son domicile que sa veuve découvrira, en 1976, une des fausses photographies d'Oswald posant en militant communiste, le Carcano à la main, où était noté au dos et en russe :

---

1. Al Navis, un chercheur canadien qui a correspondu avec Lee Bowers jusqu'à sa mort, a annoncé il y a quelques années posséder une lettre de l'employé de chemin de fer où celui-ci avoue avoir vu des « membres » du DPD derrière la barrière de bois. Après avoir affirmé son intention de publier le document, Navis a subitement fait marche arrière sans donner d'explications.
2. Voir chapitre « Les Omissions Warren ».
3. N'oublions pas que, d'après sa veuve, c'est le même Roscoe White, que certains ont pris pour Oswald, qui a tué Tippit.
4. Ce qui implique une complicité supplémentaire au sein du DPD.

« Chasseurs de fascistes, Ah, Ah, Ah[1] ! » Lorsque l'on connaît les réelles motivations des hommes qui ont tué Kennedy, on comprend mieux l'ironie de ce message. Souvenons-nous encore que Beverly Oliver, surnommée Babuska Lady et dont le film a mystérieusement disparu, certifie avoir vu Roscoe dans les secondes qui ont suivi la fusillade, derrière la barrière du Grassy Knoll. Leurs regards s'étant croisés, Beverly connaissant la famille White, elle ne peut se tromper. Quant à son fameux film, ce ne sont pas des hommes du FBI qui sont venus le lui réclamer, mais des membres de la conspiration. Le visage de Babuska Lady n'étant apparu sur aucune des photographies prises sur Dealey Plaza, seul quelqu'un la connaissant peut l'avoir remarquée en train de filmer. En demandant par la suite à maintes reprises aux organismes gouvernementaux de retrouver ses images à conviction qui dévoilent la scène du crime, elle frappe à la mauvaise porte. Car si Regis Kennedy, l'homme qui l'attendait devant son lieu de travail pour lui confisquer sa caméra, est un agent du Bureau de La Nouvelle-Orléans, il est aussi proche de la Mafia, et un anticommuniste extrémiste qui sert d'agent de renseignement à William Dalzell[2]. Lequel Dalzell, géologue, ancien membre de l'OSS habitué de l'Afrique du Nord et proche de l'OAS, possède un bureau au Trade Mart Center de La Nouvelle-Orléans... voisin de celui de Clay Shaw. Dalzell est en outre un proche de Guy Banister avec qui il a structuré « l'association » Friends of Democratic Cuba, ce groupuscule unissant les responsables anticastristes radicaux dissous quelque temps après la mort de JFK. Ce n'est donc pas le FBI qui est en possession du film d'Oliver, mais les conspirateurs eux-mêmes. Depuis, des dizaines de mercenaires, dans des structures paramilitaires, ont même pu voir

---

1. Après avoir vu que le parcours armée-renseignement de White est le même que celui de Lee, il est raisonnable de penser que Roscoe est également passé par l'Institut des langues de Monterrey et y a été formé au russe. Il est fort probable qu'il s'agisse en fait de son écriture sur ce cliché.
2. Rapport de Bernard Fensterwald, juin 1982.

ces images et comprendre comment JFK a été assassiné[1]. En France, si incroyable que cela puisse paraître, des personnes ont eu le loisir d'observer et d'étudier le film le plus secret du siècle... sans le savoir. D'après certaines informations, l'une de ses projections s'est déroulée à l'ETEC, l'organisme anti-gauchiste où se sont croisés anciens de l'OAS, membres du SAC, barbouzes et agents du SDECE. Quant à ceux qui pourraient penser qu'il s'agissait du court-métrage de Zapruder, qu'ils se détrompent. Les descriptions relativement précises des images que font ceux qui les ont vues ne laissent planer aucun doute. Ainsi, le film de Zapruder a été tourné sur la droite du Président, alors que celui qui a été projeté à l'ETEC est pris sur sa gauche. Au moment du tir fatal, Zapruder se trouve à une dizaine de mètres de la limousine, ce qui n'est pas le cas du film présenté à l'ETEC, dont les images sont d'une qualité remarquable.

En plus des équipes Action[2] présentes au Depository, au Dal-Tex Building et à deux points du Grassy Knoll, de nombreux complices se sont glissés dans la foule. Leurs rôles, déterminés à l'avance, sont variés. Certains sont là pour intervenir en cas de problème et créer une diversion permettant aux assassins de fuir. D'autres ont pour tâche de faciliter l'installation des différents groupes et leur tranquillité au moment du tir. Quelques-uns doivent observer le déroulement de

1. De nombreux éléments concordants et certaines sources bien placées, tel le colonel Marvin, des Forces spéciales américaines, amènent aussi à penser qu'un autre film, réalisé en seize millimètres dans des conditions quasi professionnelles, a été tourné sur Dealey Plaza par les assassins. Une information peu étonnante lorsqu'on sait que, depuis longtemps, l'armée a pris l'habitude de filmer et de photographier ses opérations. Le crime de JFK, opération paramilitaire, ne peut échapper à la règle. Autre notion à ne pas négliger, le plaisir presque voyeur des commanditaires en assistant par procuration à la mort de leur ennemi. Il faut se souvenir de l'homme à tout faire de H. L. Hunt, qui achète pour son patron une des bobines du film de Zapruder le 22 ou 23 novembre. Il n'est d'ailleurs pas impossible que la version Zapruder utilisée dans les milieux de l'extrême droite soit une copie de la version Hunt.
2. Daniel Marvin, colonel des Forces spéciales, raconte qu'en 1964 une partie de sa formation consistait à étudier l'assassinat de Dallas. Les instructeurs des Bérets verts concluaient à la présence de quatre tireurs sur Dealey Plaza.

l'opération et identifier les personnes qui pourraient prendre des photographies gênantes[1]. Une poignée, enfin, a pour mission de ne jamais quitter John Kennedy des yeux, le succès total de l'opération dépendant de sa mort. Le laisser blessé serait catastrophique, même si des plans de rechange sont prévus. Quelques-uns de ces observateurs, armés de puissantes jumelles, sont postés dans les immeubles dominant Dealey Plaza. L'un d'entre eux est peut-être même au Depository avec le groupe Action qui réunit Yito del Valle, Diaz et Lee Harvey Oswald[2]. Deux autres se trouvent sur Elm Street, à savoir : Umbrella Man et son voisin de type latin, lesquels vont jouer un rôle capital dans l'exécution de JFK. Enfin, deux coordinateurs complètent l'ensemble : l'un est chargé des transmissions radio, l'autre, Jack Ruby, de mettre sur pied les équipes puis de tendre le piège où doit tomber Oswald.

Dès l'arrivée de Kennedy à Love Field confirmée, les équipes se préparent. La zone de tir, autrement dit l'endroit idéal pour toucher JFK, reste la sortie du virage d'Elm Street, dont l'angle est si aigu que la lourde limousine doit réduire son allure à moins de quinze kilomètres à l'heure. Alors, la tête du Président sera dans la ligne de mire de Yito, dans celle du tireur du Dal-Tex comme dans celle des deux hommes du Grassy Knoll. Entre parenthèses, la présence de ces derniers

---

1. C'est le cas de Jean Hill et de Mary Moorman qui se sont vu confisquer un Polaroid capital par un « agent » du Secret Service.

2. Ce quatrième homme, cet observateur, pourrait être Malcom Wallace, homme à tout faire de Johnson au Texas. Un groupe de chercheurs a découvert au mois de mai 1998 que ses empreintes digitales comportaient quatorze points communs avec certaines empreintes relevées sur les cartons du *sniper nest* du cinquième étage du Depository, des empreintes qui avaient été classées sans suite par le FBI. L'hypothèse de la présence de Wallace s'est transformée en bataille d'experts. Quoi qu'il en soit, deux chercheurs californiens, Glenn Sample et Mark Collom, ont rassemblé des informations et des témoignages tendant à prouver la participation de Mac Wallace au crime. Si cet homme, condamné à deux reprises pour meurtre et tué en 1971 dans un accident de la route identique à celui de Lee Bowers, a bien été de l'opération, cela établirait un lien direct avec Lyndon B. Johnson. Madeleine Brown, favorite de LBJ pendant plus de vingt ans et mère de son fils naturel, confirme d'ailleurs la présence de Mac Wallace dans « l'équipe électorale de LBJ » et estime fort probable sa participation au meurtre de Kennedy.

montre la préparation quasi militaire de l'opération. Logiquement, les tirs de « Max » et de White devraient suffire à tuer
JFK, Yito et le tireur du Dal-Tex n'étant qu'une garantie supplémentaire au cas où, par exemple, un motard d'escorte à
l'avant de la limousine serrerait la vision.

12 h 22, la limousine de JFK arrive sur Main Street.
Comme prévu, il n'y a pas d'agents du Secret Service sur les
marchepieds arrière de la voiture. A un moment, Clint Hill,
« l'invité » de dernière minute, s'accroche à l'arrière, mais
Emory Roberts, responsable de la voiture suiveuse, lui
demande de regagner sa place.

12 h 25, le bout de Main Street et le début de Dealey Plaza
ne sont plus loin. Le coordinateur radio ordonne aux tireurs de
se mettre en position. Des témoins remarquent le canon d'un
fusil sortir de la fenêtre du cinquième étage du Depository.

12 h 29, la Lincoln s'engage sur le court tronçon de Houston Street. Presque au même instant, Yito, Max, White et le
quatrième tireur « bloquent » leur zone de tir. Car, contrairement aux idées reçues, un tireur d'élite suit rarement sa cible,
préférant déterminer à l'avance l'endroit idéal où il peut
atteindre sa proie.

Dans trente secondes, le trente-cinquième président des
Etats-Unis sera mort. L'écart entre la voiture de Curry et
celle du Président, de vingt secondes, garantit à Max et à
White que le premier véhicule ne viendra pas boucher l'angle
de tir. Quinze secondes, toujours sur Houston, la limousine
conduite par Bill Greer ralentit afin de virer sur Elm. Un
tireur unique placé au cinquième étage du Depository aurait
appuyé sur la détente à cet instant précis, la limousine
presque à l'arrêt étant de face. Cinq secondes, la calandre de
la Lincoln débouche sur Elm. La tête de Kennedy va apparaître dans la ligne de mire des tueurs. Soudain, la limousine
fait un léger écart ; Greer ayant mal négocié son virage, la
décapotable vient presque toucher le trottoir opposé sur la
droite. La zone parfaite n'existe plus. A toute vitesse, avant
que la limousine n'accélère, il faut replacer Kennedy dans la
ligne de mire et appuyer sur la détente.

Max fait feu en premier. Bien qu'il s'agisse du tir le plus facile, le décalage de quelques secondes le fait viser dix centimètres trop bas. Ce n'est pas le crâne de JFK qui est touché, mais son cou. Au même moment, le tireur du Dal-Tex a lui aussi appuyé sur la détente. Il sait que le temps, surtout lorsqu'il s'agit d'une poignée de secondes, est primordial. Plus la voiture s'éloigne, plus son tir devient délicat. D'autant que la voiture suiveuse, bardée d'agents du Secret Service debout sur les marchepieds, constitue une barrière humaine. A peine a-t-il ouvert le feu et touché sa cible au bas de l'omoplate qu'il aligne à nouveau Kennedy et tire. Cette fois, le projectile frôle la limousine, va mourir sur un pilier du Triple Underpass et blesse James Tague. Pour Yito, l'écart du chauffeur de la Lincoln est également catastrophique : ayant désormais dans son viseur la cime des arbres plantés devant le Depository, il doit tirer au jugé. De fait, il rate JFK et touche Connally. White aussi a fait feu. Mais son tir, qui devait être l'assurance du succès de l'opération, traduit plutôt l'échec du plan A. Car la trajectoire imprévue de la Lincoln a placé dans sa ligne de mire un obstacle inattendu et insurmontable : le panneau Stemmons. Roscoe White tire en espérant passer au-dessus, mais sa balle se plante dans le haut du panneau.

L'opération tourne au fiasco. Connally est touché alors que, ordre ayant compliqué les choses, la consigne a été donnée de l'éviter. De plus, sous l'effet de ses deux blessures, Kennedy commence à glisser sur son épouse, rendant vite impossible toute autre attaque. Dans la voiture suiveuse, avant même que Clint Hill ne réagisse, l'agent John Ready ouvre sa portière. Mais Emory Roberts lui ordonne de ne pas bouger [1].

Sur Dealey Plaza, l'oreillette du Cubain résonne des hurlements du coordinateur : « B ! B ! B ! », dit-il frénétiquement. En une fraction de seconde, il a fait signe à son complice qui commence à agiter un parapluie, geste qui n'est pas destiné à Max ou à White, qui vont bientôt avoir la limousine de JFK en face d'eux, mais à Bill Greer, le chauffeur. Sans la compli-

1. William MANCHESTER, *Mort d'un Président*, *op. cit.*

cité de ce dernier, l'opération court à l'échec. De fait, si le film de Beverly Oliver et les coupes Zapruder ont disparu, c'est essentiellement pour dissimuler que certains membres du Secret Service ont trahi[1]. Que montrent ces images, sinon le virage sur Elm, contraire à la procédure, l'écart de conduite d'un Greer nerveux à l'idée de se retrouver dans la zone de tir, la première réaction de JFK au coup de feu, le morceau du panneau de Stemmons volant en éclat sous l'impact d'une balle, le fait que le chauffeur, quelques instants après le signal de l'homme au parapluie, ralentisse sa voiture au point de presque l'arrêter ? Kellerman, un membre du Secret Service ayant son micro devant la bouche, ordonne immédiatement à Greer d'accélérer pour sortir la limousine de Dealey Plaza, mais celui-ci préfère se retourner vers Kennedy.

La mise à mort du chef de l'Etat peut débuter. Max et White tirent presque simultanément. Ils savent que la Lincoln va rester une petite poignée de secondes dans leur ligne de mire. Pour des hommes ayant l'habitude des meurtres de sang-froid, le plan B est d'une facilité déconcertante. S'il ne mettait pas autant en évidence la complicité de Greer, il aurait largement suffi à l'opération. Kennedy vient de se stabiliser contre sa femme. Les tireurs ne le savent pas, mais Clint Hill vient de sortir de la voiture suiveuse et s'apprête, règle numéro un des *bodyguards*, à couvrir de son corps celui du Président. Un geste que ni Greer ni Kellerman n'esquissent. Presque au même moment, White et Max « bloquent » dans leur lunette le crâne de Kennedy. Une infime pression de l'index suffit : un coup de feu résonne sur Dealey Plaza, une détonation puissante qui est l'écho de deux tirs combinés. Le projectile de White atteint la tempe droite de Kennedy et traverse son crâne en diagonale. La balle de Max le touche entre la nuque et l'oreille droite, avec une trajectoire en biais. Détournée par les os du crâne, elle « rebondit », entraîne des dégâts irrémédiables et ressort par l'im-

---

1. Il est certain que la plupart des acteurs de l'assassinat de JFK, y compris les commanditaires, n'avaient pas le sentiment d'agir par trahison, mais au contraire par patriotisme.

mense ouverture créée une fraction de seconde plus tôt par le coup de feu de White. A gauche de la limousine, le motard Hargis est éclaboussé de matières cervicales. Le tir de White, installé à peine à quelques mètres, a littéralement fait voler en éclats le crâne du Président. Greer sait, comme Nelly Connally le fera remarquer plus tard, que personne ne peut survivre après ça. Il se retourne et accélère, direction le Parkland Memorial Hospital[1]. Au même moment, chaque chef de groupe reçoit un message du coordinateur : « Décrochage, décrochage . » La mission est un succès. JFK est mort.

Sur Dealey Plaza, les complices profitent de la panique pour se disperser et fuir. Dans le Depository, Oswald joue la première partie de son rôle en retenant quelques instants le motard Marrion Baker. Eugène Braning fait de même au Dal-Tex Building. Comme prévu, White et son « assistant », grâce à leurs uniformes, peuvent quitter le Knoll en toute quiétude. Le parking est bientôt envahi de spectateurs et de membres du DPD. Là, quelques faux agents du Secret Service assurent avoir le périmètre sous contrôle. Leur intervention est capitale. D'abord, parce qu'elle garantit la fuite du groupe de Max et de White. Ensuite, parce qu'elle permet la protection des deux armes du meurtre, dissimulées dans deux coffres de voitures stationnées sur le parking du Grassy Knoll. Ce que l'on sait parce qu'un motard du DPD a voulu commencer une fouille quand un « membre » du Secret Service s'est approché de lui et lui a demandé de cesser immédiatement. Le policier s'étonnera trop tard des mains abîmées et de la tenue presque décontractée de l'homme qui lui feront

---

1. Le fait que Greer connaisse la route pour Parkland est une nouvelle preuve de sa complicité. En effet, depuis Dealey Plaza, juste après le Triple Underpass, deux itinéraires permettent de rejoindre Parkland. Il est évident qu'en cas d'échec du plan B les assassins auraient basculé sur le plan C, l'explosion d'une voiture piégée. Cette hypothèse avait été cachée à Greer. Il savait en revanche qu'un plan C existait, mais on lui avait dit qu'il s'agirait une nouvelle fois d'un tireur d'élite. S'il connaît la route pour Parkland, c'est parce qu'on lui a montré l'itinéraire à suivre pour passer à la hauteur du troisième piège.

comprendre qu'il ne pouvait s'agir d'un agent de l'escorte présidentielle.

Sur Dealey Plaza, l'homme au parapluie et son complice, assis sur le trottoir, attendent tranquillement que la place soit submergée de centaines de curieux pour se lever et marcher en sens inverse. Si certains ont choisi de partir en voiture, Oswald prend tout simplement le bus. « Max », « Ladislas » et leur poisson pilote peuvent emprunter un moyen infaillible pour quitter le Grassy Knoll, le train, puisque stationne sur les voies, à une cinquantaine de mètres de la barrière de bois, un convoi de marchandises au départ prévu à 12 h 34. Avant, comme dans une course de relais, Max a confié son arme à un complice placé près des voitures. Les trois minutes d'attente paraissent extrêmement longues au groupe. De l'extérieur leur parviennent les bruits de panique de la foule qui atteint le Grassy Knoll. 12 h 35, le train n'a toujours pas démarré.

Les tueurs ont négligé un détail capital dans leur plan : l'homme qui ordonne le départ des convois n'est autre que Lee Bowers. Or, il a assisté aux instants ayant suivi la fusillade, a vu un homme en uniforme et un autre vêtu en clochard donner leurs armes à un complice. Il a aussi assisté à la course de Max, de Ladislas et du troisième homme affublé d'un chapeau vers le train de marchandises. De sa tour, il sait exactement où s'est caché le trio. Maintenant Bowers pense vite. Sa raison le pousse à descendre et à signaler la présence des suspects, mais la peur, le va-et-vient des agents en uniforme avant le crime, l'éclair dans les buissons le poussent à ne pas bouger. En un instant, il trouve la solution à son dilemme. A l'arrière du Grassy Knoll, il n'y a aucun bâtiment où se réfugier, juste quelques voitures en stationnement et le long train en attente. Or, il aperçoit un agent du DPD qui commence la fouille des véhicules. D'ici quelques minutes, il arrivera vers les voies. En bloquant le départ du convoi, indirectement et sans se mouiller, Bowers facilite leur arrestation. Et c'est pour cela que le train de 12 h 34 reste quarante

minutes à quai[1]. Vers 12 h 40, Bowers constate avec satisfaction que son plan est sur le point de réussir : un groupe du
DPD s'approche du train et entame la fouille[2]. Mais au lieu
de descendre de la queue vers la tête, les policiers font le
contraire. Un contre-temps qui, pense Bowers, devrait retar-
der de cinq minutes l'interpellation des suspects. Enfin, les
agents du DPD arrivent au wagon de grains où Ladislas, Max
et leur complice se sont engouffrés à 12 h 32. Un agent jette
un coup d'œil rapide et ne voit rien. Au même moment, un
autre surgit de Dealey Plaza : comme des témoins ont affirmé
avoir vu un tireur au Depository, tous les hommes disponibles
doivent participer à la fouille des six étages de l'immeuble et
assurer un cordon de sécurité à l'extérieur. Les membres du
DPD abandonnent leur fouille du train. Les deux anciens de
l'OAS sont passés près de la catastrophe. Dans sa tour,
Bowers n'en croit pas ses yeux. Il descend quatre à quatre les
marches et arrive à l'extérieur au moment où le groupe
d'agents passe à sa hauteur. Cette fois, l'employé des chemins
de fer prend un vrai risque. Haletant, il désigne le wagon de
grains et demande aux policiers d'y retourner. Ceux-ci l'écou-
tent. Cinq hommes encerclent immédiatement le wagon, la
porte coulissante est rapidement ouverte. Mais personne.

Pourtant Bowers est sûr qu'ils sont encore là, parce qu'il
n'a pas quitté le wagon des yeux et qu'il n'y a qu'une sortie.
D'un geste, il suggère aux policiers d'insister. Un des agents
fait alors les sommations d'usage. Soudain, des mains se
lèvent du côté opposé à la porte. Les suspects, après avoir
gravi le tas de grains et s'être dissimulés derrière les céréales,
se rendent. Grâce à Lee Bowers, leur plan vient d'échouer. Il
est presque 13 heures et l'équipe de Max s'est fait arrêter.
Mais les policiers restent bouche bée : au lieu d'avoir face à
eux un tueur armé, ils sont en train d'interpeller des

---

1. La plupart de ces informations inédites sur les faits et gestes de Lee Bowers,
ainsi que l'épisode du train, m'ont été confiés ou confirmés par Jones Harris.

2. N'oublions pas, même s'ils le nieront pas la suite, que le premier réflexe des
hommes de la voiture du chef Curry précédant la limousine de JFK est d'ordonner
que tous les hommes disponibles se rendent sur les voies du Triple Underpass.
La découverte des enregistrements radio permet de confirmer cette information.

voyageurs clandestins habillés comme des clochards. Ils n'y croient pas. Tout juste, se disent-ils, ces passagers sans tickets ont peut-être entendu ou vu quelque chose. Tandis que les autres agents rejoignent le Depository, deux policiers escortent les trois hommes à l'immeuble du DPD. Les clochards ont l'air si inoffensif que la police n'a même pas pris la peine de les menotter. Le petit groupe arrive sur Dealey Plaza, passe devant le Depository, puis traverse Elm Street. Quelques photographes présents prennent des clichés de cette arrestation avant que les trois clochards disparaissent dans le bâtiment du DPD.

Depuis bientôt trente-cinq ans, ces clichés, qui sont étudiés par de nombreux chercheurs, ont révélé la plupart de leurs secrets. D'abord, et c'est le plus important, ils prouvent que Bowers avait raison : il ne s'agit pas de vrais clochards. Si leur allure générale pouvait amener à penser que le DPD venait d'interpeller des vagabonds, certains détails trahissent leur travestissement. Les vêtements d'abord, dont les cols et les manches ne sont pas élimés. Les coupes de cheveux ensuite, qui sont nettes, tandis que leurs chaussures en cuir sont récentes. Enfin, l'ensemble des images dégage un sentiment étrange. Les deux premiers vagabonds ne semblent guère perturbés par l'incident, alors que la foule autour d'eux, les prenant pour les assassins de JFK, commence à les conspuer. Non seulement les cris et les injures ne paraissent pas les atteindre, mais ils n'essaient même pas d'éviter les photographes. Et ce à l'inverse du troisième larron, l'homme au chapeau qui se dissimule comme il peut derrière les épaules du second vagabond. Ce comportement a une seule explication : les deux premiers suspects ne craignent pas d'être reconnus parce qu'ils ne sont pas américains : il s'agit de « Max » et de « Ladislas ». Le troisième, en revanche, celui qui sert de guide aux deux anciens de l'OAS, étant citoyen américain, fuit les photographes. Ces conclusions, étayées par notre rencontre au printemps 1998 avec l'un des compagnons d'arme de « Ladislas », confirmées par d'autres clichés de « Max » et de « Ladislas » pris dans les mois qui ont précédé et suivi l'affaire Dealey Plaza, sont aussi celles du chercheur

Jones Harris, qui a donné au premier clochard du groupe le surnom de « Frenchy », le Français. « D'abord, je trouvais qu'il avait le port militaire, que sa démarche était celle d'un officier, raconte-t-il. Et puis, il y avait sa veste, qui n'est pas de coupe américaine mais, sans l'ombre d'un doute, typique d'un vêtement français. C'est pour cela que, sans même savoir de qui il s'agissait, je l'ai baptisé Frenchy. » Une analyse perspicace puisque c'est « Max » qui ouvre la marche de la triade.

Juste après 13 heures, grâce à l'intervention de Lee Bowers, la police de Dallas vient donc d'interpeller trois hommes ayant participé à l'assassinat de JFK. Pourtant, jamais personne n'entendra plus parler des vagabonds du Grassy Knoll. Et ce parce qu'une heure et demie après leur arrestation « Max », « Ladislas » et l'homme au chapeau sont remis en liberté. Leur élargissement est d'ailleurs l'une des clés de l'affaire Kennedy, celle qui ouvre la porte vers les commanditaires. Trouver pourquoi et par qui trois des assassins potentiels de JFK ont été libérés, c'est encore un peu plus se rapprocher des chefs du complot. D'abord, on pourrait penser qu'il s'agit d'une décision automatique prise après l'arrestation d'Oswald. Le problème est que, lorsque Lee est conduit au DPD, on l'accuse seulement de ne pas avoir payé sa place de cinéma et d'avoir peut-être commis le meurtre de J. D. Tippit. En outre, rien ne prouve alors qu'Oswald a agi seul, sans l'aide de complices. Aussi, la libération des « vagabonds » devient-elle fort suspecte. Interrogé par différents chercheurs dans les années qui ont suivi le crime, le chef Curry a toujours affirmé, sans vouloir donner d'autres précisions, que le DPD n'était pour rien dans cette remise en liberté. Le FBI est innocent aussi puisqu'il prend le contrôle de l'enquête vers 16 heures, une fois les faux vagabonds relâchés. En fait, la réponse, énorme, réside dans deux témoignages.

Pour commencer, il faut revenir aux souvenirs des deux inspecteurs de l'INS. Hal Norwood et Virgin Bailey se rappellent l'expulsion d'un Français à Dallas le 24 novembre, lequel, nous l'avons vu, n'est autre que Michel Mertz. Toutefois, en lisant dans le détail leurs dépositions, on remarque des différences étonnantes, comme s'ils ne décrivaient pas la même opération. Bailey, d'abord, raconte que l'expulsion a eu lieu le dimanche 24 novembre, jour plutôt inhabituel, et explique avoir lui-même procédé à l'interpellation dans un appartement de Gaston Street ou de Ross Street. Norwood, de son côté, parle de l'extradition, le 22 ou le 23 novembre d'un homme incarcéré au DPD. Et aussi que c'était la police de Dallas qui avait contacté l'INS pour évacuer l'individu. Si Bailey narre le renvoi de Mertz, Norwood a, lui, vécu celui de « Max ». Dès lors, les autres éléments communiqués par Norwood deviennent essentiels. En effet, il précise qu'avant même de recevoir l'appel du DPD il a reçu deux communications urgentes lui ordonnant « d'expulser immédiatement » un Français. Des ordres directs de Washington, autrement dit du bureau central de l'INS, organisme sous les ordres de la présidence. Or, à 14 h 30, au moment de la libération des « vagabonds », le président des Etats-Unis est déjà Lyndon B. Johnson !

Le 22 novembre, avant 15 heures, « Max » est renvoyé vers le Canada et ses deux compagnons sont libérés. La pression de Washington pour l'expulsion immédiate se révèle d'autant moins justifiée qu'il est impossible, alors, que le bureau central de l'INS soit au courant de l'arrestation, à peine une heure plus tôt, d'un groupe de « vagabonds » dont l'un serait de nationalité française. L'INS a donc bien relayé un ordre venu d'en haut. Selon Norwood, un seul homme a été extradé le 22. Si c'est le cas, cela signifie que « Ladislas » a été simplement remis en liberté. L'expulsion sans délai de « Max » peut s'expliquer. La Maison-Blanche craignait peut-être que Max soit rapidement identifié par les services français, et qu'une fiche de renseignement soit conservée à Paris sur cet officier déserteur. Ou alors qu'une simple libération fasse courir le risque qu'un témoin reconnaisse le tireur ? Toujours est-il que cette procédure d'urgence, accompagnée de l'ordre à Norwood de ne pas constituer de dossier relatif à cette expulsion, prouve l'importance de « Max » dans l'assassinat du président Kennedy !

Presque tous les membres des groupes rejoignent l'aéroport privé de Redbird où David Ferrie assure le transfert vers un aéroport de Louisiane ou de Floride. Puis, c'est le départ vers le Canada. La solution de facilité aurait été de s'envoler vers le Mexique tout proche, et peut-être certains l'ont-ils fait, mais les conspirateurs savent pertinemment que c'est vers la frontière mexicano-américaine que va se concentrer la surveillance des forces de l'ordre.

Jack Ruby, lui, reste à Dallas. Après avoir piégé Oswald en lui donnant un revolver dès sa sortie du Depository, il revient au siège du *Dallas Morning News* où il simule une crise nerveuse suffisamment peu discrète pour que beaucoup de gens se souviennent de sa présence. Puis, il se rend au Parlkland Memorial Hospital, où le journaliste Seth Kantor le croise. Là, il rencontre vraisemblablement un agent du Secret Service à qui il remet la balle magique qui mène au Carcano d'Oswald. L'agent, seul autorisé à descendre au sous-sol où se trouve JFK, pose le projectile sur une civière tachée de sang. Ruby retourne au Carrousel, passe quelques coups de téléphone, déplorant la disparition de Kennedy, puis attend des nouvelles.

Qui sont très mauvaises. A l'arrestation du groupe de Max se greffe l'échec du plan Oswald. Lee est toujours en vie, et Ruby sait que ses « patrons » ne vont pas tarder à le lui reprocher. Car son rôle de coordinateur[1] impliquait de corrompre

---

1. Madeleine Brown qui « connaissait bien Jack, vraiment bien, comme tout le monde qui travaillait dans le centre de Dallas » raconte que Ruby détestait JFK et qu'au moins deux semaines avant le crime il montrait à ses bons clients la carte du parcours de Kennedy alors que sa visite n'était pas encore officiellement annoncée. « Avoir l'information avant tout le monde, cela lui donnait de l'importance. » Autre fait complètement négligé par la Commission Warren : lors de la perquisition effectuée au domicile de Ruby après l'assassinat d'Oswald, le DPD découvre un stock d'armes constitué d'une caisse de grenades offensives, d'une dizaine de fusils mitrailleurs M16 et de plus de trois mille cartouches.

des membres du DPD pour qu'ils éliminent Oswald. Ruby a été grassement payé pour cela[1]. Maintenant, c'est à lui de réparer cette faute. Ruby n'ignore pas que des hommes capables de faire tuer le président des Etats-Unis sont capables de se débarrasser de lui s'il n'obéit pas. Avec un peu de chance, l'uniforme de justicier vengeant la mort de JFK pour soulager Jackie lui permettra d'échapper à la chaise électrique. Néanmoins, Ruby est mal à l'aise, il se sait surveillé et ne peut quitter la ville. Il se demande si, comme Oswald, les conspirateurs n'ont pas choisi de l'éliminer. Peut être l'un des policiers de l'escorte d'Oswald a-t-il été payé pour l'abattre juste après qu'il eut fait feu sur Lee ? Dans la nuit du samedi au dimanche, Ruby a une idée. La seule possibilité de ne pas exécuter Oswald est que son transfert soit reporté ou interdit au public. Alors, il sort de chez lui, s'arrête à la première cabine téléphonique et contacte le DPD. Là, anonymement, il prévient qu'Oswald va être assassiné le lendemain. Le policier qui note le message reste perplexe, car il connaît la voix de ce mystérieux correspondant. Le lendemain, lorsqu'il regarde à la télévision l'assassinat d'Oswald et l'arrestation de Ruby, l'agent fait le rapprochement.

Faire taire à jamais Oswald ne peut pas être obtenu sans complicité au sein même du DPD. Sans aide, Ruby n'aurait pu rejoindre le sous-sol[2] où se déroule le transfert ni être en place au bon moment[3]. Même le décès de Lee semble aujourd'hui suspect. Le docteur Charles Crenshaw, qui a tenté de sauver Oswald au Parkland Memorial Hospital, a récemment

---

1. Bill Cox, un employé de banque de Dallas, a expliqué que Ruby avait plusieurs milliers de dollars sur lui dans l'après-midi du 22 novembre. Lors de son arrestation, il portait deux mille dollars. Dix mille dollars ont été également découverts dans son appartement. Quant à son véhicule, d'après le rapport de police, « son coffre était plein d'argent ».

2. Ruby, comme la Commission Warren, a toujours prétendu s'être introduit par le passage servant aux voitures ; or celui-ci était gardé par deux policiers qui ne l'ont jamais vu. Deux témoignages confirmés par les images d'une chaîne de télévision texane qui filmait l'accès véhicule afin de ne pas manquer la sortie du fourgon cellulaire. D'après de nombreux chercheurs, les complices de Ruby n'étaient autres que les détectives Harrison et Miller.

3. Un double coup de Klaxon annonce la sortie d'Oswald. C'est à ce moment-là que Ruby « écarte » le détective Harrison et tire sur Lee.

révélé[1] que sa mort n'avait pas été causée par la blessure de Ruby, mais par le comportement des policiers. C'est en effet l'énergique massage cardiaque fait sur le blessé atteint au ventre qui a entraîné son hémorragie interne fatale.

Oswald n'est d'ailleurs pas le seul membre d'une des équipes Action à avoir été réduit au silence. « Max » disparaît au début de l'année 1964, quatre mois après l'opération sur Dealey Plaza. Après sa planque au Canada, il avait envie de rejoindre l'Espagne pour y monter un attentat contre de Gaulle. Certaines rumeurs prétendent qu'il a été tué d'une balle dans la tête, d'autres qu'il s'est longtemps réfugié en Argentine où s'était installée une communauté de l'OAS. « Ladislas », après avoir fait les beaux jours de divers groupuscules d'extrême droite européens, est décédé en France en 1976. Officiellement d'un braquage qui aurait mal tourné. Yito del Valle est mort, lui, le 22 février 1967, découpé à la machette en Floride. Le même jour, David Ferrie était retrouvé « suicidé » à La Nouvelle-Orléans. Or la veille, les journaux avaient annoncé que le procureur Jim Garrison voulait les auditionner. Hermino Diaz est décédé le 29 mai 1966 au cours d'un sabotage à La Havane, qui a échoué. Roscoe White est mort en 1971 durant une explosion inexpliquée. Avant de pousser son dernier soupir, il a eu le temps d'avouer à un prêtre sa participation à de nombreux crimes. Maurice Gatlin, le porteur de serviette, est passé à travers la fenêtre du quatrième étage d'un hôtel. Malcom Wallace, l'homme de Johnson, est mort dans un accident de la route en tout point semblable à celui de Lee Bowers. Guy Banister, de son côté, a été victime d'une crise cardiaque en 1964. Enfin, Milteer, le responsable du groupuscule d'extrême droite, est mort électrocuté. Une longue liste où se retrouvent la quasi-totalité des acteurs et témoins du crime du siècle.

Tout au long de ces pages, grâce à un apport considérable de nouvelles informations, de documents et de témoignages

---

1. Charles CRENSHAW, *Conspiracy of Silence*, *op. cit.*

inédits, nous avons réussi à pénétrer le mystère de l'assassinat du président Kennedy. Pour la première fois sa préparation, son exécution et la manipulation qui en résulte sont connues. La présence de quatre équipes Action parfaitement entraînées, la coordination de l'ensemble, le double rôle joué malgré lui par Lee Harvey Oswald permettent d'affirmer que les événements du 22 novembre 1963 ont été préparés comme une opération militaire. Impliquant des extrémistes cubains, des membres de la CIA en rupture d'autorité, d'anciens tueurs de l'OAS, des moyens financiers énormes, des complicités au sein du DPD et du Secret Service, la tentative d'assassinat de JFK ne pouvait que réussir. Mais résumer le 22 novembre au seul meurtre de JFK et à la recherche de ses assassins serait forcément restrictif. Avant de conclure, il convient de découvrir l'ensemble des conspirateurs et surtout leur motivation profonde.

Comme l'avait pressenti le procureur Garrison, un des secrets du meurtre de John Kennedy se trouve à La Nouvelle-Orléans. Cette ville de Louisiane et le camp tout proche de Lake Pontchartrain sont essentiels dans la recherche de la vérité puisqu'il s'agit d'une scène où vont se croiser la quasi-totalité des acteurs du crime. David Ferrie, Guy Banister, Clay Shaw, Lee Harvey Oswald, Yito del Valle, Hermino Diaz, Jack Ruby, les frères Sampol, Franck Sturgis, « Max », « Stanilas », « Etienne », Maurice Gatlin, Regis Kennedy et tant d'autres. L'erreur de Garrison et de nombreux chercheurs a été de se contenter des apparences. De croire que Ruby, membre de la Mafia, ne pouvait représenter qu'elle ; de penser que Regis Kennedy étant agent du FBI, c'est le Bureau qui était impliqué dans l'affaire ; d'imaginer que Clay Shaw et David Ferrie ayant travaillé pour la CIA, Oswald pour l'ONI, l'assassinat de Kennedy devenait forcément l'opération d'une agence ; de conclure que Sampol et Yito étant anticastristes, le meurtre du Président devenait une réponse à la baie des Cochons. Or, ce cloisonnement, volontaire ou non, était le meilleur moyen de préserver les assassins et leurs inspirateurs.

En fait, pour s'approcher de la vérité, il fallait trouver

l'unique lien qui pouvait unir un Cubain, un Américain, un Français, un Hongrois, un homme d'affaires et un mercenaire. Et cet unique point commun, c'est une haine viscérale du communisme. Les assassins de Kennedy se considéraient eux-mêmes comme des patriotes, des hommes ayant embrassé une cause totalitaire, le fascisme, pour combattre une autre cause totalitaire, le communisme. Pour eux, tuer Kennedy s'avère un acte de salut public, un sacrifice nécessaire pour la bonne marche de la nation et du monde. Le paroxysme de ce combat est atteint en 1966 avec la naissance de la structure secrète de la World Anti Communist League (WACL), la ligue mondiale anticommuniste, tentative unique de fédération de l'ensemble de l'extrême droite mondiale. On y retrouve bien évidemment l'ensemble des groupes cachés derrière le crime du siècle : Alpha 66, la ligue anticommuniste des Caraïbes, Permindex, Aginter-Presse, Ku Klux Klan, John Birch Society, Minutemen, la Vieille Eglise orthodoxe catholique, le DRE, Interpen, mais aussi des personnes inscrites à titre individuel comme H. L. Hunt, le General Walker ou David Ferrie. En 1963, la WACL n'existait pas encore, mais les réseaux d'extrême droite fonctionnaient à plein régime. Or Pontchartrain est le laboratoire de la branche armée de la future WACL puisque s'y retrouvent des hommes de toutes nationalités prêts à mourir pour voir disparaître la « pieuvre rouge ». Permindex représente le pendant de Ponchartain qui, s'il ne regroupe pas des guerriers, réunit des financiers et des décideurs. Pontchartrain fut le bras armé qui tua Kennedy, Permindex, le pouvoir qui lui en donna les moyens.

Si l'on reprend le découpage par groupe de l'opération ayant conduit au meurtre de JFK, nous arrivons, après trente-cinq ans de recherches, à un pôle actif, lui-même composé de petites équipes, vraisemblablement des triades. Vingt membres de cette entité agissante ont été identifiés. En voici le rappel : David Ferrie, Lee Harvey Oswald, Jack Ruby, « Max », « Ladislas », « Etienne[1] », Yito del Valle, Hermino

---

1. Etienne pourrait même être un des responsables de la voiture piégée placée après le Triple Underpass.

Diaz, Jim Braden, Frank Sturgis [1], Malcom Wallace, Ignacio Novo Sampol, Guillermo Novo Sampol, Gerry Hemming, Diaz Lanz, Orlando Bosch, Roscoe White, Eugene Bradley [2], sans oublier l'homme au parapluie, son voisin cubain et l'homme au chapeau de l'équipe de « Max ». Il est fort probable qu'au moins une dizaine d'autres personnes complète ce groupe. Deux hommes, Clay Shaw et Guy Banister sont chargés de faire la jonction entre Permindex et les troupes de Pontchartrain. Maurice Gatlin, lui, est responsable des transferts d'argent servant à financer l'opération. La planification de l'ensemble, et notamment le piège où tombe Oswald, est orchestrée par des officiels de la CIA n'agissant pas au nom de l'Agence. David Atlee Phillips, le chef de station de Mexico, est le cerveau en chef de cette toile d'araignée tissée autour de Lee. Selon certains témoignages, dont celui de Robert Morrow chargé de préparer le matériel radio vu sur Dealey Plaza, d'autres hauts fonctionnaires de la CIA étaient avertis de l'attentat. Deux noms émergent : celui de Tracy Barnes et celui de Richard Helms. De nombreuses personnes, dont Gerry Hemming dans *Bloody Treason*, précisent même qu'une réunion où furent discutées les modalités de l'assassinat s'est tenue chez le général Walker en présence de Jack Ruby, du général Willoughby, un ultra-extrémiste, bras droit de MacArthur payé par H. L. Hunt pour fournir des renseignements sur la zone Caraïbes et Cuba. L'assassinat de John Kennedy ayant un coût élevé, l'aide de grosses fortunes fut

---

1. Sturgis, accusé sous serment par Marita Lorenz d'avoir convoyé les armes et participé au crime, est également un des auteurs du piège tendu à Oswald. En effet, le dossier complet ayant servi à faire passer Oswald pour un militant communiste vient d'une petite agence de presse basée à Miami qui emploie trois journalistes : Hal Hendrix, agent de la CIA, et les deux frères James et Jerry Buchanan, membres des Brigades anticommunistes. Le patron n'est autre que Frank Sturgis. Cette agence est responsable, par exemple, de la propagation de la fausse information reliant Oswald aux services secrets cubains.

2. Bradley a été formellement identifié par Roger Craig comme un des faux agents du Secret Service en poste sur Dealey Plaza. E. E. Bradley, ancien de l'ONI, est membre du groupe paramilitaire des Minutemen. En 1967, Jim Garrison, détenant plusieurs témoignages le plaçant à Dallas, a demandé à l'entendre. Le gouverneur de Californie, Ronald Reagan, a refusé cette extradition d'Etat à Etat.

précieuse. Or Permindex accueillait aussi bien les millionnaires texans que des banquiers de la côte est. Il semble toutefois que le coût total de l'opération ait été supporté par un groupe d'investisseurs texans, les 8F.

Le meurtre du Président nécessitant de multiples complicités, des membres du DPD ont accepté de collaborer par intérêt financier ou idéologique : Tippit, par exemple, était membre de la John Birch Society. S'il n'a pas été prouvé, faute de renseignements, que des gradés du DPD ont été impliqués dans le complot, l'organisation chaotique du transfert de Lee malgré l'opposition de certains détectives et la dissimulation des notes prises durant son interrogatoire laissent planer des doutes sur le rôle joué notamment par le capitaine Fritz.

Trois éléments permettent, par ailleurs, d'affirmer que de hauts gradés de l'armée américaine ont pris part à l'assassinant du chef de l'Etat[1]. La procédure d'une visite présidentielle implique la venue de renforts militaires assurant la sécurité du Président tout au long du parcours. Mais cela ne fut pas le cas à Dallas. Le colonel Prouty, le monsieur X du film d'Oliver Stone, raconte que son homologue, le colonel Maximilian Reich, du 112 Military Intelligence Group basé à Fort Worth, a reçu l'ordre le 21 novembre 1963 de ne pas se rendre à Dallas. Les protestations du colonel Reich n'y ont rien fait, la consigne venait de plus haut, de Washington. Comme nous l'avons vu, le déroulement de l'autopsie du corps du Président implique aussi une collaboration de l'armée. Prouty révèle également, preuve à l'appui, qu'une partie des troupes américaines avaient été placées en état d'alerte quelques minutes à peine avant l'arrivée de JFK sur Dealey Plaza, et qu'elles devaient achever l'opération en cas de problème majeur à Dallas. D'une façon générale, la participation de l'armée à un coup d'Etat garantit souvent son succès.

---

1. L'étrange ordre donné en 1973 par le Pentagone de détruire les dossiers se référant à Lee Harvey Oswald et Alek Hidell a de quoi mettre la puce à l'oreille.

Ni la CIA, ni le FBI, ni l'ONI, en tant qu'agences, ne semblent responsables de la mort du Président. En revanche, une fois Oswald arrêté, elles se sont livrées à une course à la manipulation. Qui tient à différentes raisons. D'abord, masquer que nombre des participants du crime avaient travaillé, ou travaillaient encore, pour une ou plusieurs de ces agences. Ensuite, dissimuler que les enregistrements d'une partie des conversations téléphoniques de Lyndon Johnson, à son arrivée à la Maison-Blanche, prouvent sa volonté de camoufler la vérité afin de préserver le monde d'une troisième guerre mondiale. En fait, cette manipulation prétendue de sagesse s'avère d'une hypocrisie totale puisque, dès l'après-midi du 22 novembre, les différents organismes de renseignements possédaient l'esquisse de ce qui s'était réellement passé à Dallas, tableau qui excluait d'emblée une manœuvre des Soviétiques ou des castristes. Troisième degré de manipulation, la protection des véritables coupables. Les dizaines de milliers de documents rendus publics aujourd'hui donnent une vue parcellaire des informations détenues par le FBI et la CIA. Mais il est évident que l'ensemble de ces témoignages a permis assez rapidement aux deux agences d'identifier les commanditaires du crime. Le silence et la destruction de preuves qui s'ensuivirent tendent à prouver que les deux agences ont profité du changement de régime né de l'assassinat de Kennedy.

Le FBI, en contrôlant la Commission Warren, a joué un rôle primordial dans ce jeu de poupées russes. Dès lors, il devenait légitime de s'interroger sur le rôle tenu par Edgar Hoover. Anticommuniste affirmé, Hoover ne supportait pas Kennedy[1], lequel n'avait pas caché son intention de ne pas renouveler le mandat de Hoover à la tête du Bureau laissant ce dernier, âgé de soixante-cinq ans, « profiter » de sa retraite. Or, un des premiers actes de Johnson sera de prolonger à vie le mandat de Hoover ! Il existe par ailleurs une preuve de l'intervention de Hoover avant le 22 novembre 1963. Le 17,

---

1. Voir à ce sujet les très nombreux exemples cités dans *Le plus grand salaud d'Amérique, op. cit.*

l'agent William Walther est de garde au FBI de La Nouvelle-Orléans. Dans la nuit, il reçoit du siège du Bureau à Washington un mémorandum informant d'une tentative de meurtre sur Kennedy durant son prochain voyage au Texas. Walther prévient cinq agents et, par sécurité, fait une copie du texte. Le lendemain, sur ordre de Hoover, l'affaire est classée, le mémorandum est détruit non seulement en Louisiane mais aussi dans toutes les agences du sud des Etats-Unis qui l'avaient reçu. En 1967, Walther remet sa copie à Jim Garrison où l'on peut noter la qualité des renseignements obtenus par le FBI : « Menace d'assassinat sur le président Kennedy à Dallas le 22 novembre 1963. Information a été reçue par le Bureau. Le Bureau a déterminé qu'un groupe de militants révolutionnaires peut tenter d'assassiner le Président lors de son voyage à Dallas, le 22 novembre 1963. »

Le Secret Service a aussi joué un rôle actif dans l'assassinat. Certains de ses membres ont trahi leur charge pour à la fois permettre le meurtre du Président et faciliter la manipulation. De fait, la réussite de l'attentat nécessitait la collaboration de certains gardes du corps de JFK[1]. Sa première intervention fut d'approuver le passage du cortège par Elm Street et le virage en épingle à cent vingt degrés devant le Depository, un parcours qui ralentit la limousine présidentielle formellement banni des procédures habituelles. En cas d'absolue nécessité, le guide de régulation du Secret Service précise toutefois que « le passage de la limousine présidentielle par un tel virage impose un examen complet de la zone, la mise en place d'agents à l'avance pour assurer la sécurité y compris dans les immeubles dominant le lieu. » Or, il n'y avait aucune obligation d'emprunter la rue[2] et aucun agent du Secret Service

---

1. Souvenons-nous de la conversation de Milteer se félicitant de la présence croissante de gardes du corps autour du Président, précisant que plus il y en aurait, plus il serait facile de le tuer.

2. La Commission Warren, décidément guère effrayée par le ridicule, a trouvé la parade. Si la limousine était restée sur Main Street et avait évité Dealey Plaza, elle aurait dû tourner à droite après le Triple Underpass ; or, un panneau interdit un tel virage. La Commission essaie donc de justifier ce trajet par le respect du code de la route ! Mais oublie de préciser que la demi-heure de parcours précédant Dealey Plaza a multiplié les infractions au code.

n'est posté sur Elm Street. Pis, Bill Decker, responsable du bureau des shérifs, a reçu l'ordre de ne pas installer ses hommes sur Dealey Plaza. S'il n'a pas voulu préciser l'origine de cette décision, les propos de ses hommes et les photographies prises sur les lieux montrent que l'ensemble des shérifs de Dallas sont installés devant leur quartier général de Houston Street. Comme l'a découvert Vince Palamara, l'ordre du défilé a en fait été modifié à Love Field par un responsable du Secret Service. Trois changements majeurs ont été effectués : l'escorte de motards entourant la limousine a été diminuée, le car de presse, qui la veille encore précédait la Lincoln, a été placé en queue de défilé, ce qui fait que lors de l'attentat il n'y avait aucune caméra, aucun photographe ni journaliste sur Dealey Plaza ; enfin, la distance séparant le véhicule de JFK et celui de Johnson a été augmentée. En outre, dans la nuit du 21 au 22 novembre, les gardes du corps de JFK ont été invités par le patron du Cellar Door à célébrer leur passage à Fort Worth au cours d'une soirée très arrosée qui s'est terminée tard dans la nuit, comportement strictement prohibé durant une mission. Lyndon Johnson lui-même est passé au club pour boire quelques verres avec les membres du Secret Service, et ce dans un établissement dont le patron était... l'associé de Jack Ruby ! Lors du défilé même, une image isolée d'un film amateur[1] montre aussi que les gardes du corps de LBJ réagissent à la fusillade avant même que celle-ci ait débuté. Le Secret Service et Bill Greer en particulier sont même responsables de l'arrêt de la limousine en pleine zone de tir, ce que le film Zapruder, censuré à la demande du même service, démontrait. Autres éléments à charge, cette institution a trafiqué le témoignage de Marina Oswald devant la Commission et fait disparaître des pièces à conviction comme le cerveau du Président. Doug Weldon[2], un ancien avocat, détient même des preuves attestant que, tandis que les médecins de Parkland tentaient l'impossible pour sauver JFK, deux agents du Secret Service nettoyaient

---

1. Voir cahier iconographique.
2. Merci à lui d'avoir autorisé l'utilisation en exclusivité de ces découvertes.

sommairement l'intérieur de la limousine et retiraient les éclats de balle. Mieux, il affirme, preuves à l'appui, que le 25 novembre 1963, alors qu'officiellement la Lincoln était sous scellés à la Maison Blanche, elle se trouvait en fait à l'usine Ford où son pare-brise, troué par l'impact d'une balle[1], était changé en urgence.

La complicité du Secret Service implique-t-elle celle de Lyndon Johnson ? On peut le penser. Si Johnson n'est sans doute pas à l'origine de la décision d'assassiner Kennedy, il est rapidement au courant et joue un rôle actif dans l'opération.

En tout cas, ses liens avec les financiers de l'opération sont avérés. En 1963, chaque semaine, dans la suite 8F d'un hôtel de Dallas, se réunissent une dizaine d'hommes dont la fortune considérable leur permet de détenir un énorme pouvoir mais qui, en plus, se sentent investis de la charge de diriger le monde[2]. Ce groupe réunit George Brown, immense promoteur immobilier, R.L. Thorton, président de la Mercantile Bank, Clint Murchinson et Sid Richardson[3], producteurs de pétrole milliardaires, H. D. Byrd, milliardaire propriétaire du Depository, Charles Cabell, maire de Dallas et frère du général, Cabell et le général Edwin Walker. H. L. Hunt, l'homme le plus riche du monde, s'affirme comme le leader de cette assemblée. Par ailleurs, le groupe accueille régulièrement des « intervenants extérieurs », tel John McCloy, président de la Chase Manhattan Bank et futur membre de la Commission Warren, ainsi que des dirigeants d'entreprises de la zone de Fort Worth, autrement dit des firmes travaillant exclusivement pour l'armée, sans oublier des hommes politiques financés par les 8F dont John Connally et Lyndon Johnson. Leurs points communs ? Un conservatisme exacerbé, une

---

1. Ce qui confirme le premier tir de « Max » traversant le pare-brise avant de toucher JFK à la gorge.
2. Les renseignements sur le groupe 8F et plus généralement sur H. L. Hunt proviennent de Madeleine Brown et des ouvrages de Noel Twyman, Dick Russel et Graig Zirbel.
3. Richardson est décédé quelque temps avant l'assassinat.

vision de la nation spécifique et la haine du communisme. Aussi la personnalité et la politique de JFK heurtent-elles les idéaux du groupe. Mais l'aspect le plus dangereux de ces hommes est leur indéfectible croyance dans le pouvoir de l'argent qui, selon eux, peut faire et défaire le chef de l'Etat. Madeleine Brown se souvient ainsi avoir rencontré H. L. Hunt trois jours avant l'assassinat de Kennedy, qui lui avait donné une affiche où il était affirmé que JFK était « recherché pour trahison » : « Je lui ai dit : " H. L., vous allez avoir des problèmes. " Il m'a répondu : " Je suis l'homme le plus riche du monde et personne ne peut me poser de problèmes. " » Hunt a toujours préféré et cru en Johnson, mettant tout l'argent possible à sa disposition. En 1960, durant la course à l'investiture, Hunt intervient dans le choix du candidat démocrate en soutenant massivement LBJ contre JFK, faisant imprimer et distribuer deux cent mille tracts, hostiles aux catholiques, aux membres de la convention. Si cette convention maria la carpe et le lapin dans un duo étrange, à savoir JFK et LBJ, c'est vraisemblablement après un accord entre Hunt et Joe Kennedy, le père du futur Président. Certaines sources prétendent même que Hunt a payé la place de Johnson. Mais Hunt ne soutient pas seulement le Texan, il donne une contribution financière dès qu'un candidat extémiste souhaite se présenter. Reste que ses investissements majeurs se déversent dans la propagande « anti-rouge ». Ainsi produit-il une émission de radio, *Life Line*, violemment anticommuniste et anti-Kennedy, dont le programme, qui lui coûte plusieurs millions de dollars par an, est ensuite offert à des antennes régionales. Le jour du meurtre d'Oswald, le DPD a découvert que Ruby était non seulement un auditeur privilégié de *Life Line*, mais possédait chez lui et dans sa voiture du matériel de propagande anticommuniste payé par Hunt. Selon toute vraisemblance, Hunt est non seulement le financier, mais aussi l'instigateur de l'opération.

Au printemps 1963, un tract anti-Kennedy est distribué à la communauté cubaine. Son texte se révèle particulièrement troublant :

« Une seule circonstance pourrait vous permettre, à vous

autres les patriotes cubains, de vivre à nouveau dans votre patrie en hommes libres et responsables. [...] Cette occasion bénie se produirait si un Acte inspiré de Dieu plaçait à la tête de la Maison-Blanche d'ici à quelques semaines un Texan bien connu pour sa sympathie envers l'Amérique latine. Bien que, dans les circonstances actuelles, il doive s'incliner devant les sionistes qui depuis 1905 sont les maîtres des Etats-Unis et dont Jack Kennedy et Nelson Rockfeller [...] ne sont que les pions et les séides ; bien que Johnson doive aujourd'hui s'incliner devant ces Juifs rusés et avides, promoteurs du communisme, cependant si un Acte de Dieu devait soudain l'élever au poste suprême, il redeviendrait ce qu'étaient son père et son grand-père bien-aimés et retournerait à leurs valeurs et à leurs principes moraux. »

Cet appel au meurtre, décrivant l'assassinat de JFK comme une décision divine, a été rédigé et diffusé par Hunt, lequel avait d'autres raisons qu'idéologiques de vouloir la mort de Kennedy. En octobre 1962, le Président n'a-t-il pas fait passer une loi revenant sur les privilèges acquis par les « pétroliers » au début du siècle, faisant que l'exploitation de l'or noir soit à nouveau taxée[1]. Non seulement Kennedy a osé mais en plus n'a pas hésité à attaquer frontalement le milliardaire en déclarant un mois avant sa mort que « les Hunt avaient payé très peu d'impôts l'année dernière, utilisant toutes les formes possibles d'exemption fiscale afin de financer des programmes d'extrême droite à la radio, à la télévision et par écrit ». La réponse de Hunt avait alors été brève : « Les lois de Kennedy sont une menace de mort contre le système américain. » Madeleine Brown se souvient par exemple du retour de Hunt à Dallas, trois semaines après le crime : « C'était un autre homme, il était redevenu celui qui se déplace en bombant le torse. La loi sur le pétrole était de l'histoire ancienne et il avait gagné sa guerre. » Car un des premiers actes du nouveau Président Johnson consiste ni plus ni moins à annu-

---

1. *World Petroleum Magazine* estime en 1962 que la décision de JFK va faire perdre la somme de 280 millions de dollars aux producteurs de pétrole texans.

ler les dispositions de JFK en matière fiscale[1]. Hunt avait donc la motivation et l'idéologie nécessaire au meurtre de JFK, mais aussi les moyens d'y parvenir. Deux des responsables de sa sécurité, anciens agents du FBI, Paul Rothermel et John Curington ont ainsi raconté que H. L. et son fils Bunker avaient essayé dans les années 60 de créer un groupe paramilitaire néo-nazi. Et qu'à cet effet Hunt avait acheté un ranch isolé au Mexique transformé en camp d'entraînement pour opérations commandos. C'est l'endroit même où les assassins de JFK se sont préparés au coup du 22 novembre. Rothermel a également affirmé que son patron avait acquis une version du film de Zapruder le 22 ou le 23 novembre. De son côté, Curington a précisé, avec des détails qui permettent de recouper son témoignage, que Hunt lui avait demandé de se rendre au DPD dans la nuit du 22 au 23 novembre pour estimer quelles étaient les conditions de sécurité afin de pouvoir atteindre Oswald. Le rapport de Curington concluait sur la facilité d'une telle opération. A ce moment-là, Hunt avait quitté Dallas pour le Mexique puis Washington, départ effectif vingt minutes après la mort de JFK.

D'autres éléments lient Hunt au crime. Notamment le fait que le 21 novembre il reçoive la visite de Jack Ruby ! Jim Braden, un des membres du groupe Action, est passé dans les bureaux de Bunker Hunt, les 21 et 23 novembre. Le 22 novembre en fin d'après-midi, Marina Oswald est conduite chez Hunt pour « discuter ». En outre, la première personne à interroger Marina vers 18 heures, avant même le FBI et le Secret Service, s'appelle Jack Crichton, ancien du renseignement militaire, membre actif de la John Birch Society, qui travaille aussi pour Hunt. Enfin il existe une note authentifiée de la main d'Oswald, envoyée, probablement par un ancien collaborateur de Hunt, au chercheur Penn Jones, dans laquelle Lee écrit : « Cher monsieur Hunt, j'aimerais avoir des informations

---

1. Robert Caro, journaliste vainqueur du prix Pulitzer, note dans *l'Atlantic Monthly* d'octobre 1981 que " pendant des années, des hommes venaient dans le bureau de Johnson avec des enveloppes regorgeant de dollars. Cinquante mille dollars lui ont été versés par un lobbyiste d'une compagnie de pétrole du Texas durant la première année de sa vice-présidence. »

concernant ma position. Seulement des informations. Je suggère que nous discutions complètement du problème avant d'aller plus loin ? Merci, Lee Harvey Oswald. »

Le 21 novembre 1963, Clint Murchinson donne une soirée en l'honneur d'Edgar Hoover dans son nouveau et immense ranch. Le directeur du Bureau est présent, accompagné de son bras droit et amant Clyde Tolson. Les membres du 8F sont de la partie ainsi que Richard Nixon, John McCloy et de hauts gradés. Madeleine Brown, habituée de la « bonne société » texane, se trouve parmi les invités. Vers les 22 heures Lyndon Johnson, qui n'était pas prévu, fait son entrée. Or, depuis 1948, Madeleine est sa maîtresse. L'arrivée de LBJ, apparemment excédé, est suivie d'une réunion à huis clos des 8F, de Hoover, McCloy et Nixon. L'entrevue est très courte. A sa sortie, LBJ, le visage rougi par la colère, s'approche de Madeleine et lui glisse à l'oreille : « Après-demain, ces maudits Kennedy ne me gêneront plus. Ce n'est pas une menace mais une promesse. » Le lendemain matin, Madeleine et Johnson ont une brève conversation téléphonique. LBJ est toujours sous le coup de la colère : « Cet enculé de fils de pute de Yarborough et ce maudit enculé de bâtard d'Irlandais mafioso de Kennedy ne m'emmerderont plus jamais. » Brown essaie de le calmer quand LBJ lui répond : « J'ai pas plus d'une minute, je dois allé écouter ce bâtard faire son discours sur le parking. » Quelques semaines après le meurtre, Brown passe une soirée avec son amant : « Je n'en pouvais plus alors je lui ai dit : " Mon Dieu, Lyndon, je dois savoir. Es-tu ou as-tu été impliqué dans la mort de Kennedy ? " Il est entré dans une colère terrible, vraiment terrible. Je regrettais même d'avoir ouvert la bouche. Lorsqu'il s'est calmé, il m'a dit : " Tu connais les gens que je connais ? C'est eux qui l'on fait. " C'était clair qu'il s'agissait de ses amis du pétrole [1]. »

Si personne n'est en mesure de confirmer les propos explosifs mais sincères de Madeleine Brown, d'autres pensent comme elle. En 1994, Evelyn Lincoln, la fidèle assistante de

—————
1. Entretien avec l'auteur, Dallas, novembre 1997.

JFK, a rédigé une lettre pour un professeur d'université où elle donne son opinion sur le crime : « En ce qui concerne le meurtre, mon sentiment est qu'il s'agit d'une conspiration montée par tous ceux, et ils étaient nombreux, qui le détestaient. A mon avis, les cinq conspirateurs étaient Lyndon B. Johnson, J. Edgar Hoover, la Mafia, la CIA et les Cubains de Floride. »

De sa prison, Jack Ruby réussira à faire sortir clandestinement une lettre où il évoque le crime. En voici pour la première fois en France quelques extraits : « J'ai été utilisé pour empêcher Oswald de parler... Un jour, Joe, tu verras quelle sorte d'homme est le président Johnson. Son rapport avec l'assassinat. Une chose est sûre, Joe, il n'a pas intérêt à passer au détecteur de mensonges. Souviens-toi Joe qu'il est le seul à avoir profité du crime.[...] Comment Oswald, qui n'a jamais travaillé de sa vie, a-t-il soudainement décidé de prendre un boulot au meilleur endroit pour commettre un crime ? Il a trouvé le boulot au Depository une semaine ou dix jours avant que Kennedy sache lui-même qu'il allait venir à Dallas. Kennedy a su qu'il venait à Dallas une semaine avant. Qui est placé à Washington pour connaître ce genre d'information et la donner à Oswald ? [...] Un jour, tu verras qui se cache derrière les faits et les gestes du Président et alors tu sauras comment il prend le monde entier pour des idiots [...] Joe, sois extrêmement prudent maintenant que tu sais tout ça. Je sais que tu dois penser que j'ai perdu la raison, parce que c'est trop gros pour le croire. Garde les yeux ouverts et ton esprit en alerte. Des fois, la vérité est plus étrange que la fiction. Souviens-toi de moi comme tu m'as toujours connu, je n'ai pas changé et tu as toujours dit que tu croyais en moi. [...] Pour des raisons politiques, on m'utilise désormais comme pigeon. [...] Essaie d'obtenir des renseignements sur Lyndon et tu verras quel type de personne il est en réalité. » Trois personnes[1], de milieux extrêmement différents, accu-

---

1. Une quatrième, Billy Sol Estes, propriétaire terrien texan associé à LBJ pendant des décennies, a demandé en 1984 à son avocat d'écrire au département de la Justice pour l'informer que son client possédait des preuves de l'intervention de LBJ et de son bras droit, Cliff Carter, dans huit meurtres, dont celui de Ken-

sent donc LBJ d'avoir participé au meurtre de JFK. Cela ne
ressemble plus à des suppositions, mais bien à un réquisitoire.

Aujourd'hui, il est même possible de déterminer les actions
concrètes du futur Président pour permettre l'assassinat de
celui qui le gênait.

Comme nous l'avons vu, l'attentat contre JFK a été préparé
durant quatre mois. De tels moyens humains et financiers ne
pouvaient être mis en place sans la certitude que Kennedy
viendrait bien à Dallas. En juin 1963, seuls deux hommes
sont au courant de cette visite : John Connally et Lyndon
Johnson. La présence de Connally dans la limousine, ses blessures, ses remises en question de la balle magique sont autant
de raisons qui pourraient laisser croire qu'il n'est pour rien
dans l'opération, mais de nombreux indices incitent quand
même à penser le contraire. D'abord, c'est lui qui a imposé
le choix du Trade Mart, et ce, contre la volonté politique
des hommes de JFK. William Manchester raconte même qu'à
plusieurs reprises le gouverneur du Texas a menacé de boy-
cotter la venue du Président si ses prérogatives n'étaient pas
respectées. Jerry Bruno, envoyé à Dallas par le parti démocrate pour préparer le parcours, a récemment déclaré que
Connally avait imposé le parcours sans même consulter le
Secret Service. Madeleine Brown, de son côté, confie que le
changement de route, celui qui a permis le passage par Elm
Street, a été ordonné par Jack Puterbaugh, l'assistant de
Connally. En fait, la participation de Connally devient plausible lorsque l'on sait qu'il ne devait pas se trouver dans la
limousine de JFK le 22 novembre, et que c'est Ralph Yarborough, son ennemi, qui devait occuper sa place. Mais Kennedy a imposé ce changement de dernière minute. Or,
lorsqu'on se souvient des propos tenus par Johnson à Brown
expliquant qu'il allait être débarrassé à la fois de JFK et de
Yarborough, propos auxquels on peut ajouter les révélations

---

nedy. Les éléments et l'histoire de Sol Estes donnent un intérêt réel à ses affirmations dont il dit détenir des preuves. Pourtant le département de la Justice a préféré
ne pas donner suite.

de Rose Cheramie annonçant la mort de Kennedy mais aussi celle d'un « officiel » du Texas, on comprend mieux la colère de LBJ et de Connally à la décision de Kennedy[1]. La complicité de Connally explique également les difficultés rencontrées par les groupes Action prévenus du changement au dernier moment.

Lors du défilé, deux actes trahissent LBJ. D'abord, une information relevée par la Commission[2] mais jamais expliquée. Alors que le défilé arrive à la fin de Main Street, avant le virage sur Houston puis Elm, LBJ prend la radio de bord et se met à écouter les informations transmises par Kellerman à bord de la limousine présidentielle. Par ailleurs, LBJ a toujours déclaré qu'au moment des coups de feu son garde du corps s'était jeté sur lui, lequel a confirmé du bout des lèvres. En revanche, son voisin Ralph Yarbourough a affirmé dès le 22 novembre que tout était resté calme dans le véhicule du vice-président. Par la suite, comme nous l'avons dit, LBJ a menti à Robert et à Jackie Kennedy en justifiant son installation à bord d'*Air Force One* et le délai d'attente pour prêter serment. Comme nous l'avons vu aussi, « Max » a été libéré sur intervention directe de Washington. Mieux, une destruction de preuve a été ordonnée par le maire de Dallas, Charles Cabell, fidèle soutien de LBJ et membre du 8F, dans la soirée du 22 novembre : le panneau Stemmons a été retiré et remplacé par un modèle neuf sans aucune explication et sur ordre de l'Hôtel de ville. Or, la version non censurée du film de Zapruder montre que le panneau indicateur a été touché par une balle[3]. Trois témoins ont confirmé l'intervention directe et presque immédiate de Johnson pour ralentir l'enquête et impliquer Oswald

---

1. Au sujet des interventions extrêmement énergiques de LBJ pour faire changer JFK d'avis, voir *Mort d'un Président, op. cit.*
2. Précisons que LBJ est le seul témoin direct à avoir refusé de passer devant la Commission.
3. Le chef Curry a raconté dans ses Mémoires que s'il n'était pas devant Oswald comme prévu lors de son transfert, laissant ainsi le champ libre à Ruby, c'est parce qu'au moment de pénétrer dans le sous-sol Cabell avait exigé de lui parler au téléphone.

D'abord, le procureur Henry Wade : « Cliff Carter, l'assistant du président Johnson, m'a téléphoné trois fois dans la nuit de vendredi. Il m'a dit que le président Johnson avait le sentiment que le mot " conspiration " pouvait secouer notre nation dans ses fondements. » Le capitaine Fritz a également reçu un message téléphonique, épisode relaté par le chercheur Gary Shaw : « Dans la soirée de samedi, alors qu'il avait décidé de continuer son enquête, Fritz a reçu un appel direct du nouveau Président. Plus tard, Fritz a dit à ses proches : " Quand le président des Etats-Unis me téléphone et m'ordonne de stopper l'enquête, que puis-je faire ? " Une remarque du chef Curry, relevée par différents détectives, permet encore de penser qu'il a lui aussi eu une discussion avec LBJ. Pour justifier le retrait de l'enquête à ses hommes au profit du FBI, il explique qu'il n'y a aucune discussion possible puisque l'ordre vient d'en haut. Derniers propos, ceux du docteur Charles Grenshaw. Le 24 novembre, alors qu'il tente de sauver Oswald, le téléphone du bloc opératoire sonne. Au bout du fil, Lyndon Johnson veut savoir si Oswald a parlé. Il dit même au médecin : « Je veux les dernières paroles de l'assassin sur son lit de mort. Il y a un homme à la porte du bloc qui prendra ses déclarations. J'exige une totale collaboration de votre part[1]. » Oswald ne parlera pas. Mais l'étonnant coup de fil de Lyndon Johnson vaut tous les aveux[2].

Le 22 novembre 1963, les Etats-Unis ont donc été victimes d'un coup d'Etat orchestré par des milliardaires extrémistes, exécuté par des mercenaires extrémistes et approuvé par des responsables extrémistes. Lorsque l'on veut comprendre pourquoi Kennedy a été assassiné, la réponse la plus exacte

---

1. Anthony SUMMERS, *Conspiracy of silence, op. cit.*
2. Autres preuves de son implication : Sur sa demande, le costume de Connally a été nettoyé avant d'être remis au FBI. De plus l'enregistrement des conversations téléphoniques de Johnson durant son mandat dévoile de nombreux appels au juge en charge du dossier Nagell. Le magistrat, en plus de faire preuve de fermeté contre Nagell, évitera lors du procès les motivations réelles du geste de Nagell.

est : parce qu'il était Kennedy. Sa politique avait créé une vraie rupture dans le pays entre conservateurs et progressistes. S'il a parfois soulevé l'enthousiasme, JFK a également fédéré des rancœurs tenaces. Lorsque l'on prend chacun des « groupes » ayant causé sa mort, tous on retiré un bénéfice de sa mort.

Si Johnson n'a pas envahi Cuba, il a mis fin au rapprochement entre les deux pays et a autorisé à nouveau les opérations secrètes de ZR/Rifle. Les relations diplomatiques avec Moscou, responsables de l'image procommuniste de JFK, ont été ralenties, donnant un souffle nouveau à la guerre froide. Les « pétroliers » ont gardé leurs avantages fiscaux. Hoover a été maintenu à la tête du FBI. Les industriels et les militaires ont eu la guerre du Vietnam et ses milliards de retombées financières. Harry Byrd lui-même a eu le nez fin. Membre du 8F[1], le propriétaire du Depository a acheté cent trente mille actions de la société LTV[2] quelques semaines avant l'attentat. La disparition de Kennedy, la décision de Johnson de poursuivre la guerre froide, les opérations anticastristes et la guerre au Vietnam lui ont fait empocher en quelques mois une plus-value de vingt-quatre millions de dollars. Et ce, parce que LTV est spécialisée dans la construction d'avions de combat.

Alors que Kennedy voulait désengager ses troupes du bourbier vietnamien et se rapprocher de l'URSS, l'arrivée au pouvoir de Lyndon Johnson inverse l'ordre des choses. Les défenseurs de la Commission Warren ont toujours prétendu que rien n'annonçait le retrait américain du Vietnam, ce qui est faux. Le 11 octobre 1963, Kennedy avait en effet signé le mémorandum de sécurité nationale (NSAM) numéro 263 ordonnant le départ de mille soldats américains avant la fin de l'année. Pour beaucoup, dont le réalisateur Oliver Stone, cet acte traduit la volonté de paix de JFK. En mai 1998, la bibliothèque John F. Kennedy a déclassé des centaines de

---

1. Les informations sur H. D. Byrd viennent de Mike Sheppard, entretien avec l'auteur, juin 1998
2. Malcom Wallace, le « porte-flingue » de LBJ, « travaillait » pour LTV.

documents où de multiples mémorandums signés par JFK au début de novembre confirment la voie ouverte par le NSAM 263. Presque trente-cinq ans après sa mort, le public sait désormais que son trente-cinquième Président voulait oublier le Vietnam et se consacrer à la paix. Le lundi 25 novembre 1963, Lyndon Johnson signe lui le NSAM 276 annulant le texte de son prédécesseur. L'effort de guerre reprend. Pour un premier acte politique, celui-ci a une portée essentielle. Et, surtout, des origines étranges. Pourquoi en effet la première version de cet acte, rendue publique par les archives Johnson, porte-t-elle la date du 21 novembre 1963 ?

Johnson a gagné la présidence, le but de toute sa vie. Une investiture qui tombe à pic quant on sait que le département de la Justice avait entamé une série d'investigations concernant deux de ses proches, Bobby Baker et Billy Sol Estes. La presse avait même affirmé que la piste Baker filerait directement jusqu'au vice-président. Interrogé à ce sujet en octobre 1963, Kennedy, qui souhaitait se séparer de LBJ pour la nouvelle campagne, avait voulu que l'enquête aboutisse quelles qu'en soient les conséquences. Evidemment, une fois Johnson au pouvoir, les deux investigations furent classées sans suite.

Depuis trente-cinq ans, le gouvernement américain, quelle que soit sa couleur politique, persiste à mentir au peuple américain en prétendant que, le 22 novembre 1963, un homme seul et déséquilibré a assassiné John F. Kennedy. Malgré les preuves apportées par ce livre et le combat incessant mené par la communauté des chercheurs, le gouvernement américain n'avouera jamais la vérité, parce qu'il pense – sûrement à raison – qu'aucune démocratie ne pourrait se le permettre sans mettre en danger son propre équilibre. Mais le droit de savoir existe.

Lors de sa visite à Berlin, le 26 juin 1963, John Kennedy s'adressant aux jeunes étudiants allemands, avait annoncé : « La vérité ne meurt jamais. » Trente-cinq après son assassinat, ses propos sont on ne peut plus vrais.

Bibliographie

ALGAZY Joseph, *La tentation néofaciste en France de 1944 en 1965*, Fayard, 1984.

AMSTRONG John, *Harvey and Lee*, JFK Lancer Publications, 1997.

AYRES Alex, *The wit and wisdom of John F. Kennedy*, Meridian Book, 1996.

BACKES Joseph, *November in Dallas, Bus tour information booklet*, JFK Lancer Publications, 1996.

BENSON Michael, *Who's who in the J.F.K. assassination, an A-to-Z encyclopedia*, Citadell Press, 1993.

BISHOP Jim, *The day Kennedy was shot*, Gramercy Books, 1968.

BRAZIL Martin, *JFK Quick reference guide*, 1990.

BUCHANAN Thomas, *Les assassins de Kennedy*, Julliard, 1964.

COLLIER Peter and HORROWITZ David, *Les Kennedy, une dynastie américaine*, Payot, 1984.

DANIEL Jean, *Le temps qui reste*, Gallimard, 1984.

DUHAMEL Morvan, *Les quatre jours de Dallas*, Editions France-Empire.

DUNCAN BROWN Madeleine, *Texas in the morning, The love story of Madeleine Brown and president Lyndon Baynes Johnson*, The Conservatory Press, 1997.

FERRAND Serge et LECAVELIER Gilbert, *Aux ordres du S.A.C.*, Albin Michel, 1982.

Friederich RON and HOFFMAN Ed, *Eye Witness*, JFK Lancer Publications, 1997.

FURIATI Claudia, *The plot to kill Kennedy and Castro, Cuba opens secret files*, Ocean Press, 1994.

GARRISON Jim, *JFK, Affaire non classée*, J'ai lu, 1992.

GIANCANA Samuel et Chuck, *Notre homme à la Maison-Blanche*, Robert Laffont, 1992.

GILLES Camille, *400 000 dollars pour abattre Kennedy à Paris*, Julliard, 1973.

GRIFFITH Michael, *Compelling Evidence, a new look at the assassination of President Kennedy*, JFK Lancer Publications, 1997.

GRODEN Robert J., *The Killling of a president*, Viking Studio, 1993.

HEPBURN James, *Farewell America*, Frontiers, 1968.

HUNT Conover, *Dealy Plaza National Historic Landmark*, Sixth Floor Museum, 1997.

KASPI André, *Kennedy, les 1 000 jours d'un président*, Armand Colin, 1993.

KELLY Bill (transcrit par), *Radio Communications from Air Force One*, JFK Lancer Publications, 1996.

KHUNS-WALKO Anna Maria, *Conference presentation documents*, JFK Lancer Publications, 1996.

LANE Mark, *Plausible Denial*, Thunder's Mouth Press, 1991.

LENTZ Thierry, *Kennedy, enquêtes sur l'assassinat d'un président*, Jean Picollec, 1995.

LIFTON David, *Best Evidence*, David S. Lifton, Signet, 1992.

LIVINGSTONE Harrison Edward, *High Treason II, the great cover-up : the assassination of president John F. Kennedy*, Caroll & Graf, 1992.

LIVINGSTONE Harrison Edward, *Killing Kennedy and the hoax of the century*, Simon & Schuster, 1995.

MANCHESTER William, *Mort d'un président*, Robert Laffont, 1967.

MARRS Jim, *Crossfire, The plot that killed Kennedy*, Pocket Books, 1993.

MATTHEWS Christopher, *Kennedy and Nixon*, Simon and Schuster, 1996.

MEAGHER Sylvia, *Accessories after the fact, The Warren Commission, the authorities and the report*, Vintage Books, 1992.

OLIVER Beverly (avec BUCHANAN Coke), *Nightmare in Dallas*, Starbust, 1994.

POTTECHER Frédéric, *Le procès de Dallas*, Arthaud, 1965.

ROBERTS Craig, *Kill zone, A sniper looks at Dealey Plaza*, Consolidated Press International, 1994.

SALINGER Pierre, *Avec Kennedy*, Buchet/Chastel, 1967.

SALINGER Pierre, *De mémoire*, Denoël, 1995.

SAUVAGE Léo, *L'affaire Oswald*, Les éditions de Minuit, 1965.

STEVENS Jan, Walt Brown, *JFK, Deep Politcs Quaterly*, 1996, 1997, 1998.

SUMMERS Anthony, *Conspiracy*, Parangon House, 1992.

TWYMAN Noel, *Bloody Treason*, Laurel Publishing, 1997.

VENNER Dominique, *L'assassin du président Kennedy*, Perrin, 1989.

ZIRBEL Craig I., *The Texas connection : the assassinaiton of J. F. Kennedy*, Wright & Co., 1991.

Assassination Science, Experts speak out on the death of JFK, Catfeet, 1998.

J. F. Kennedy, Chroniques de l'histoire, Chronique Editions, 1996.

Kennedy, assassination chronicles, JFK Lancer Publications, 1997-1998.

L'assassinat de Kennedy, sept secondes qui ébranlèrent le monde, ALP, 1991.

Les complots de la CIA, rapport de la Commission Church, Stock, 1976.

Les dossiers secrets du Pentagone, Presses de la Cité, 1971.

Rapport de la Commission Warren sur l'assassinat du président Kennedy, Robert Laffont.

Reporting the Kennedy assassination, Journalists who were there recall their experiences, Three Forks Press, 1996.
Selections from the President John F. Kennedy Assassination Files, JFK Lancer Publications, 1995.

Remerciements

D'abord, évidemment, merci à Jessica, qui a su créer les conditions nécessaires à l'élaboration et l'écriture de ce livre, même, surtout, lorsque ce n'était pas facile. De Dallas à Paris, toujours à mes côtés, elle m'a permis de progresser dans mes recherches. Merci encore pour les heures tardives passées à m'écouter parler d'un assassinat. Merci aussi à Thomas, pour ses sourires et sa patience même s'il n' a pas toujours compris pourquoi il ne pouvait pas voir son papa.

Une nouvelle fois, Thierry Billard a toujours été là quand il fallait. N'hésitant pas du bout du monde à me donner son numéro de fax pour que je puisse lui envoyer du texte. Merci pour ton aide, tes conseils, ta gentillesse et surtout ta patience.

Merci également à toute l'équipe de Flammarion et plus particulièrement Olivia et Anne.

Sincères remerciements à Gilbert Lecavelier pour m'avoir initié aux complexes arcanes de l'extrême droite internationale, à l'histoire de l'OAS et à ceux de Pontchartrain.

Merci aussi à Jean Daniel et Philippe Labro. Je n'oublie pas ma famille pour son soutien, ni Barthélemy Groult, ni Jean-Michel Espitallier pour nos discussions.

Ce livre n'aurait jamais pu voir le jour sans le colossal travail effectué depuis presque trente-cinq ans par de simples citoyens qui ne se sont jamais contentés de la vérité officielle. Parmi eux, Jack White, Jones Harris, Jim Marrs, Beverly Oliver, George-Michael Evica, Ed Hoffman, Debra Conway, Tom Jones, Jean Hill, Robert Groden, Vince Palamara, Madeleine Robinson, Craig Roberts, Doug Weldon, John Amstrong, Gary Mack, John Naggel, Mary Ferrel, Ian Giggs, Brad Parker, Greg Jaynes, Martin Schakelford, Franck Camper, Angus Crane, Peter Dale Scott. Et puis bien sur tous ceux de Queen Bee : Laly, Scott, Rick, Rich, Mike, Michael, Kathlee, Robin, Karl, John, Ed, Chuck et les soixante et onze autres. Pour les suivants, voici mon adresse internet : jwr@imaginet.fr

Enfin, tous mes remerciements à ceux que je ne peux citer mais qui se reconnaîtront.

Le 22 novembre 1997, j'étais sur Dealey Plaza en compagnie d'une poignée d'Américains commémorant l'assassinat de leur Président. Il n'y avait aucun officiel, aucune cérémonie si ce n'est ce rassemblement improvisé d'hommes et de femmes. Entre les marchands de souvenirs, les odeurs de hot-dog et le ballet incessant des voitures, il y avait surtout un père de famille de tout juste trente ans. Il n'avait jamais connu JFK mais il était là, tenant son fils de trois ans dans les bras. A 12 h 30, je l'ai vu pleurer. Je tiens ici à le remercier pour avoir donné un sens à mon travail.

William Reymond

Table

Troisième Partie

MORT D'UN PRESIDENT

Achevé d'imprimer en décembre 1998
sur presse Cameron
*par **Bussière Camedan Imprimeries***
à Saint-Amand-Montrond (Cher)
pour les éditions Flammarion

— N° d'édit. : FF750604. — N° d'imp. : 985775/1. —
Dépôt légal : octobre 1998

Imprimé en France